CW01645122

La nouvelle sociologie chinoise

La nouvelle sociologie chinoise

sous la direction de Laurence Roulleau-Berger
et
Guo Yuhua
Li Peilin
Liu Shiding

Textes traduits du chinois
par Hu Yu et Pierre Miège

CNRS ÉDITIONS
15, rue Malebranche – 75005 Paris

Ouvrage publié avec le soutien de l'Ambassade de France en Chine

© CNRS ÉDITIONS, Paris, 2008
ISBN : 978-2-271-06679-4

Sommaire

Avant-propos

Ce livre est le premier ouvrage en français sur la sociologie chinoise contemporaine.

Comment est né ce livre ?

En 2006, au cours de mon année passée à Pékin en qualité de Professeure invitée à l'Institut de sociologie de l'Académie des Sciences de Chine (CASS), ont eu lieu de nombreuses rencontres avec mes collègues sociologues chinois dans le cadre de séminaires et de réunions de travail à l'Académie des Sciences de Chine, à l'Université de Pékin, à l'Université de Tsinghua. Nous avons eu rapidement des échanges très riches et très positifs sur la renaissance de la sociologie chinoise, sur l'identité de la discipline dans un contexte international, sur le rôle des sociologues dans l'espace public.

Plus mes collègues sociologues et moi-même échangions, plus la sociologie européenne m'apparaissait occidentalo-centrée. En effet, si les sociologues chinois connaissent bien les théories occidentales dont ils disent aujourd'hui les limites pour comprendre leur société, nous savons peu de choses de la sociologie chinoise. Il paraît aujourd'hui plus que nécessaire de casser cette dissymétrie de savoirs et de connaissances et d'ouvrir un espace de connaissances partagées avec les sociologues chinois pour appréhender la complexité dynamique des sociétés contemporaines dans lesquelles nous vivons, et réapprendre à « défaire le réel », à découvrir d'autres syntaxes. En effet si le sociologue est invité à construire incessamment des ponts, à combler des « blancs épistémologiques » entre différents espaces de pertinence, il m'est clairement apparu que la confrontation de la sociologie chinoise avec d'autres sociologies occidentales pouvait permettre de s'engager dans un vrai travail de reconfiguration épistémologique, où il est possible de prendre des distances par rapport à des habitus conceptuels, de travailler sur des écarts qui échappent à nos repères théoriques, culturels, historiques afin de mieux savoir pourquoi et comment nous fabriquons et mobilisons nos paradigmes.

J'ai donc proposé à mes collègues chinois de «fabriquer» un ouvrage de sociologie chinoise. L'idée a été très bien reçue. Guo Yuhua, Li Peilin et Liu Shiding et moi-même avons travaillé ensemble à l'élaboration de cette œuvre collective, nous avons défini les lignes-forces de cet ouvrage, discuté des spécificités de la sociologie chinoise, des façons de penser la réalité sociale à partir de la pratique, identifié les champs de recherche majeurs, évoqué les relations entre la pensée sociologique occidentale et les théories sociologiques chinoises.

Nous avons posé ensemble un acte intellectuel, éthique et scientifique de reconnaissance mutuelle. Je tiens à remercier tout particulièrement Guo Yuhua, Li Peilin et Liu Shiding pour la très grande qualité de nos discussions, le plaisir de vrais échanges intellectuels et leur forte mobilisation dans cette belle coopération internationale.

Je souhaite aussi remercier vivement tous les auteurs qui ont écrit ces chapitres passionnants de sociologie, qui m'ont accordé beaucoup de temps, avec qui j'ai partagé de beaux moments lors desquels j'ai beaucoup appris sur la sociologie chinoise et qui se sont toujours montrés disponibles pour repréciser des idées et des concepts: Chen Yingying, Li Chunling, Li Lulu, Li Youmei, Luo Hongguang, Shen Yuan, Sun Liping, Tang Jun, Tong Xin, Yang Yiyin, Zhang Jing.

Je souhaite aussi vivement remercier Michel Wieviorka pour la force de sa contribution à cet ouvrage, convaincu aussi de la vitalité et de la diversité de la sociologie chinoise dans un contexte international où il devient impératif de la connaître.

Hu Yu et Pierre Miège ont tous deux joué un rôle décisif dans la production de cet ouvrage en réalisant un travail très lourd de traduction des textes. Cette étape nous a imposé jusqu'au bout une réflexion épistémologique sur les conditions de décontextualisation-recontextualisation des concepts sociologiques et une vigilance de tous les instants sur les façons de traduire. Je les remercie vivement pour la très grande qualité de leur contribution et leur engagement sans relâche dans la réalisation de cette œuvre collective.

Pour appréhender le processus de réinvention et de formation des contours de la sociologie chinoise j'ai dû dépouiller des revues académiques comme la *Revue des Annales de la Recherche Chinoise*, la *Revue de Sociologie Chinoise* et la *Revue de Sociologie de Tsinghua*... Je souhaite remercier Yan Jun, doctorant en sociologie à l'Université de Pékin, et Cheng Shaojun, étudiante en master à l'Université des Langues étrangères n° 2 de Pékin, qui m'ont aidée dans le travail de sélection des articles des revues.

Christine Cornet, attachée culturelle à l'Ambassade de France en Chine (Pékin), dès qu'elle a eu connaissance de ce projet en octobre 2006 m'a exprimée son vif intérêt, je la remercie aussi.

Enfin je remercie Pascal Rouleau qui, en octobre 2006, alors responsable du service éditorial aux éditions du CNRS, m'a vivement encouragée et accompagnée dans la réalisation de cet ouvrage.

Laurence ROULLEAU-BERGER
Lyon, le 15 janvier 2008

Introductions

Pluralisme et identité de la sociologie chinoise contemporaine

Laurence ROULLEAU-BERGER

L'étude de la société est en Chine une pratique aussi ancienne qu'en Occident. Depuis deux mille ans s'est accumulée une littérature très importante relative à la société et aux relations humaines. Fei Xiao Tong, célèbre sociologue chinois du XXe siècle, comparera d'ailleurs les œuvres de Confucius ou de Xun Zi avec les sociologies fonctionnaliste et durkheimienne (Schmutz, 1985). Dès les années 1910-2020 de nombreuses enquêtes sociales et monographiques seront réalisées ; la première grande enquête sociale sera réalisée en 1914-1915 sur 302 histoires de vie de conducteurs pousse-pousse par l'Association pour le progrès social de Pékin (Lu Xueyi, 1995-1998). Puis le célèbre sociologue chinois Chen Da, cn 1934-1935, réalisera une recherche majeure sur les communautés d'émigrants dans le sud de la Chine suivis d'autres travaux qui seront désignés comme les classiques de la sociologie d'avant 1949 dont Fei Xiaotong, auteur du fameux ouvrage *Peasant Life in China*, réimprimé huit fois entre 1940 et 1948. Enfin Robert E. Park, Ernest W. Burgess et Robert Redfied, figures de l'École de Chicago, viendront enseigner en Chine à cette période et la sociologie chinoise de ces années-là sera marquée par certaines influences de ce courant, notamment en matière de *community studies* qui donneront lieu à de nombreuses recherches.

La sociologie chinoise, si elle s'était largement développée avant 1949, sera ensuite interdite pendant vingt-sept ans, pour retrouver un essor très rapide depuis sa recréation. La sociologie est en effet devenue une discipline-phare du champ intellectuel au cours de la décennie 1980 (Merle, 2007). L'abondance des productions scientifiques témoigne d'une dynamique intellectuelle forte qui produit une vraie originalité et de vraies spécificités liées à une histoire de la pensée chinoise et à la complexité d'un contexte sociétal. Si, dans un premier temps, les influences des sociologies occidentales ont pu jouer sur les conditions de réinvention de la sociologie chinoise, la tendance risque de s'inverser dans les années à venir dans le champ international de la sociologie avec la refondation d'une discipline dans une société en grande transformation, très dynamique et vigoureuse. En effet la sociologie prend reéllement sa place dans le champ intellectuel chinois et international (Wievioka, 2007b) en construisant des théories, des postures et des méthodes qui viennent s'inscrire *à côté, avec*, voire *contre* des pensées occidentales. Aujourd'hui les sociologues chinois élaborent une pensée propre dans une vraie diversité tout en réinterprétant, voire sinisant des théories occidentales. Cet ouvrage présentera ce qui apparaît comme étant les réflexions théoriques les plus représentatives de la sociologie académique chinoise mais nous n'avons évidemment aucune prétention à couvrir la sociologie chinoise qui se présente avant tout comme plurielle, diversifiée et présente dans les Académies des Sciences, notamment de Pékin et Shanghai, et des Universités dispersées sur tout un continent.

Nous expliquerons dans une première partie comment s'est refondée et restructurée la sociologie chinoise après 1979.

Dans une deuxième partie nous introduirons les auteurs de cet ouvrage et présenterons les champs de la sociologie chinoise apparaissant comme les plus développés à partir de problématiques contemporaines : la transition sociale et les marchés du travail chinois ; les transformations de la structure sociale et la production des inégalités ; urbanisation et industrialisation ; individu et société ; état et société.

Enfin dans la dernière partie nous tenterons de dessiner ce qui nous apparaît comme contours de la sociologie chinoise en faisant valoir sa diversité, les filiations avec les sociologies occidentales, et surtout sa spécificité.

La réinvention de la sociologie chinoise

La réinvention de la sociologie chinoise en 1979 représente un événement majeur dans l'histoire des sciences humaines et sociales. Réinventer une discipline signifie la refonder, la restructurer, tracer les frontières de sous-champs. La question des méthodes apparaît toujours comme un enjeu de scientificité majeur, nous verrons comment elle s'est posée dans le cas de la Chine continentale. Enfin on ne peut dissocier la reconstruction de la sociologie chinoise sans penser ses liens particulièrement étroits avec l'anthropologie car ces deux disciplines se sont très largement influencées pendant ces trente dernières années.

1. Refondation et restructuration de la sociologie chinoise

a) La refondation de la discipline

En 1952, la sociologie a été supprimée quand les Universités ont été restructurées. Mais la psychologie sociale, l'anthropologie sociale et la démographie n'ont plus été enseignées non plus à partir de ce moment-là. En 1956 le VIIIe Comité central du Parti Communiste annonce que « cent fleurs s'épanouissent, que cent écoles rivalisent », on s'intéresse alors à la sociologie soviétique interdite depuis plusieurs années. Une délégation est envoyée à la IIIe conférence internationale de sociologie en août 1956 en Hollande lors de laquelle est célébré le centenaire d'Auguste Comte. Les grands sociologues chinois Chen Da, Wu Jingchao, Fei Xiaotong tournent leur regard vers la sociologie occidentale et proposent la réhabilitation de la sociologie à partir d'une double rupture avec la sociologie de la Chine non socialiste et avec la sociologie occidentale ; pour eux il s'agit de construire une sociologie spécifique à partir du marxisme-léninisme et du maoïsme. Mais, en juin 1957, se déclenche un mouvement contre la droite, la sociologie est perçue comme une tentative de restauration de la classe bourgeoise. En août 1957 la sociologie est interdite, elle le sera jusqu'en 1978 alors que l'Union soviétique et l'Europe de l'Est l'ont déjà rétablie.

En 1978 est demandée la réhabilitation de la sociologie et de la traiter comme une science à part entière et non pas comme « une science fausse ». Le 18 mars 1979 l'Association des recherches de la sociologie chinoise est créée, Fei Xiao Tong la préside : la sociologie est réhabilitée en Chine. Le 30 mars Deng Xiaoping souligne la nécessité de développer la sociologie et de former des chercheurs. Au printemps 1980 est créé l'Institut de sociologie à l'Académie des Sciences Sociales de Chine dirigé par Fei Xiaotong et des formations à la recherche sont organisées. Pour Fei Xiaotong la sociologie chinoise doit se reconstruire en s'appuyant sur l'héritage des sociologues de la génération précédente et des sociologues occidentaux. En 1980 l'Université de Fudan fonde le premier département de sociologie en Chine, puis l'Université de Nankai, l'Université de Pékin, l'Université de Sun Yat-sen… De 1979 à 1989, dans vingt-deux villes de provinces (Hubei, Sichuan, Guangzhou, Harbin…) sont créés des instituts de sociologie et dans onze Universités est créé un département de sociologie. Dès la réhabilitation de la discipline est posée la question de l'ouverture à la sociologie occidentale.

Puis entre 1979 et 1989, années de « modernisation socialiste » réapparaissent des grands noms de la sociologie chinoise : Fei Xiaotong, Luo Qing, Yuan Fang, Yan Xinzhe, Ke Xiangfeng, Li Jinghan, Dai Shiguang, Wu Wenzhao, Lin Yaohua… qui, en dix ans, formeront une nouvelle génération de chercheurs. Durant ces années-là les objets de recherche resteront construits autour du rapport théorie/pratique et de la spécificité des questions sociales pensées comme propres à la société chinoise. Est alors posée la question de la construction d'une sociologie « à la chinoise », qui suppose une bonne connaissance de la sociologie occidentale (Wu Duo, 1979-1989).

b) Structuration et découpages de la discipline

Progressivement, à partir de réflexions sur les théories sociologiques, les méthodes et la sociologie étrangère, la sociologie se restructure et vont s'opérer des découpages en champs de recherche dont les principaux seront la sociologie rurale, la sociologie urbaine, la sociologie des classes sociales, la sociologie économique et la sociologie politique :

– De la centralité de la sociologie rurale

Avant 1949 comme après 1979 jusqu'à aujourd'hui la question rurale reste très centrale en sociologie pour comprendre la société chinoise.

En 1989, Lu Xueyi écrivait : « Si on ne connaît pas les paysans chinois, on ne connaît certainement pas la société chinoise » (Lu Xueyi, 1979-1989). La question rurale apparaît construite sur un mode spécifique du fait des évolutions du régime socialiste qui a produit des changements majeurs et mobilisé les sociologues sur les évolutions du statut des paysans et la propriété après les réformes économiques, le développement de l'économie rurale face à l'industrialisation, le processus de différenciation sociale de la classe paysanne, les modes de vie des paysans, l'évolution de la structure de la famille paysanne, la question de la pauvreté et de la protection sociale en milieu rural et de l'autonomie des régions.

– Permanence de la sociologie urbaine

Des années 1920 aux années 1940 beaucoup de recherches en sociologie urbaine avaient donné lieu à des travaux qui resteront des références majeures comme *La sociologie urbaine* de Wu Jingchao en 1929, la collection des livres de sociologie urbaine ou *Les ouvriers de l'usine de Kun* de Shi Guoheng en 1946. Ensuite les recherches sur les petits bourgs par Fei Xiaotong, puis sur les familles et les villes chinoises par Lei Jieqiong marqueront la sociologie chinoise. La sociologie urbaine va réellement se développer à partir de 1984 (Wu Duo, 1989-1993) autour des thématiques du développement social des petits bourgs et des grandes villes, de la démographie urbaine, de la structure de la famille urbaine, des modes de vie urbains et des communautés urbaines.

– La montée de la sociologie économique

La sociologie du travail qui a ensuite évolué vers la sociologie économique a pris son essor avec les grandes transformations économiques liées à la transition sociale. Se sont alors d'abord développés les travaux sur la *danwei* puis sur son démantèlement, la réduction de la taille des entreprises d'État, l'importance croissante du secteur privé, le ralentissement de la croissance de l'emploi rural et l'essor des migrations intérieures. À partir de 1978 les marchés du travail vont être pensés dans leur diversification et leur reconfiguration à partir de normes de forte production et de règles d'une surconcurrence globalisée dans un contexte de capitalisme qui cohabite avec ce qui reste d'une économie planifiée. Se développeront aussi des travaux sur les transformations des régimes de propriété, sur l'accès à l'emploi des migrants et les inégalités sur le marché de l'emploi, la protection des droits de travailleurs, les chômages et les mouvements sociaux. Enfin depuis le début des années 1990 la question de la pauvreté fait l'objet de réflexions théoriques.

– *L'importance de la sociologie des classes sociales*

Depuis la mise en œuvre des réformes économiques la structure de la société chinoise a radicalement changé et se caractérise par une stratification sociale de plus en plus marquée qui produit de nouvelles inégalités sociales. Deux phénomènes conjoints et contradictoires ont lieu : la polarisation sociale et le développement de la mobilité sociale ascendante. Les recherches s'organisent autour de ces perspectives paradoxales de recherches. Un vrai débat sociologique est alors ouvert entre les théoriciens qui placent l'accent sur les processus de reproduction sociale dans un contexte de transition et ceux qui travaillent sur les différentes formes de mobilité sociale productrices d'une diversité d'inégalités entre les groupes sociaux. En effet les inégalités en matière de revenus se creusent de plus en plus entre les différentes classes sociales. Pendant qu'une classe de riches Chinois se forme, qu'émergent de nouvelles élites politiques et culturelles, le statut des ouvriers et des paysans a décliné. On commence à parler de la formation d'une *underclass* qui regrouperait principalement les migrants peu qualifiés.

– *L'émergence de la sociologie politique*

La question de la relation entre État, marché et société est centrale dans la sociologie chinoise. Un ensemble conséquent de recherches a été produit sur la relation entre l'État et la société dans les campagnes chinoises. Puis dans le contexte des réformes économiques et sociales se sont posées de nouvelles questions liées au chômage, la pauvreté, la protection sociale… qui ont imposé la construction de nouvelles politiques publiques. Des recherches se sont alors développées autour des problématiques de gouvernance, redéfinition de l'espace public et citoyenneté.

Comme, dans toute société, à chaque période, certains objets de recherche sont qualifiés de plus « sensibles » que d'autres. Si, en France, les questions des violences urbaines, de racisme et de pauvreté… sont considérées aujourd'hui comme objets de controverses scientifiques et politiques, en Chine celles liées au rôle des gouvernements régionaux dans la transformation des marchés du travail, des risques sanitaires, de la montée des inégalités sociales, de la corruption… sont représentés comme objets « sensibles ».

2. La réinvention des méthodes, enjeu de scientificité

Dans **le chapitre 12** Chen Yingying montre que depuis la restauration de la sociologie l'enquête sociale est la méthode la plus utilisée en sociologie. Si les méthodes quantitatives dominent encore le champ sociologique, les recherches qualitatives, sous l'influence de l'approche socio-anthropologique de Fei Xiaotong, ont pris leur place et donnent lieu à des travaux d'envergure. Cependant Chen Yingying souligne la faiblesse de l'ajustement entre théories et méthodes sociologiques du fait d'un contexte fort de normalisation. Enfin elle pose la question de l'adaptation des méthodes occidentales au contexte chinois en insistant sur la nécessité de localiser les objets de recherche.

a) Processus structurels et enquête sociale

À partir de la nécessité d'appréhender les transformations de structures sociales on voit aussi que l'enquête quantitative, sous la forme de l'enquête sociale, est présentée encore comme dominante aujourd'hui. Mais dans le débat méthodologique ouvert en Chine apparaît un enjeu de rénovation méthodologique autour des histoires de vie, des modes d'observation, des formes d'engagement sur les terrains de recherche… Chen Yingying insiste sur l'idée qu'avant d'évoquer la question des méthodes s'impose la nécessité de bien préciser les contours de l'espace conceptuel dans lequel on se place.

Il est bien montré comment la simplicité de la statistique descriptive ne doit pas faire croire à la facilité de sa production, Chen Yingying montre aussi comment les différences d'échelles jouent ici un rôle décisif, la Chine est immense et rend très complexe la question de la production de statistiques nationales. Dans l'analyse quantitative les difficultés tournent évidemment autour des problèmes de définition et de catégorisation. Comme dans d'autres contextes les statistiques descriptives requièrent toujours des nomenclatures, des classements et font l'objet de débats scientifiques. L'enquête quantitative en Chine contient cette incontournable question de l'objectivation qui se réfère à l'idée durkheimienne qu'il faut traiter les faits sociaux comme des choses (De Singly,

1992) ; elle permet d'expliquer ce que les acteurs font par ce qu'ils sont, et non pas ce qu'ils disent de ce qu'ils font. Mais, comme dans les contextes européens, on voit que l'enquête quantitative précède l'enquête qualitative.

Comme nous le verrons plus loin, la sociologie chinoise contemporaine s'annonce plutôt pluraliste dans sa façon de faire cohabiter différents paradigmes. Les sociologues, en cherchant à ouvrir l'espace méthodologique, recherchent aussi l'innovation théorique. Les méthodes quantitatives et qualitatives sont de moins en moins pensées dans un rapport d'opposition mais plutôt de complémentarité.

b) Observation et récit de vie

Le souci d'analyser les processus pratiques conduit un certain nombre de sociologues à travailler à partir de situations d'observation et d'autres méthodes qualitatives. Sun Liping et Guo Yuhua (2000), dans une recherche sur la collecte des céréales vendues à l'État, rejoignent les postures de recherche anthropologiques et celles proches de celles des interactionnistes (Glazer, Strauss, 1967 ; Becker, 1985, 1986, 1988, 1990 ; Hughes, 1996 ; Strauss, 1982, 1992) en pratiquant *l'observation in situ* née des travaux de l'École de Chicago (Grafmeyer, Joseph, 1979), observent les phénomènes sociaux dans leur cadre naturel de manière impliquée et prolongée en se centrant sur des actions collectives et des processus sociaux (Chapoulie, 2000). La posture de terrain tient ici à la capacité d'agencer des propriétés situationnelles et structurelles du fait social à partir d'évènements et de les éclairer mutuellement (Schwartz, 1993). À partir de cette posture de recherche, ces mêmes sociologues posent la nécessité de faire de l'histoire orale et envisagent le récit de vie. Ils partent d'abord de la reconstitution de récits collectifs pour aller vers le récit de vie individuel. Par exemple Guo Yuhua, à partir de l'approche du processus de collectivisation dans un village de la province de Shaanxi où elle passe des semaines chaque année depuis dix ans, a réalisé des récits de paysannes sur leurs expériences, leurs mémoires et leurs sentiments. Le récit de vie articule ici mémoires collectives et mémoires individuelles, événements historiques et micro-évènements. La « petite histoire » est pensée sur le même plan que « la grande histoire », constitutive à la fois des subjectivités et du savoir civil. Ils montrent que ce ne sont pas seulement les « grands » événements collectifs qui sont susceptibles de marquer la mémoire des citoyens mais aussi des événements de caractère local. D'autres sociologues comme Fang Huirong (2003), Ying Xing (2007), adopteront ces mêmes perspectives théoriques et méthodologiques.

c) Sociologie de l'action, engagement du chercheur et intervention sociologique

Un certain nombre de sociologues de Tsinghua, à partir d'une sociologie de l'action adaptée à la situation chinoise et articulée à une sociologie des transitions ont développé plus récemment l'intervention sociologique, en s'inspirant du paradigme tourainien. Shen Yuan (2007) distingue deux formes d'« intervention sociologique », l'une « forte », l'autre « faible » en partant de l'idée que dans une « société faible », ici la société chinoise, où les mécanismes d'auto-organisation ont subi une forte oppression-voire une destruction – et sont difficiles à restaurer à court terme, la méthode « d'intervention forte » apparaît indispensable pour provoquer du changement, rendre les faibles moins faibles, leur donner du pouvoir, les aider à fabriquer des « armes du faible ». Cette méthode est définie comme une proposition pour « sortir du piège de la magie académique » qui s'appuie largement aussi sur la nécessité d'une émancipation intellectuelle vis-à-vis des théories et méthodes occidentales importées au moment de la refondation de la discipline et appliquées avec peu de distance épistémologique face à l'urgence de recréer la discipline.

On voit ici de manière très nette comment dans le double processus d'appropriation/adaptation de méthodes produites dans la sociologie française sont reformatés des cadres à la fois méthodologiques et théoriques à partir de représentations très situées des sociétés, ici par exemple les sociétés « faibles » et les sociétés « fortes ». Mais les usages et redéfinitions de méthodes de recherche construits dans le contexte occidental, ici français, invitent chercheurs chinois et français à repenser ensemble des notions comme sociétés « faibles » et sociétés « fortes » et à s'interroger sur la valeur heuristique de cette distinction.

3. Sociologie et anthropologie

En Chine anthropologie et sociologie ont toujours été liées et elles ont été toutes deux importées de l'Occident. Le sociologue et anthropologue Fei Xiaotong a joué un rôle décisif dans la reconstruction de ces deux disciplines, il a donc favorisé les contacts et les proximités entre elles. Dans le **chapitre 13** Luo Hongguang valorise l'important héritage de la civilisation chinoise traditionnelle. Il rappelle comment l'introduction des sciences sociales en Chine résulte directement de la pénétration occidentale. Dès 1928, en réaction à la « sociologie missionnaire » ont été réalisées des recherches ethnographiques relatives aux peuplades non Han puis ensuite les ethnologues chinois ont travaillé sur les pratiques religieuses populaires, les coutumes de mariage, les fêtes traditionnelles et enfin les minorités. De 1949 à 1958 plusieurs enquêtes sur les « minorités nationales » ont été mises en place dans toute la Chine et les recherches sur ce sujet se poursuivront, du fait que la possibilité de faire des recherches avec les Hans reste très limitée. Puis les anthropologues chinois étudieront les clans familaux qui permettent de comprendre le religieux et le politique, les « villages-standards », les rituels et symboles dans la vie folklorique. Pour Wang Mingming (2007) il faut considérer trois espaces de recherche dans l'anthropologie chinoise : l'étude des Hans, la relation politique et culturelle entre les minorités ethniques et le pouvoir central, l'approche de l'altérité. Mais la recherche sur le monde rural, forme d'expression de la civilisation chinoise, reste centrale en anthropologie et pose largement la question de la modernité.

Luo Hongguang démontre comment l'anthropologie contemporaine s'est construite autour de l'affirmation d'une autonomie et d'une émancipation vis-à-vis de l'anthropologie occidentale et contre l'idée que la modernité chinoise serait un processus passif. Les anthropologues chinois ont besoin de construire leur propre anthropologie dans un contexte très différent de l'Occident, ils évoquent les convergences avec les sociétés indienne et arabe où, de leur point de vue, ce sont les interactions individuelles et collectives « qui font société ». Face à des formes de colonialisme intellectuel nous voyons qu'anthropologues et sociologues à différents moments se sont engagés dans des entreprises de « sinisation » de ces deux disciplines en mobilisant l'histoire de la pensée chinoise. Sont mis en avant ici des effets de domination culturelle et de violence symbolique de la pensée occidentale qui doivent être dépassés dans la construction de théories et de postures anthropologiques chinoises.

Aujourd'hui les objets de recherche en anthropologie se sont diversifiés comme en sociologie mais les anthropologues invoquent largement le point de vue du sociologue et celui de l'historien pour se donner les moyens de penser la complexité de la société chinoise. Luo Hongguang invite aujourd'hui les anthropologies à internationaliser leur discipline.

Questions de sociologie contemporaine

Nous avons identifié cinq espaces de recherche majeurs investis par les sociologues chinois :
– transition sociale et marchés du travail chinois
– transformations de la structure sociale et production des inégalités
– urbanisation et industrialisation
– individu et sociétés
– État et société
que nous allons décrire maintenant dans le détail.

1. Transition sociale et marchés du travail chinois

Au cœur de la sociologie contemporaine chinoise se trouve la question de la transition, transition à la fois économique et sociale. Le concept de transition sociale désigne les transformations qui ont eu lieu depuis les vingt dernières années dans les pays socialistes et pays anciennement socialistes, et plus particulièrement les processus de transition sociale accompagnant les mécanismes de marché. Cependant la transition contient des éléments de modernisation sans s'y réduire et contient du développement sans s'y limiter. Le processus de transition sociale est défini par Sun Liping (2007a, 2007b) dans le **chapitre 1** comme ayant une logique propre, des procédés propres dans lesquels les individus développent des stratégies et des tactiques au cours d'actions pratiques et situées dans un contexte de mondialisation. Nous analyserons le processus de transition à travers l'évolution de la *danwei*, la construction des marchés du travail, les marchés locaux et l'accès à l'emploi.

a) La danwei, spécificité de la société chinoise

C'est à partir de la *danwei*, forme emblématique du socialisme, que les sociologues raisonnent pour comprendre les grandes transformations économiques liées à la transition sociale. La notion de *danwei* ou d'unité de travail, n'est apparue qu'au tournant des années 1980 ; elle désigne une spécificité de la société chinoise (Miège, 2005) c'est-à-dire une organisation autour et à partir des lieux de travail où, jusque dans la seconde moitié des années 1990, les unités de travail étaient chargées de l'amélioration de l'habitat par une politique de grands travaux, la lutte contre le chômage, la mise en œuvre de programmes de santé. La *danwei* était définie comme système d'organisation économique qui créait du lien social et qui sous-tendait la structure sociale dominée par l'État qui décidait des modes de distribution du pouvoir et d'allocation des ressources aux travailleurs en fonction de leur niveau de qualification, de leur ancienneté, du temps de travail mais aussi de leurs attitudes politiques et de leurs comportements sociaux (Lu Feng, 1989 ; Li Hanlin, Li Lulu, Wang Fenyu, 1992 ; Li Lulu, 1993 ; Li Hanlin, 1993 ; Li Hanlin, Li Lulu, Wang Fenyu, 1995 ; LiMeng, Zhou Feizhou, Li Kang, 1996 ; Li Peilin, Zhang Yi, 2000 ; Li Hanlin Li Lulu, 2003) Elle a été analysée comme lieu de domination étatique et de stratégies d'adaptation secondaire (Goffman, 1968) de travailleurs chinois dans des micro-espaces d'autonomie qui échappaient au contrôle et à la surveillance (Li Meng, Zhou Feizhou, Li Kang, 2003), sortes de dispositifs panoptiques au sens de Foucault (1975).

La *danwei* apparaît comme une forme économique et sociale de l'ancien système socialiste qui va s'affaiblir pendant la transition et va se démultiplier en plusieurs institutions économiques comme les entreprises privées, les entreprises à capitaux mixtes, les entreprises rurales, les TVE… L'analyse de la *danwei* restera un objet de recherche pertinent en sociologie économique mais les sociologues vont ensuite de plus en plus s'intéresser à la construction des marchés du travail chinois. Cette forme d'entreprise s'autonomisera de plus en plus par rapport à l'État et ses contours deviennent de plus en plus difficiles à définir. Il est bien évident que la *danwei* ne peut être mise en relation avec des formes économiques contemporaines d'Europe de l'Ouest.

b) Marchés du travail et segmentation

Les marchés du travail chinois se sont largement reconfigurés depuis les réformes de 1978 en rendant compte d'une grande transformation économique dans l'histoire de la Chine et du monde (Li Peilin, 2002b, 2005). En effet, jusqu'aux réformes économiques en 1979, le marché du travail chinois pouvait avant tout être défini comme un marché étatique, apparemment unifié dont les règles, conventions et normes de régulation étaient produites, énoncées et mises en œuvre par le gouvernement chinois. À partir du milieu des années 1980 les marchés du travail vont se différencier et se segmenter dans un contexte de capitalisme qui cohabite avec ce qui reste d'une économie planifiée ; ils vont aussi se construire différemment selon les régions (Chen Yingying, 2005)

Dès le début des années 1990, la question de la formation des marchés du travail devient alors un sujet qui mobilise de nombreux chercheurs. À partir de la fin des années 1990, très sensibles à la question des réseaux, des sociologues chinois ont d'abord revisité la thèse de la Grande Transformation de Karl Polanyi puis celle de Michael Burawoy fondée sur la Seconde Grande Transformation et qui se rapporte aux transformations du Marché dans les sociétés communistes contemporaines ; Shen Yuan (2006) pose alors l'hypothèse que la Chine se trouve au point de rencontre entre ces deux Grandes Transformations. Dans les recherches réalisées, les marchés du travail, définis comme institutions économiques nées de cette double Grande Transformation sont décrits comme des constructions sociales référées à un ordre communiste ; ils produisent des changements structurels importants et donnent lieu à une nouvelle stratification sociale. Simultanément, les effets de la globalisation sur l'économie chinoise engendrent de nouvelles formes de coordination économique sur les marchés du travail et la reconfiguration des marchés du travail est pensée en lien étroit avec le processus de stratification sociale rapide et très actif dans la société chinoise. Le processus de stratification sociale traduit alors des segmentations des marchés du travail en formation.

En Europe, notamment en France (Reynaud, Maruani, 2004), les thèses américaines sur la segmentation des marchés du travail, et plus celles sur la dualisation (Piore, 1980) ont été largement mobilisées dès les années 80, elles le seront aussi en Chine à partir des années 1990 par les sociologues chinois pour rendre compte des transformations des marchés du travail chinois. Un certain nombre de sociologues dont Li Qiang (2002), Li Peilin (2002c), Li Chunling (2005b) pose l'hypothèse d'un marché du travail chinois clivé en deux : un marché primaire qui mobilise des travailleurs qualifiés bénéficiant de hauts salaires, de bonnes conditions de travail et de la protection sociale, un marché secondaire où entrent et sortent des travailleurs-migrants peu qualifiés, mal payés et ne bénéficiant pas d'un environnement de travail favorable. Cependant cette théorie est réinterprétée et adaptée au contexte chinois à partir de trois idées :

– l'idée que le *hukou*, dispositif politique spécifiquement chinois, a participé activement à dualiser les marchés du travail ;
– l'idée que, sur des marchés du travail segmentés, se forme malgré tout une « élite de travailleurs migrants » qui restent en ville ;
– l'idée que les marchés du travail secondaires donnent largement accès à des emplois informels. En effet il est difficile de parler d'emplois précaires en Chine dans le sens où ces travailleurs migrants bénéficient rarement d'un contrat de travail et se trouvent contraints à des mobilités professionnelles horizontales.

c) Marchés locaux, droits de propriété et privatisation

Différents sociologues, dont Liu Shiding (1995, 1997) ont montré en quoi il est fondamental de distinguer les marchés locaux des marchés nationaux, les marchés ruraux des marchés urbains pour comprendre comment le processus de double transition économique s'opère en Chine. Après la décollectivisation du début des années 1980 un phénomènc a été, un moment décisif dans le processus de transition qui a profondément transformé les zones rurales pour appréhender la construction sociale des marchés locaux : le développement des entreprises rurales non agricoles, dites entreprises de bourgs et de villages. Ce phénomène a fait l'objet de nombreuses études. En effet sur les marchés locaux ruraux dans la première phase des réformes (1978-1992) économiques naissent donc ces TVE (Township and Village Enterprises), entreprises industrielles sous propriété collective créées à la campagne. Depuis une dizaine d'années confrontées à une concurrence toujours plus grande avec les entreprises urbaines et des difficultés financières ces entreprises vont se trouver contraintes de diversifier leurs modes de propriété ; elles vont devenir collectives, coopératives par parts, sociétés à responsabilité limitée, entreprises privées, entreprises individuelles mais toutes entraînées dans un mouvement de privatisation (Aubert, 2006). Selon Zhe Xiaoye et Chen Yingying (2006) les frontières entre les différents régimes de propriété et leurs modes de régulation sont de plus en plus difficiles à définir mais surtout les droits de propriété collective doivent être pensés comme s'appuyant sur des rapports sociaux et le Marché, voire un enchevêtrement de relations sociales (Zhou Xueguang, 2006). D'autres sociologues encore (Shen Jing, Wang Hansheng, 2006) ont posé la question des droits de propriété comme lieu d'interaction entre individus et contextes ; les droits de propriété collective seraient définis comme structure intermédiaire entre le « haut » et le « bas » de la société rurale.

Liu Shiding dans le **Chapitre 4** montre comment, à partir de la seconde moitié des années 1990, ces entreprises de bourgs et de villages ont joué un rôle décisif dans la mise en place de l'économie de marché grâce à la structure particulière de leurs droits de propriété. Différents régimes de propriété collective seront remplacés par de la propriété étatique et certains évolueront vers de la propriété privée. Il insiste sur la difficulté à définir leur régime de propriété du fait qu'on ne sait pas très nettement qui des organisations économiques ou de leurs gestionnaires peut exercer le droit de propriété sur les biens économiques de ces entreprises. Liu Shiding (2006b) développe alors une théorie du système des droits de propriété à partir d'un concept proprement chinois, la possession, qui, dans son acception étroite, désigne l'usage ou le contrôle exclusif sur un objet économique de la part d'un individu ou d'un groupe, et qui peut être défini à partir de trois dimensions : les formes de l'exclusivité de la possession, l'espace de choix du mode de possession, la limite temporelle de la possession. Les trois dimensions de la possession se combinent sur des modes variés pour produire des formes complexes qui ne font pas toutes l'objet de légitimation. La possession de ressources ne devient un droit de propriété que si elle est reconnue dans un cadre social donné producteur de normes de reconnaissance. C'est la combinaison de la loi, l'administration, l'idéologie officielle, les normes en circulation dans la société ordinaire, les réseaux relationnels qui contribuent à produire ces formes de reconnaissance.

Ces entreprises rurales ont joué un rôle très important dans le développement industriel et des campagnes, elles ont été très étudiées jusqu'en 1990 comme acteurs centraux dans la première phase des réformes. Et si ces entreprises vont d'abord absorber une grosse partie du surplus de la main-d'œuvre agricole, leur capacité d'absorption va connaître des limites et vont alors s'organiser des migrations vers les villes. Liu Shiding (1997) parlera de villages qui évoluent en villages industriels dans un contexte d'industrialisation. Peng Yusheng (2000) parlera de « marché transitionnel local » pour désigner ces arrangements entre des formes économiques disjointes qui donnent lieu à des organisations hybrides dans la transition.

La notion de marché local ne se réduit pas aux entreprises rurales, elle peut prendre d'autres configurations. Par exemple, Liu Shiding (2002) démontrera la spécificité des marchés locaux chinois à partir de l'exemple d'une alliance entre un grand marché, le marché de Baigou, et une multitude d'ateliers domestiques en montrant comment des entreprises familiales rurales peuvent maintenir leur organisation à partir de réseaux sociaux très denses et leur compétitivité en présence d'un grand marché, un espace marchand de grande envergure ; on voit ici la complexité d'un marché local autonome vis-à-vis d'un marché national, producteur de ses propres normes, conventions, règles, modalités de circulation des biens et des hommes. À partir de ce même exemple Shen Yuan (2002a, 2002b) montrera comment joue le pouvoir politique local sur l'organisation de cet espace marchand, comment se construisent des formes d'accords et de désaccords entre autorités locales et marché local. Est posée alors la question des coordinations économiques entre différentes catégories d'espaces et d'acteurs. Enfin nous pouvons considérer l'espace marchand de petits commerces sur ces marchés locaux, les commerces en bordure de route, situés à l'extérieur des villages, qui participent largement à la reconfiguration des marchés locaux (Thireau, Hua, 2002).

Il est intéressant de noter que ces configurations économiques n'ont pas d'équivalent sur les marchés du travail d'Europe de l'Ouest, notamment français. La notion de marché local rural ne trouve pas de forme directement équivalente aujourd'hui et fait apparaître la réelle spécificité de phénomènes économiques en Chine.

d) Accès à l'emploi, chômages et pauvretés

Aujourd'hui l'accès à un emploi stable n'est plus une garantie dans la société chinoise quand se développe un chômage massif dans les villes chinoises et quand le secteur public en retructuration ne peut plus absorber la main-d'œuvre, ni lui garantir une protection sociale. Les phénomènes de chômages fragilisent des populations peu qualifiées qui se trouvent contraintes à des situations de marginalisation et de désaffiliation sociale (Guo Yuhua, Chang Aishu, 2005 ; Xi Guihua, 2006). En effet depuis le début des années 1990 avec la réduction de la taille des entreprises d'État, l'importance croissante du secteur privé, le ralentissement de la croissance de l'emploi rural, différentes formes de chômage émergent, différentes catégories de chômeurs se forment comme les *xiagang* (ouvriers licenciés par leur entreprise mais recevant des subsides, effectuant des travaux temporaires et continuant de bénéficier de la couverture sociale de leur unité de travail) (Tong Xin, 2002, 2006) et les jeunes diplômés. Par ailleurs, la rapidité des transformations économiques en Chine a aussi provoqué une intensification des mouvements migratoires sur le continent chinois et les migrants, majoritairement jeunes, souvent peu qualifiés, cherchent à accéder à un emploi sur les marchés du travail où ils sont le plus souvent objet de déqualification sociale et économique. Enfin cette nouvelle situation économique produit une création massive d'emplois dans le secteur informel où se trouvent largement représentées les populations de migrants.

Cette nouvelle situation économique crée aussi des formes variées de pauvreté difficiles à définir. La pauvreté reste importante et se concentre dans des zones qui semblent être exclues de la vague de prospérité occasionnée par les réformes économiques : zones rurales reculées et régions peuplées par les minorités. Mais depuis les années 2000 apparaissent des formes de pauvreté urbaine largement liées à la présence de migrants dans les grandes villes chinoises. Les sociologues chinois ouvrent aujourd'hui des chantiers de recherches sur la construction des inégalités et des injustices dans ce qu'ils appellent « la vie économique moderne », sur les façons de penser au niveau théorique croissance économique et inégalités. Certains distinguent des processus « d'exclusion collective » (Li Qiang, 2000, 2001, 2002) des processus d'exclusion individuelle pour expliquer comment se constitue une *underclass* dans cette nouvelle société chinoise. La question de l'accès à l'emploi est devenue un enjeu scientifique très important pour les sociologues chinois.

Quelles approches sociologiques privilégient les sociologues chinois pour analyser le processus d'accès à l'emploi ? Les approches en termes de réseau, lien social et de capital social sont principalement mobilisées dans la sociologie économique chinoise pour analyser le processus d'accès à l'emploi. Les réseaux familiaux et sociaux sont pensés comme jouant un rôle central dans les processus de socialisation, désocialisation et resocialisation économique. L'analyse de réseaux dans les analyses chinoises désigne un type particulier d'abstraction et non un type particulier de relation et rejoint en cela différentes approches sociologiques américaines (Mitchell, 1973 ; Barnes, 1972). On s'intéresse plus ici aux individus et aux usages qu'ils font de leurs rôles plutôt qu'aux rôles et à la manière dont ils investissent les individus, plutôt aux pratiques qui jouent des limites institutionnelles ou qui les traversent plutôt qu'à des pratiques qui les confirment (Hannerz, 1980). À partir de l'usage du concept de réseau se pose celui des liens. Si la théorie de Granovetter a été mobilisée en France à partir des années 1990, elle le sera aussi à partir de la même période en Chine. La théorie de Mark Granovetter (1974, 1994) de la force des liens faibles, en relation directe avec la théorie du *chaxu geju* de Fei Xiaotong[1], est en effet mobilisée dans de nombreux travaux en sociologie économique. En effet Granovetter avait posé l'hypothèse – retenue dans différentes recherches en France – de l'intrication entre réseaux sociaux et marchés en montrant que la force des liens faibles, c'est-à-dire l'accès à plusieurs réseaux, permet de comprendre le fonctionnement des marchés du travail à partir d'interactions. Les sociologues chinois semblent plutôt retenir l'idée de force des liens et donner un statut moindre à l'idée des liens faibles ; en effet les liens ne peuvent pas être vraiment pensés comme faibles puisqu'en Chine, du fait d'un héritage culturel voire civilisationnel, l'individu existe d'abord par le réseau ou le groupe d'appartenance. La théorie de la force des liens, définie comme la combinaison de la quantité de temps, l'intensité émotionnelle, l'intimité (la confiance mutuelle) et les services réciproques, permet de lier interactions et processsus structurels.

La construction des réseaux et des liens sociaux faibles ou forts est toujours liée à celle du capital social. Quelles théories du capital social les sociologues chinois retiennent-ils ?

Ils ne retiennent pas vraiment ici la conception du capital social de Pierre Bourdieu – évidemment très utilisée encore en France – qui s'inscrit dans une théorie de la reproduction récemment mobilisée en Chine. Robert Putnam (2000) qui considérait que le capital social peut avoir des conséquences externes, c'est-à-dire qu'il profite aussi aux personnes qui n'en sont pas dotées, est rarement cité ; mais, en revanche,

---

1. Fei Xiaotong (1947) explique le sens de *chaxu geju* de façon imagée et vivante : « Notre structure n'est pas un rassemblement de bottes de bûches nettes, mais des cercles formés par des ricochets lorsque l'on lance un caillou à la surface de l'eau. Chacun est le centre des cercles que son influence sociale fait rebondir. Là où il y a rebond par ricochet, il y a lien. En différents moments et lieux, chacun mobilise des cercles différents. »

apparaît plus souvent Coleman qui saisissait le capital social comme une ressource pour les acteurs dans une perspective non-déterministe où, selon Antoine Bevort et Michel Lallement (2006), l'attention est portée aux obligations et attentes réciproques qui dépendent du degré de confiance mutuelle des relations, des modes de circulation informelles des informations et des normes d'action. Il est ici intéressant de relever que la sociologie économique chinoise et la sociologie économique française (Steiner, 1999; Lazega, 2005; Lallement, 2007; Laville, Cattani, 2007, Panaderse, 2003) mobilise certains mêmes travaux nord-américains en essayant de trouver des voies spécifiques.

Ces travaux peuvent largement être mis en dialogue avec des travaux français liés à la diversité des chômages (Demazière, 2006) la production de nouvelles formes de pauvreté en Europe (Paugam, 2000, 2005), l'institutionnalisation de formes de sous-emploi (Castel, 2005, 2007), la précarisation des situations d'emploi des jeunes (Roulleau-Berger, 1999, 2003, 2004b; Nicole-Drancourt, Roulleau-Berger, 2001), les nouvelles formes de segmentation ethnique des populations migrantes (De Rudder, Poiret, Vourch', 2000; Roulleau-Berger, 2007b).

2. Transformations de la structure sociale et production des inégalités

Li Chunling (2005) a distingué quatre modèles théoriques dans la sociologie chinoise développés dans les années 2000 pour expliquer le rapport entre transition et transformations de la structure sociale:

– le modèle de la « société fracturée » à partir de la conjonction des trois processus conjoints:
  - dc stratification, de bipolarisation et de désaffiliation sociale
  - de rupture entre les villes et les campagnes
  - de production d'écarts sociaux et culturels entre différents groupes sociaux.

– le modèle de la fragmentation sociale

– le modèle de la stratification sociale et de l'émergence des classes moyennes

– le modèle de la structuration de l'espace social en lien avec la modernisation

Nous allons reprendre ce principe de distinction autour de quatre axes:

– inégalités et « société fracturée »
– fragmentation sociale et multiplication des inégalités
– stratification et mobilité sociale
– permanence et reproduction des structures sociales dans la transition

a) Inégalités et « société fracturée »

Ce modèle pose la question de la polarisation sociale en Chine, processus qui traverse largement les sociétés européennes. Sun Liping (2002a, 2003) pose le concept de « société fracturée » et montre comment à un pôle nous aurions une classe qu'il nomme des « nouveaux riches » et à un autre pôle deux catégories sociales très appauvries : des groupes sociaux très défavorisés et qui l'ont toujours été dans le Nord-Ouest et le Sud-Ouest de la Chine et des nouvelles catégories de pauvres constituées de chômeurs, de *xiagang* et de migrants d'origine rurale. Ces deux dernières catégories seraient constitutives d'une *underclass* en formation dans la société chinoise. On insiste ici sur la rapidité du processus de polarisation sociale – processus qui s'est développé durant les dix dernières années – dans une société en transition où les formes d'intégration dominantes passent par l'inscription dans une économie de marché, où est mise à distance économiquement et socialement une partie de la population. Apparaissent alors dans la société chinoise des zones de marginalité sociale, phénomène très récent et très précipité qui révèle ce processus de polarisation sociale.

Le processus de polarisation sociale est très développé en Europe de l'Ouest, notamment en France, son analyse a donné lieu à de nombreux travaux. Par exemple Robert Castel (1991, 1995a, 1995b) avait défini trois zones de cohésion sociale dans la société française : la zone d'intégration caractérisée par l'association intégration instable-insertion relationnelle solide, la zone de désaffiliation où se conjuguent l'absence de participation à toute activité productive et l'isolement relationnel, et la zone de vulnérabilité de plus en plus étendue qui associe la précarité du travail et la fragilité des supports de proximité. En effet Robert Castel ne considérait pas qu'il existe des inclus et des exclus mais un continuum qui va du pôle de la désaffiliation à celui de l'intégration professionnelle sur lequel s'organise la « lutte des places » (de Gaulejac et Taboada-Leonetti, 1994).

Sun Liping comme Robert Castel semble aussi considérer que ce n'est pas à l'intérieur des populations dites exclues que se forme une unité mais hors d'elles, dans la perception de la société globale. Si les deux théories se touchent sans se rencontrer complètement du fait des différences de contextes sociétaux, tous les deux posent cependant la question du seuil de tolérance d'une société à l'invalidation sociale.

b) Fragmentation sociale et multiplication des inégalités

Li Peilin (2002a), Lu Xueyi (2002), Li Qiang (2002) et d'autres sociologues insistent sur les différentes formes de fragmentation sociale qui naissent dans un contexte caractérisé par la synchronicité du processus de transition économique et de transformation structurale. Apparaît alors une première ligne de fragmentation entre villes et campagnes, notamment à partir des populations de migrants qui viennent chercher du travail dans les grandes villes et n'en trouvent pas facilement, une deuxième ligne de fragmentation entre les cols bleus et les cols blancs, mais plus précisément entre les « nouveaux riches » et les cols bleus, une troisième ligne entre ceux qui travaillent dans l'économie de marché en ayant accès à des statuts reconnus et ceux qui sont contraints à des emplois informels, à travailler dans l'économie illégale, voire criminelle. Les analyses sociologiques convergent ici sur l'idée d'une fragmentation très marquée entre villes et campagnes qui aurait produit une structure socio-économique duale avant les réformes, notamment avec le *hukou* qui constituait en lui-même un principe de différenciation sociale producteur de deux systèmes de statuts différents non superposables. Li Qiang (2005) montrera ensuite comment cette dichotomie villes/campagnes, avec l'intensification des migrations, va se défaire pour partie et participer à la naissance d'une *underclass* en milieu urbain constituée de ces mêmes migrants peu qualifiés qui bénéficient d'un statut dans leurs villages et le perdent dans leurs mobilités vers les villes.

L'accent est mis ici sur la multiplication et la hiérarchisation de groupes sociaux dotés de ressources sociales, économiques et symboliques différenciées dans le processus de stratification sociale où se combinent richesse, pouvoir et prestige social. La question de la construction des inégalités sociales est ici posée à partir de la nécessité de combiner différents registres qui se combinent sur des échelles de stratification différenciées où les frontières entre groupes sociaux apparaissent incertaines.

Ces approches sociologiques pourraient rejoindre pour partie celles de François Dubet sur les « inégalités multipliées » (2000) qui a mis en évidence que la modernité dans la société française accroissait la différenciation sociale et multipliait les registres d'inégalités ; il a aussi montré que si la société industrielle avait pu laisser penser que l'identité de classe résumait toutes les autres, ce n'est plus le cas aujourd'hui. Dans le cas de la Chine on observe que les processus de structuration et de fragmentation ont lieu dans la simultanéité et produisent aussi des inégalités multipliées.

c) Stratification et mobilité sociale

Dans le **chapitre 3** Li Chunling montre que la structure de la société chinoise a radicalement changé depuis la mise en œuvre des réformes économiques. Ainsi les itinéraires de mobilité sociale vont se diversifier à partir de 1978 et les blocages structurels à la mobilité vont se redéfinir. La question de la stratification sociale pour les sociologues chinois ne peut être dissociée de celle de l'économie de marché. Depuis les réformes économiques la société chinoise se stratifie de plus en plus et se diversifie du point de vue de la constitution des catégories socio-professionnelles regroupées en quatre classes sociales. Les sociologues de l'Académie des Sciences Sociales de Chine (Pékin) ont identifié 10 catégories sociales qui peuvent être regroupées en quatre classes sociales (Lu Xueyi, 2001, Li Peilin, 2002b, Li Chunling, 2005a, 2006) : les classes supérieures, les classes moyennes, les classes populaires et les personnes sans activité, au chômage ou au chômage partiel. Les chercheurs de l'Académie des Sciences Sociales de Chine soulignent la complexification de la structure sociale, la différenciation des groupes sociaux, la diversification des trajectoires sociales et un accès inégal à la mobilité sociale. Les inégalités en matière de revenus se creusent de plus en plus entre les différentes classes sociales. En effet pendant qu'une classe de riches Chinois se forme, qu'émergent de nouvelles élites politiques et culturelles, le statut des ouvriers et des paysans a décliné ; et le principal obstacle à la mobilité ascendante des paysans résulte plutôt du fait que l'industrialisation et l'urbanisation ne peuvent pas offrir suffisamment d'emplois non agricoles. Le concept de mobilité intragénérationnelle paraît alors plus efficient que le concept de mobilité intergénérationnelle pour rendre compte des changements structurels depuis les réformes : Li Chunling montre dans son chapitre comment le statut du capital économique était décisif dans les processus de mobilité sociale avant 1949 pour devenir négatif entre 1949 et 1980 et comment les capitaux culturels et économiques sont devenus décisifs dans les modes de construction de la mobilité sociale aujourd'hui. Capital économique, capital social, capital culturel et capital politique vont se combiner différemment pour produire une diversité de trajectoires différenciées et de mobilités non linéaires qui témoignent de l'affirmation d'une société de classes. La mobilité sociale se caractérise plutôt par des petits déplacements dans l'espace social et des passages progressifs d'une position à l'autre que par des changements très marqués. Li Chunling explique le paradoxe de la Réforme qui a multiplié les opportunités de mobilité et produit en même temps une plus grande netteté des frontières entre les groupes sociaux ; par exemple les élites maintiendront leurs positions. Ce paradoxe apparaît propre à la société chinoise et impose au plan théorique de travailler simultanément sur le processus de différenciation et le processus de fragmentation sociale là où, dans la sociologie française, et plus largement européenne, nous les avons pensé l'un après l'autre.

Cette approche de la mobilité sociale en Chine peut être mise en lien avec les analyses de Pierre Bourdieu qui avait montré comment les formes de mobilité sociale ascendantes ou descendantes varient selon les conjonctures historiques et comment les statuts des capitaux économique, social et culturel peuvent jouer différemment sur la construction des identités sociales. En effet nous voyons aussi comment les volumes des capitaux économique, social et culturel, leur structure et l'évolution dans le temps de ces propriétés définissent ce que Pierre Bourdieu avait appelé « un espace à trois dimensions » (1979) sauf qu'il faut considérer que le volume global du capital intègre en plus le capital politique qui intègre les ressources et pouvoirs liées à la position politique très décisive en Chine. On voit aussi comment, dans le processus de stratification sociale de la société chinois les trajectoires se diversifient à partir de la combinaison de *l'effet d'inculcation*, directement exercé par la famille ou par les conditions d'existence originelles et *l'effet de trajectoire sociale proprement dit*, c'est-à-dire l'effet qu'exerce sur les dispositions ou les opinions l'expérience de l'ascension sociale ou du déclin (Bourdieu, 1979).

d) Permanence et reproduction des structures sociales dans la transition

Li Lulu (2003, 2006) a montré comment dans le passage à l'économie planifiée se reproduisait la structure sociale à partir des changements du système et des institutions économiques, de la relation État/Marché. Il montre comment des logiques inhérentes au Marché et au système éducatif produisent des inégalités et de la différenciation sociale. Dans le **chapitre 2** Li Lulu développe la thèse de la double reproduction sociale. Il part de l'hypothèse de la détermination de l'héritage social dans la restructuration des rapports sociaux, du développement de l'économie de marché, de l'affaiblissement de l'État dans la construction des systèmes de redistribution qui produisent des processus de reproduction sociale très actifs et permanents dans la société chinoise. Il explique comment le processus de maintien des privilèges sociaux et des positions acquises a lieu à partir de stratégies de reconversion cachées. Li Lulu se réfère explicitement à Bourdieu et pose l'hypothèse de l'universalité des processus de reproduction sociale dont la forme varie selon les contextes sociétaux. Des convergences apparaissent nettement avec la théorie des stratégies de reconversion de Bourdieu (1992, 1994) sur la reproduction des inégalités sociales ; en effet pour Bourdieu les stratégies de reproduction de maintien des positions sociales constituaient un système et tout changement entraînait sa restructuration qui signifiait la *reconversion* d'un capital détenu sous une espèce particulière en une autre espèce ; il montrait comment des reconversions pouvaient avoir lieu par *déplacement verticaux ou transversaux* d'un champ à un autre. Comment sont assurés ces processus de double reproduction sociale dans la société chinoise ? Li Lulu pose l'hypothèse de la double reproduction sociale d'une part, à partir d'un pouvoir institué par l'État et les institutions, et d'autre part, à partir de l'imposition d'une domination sociale et symbolique par les groupes dominants qui produit l'intériorisation des rapports sociaux de domination. Cette théorie fait écho à la théorie du structuralisme génétique mais les formes de reproduction et de domination sociale restent situés dans un contexte socialiste où le pouvoir institué et la domination symbolique sont construits à partir d'ordres culturels, sociaux, institutionnels et politiques liés à l'histoire de la société chinoise.

Ces analyses pourraient aussi dialoguer avec celles de Baudelot/Establet (2000) et de Beaud/Pialoux (1999) qui ont étudié comment la dévalorisation de la condition ouvrière, l'intensification des conditions de travail, la précarisation des statuts produisent de nouvelles inégalités sociales et maintiennent les mieux dotés scolairement, économiquement et socialement dans des positions et des statuts élevés (Chauvel, 1998). Reste à s'interroger sur la nature de ces points de contact entre théorie chinoise et théorie française.

Pour appréhender la question fondamentale dans la sociologie chinoise du rapport entre transition vers l'économie de marché et stratification sociale d'autres sociologues ouvrent un espace de débats. Par exemple Liu Xin (2005) rejoint les auteurs précédents en insistant sur la difficulté à répondre à différentes questions : comment les élites maintiennent-elles leur pouvoir dans le passage de l'économie planifiée à l'économie de marché ? comment les mécanismes de pouvoir propres au secteur public peuvent-ils exister dans une économie de marché ? Sachant que la transition chinoise ne peut être assimilée à celle des pays d'Europe de l'Est du fait qu'elle est d'abord définie comme un processus progressif où le système socialiste continue d'agir sur le Marché, où les « anciennes élites » occupent toujours des positions hautes dans la société chinoise.

3. Urbanisation et industrialisation

Le processus d'urbanisation a stagné en Chine de 1949 à 1979 et à partir de 1979 il va s'accélérer considérablement en même temps que le processus d'industrialisation. Ces deux processus s'étaient étalés sur plusieurs siècles en Occident et ils vont se dérouler ici sur deux décennies. Apparaissent alors des phénomènes économiques et sociaux très propres à la Chine qui font l'objet de nombreux travaux de recherche. Li Peilin dans le **chapitre 6** et Li You Mei dans le **chapitre 7** montreront dans cet ouvrage en quoi la spécificité de ces processus posent des questions théoriques que nous ne nous sommes pas vraiment posés en Europe de l'Ouest.

Certaines mégalopoles chinoises ont en effet ouvert dans les années 1990 de nouvelles zones économiques, comme Pudong à Shanghaï par exemple. Selon Li Youmei, dans ce processus d'urbanisation, les paysans sont contraints de développer des compétences adaptatives au « nouveau système » et se trouvent propulsés dans un nouveau milieu urbain et industriel. Mais la mise en œuvre de politiques de réinsertion professionnelle réussira partiellement et une partie de ces paysans restera aux marges de la ville ; ils perdent la terre mais aussi les protections liées à leurs inscriptions en milieu rural. Suite aux réquisitions un certain nombre de paysans passent du statut de « sujet » acquis dans l'ancien système socialiste à celui de « marginal » dans le nouveau système socialiste où l'accès à une place devient difficile. Cette figure du « marginal » résulte ici du vide qui se forme entre l'ancien système d'organisation économique et social et le nouveau ; on ne voit pas de zones transitionnelles se former dans ce processus d'urbanisation accéléré. Les paysans perdent ici leurs terres, les techniques de production, leur sentiment d'appartenance à un village et leur autonomie, et sont contraints de trouver une place dans le nouvel espace productif. Ceux qui n'y parviendront pas envisageront de retourner dans leurs familles (Bai Nansheng, 2002). On voit alors des acteurs locaux politiques et économiques se mobiliser autour d'intérêts tantôt divergents tantôt convergents, des paysans développer de stratégies adaptatives qui réussissent ou non dans le nouvel espace productif ; ces différentes formes de mobilisation rendent compte de la complexité des processus d'intégration et de désaffiliation économique et urbaine dans la société chinoise contemporaine. On voit aussi comment des acteurs économiques et politiques se mobilisent pour gérer les tensions structurelles entre ancien et nouveau système par la mise en place de politiques d'innovation et comment les paysans se protègent en remobilisant d'anciens savoirs locaux. Ces différentes catégories d'acteurs situés à des places différentes dans l'espace social produisent de nouvelles formes d'action collective (Li Youmei, 2005 b, 2006, 2007).

Li Peilin (2003) à travers un phénomène spécifiquement chinois, les « villages urbains », rend compte des paradoxes inhérent à la complexification de la société urbaine chinoise, notamment des compétences de mobilisation et d'action de paysans qui vivent dans des « enclaves urbaines » nées de ce télescopage entre un ancien système d'organisation économique socialiste et le nouveau. Plus généralement Li Peilin montre comment un processus social, ici le processus d'urbanisation, se développe de manière autonome dans une société complexe et en quoi il est spécifique ; il nous invite largement à dissocier les processus sociaux et économiques de la société chinoise pour penser sa complexité et ses dynamiques propres. « Les villages urbains » apparaissent comme un idéal-type – défini en tant que tel par Li Peilin – qui permet de penser ensemble la question des continuités et des discontinuités entre économie planifiée et économie de marché à travers ce qu'il nomme « le village-unité de travail », les modes de construction locaux des phénomènes de stratification et de différenciation sociale, les permanences et ruptures des réseaux de relations sociales. Il nous montre comment une forme sociale contient de manière concentrée des phénomènes sociaux globaux propres à la société chinoise. Li Peilin démontre comment s'agencent aujourd'hui dans la société chinoise des ordres locaux et des ordres globaux, mais surtout on voit comment ce rapport ordre local/ordre global fonctionne sur un mode propre dans le contexte chinois.

Li You Mei et Li Peilin posent une question qui constitue un sujet de vive polémique dans le monde académique chinois : peut-on considérer les paysans comme pourvus d'une rationalité économique ? Tous deux répondent positivement mais différemment : dans le premier cas l'acteur apparaît davantage contraint économiquement que dans le deuxième où les paysans développent des micro-organisations économiques propres dans lesquelles certains obtiendront un statut dominant.

Ces recherches pourraient évoquer certains travaux de la sociologie urbaine française et belge autour des points suivants :

– les modes de regroupement dans la ville et les modalités spécifiques de l'espace rendent compte d'une définition de la ville et de sa structuration sociale (Rémy, Voyé, 1992, 1998).

– tous les citadins n'accèdent pas à tous les espaces et territoires urbains qui font l'objet de systèmes de légitimation et de hiérarchies de nature différente, liés à une diversité d'activités et à une hétérogénéité de populations (Joseph, 1998 ; Roncayolo, 1990).

– les processus de gentrification urbaine et les nouvelles pratiques des classes moyennes (Authier, 1993, Bidou-Zachariasen, 2003).

– certains espaces apparaissent plus ségrégués que d'autres du fait de l'ampleur prise localement par des processus enchevêtrés et cumulatifs de relégation (Grafmeyer, 1994a, 1994b ; Authier, Bacqué, Guérin-Pace ; 2007, Payet, 1995 ; Van Zanten, 2001, 2007, Berry-Chikhaoui, Deboulet A. Boulleau-Berger L. (dir.)).

– si la ville contient des ségrégations, elle produit aussi des accessibilités hiérarchisées à différents types d'espaces institués et *d'espaces intermédiaires* où les citadins développent des compétences de résistance à la précarité (Roulleau-Berger, 1991, 2004a).

– l'ordre des mobilités et l'ordre des sédentarités rentrent en tension dans la ville (Tarrius, 1995, 2000).

4. Individu et sociétés

Le concept d'identité est assez peu développé sur la scène sociologique chinoise là où il a pris un statut central dans les sociologies européennes, notamment dans la sociologie française surtout à partir de la fin des années 80 au moment où les théories interactionnistes ont été introduites en France. Par contre la problématique des *guanxi* est très forte dans tout le champ sociologique chinois. En revanche les chercheurs chinois articulent la question de l'identité et celle des réseaux.

Yang Yiyin (1998, 2002) dans le **chapitre 14** montre comment dans la psychologie culturellc et la psychologie interculturelle se sont développées différentes théories des *guanxi*. Elle pose l'hypothèse de la fabrication d'un « double nous » dans la construction d'un ordre des interactions ; elle explique comment, pour définir un *guanxi* interpersonnel, il faut prendre en considération l'héritage du régime de parenté et les relations de confiance et d'obligation réciproque. Le nous est produit d'une part par des *guanxi* qui dessinent les frontières du « moi » particulières, plus précisément de ce que Fei Xiao Tong appelait le *chaxu geju*, et d'autre part, par des catégorisations, des identifications et des appartenances sociales. Dans la société chinoise, de notre point de vue, on pourrait dire que les identités pour soi et pour autrui (Goffman, 1975) se construiraient à partir de ce « double nous » là où, dans les sociétés européennes, les identités se construiraient d'abord à partir du *moi* et du *je* comme moments du processus du *soi* au cours duquel l'individu rencontre des *autruis* et peut alors passer au *nous*. Selon les formes et types de *guanxi* la relation individu/groupe se posera différemment et le moi ne sera pas situé au même endroit. Yang Yiyin insiste sur l'importance des *guanxi* dans la construction des identités individuelles et collectives en rappelant qu'elle est inhérente à la civilisation chinoise passée et présente et en expliquant que la relation Individu/groupe signifie avant tout la construction d'une relation sociale qui ne peut se réduire ni à une catégorisation sociale, ni à un rôle social. L'individu chinois est donc pluriel dans une société en transition où, selon ses ressources sociales, il accède à une plus ou moins grande diversité d'espaces de socialisation.

Par ailleurs le rapport individu/société a été aussi posé par Liu Shiding (2006) à partir de cette question particulièrement centrale en Chine des droits de propriété. En effet en nous montrant comment propriété d'État, propriété collective, propriété individuelle s'agencent autrement depuis 1979 et font apparaître d'une part des institutions économiques hybrides et d'autre part favorisent l'accès à la propriété de soi, Liu Shiding nous donne à voir comment les supports qui font exister l'individu ont changé. Alors on peut voir comment, dans le contexte de la société chinoise, se construit un individu à la fois propriétaire de biens matériels et symboliques collectifs, de biens sociaux et de biens récemment privatisés ; cet individu accède progressivement à la propriété de lui-même là où l'individu en Europe de l'Ouest peut accéder autrement à la propriété de soi. Une convergence théorique apparaît ici avec les travaux de Robert Castel (2001) qui a parlé « des *individus par excès* qui ont acquis une surface, une place et des biens, propriétaires d'eux-mêmes, et des *individus par défaut,* non couverts par les systèmes collectifs ou incapables de s'inscrire dans des collectifs protecteurs, disposant de peu de ressources et de supports, moins propriétaires d'eux-mêmes ». À travers le système de la propriété en Chine est posée la question des ordres de reconnaissance sociale.

Depuis plus de vingt ans, il est intéressant de voir que sur la scène sociologique européenne, notamment française, l'individu contemporain, qu'il apparaisse incertain (Ehrenberg, 1995), réflexif, autonome… est au cœur de la réflexion sociologique là où il apparaît peu visible sur la scène sociologique chinoise. En Europe, ce phénomène met en évidence l'affirmation du processus d'individuation en tant que processus de civilisation – au sens de Norbert Elias (1991) – qui se caractérise plus par la montée de la norme d'autonomie que par un repli généralisé sur l'espace privé ; il signifie alors autant d'aspirations et de chances pour l'individu que de risques d'échec. Liberté de choix et augmentation de risques existent ensemble dans la construction sociale de l'individu (Elias, 1991) qui incorpore des schèmes différents révélés dans différents contextes (Lahire, 1998). Comme le montre Kaufmann (2001, 2004) si auparavant les structures sociales portaient l'individu, si le niveau de réflexivité était cohérent avec la structure sociale, aujourd'hui la production d'une identité est désormais une condition de l'action et le processus d'individuation passe par l'accès au gouvernement de soi. Les identités des individus se construisent à partir d'une pluralité d'espaces d'appartenances producteurs d'une diversité de socialisations, notamment horizontales (De Singly, 2007). En effet si F. Dubet (1994, 2000) a montré comment l'idée de société conçue comme un ensemble organisé a décliné avec l'autonomisation progressive des hiérarchies et des rapports de classes, les formes de représentation et d'action collective, l'affaiblissement des institutions en mettant à l'épreuve l'individu, M. Wieviorka (1993, 2005) a plus insisté sur la montée des racismes, les phénomènes de fragmentation culturelle, de ségrégation urbaine et de violences des institutions dans un contexte démocratique et, à la suite d'Alain Touraine, pose avec vigueur la question de la construction du sujet comme « ce qui échappe aux logiques des systèmes, du souverain, de Dieu, d'une Communauté et de sa loi, ou qui y résiste » (Wieviorka, 2007).

L'autonomie devient alors à la fois une aspiration largement partagée et une norme très contraignante (Kokoreff, 2003) devant laquelle les individus seront inégaux. Dans les sociétés européennes où la subjectivité est devenue une question collective, A. Ehrenberg (1995, 2007) a montré qu'était né un « individu incertain » confronté à différentes situations d'indétermination productrices de malaises dans les vies sociales, individu qui oscille entre estime et mépris social, entre estime de soi et honte de soi selon les rôles qu'ils jouent dans les différents espaces d'appartenance et d'activités, et accède difficilement à lui-même (Roulleau-Berger, 1999, 2007B). Sur la scène sociologique française la question de la lutte pour la reconnaissance (Honneth, 2000) est devenue depuis la fin des années 1990 majeure pour rendre compte des nouveaux rapports à l'Autre dans les sociétés contemporaines où se pluralisent les ordres normatifs et où apparaissent de nouvelles fragmentations sociales. Certains anthropologues français, comme F. Laplantine (2007), nous invitent alors à interroger le sujet tel qu'il s'est construit historiquement, philosophiquement, sociologiquement et anthropologiquement en Europe en se demandant s'il ressemble ou non à d'autres sujets construits dans d'autres contextes culturels, voire civilisationnels.

5. État et société

Dans la sociologie chinoise la question de la relation État/société prend un statut très important. Elle est posée sous différentes formes, inscrite dans des approches théoriques variées, tantôt liée à la question du pouvoir, tantôt à celle des modes de gouvernance, de la construction de l'espace public ou encore des formes de résistance et d'action collective.

a) Pouvoir des «forts» et pouvoir des «faibles»

Il est particulièrement intéressant de voir que certains sociologues abordent la réalité chinoise plutôt d'un point de vue pragmatiste comme une construction continue des membres qui n'a pas d'autre sens que celui, endogène, qui lui est attribué par les activités mêmes qui la construisent. La domination n'est pas posée comme continue et permanente entre les situations ordinaires de la vie civile et l'État. L'État forme et informe les cadres d'actions et les processus pratiques de la vie civile en lien avec d'autres éléments locaux et contextuels (Guo Yuhua, Sun Liping, 2002 ; Guo Yuhua, 2003). Le pouvoir administratif s'exerce à travers des «constructions de situation» et des «contraintes de situation» sachant que, dans chaque situation, les membres reconstruisent le sens de leurs actions et les modalités de ces actions (Sun Liping, 2002c). Est alors saisie la complexité entre les «forts» et les «faibles», les capacités de résistance des paysans au-delà des grands mouvements collectifs. Les individus face à un État fort utilisent ici des stratégies adaptatives au quotidien qui s'appuient sur des *guanxis* et produisent alors des espaces sociaux (Xiang Biao, 2002). On voit comment la capacité réflexive des individus est engagée dans les situations d'interactions et les divers contextes de l'activité sociale de tous les jours.

Si les travaux de Scott (1990) ont été mobilisés pour travailler sur les formes quotidiennes de résistance paysanne et se rapprochent aussi de celles étudiées par Michel De Certeau (1980) quand il parlait des « arts du faible », c'est-à-dire les pratiques ordinaires d'ajustement des dominés aux circonstances, qui sont de l'ordre de la tactique plus que de la stratégie. Cette façon de penser simultanément domination et résistances a été travaillée plus récemment en France dans le cadre de travaux sur les mobilisations individuelles et collectives dans les banlieues ouvrières françaises (Battegay, 1997 ; Kokoreff, 2003 ; Laé, Murard, 1985 ; Mozere, Péraldi, Rey, 1999 ; Lepoutre, 1997, Rabier, 2002 ; Roulleau-Berger, 1991,1999 ; Tarrius, 2000) où des populations en situation précaire confrontées aux épreuves du chômage, de la ségrégation et la discrimination, développent des stratégies de résistance économique, sociale et culturelle à partir d'une «intelligence collective» et de compétences réflexives.

b) Gouvernance et ritualisation

Dans le **chapitre 9** Guo Yuhua théorise la question de la gouvernance à partir des rituels d'État en tant que techniques de pouvoir mises en place dans le cadre d'une gestion miniaturisée des relations entre l'État et les paysans (Guo Yuhua, 2001, 2003). Est analysée ici la manière dont les paysans ordinaires se sont laissés convaincre par l'idéal révolutionnaire et l'imposition d'une implication dans la vie politique chinoise; l'auteur propose de ressaisir les couples État/société, grande tradition/petite tradition, culture supérieure/culture populaire, idéologie dominante/opinion publique pour les mettre en mouvement dans une sociologie « d'en-bas », c'est-à-dire en prenant en considération ce qui fait sens dans la ritualisation de la vie politique et quotidienne des individus et en analysant comment l'État ouvre des espaces publics ritualisés[2]. L'État et la société civile ne sont à aucun moment pensés dans des rapports d'opposition mais est analysée la complexité des continuités et discontinuités entre État et société civile. Les rituels d'État « font gouvernance », constituent des dispositifs de gestion morale et politique des corps et des esprits, des micro-dispositifs disciplinaires (Foucault, 1975) dans lesquels les individus se présentent comme acteurs dans un espace politique théâtralisé au sens de Geertz. Mais ces rituels d'État prennent appui sur les rituels de la vie ordinaire des paysans.

En cela, même si cette approche apparaît tout à fait spécifique et contextualisée, on peut cependant voir des points de contacts avec l'analyse pragmatiste qui porte son attention sur les activités pratiques en situation dans lesquelles différentes catégories d'acteurs individuels et collectifs définissent les situations (Cefaï, Joseph, 2002). On ne s'intéresse pas ici à ce que produisent les rituels sur les hommes mais à la façon dont ils comprennent leurs significations et aux conséquences qu'ils en tirent. Il s'agit plutôt *d'une réalité de corrélation* (Pharo, 1985) entre la compréhension pratique qu'ont les individus des significations de leur univers collectif et ce qui constitue les rituels d'État. On voit comment les citoyens, dans la réflexivité de leurs pratiques liées aux rituels traditionnels, tiennent compte de réalités institutionnelles ou non-institutionnelles, les frontières des territoires interactionnels deviennent alors plus complexes. L'approche de Guo Yhua nous invite aussi à revenir

2. D'autres travaux (Zhang Xiao Jun, 2001) se sont aussi inspirés de cette problématique.

sur le sens moral des civilisations et rejoint par là les nouvelles perspectives de Patrick Pharo (2006).

c) Gouvernance et organisation clanique

Certaines formes de socialisation – au sens de Simmel (1999) – apparaissent propres à la Chine comme par exemple les clans qu'on peut définir comme des réseaux traditionnels de relations et notamment de parenté. Les clans ont toujours instauré une ritualisation de la vie quotidienne (Tang Jun, 2004). Il s'agit d'une forme de socialisation spécifique qui a toujours existé en Chine et qui constitue un élément structurel de la société chinoise d'hier et d'aujourd'hui. Dans le **chapitre 10** Tang Jun montre comment l'État chinois en 1949 avait supprimé le système clanique suspecté de servir les intérêts des classes dominantes. Les membres de ces clans avaient un sentiment d'appartenance fort à un groupe donné et partageaient une conscience commune qui leur a permis de maintenir de manière d'abord discrète puis plus visible ensuite ce système d'organisation clanique. En effet, après les réformes, la gouvernance des villages est devenue plus autonome et progressivement ces structures traditionnelles ont réémergé sous une forme moins ritualisée et plus informelle mais très active dans les processus de socialisation. On voit ici très nettement comment des structures traditionnelles n'ont pas disparu dans un contexte historique où l'État a mis en place des dispositifs politiques pour recouvrir ces structures sociales par d'autres. Dans une société donnée, des formes de socialisation visibles peuvent devenir invisibles et réémerger à nouveau comme formes de socialisation discrètes mais actives ; ce processus de visibilité/invisibilité/visibilité varie selon les périodes historiques, comment il est construit de manière très contextualisée et surtout qu'il est propre à la société chinoise.

d) Nouvelles formes de résistances et actions collectives

Un nouveau chantier de recherches s'est ouvert au début des années 2000 sur les nouvelles formes de résistance et de mobilisation collective dans la société chinoise à partir des mouvements de résistance des paysans, des travailleurs et des citadins liés à la classe moyenne. Il s'agit ici des nouvelles formes d'action collective portées par des groupes qui se placent dans une relation conflictuelle avec l'État, les gouvernements locaux et des acteurs privés dans une société civile en formation.

Les travaux de Shen Yuan (2007) ouvrent un champ de recherches sur la façon dont un mouvement citoyen lié au droit de propriété se constitue à partir de la revendication de droits civils et de droits politiques portée par la classe moyenne urbaine chinoise. Dans le **chapitre 8** Shen Yuan pose la question de la production d'une société civile en s'appuyant sur la théorie de Gramsci et en convoquant l'approche de l'espace public par Habermas (1990, 1992). La mise en scène des mouvements de propriétaires révèle ici dans l'espace public des situations de tension et de conflit social qui produisent des mobilisations de plus en plus organisées de citadins liés à la classe moyenne émergente. Autour de la question du droit de propriété dans la ville on voit comment des luttes et concurrences dans l'espace urbain s'organisent entre différents catégories de citadins propriétaires de biens économiques, sociaux et politiques et d'autres citadins qui disposent de moins de ressources Mais surtout des citadins liés à la classe moyenne apparaissent producteurs de compétences collectives dans des situations de résistance liées à des nouvelles formes de domination économiques et politiques. La fabrication des compétences de mobilisation et de résistance de citadins dans la ville chinoise traduit la façon dont se construit aujourd'hui de nouvelles formes d'accessibilités à l'espace public et de nouvelles demandes de reconnaissance publique. On voit ici comment l'espace public dans la ville chinoise produit de nouveaux apprentissages et compétences collectives dans la conquête du statut de citoyen à partir de situations de conflit social.

D'autres chercheurs comme Tong Xin (2002, 2006) dans le **chapitre 5** se centrent sur l'analyse de nouvelles formes d'action collective ouvrière dans la société chinoise face à la privatisation des entreprises d'État qui expriment des conflits d'intérêts économiques et politiques. Est posée la question des modes de construction de l'action collective ouvrière dans le contexte de la transition. Elle montre comment les ouvriers avaient intériorisé dans la *danwei* l'idée d'une interdépendance forte entre l'entreprise et l'État, comment la Réforme a cassé ce schéma et comment les ouvriers se sont sentis dupés, victimes d'inégalités et d'injustices. Les mobilisations ouvrières après la Réforme traduisent une lutte des « dominés » pour une reconnaissance sociale à partir d'une conscience de classe et d'une culture socialiste partagée. On voit ici nettement que si ces formes de mobilisation collective peuvent être mises en relation avec des mouvements sociaux comme ceux qui ont eu lieu récemment par exemple en France à l'occasion de délocalisations d'entreprises, les actions collectives des ouvriers du secteur d'État traditionnel apparaissent comme un phénomène propre à la Chine et donc très contextualisé, notamment dans les revendications des ouvriers face aux types de régimes de propriété.

On voit alors nettement que les formes de domination dans la société chinoise se diversifient en produisant simultanément de nouvelles formes d'action individuelle et collective qui traduisent des demandes de sens et de reconnaissance fortes dans un contexte où ceux qui étaient protégés par l'État perdent leur statut pour devenir des « dominés ». Ces nouveaux « dominés » se sentent pris pour des « jobards » (Goffman, 1989) qui doivent s'adapter à des pertes, à de la reconnaissance dépréciative. On peut ici faire l'hypothèse que ces nouvelles formes d'action collective expriment des conflits entre des ordres de reconnaissance différents, les premiers étant liés au premier système socialiste et les seconds à la période post-réforme. Ces recherches pourraient dialoguer pour partie avec les recherches sur les mouvements sociaux et plus récemment sur les violences urbaines en France. On se trouve plus ici *entre* une sociologie des mouvements sociaux et une sociologie des émeutes. En effet ces travaux apparaissent proches d'une sociologie des mouvements sociaux définie par A. Touraine, F. Dubet, M. Wieviorka (1984) quand ils les définissaient comme se plaçant dans un type sociétal donné et organisé à partir du conflit social central où un acteur collectif produisait des formes de lutte sociale. Mais ces recherches chinoises sur les mouvements d'ouvriers et de paysans évoquent aussi les travaux français sur les violences et les émeutes urbaines (Wieviorka, 1999, 2004 ; Lapeyronnie, 2006) qui traduisent des conflits sociaux construits à partir de situations d'inégalités et d'injustices entre les « nantis » et les « exclus de l'intérieur » objets de stigmatisation, discrimination et ségrégation.

e) Espace public et pluralité des ordres normatifs

D'autres recherches comme celles de Zhang Jing dans le **chapitre 11** présentent l'évolution de modes de construction du jugement public de 1968 à aujourd'hui. On voit alors que si, espace public et espace politique tendaient à se confondre, une dissociation très lente de ces deux espaces tend à s'opérer et provoque à la fois la lente émergence d'un individu ayant-droit, d'un individu responsable et autonome dans un espace public en formation. Cette dissociation donne aussi à voir comment l'égalité sociale et la reconnaissance des droits des individus s'imposent comme normes d'action publique ; cette analyse rejoint celle d'Alain Supiot (2005) sur la reconnaissance du principe de solidarité comme garant des droits sociaux et économiques dans des contextes incertains. Dans la production des jugements publics se construisent des accords et des désaccords autour de normes morales et sociales ; des normes et des ordres de reconnaissance se différencient à partir de la diversification de critères de légitimation, d'actes, de pratiques, de discours (Zhang Jing, 2006), et rentrent en conflit autour du partage de la « chose publique ». Cet espace public apparaît ici très différent d'un espace public « démocratique » même si des associations commerciales et rurales, des organisations populaires peuvent investir l'espace public sous contrôle. À partir de l'analyse des conditions de formation d'un espace public Zhang Jing nous invite à revenir sur une des questions théoriques fondamentales en sociologie comme celle de la domination en introduisant la notion de domination civique opposée à celle de domination autoritaire. Elle poursuit son raisonnement sur la citoyenneté référée ici à la conscience publique des membres d'une société et leur capacité d'autonomie, de solidarité et de civilité ; puis elle en vient à poser la question de la politique de reconnaissance des identités individuelles.

Il faut aussi signaler un ensemble de recherches sur la pluralisation des normes dans un contexte de transformation sociale qui a été produit au début des années 2000 à partir de collaborations entre des sociologues français et chinois : Isabelle Thireau, Wang Hansheng, Guo Yuhua, Liu Shiding, Shen Yuan et Sun Liping (Thireau, Wang Hansheng, 2001) ont travaillé ensemble sur « les formes du juste et les recompositions locales des ordres normatifs » à partir de la restructuration d'un marché rural, la redistribution des terres villageoises, la prise en charge des personnes âgées, la collecte des impôts ou la gestion des affaires communes. Liés aux travaux de Boltanski et Thévenot (1987) ces différentes recherches ont montré comment, dans des disputes ordinaires se construisait une pluralité d'ordres normatifs, comment des accords et des désaccords, des conflits et des négociations s'organisaient autour des usages et du sens du juste et de l'injuste dans des situations d'incertitude et un contexte de transition où les normes apparaissent de plus en plus polysémiques. L'hypothèse forte d'une pluralité de modes d'action et de processus différenciés de légitimation de normes sociales aujourd'hui nous a invités à réfléchir largement sur la complexification de la société chinoise (Thireau, Hua Linshan, 2001)

Ces approches pourraient être mises en dialogue avec certaines recherches sur l'espace public défini comme une « scène primitive du politique où les appartenances et les identités sont mises en contact et en tension les unes avec les autres » (Joseph, 1998 ; Cefaï, Joseph, 2002). Plus précisément des liens pourraient être établis avec les travaux sur les arènes publiques définies comme des univers pluralistes qui contiennent une pluralité de manières de juger, de croire et d'exister légitimées par des hiérarchies de principes constitutionnels, des dispositifs légaux, des cadres institutionnels et la vie des citoyens ordinaires (Cefaï, 2007 ; Cefaï, Joseph, 2002 ; Verdier, 2007). Enfin des liens très nets apparaissent avec les chercheurs du Groupe de sociologie politique et morale (EHESS, Paris) qui ont largement travaillé sur les régimes de dénonciation, de compassion, d'indignation mais aussi les régimes de la critique, de l'opinion et du partage (Boltanski, Thévenot, 1987 ; Quéré, Ogien, 2006).

Pluralisme scientifique et contours de la sociologie chinoise

Dans cet ouvrage nous avons commencé à définir de quoi est fait le pluralisme scientifique de la sociologie chinoise et les contours de cette discipline refondée depuis 1979. Nous partirons ici du constat d'une pluralité de paradigmes en présence dans l'espace sociologique, nous évoquerons les filiations, déplacements et hybridations entre théories chinoises, européennes et certaines approches américaines classiques. Enfin nous poserons l'hypothèse d'une identité de la sociologie chinoise contemporaine.

1. Diversité et pluralité des paradigmes dans la sociologie chinoise

La sociologie connaît une division interne qui ne correspond pas seulement à un découpage en champs ou en domaines spécifiques mais aussi à des points de vue, des regards différents sur des fragments de la réalité sociale et des façons différentes de les reconstruire. Sun Liping écrit dans le chapitre 1 : « Chaque paradigme donne à voir une face de la réalité différente. Chaque paradigme et cadre théorique possède sa propre fonction analytique ». Il ressort de l'ensemble de ces travaux sociologiques chinois dans le champ académique l'idée d'un pluralisme scientifique où ne semble pas imposée une théorie unifiée et englobante, où il pourrait y avoir des correspondances univoques entre des faits et des propositions théoriques, où a priori, aucune sociologie n'est pensée comme supérieure à une autre. La sociologie chinoise semble admettre plusieurs normes de légitimation scientifique qui permet la production d'une diversité et d'une cohabitation de points de vue, à condition que soit mise en œuvre une vraie dialectique entre pratique et théorie sociologique. Si, en France par exemple, l'interactionnisme symbolique, l'ethnométhodologie, la théorie du choix rationnel, la théorie de l'agir communicationnel, la théorie théoricienne de l'historicité, le structuralisme génétique… se sont refusées parfois réciproquement toute légitimité (Berthelot, 2001), ce ne semble pas être le cas en Chine peut-être du fait que les généalogies historiques des traditions n'ont pas pu se construire de manière continue dans l'histoire de la pensée chinoise.

Certaines sociologies peuvent nous apparaître à un moment donné plus structuralistes que d'autres, d'autres plus compréhensives ou interactionnistes, mais la diversité des postures de recherches en présence dans l'espace scientifique paraît légitimée en tant que telle dans l'espace académique, elles ne sont pas pensées comme exclusives les unes des autres mais bien susceptibles d'éclairer différentes faces d'un même processus social, économique et politique. Si, dans les années 1980, en France, la sociologie se présentait comme une succession et une juxtaposition de paradigmes concurrents, partiellement sécants (Passeron, 1991), les sociologues chinois n'auront pas connu l'équivalent jusqu'à ce jour, ils explorent des univers théoriques qui naissent de séquences partielles entre différents paradigmes pour produire des approches qui leur sont propres, prêts à identifier une défaillance qu'ils voient comme une tentative heuristique d'éclaircissement épistémologique (Kuhn, 1983).

Ce pluralisme scientifique traduit un sens de la complexité et de la globalité des phénomènes sociaux approchés dans une perspective dynamique où les postures de recherche n'apparaissent pas fixées, définies dans un espace conceptuel stable mais toujours en mouvement, susceptible de se transformer avec les objets sociologiques qui présentent toujours des faces visibles et des faces cachées et intéressent différentes catégories de sociologues. Et dans ce pluralisme scientifique le processus de production de la connaissance naît d'un continuum entre théorie et pratique. Le chercheur construit alors une écologie des conditions de la production de l'activité, la pratique, la tâche scientifique, éléments qui entretiennent entre eux des relations complexes, multiples, dialectiques, conflictuelles, voire contradictoires (Clarke, 1992).

2. Filiations, déplacements, hybridations

Les sociologues chinois connaissent, comme nous l'avons vu, les différents courants de la sociologie européenne et américaine, il les distinguent et les associent dans différents travaux sans refuser à l'un ou à l'autre une légitimité donnée. Mais ils procèdent à des agencements de paradigmes et produisent une sociologie susceptible de rendre compte de la complexité de différentes faces du social. En effet considérant que la sociologie comme discipline est née dans la civilisation capitaliste ils produisent une sociologie qui prend vraiment ses ancrages dans la civilisation chinoise d'hier et d'aujourd'hui, mais aussi dans des filiations, déplacements, hybridations avec des sociologies nord-américaines et européennes.

Nous avons vu les **filiations** visibles entre des théories américaines et européennes, notamment françaises. La première filiation est évidente avec le marxisme introduit en Chine dès 1917, elle marque encore le débat sociologique chinois mais elle cohabite avec d'autres filiations. On se souvient aussi que Robert Park et son gendre Robert Redfield, représentants de l'écologie de Chicago, étaient venus enseigner la sociologie en Chine en 1931-1932 et en 1948. D'autres filiations apparaissent alors nettement avec le pragmatisme et l'interactionnisme du côté nord-américain mais aussi avec le constructivisme de Berger et Luckman, la théorie de la rationalisation et la sociologie compréhensive de Max Weber, l'analyse stratégique, les théories de l'acteur, notamment la sociologie de l'action et des mouvements sociaux de Touraine, Dubet etWieviorka. Les filiations apparaissent plus récemment avec les sociologies critiques, notamment avec le structuralisme génétique de P. Bourdieu. Enfin les théories d'Habermas sont largement mobilisées.

La question des **déplacements** des fragments de théorie est éminemment complexe. Déplacer signifie traduire, c'est-à-dire faire un travail de décontextualisation-recontextualisation de concepts et de notions construits à un moment donné dans un contexte donné. Le sociologue est ici confronté à la nécessité de s'interroger sur les risques de surplus et de défaillance de sens qu'il peut introduire dans le travail de traduction. Au cours de ces déplacements de fragments de théorie ont lieu des réappropriations, des réinterprétations, des emprunts mais nous avons vu précédemment comment naissent des zones de contacts conceptuelles entre sociologie nord-américaine ou européenne et sociologie chinoise, comment des concepts occidentaux peuvent être sinisés, comment des points de contacts s'établissent véritablement.

Les **hybridations** ont toujours lieu à partir de la reconfiguration de concepts qui tient compte de contextes civilisationnels d'hier et d'aujourd'hui. La prise en compte de cet effet de contexte autorise les sociologues chinois à agencer des fragments de théories sur des modes inattendus à partir d'autres points de vue. Si apparaissent des zones de traduisibilité conceptuelle qui donnent à voir comment des heurts, des clivages entre pensée occidentale et pensée chinoise génèrent ou non des hybridations, on peut aussi voir des zones de non-traduisibilité qui naissent des « blancs épistémologiques », c'est-à-dire des espaces de non-correspondance entre la sociologie chinoise et la sociologie occidentale. En effet se pose aussi la question de l'intraduisibilité de concepts entre une pensée sociologique chinoise et d'autres pensées, ce qui ne signifie pas l'échec du passage d'une sociologie à l'autre mais plutôt qu'un rapport ontologique asymétrique est la base de la production de connaissance (Borutti, 1999).

Certains grands auteurs font peu d'entrées sur la scène sociologique chinoise comme par exemple les sociologues allemands de l'École de Francfort ou Simmel. Les représentants de l'individualisme méthodologique et plus récemment les auteurs européens, nombreux, qui travaillent sur l'individu contemporain, n'apparaissent pas dans les bibliographies. Les sociologues nord-américains spécialistes de la globalisation ne sont pas souvent cités non plus. Les absences d'auteurs participent aussi à dessiner en creux les contours de la sociologie chinoise contemporaine.

3. Identité de la sociologie chinoise contemporaine

La sociologie française s'est structurée et a évolué depuis les années 1960 autour des paradigmes :
– du structuralisme génétique de Pierre Bourdieu.
– la sociologie de l'action et des mouvements sociaux d'Alain Touraine, François Dubet, Michel Wieviorka et Didier Lapeyronnie.
– l'approche fonctionnaliste et stratégique avec Michel Crozier et Erhard Friedberg.
– l'individualisme méthodologique de Raymond Boudon.

Puis, à partir des années 1980, la sociologie française a assimilé la pensée constructiviste de Peter Berger et Thomas Luckman, intégré l'influence des travaux de l'École de Chicago traduits en français par Yves Grafmeyer et Isaac Joseph en 1979, le paradigme interactionniste développé par Erving Goffman, Everett C. Hughes, Howard S. Becker, Anselm Strauss, Herbert Blumer, Tamotsu Shibutani. Enfin la sociologie française a vu se développer dans les années 1990 la sociologie de la justification inventée par Laurent Thevenot et Luc Boltanski, et la sociologie des sciences et des techniques de Callon et Latour.

Jean-Michel Berthelot (2001) avait posé l'hypothèse que l'espace sociologique contemporain en France s'était organisé autour d'un pôle objectiviste, d'un pôle compréhensif et d'un pôle herméneutique :
– le pôle objectiviste avait signifié *la mise entre parenthèses du sujet.* Le structuralisme, notamment le structuralisme génétique de Bourdieu qui avait largement renouvelé l'objectivisme durkheimien pouvait être rattaché à ce pôle.
– le pôle compréhensif, voire constructiviste fondé sur l'idée que toute activité sociale, tout énoncé prend sens que par l'insertion du sujet dans un contextc.
– le pôle herméneutique qui s'est construit à l'interface des deux précédents.

Depuis la fin des années 1970 les pôles constructivistes et herméneutique sont devenus les plus visibles. L'opposition entre le pôle objectiviste et les pôles constructiviste et herméneutique s'est diversifiée et élargie alors que les pôles constructivistes et herméneutique apparaissent proches. Dans ce mouvement Michel Wieviorka (2000, 2007) montre que, depuis la fin des années 1970, en France, le marxisme a perdu l'essentiel de son dynamisme, le structuralisme s'est affaibli, la pensée critique est devenue hypercritique ; il note plusieurs changements :

– « la fin du social » pour reprendre l'expression de Touraine et la nécessité de penser « globalement » les objets sociologiques.
– la montée en puissance du sujet : « le sujet n'est pas l'acteur, il est ce qui rend capable d'être acteur, si les conditions le rendent possibles, il est ce qui permet d'agir, de construire son expérience, de la maîtriser jusqu'à un certain point » (Wieviorka, 2007b). Penser le sujet c'est aussi penser « l'anti-sujet » (Wieviorka, 2004). La montée en puissance du Sujet signifie la focalisation dans le débat sociologique français sur l'individu contemporain (Touraine, 2007).
– la question de l'engagement du chercheur dans l'espace public au-delà de l'engagement politique.
– le déclin des grandes théories et la fragmentation des grands paradigmes : les sociologues français se sont éloignés de la perspective des théorisations de portée générale.
– le développement de la sociologie dans un monde « qui n'est plus structuré par les grands conflits » comme la fin de la guerre froide ou le déclin du mouvement ouvrier par exemple.
Comment, en qualité de sociologue français, pourrions-nous parler de la sociologie chinoise durant ces trente dernières années ? Différentes conclusions ressortent :
– l'importance de plus en plus grande de l'effet de la civilisation chinoise d'hier et d'aujourd'hui.
– la montée de l'idée de « la production de la société » via l'analyse des processus structurels
– l'émergence de l'Individu à travers la question de la subjectivité et des interactions
– l'idée de produire des paradigmes émancipés de toute forme de colonisation culturelle et d'un regard surplombant de l'Occident sur la société chinoise

a) Civilisation chinoise et théorie de portée générale

Nous avons vu qu'une majorité des sociologues chinois s'accordent pour dire que, de manière ouverte ou non, plus ou moins explicite, ils travaillent dans une société en transition, la transition sociale chinoise étant définie comme fait de civilisation communiste. La sociologie de la transition ne s'inscrit ni dans les théories de la modernisation liées au processus de modernisation des pays développés occidentaux, ni dans la sociologie du développement, aujourd'hui « en crise », élaborée à partir de recherches dans les pays d'Amérique latine, d'Afrique et d'Asie orientale depuis les années 1960. Cependant la transition contient des éléments de modernisation sans s'y réduire et contient du développement sans s'y limiter (Sun Liping, 2002b, 2007). Les sociologues chinois mobilisent tous l'effet de contexte culturel, historique, politique qui construit le fait civilisationnel au sens de Braudel (1987) : « Les civilisations sont des réalités de longue, d'inépuisable durée, les civilisations, sans fin réadaptées à leur destin, dépassent donc en longévité toutes les autres réalités collectives ; elles leur survivent ».

Mais on voit que le contexte civilisationnel est pensé à la fois du point de vue de la civilisation chinoise d'hier, par exemple à travers la permanence des *guanxis,* et du point de vue de la civilisation chinoise d'aujourd'hui, la civilisation communiste. À partir de l'ordre civilisationnel les sociologues chinois convoquent les processus structurels, les subjectivités et les interactions. Différentes propositions théoriques naissent alors des différents modes d'agencement entre ordre civilisationnel, processus structurels, subjectivités et interactions. Les sociologues chinois ont construit un espace conceptuel original dans le champ de la sociologie internationale où se rencontrent un ordre interactionnel, un ordre subjectif, un ordre structurel et un ordre civilisationnel. C'est à partir d'une pensée propre, d'un raisonnement sociologique propre qu'ils font émerger des espaces conceptuels imprévus dans le raisonnement sociologique occidental.

Reste à interroger cette imprévisibilité épistémologique qui peut s'expliquer du fait de la nécessité à partir de 1980 d'intégrer les sociologies nord-américaines et européennes de manière accélérée sans prendre en considération les controverses scientifiques, les conflits de paradigmes dans l'histoire de ces sociologies. En effet on voit ici que, comme le disait Raymond Aron, toute société produit la science sociale dont elle a besoin, et comment la société chinoise favorise la renaissance d'une science sociale de manière accélérée.

Certaines sociologies chinoises se nomment, d'autres ne se nomment pas. Mais surtout la sociologie se diversifie en produisant des propositions théoriques qui, à partir de l'effet de civilisation chinoise, agencent différemment processus structurels/actions pratiques/interactions/ subjectivités et se distinguent les unes des autres à partir de statuts différents accordés à chaque concept.

b) De la sociologie de la pratique à la sociologie de la transition

Sun Liping (2002b, 2007) qualifie sa sociologie de « sociologie de la pratique » :

> « Elle analyse les faits sociaux dans leur aspect dynamique, mobile et non statique, considérant que leur état normal réside dans la situation pratique, sans négliger bien sûr les facteurs structurels et institutionnels. Au contraire, il s'agit de porter encore davantage son attention sur les effets produits par les structures et les institutions au cours des processus de fonctionnement. Deuxièmement, elle met l'accent sur la découverte des logiques des choses et des phénomènes au cours des processus pratiques, logiques difficiles à mettre en lumière dans leur état statique… Troisièmement, la pratique est « plus grande » que la structure ou l'institution statique (Sun Liping, 2007, p. 67) ».

Sun Liping se démarque clairement de la sociologie bourdieusienne qu'il qualifie de statique et propose une sociologie dans laquelle les acteurs jouent des rôles consciemment et où le statut de la subjectivité est pensé en relation avec la diversité et la dynamique des pratiques sociales, les événements historiques et les formes sociales invisibles.

Les recherches de Guo Yuhua et de Sun Liping à partir du milieu des années 1990 sur les récits de vie des paysans chinois pendant la révolution pour comprendre la reconstruction de l'État et de la société en Chine rurale illustrent parfaitement cette sociologie pratique. Ou encore les recherches de Guo Yuhua et Chang Aishu sur les biographies de chômeurs articulent événements individuels et changements sociaux et historiques au niveau structurel. De même, quand Shen Yuan analyse le processus de reformation de la classe ouvrière en proposant d'analyser des micro-situations de travail ouvrier, les institutions économiques et le contexte de double Transformation à partir de la synthèse des théories de Polanyi et Burawoy, il s'inscrit aussi dans cet espace conceptuel.

Puis, dans un second temps, la sociologie pratique va être mobilisée pour développer une théorie de la transition sociale comme fait de civilisation communiste-civilisation comme système de valeurs et de fonctionnement de la vie sociale – spécifiquement chinoise car radicalement différente des pays d'Europe de l'Est. Sociologie pratique et sociologie de la transition doivent être mobilisées ensemble pour analyser le changement social dans la société chinoise et plus globalement le grand tournant de civilisation dans lequel les sociologues chinois se placent tout en travaillant sur un niveau microsociologique où ils analysent les interactions de la vie quotidienne et les pratiques sociales.

Il est intéressant de dire que dans la sociologie de la pratique à la fin des années 1990 les processus structurels, voire civilisationnels, les interactions et subjectivités étaient pensés au début en équivalence ; et progressivement une hiérarchie a été établie entre ces concepts, les processus structurels et civilisationnels ont pris un statut important. On peut supposer que c'est le poids de la transition qui a poussé ces sociologues à donner un nouveau statut aux processus structurels. Quoi qu'il en soit, il s'agit d'un paradigme émergent au sens kuhnien.

c) Pluralisme scientifique et variations théoriques

Parmi les sociologies qui ne se nomment pas nous en avons distingué trois qui se construisent différemment en fonction du statut accordé aux processus structurels/actions pratiques/interactions/ subjectivités. Il faut préciser qu'un même sociologue peut changer de posture de recherche en fonction des objets de recherche. Les sociologues chinois, à la différence des sociologues français, expriment une souplesse épistémologique évidente liée à leur souci de lier toujours théorie et pratique.

Ces sociologies se construisent à partir du durcissement d'une position théorique tantôt liée à une tendance structurelle, tantôt liée aux interactions, tantôt liée aux relations Individu/Société.

– Structures et stratégies

D'autres sociologies naissent à partir d'objets sociologiques qui imposent de mobiliser principalement les processus structurels et le fait civilisationnel ; il s'agit par exemple des travaux en sociologie économique liée à la *danwei*, l'évolution des institutions économiques... mais aussi de travaux sur la reproduction sociale Certains de ces travaux à travers une problématique des réseaux appelle le concept de stratégies qui jouent ici un rôle secondaire dans le dispositif conceptuel. On retrouverait ici une posture d'inspiration structuralo-fonctionnaliste mais reconfigurée dans le contexte de la civilisation communiste. D'autres travaux sur le processus d'urbanisation, sur les mobilités sociales montrent comment des stratégies individuelles et collectives se construisent dans des situations de contraintes économiques et politiques qui limitent le pouvoir d'action des acteurs dans des contextes de transition.

– Interactions, actions collectives et structures sociales

Les travaux sur les mouvements sociaux et les mobilisations collectives montrent bien comment le contexte, ici un contexte de transition, produit des interactions et actions collectives de différentes catégories de populations qui produisent des demandes de reconnaissance spécifiques dans la société chinoise. La société est produite par ce que les hommes font ensemble. La capacité interprétative des acteurs apparaît comme une véritable propriété structurale qui sera dite réflexive. Certains travaux sur les relations entre l'État et les individus sont construits à partir des interactions pour aller vers les structures et les sociologues travaillent le rapport interactions/structures en restant toujours dans l'idée qu'il n'y pas d'équilibre stable.

– Structures sociales, individu et subjectivité

D'autres sociologies font plus de place à l'acteur, acteur contraint par l'État et le Marché dans un contexte de transition mais capable de réflexivité et de se constituer en Sujet, par exemple dans les travaux des processus d'intégration économique et sociale des migrants. La société chinoise est pensée ici comme une réalité objective et subjective et la symétrie entre réalité objective et réalité subjective n'est jamais pensée comme statique ni définie une fois pour toutes. Se pose alors la question de la construction de l'individu. Les sociologues chinois expliquent qu'en Europe de l'Ouest la formation de l'État-Nation a produit la formation d'un citoyen moderne alors qu'en Chine l'individu est simultanément pensé en relation à partir des destins individuels et collectifs au cours de différents moments historiques. La subjectivité est complètement pensée autrement ici et elle est liée à la formation du "nous" et du "eux" dans un contexte de stratification sociale, de montée des conflits sociaux et de crise de la confiance en l'Autre.

Là où la sociologie française s'était construite à partir des couples fatals individualisme/holisme, objectivisme/subjectivisme, microsociologie/macrosociologie, la sociologie chinoise ne se construit pas à partir d'une pensée binaire mais plutôt plurielle

On peut d'ailleurs se demander en quoi ces sociologies chinoises interrogent les paradigmes de la sociologie occidentale. Et si Kuhn (1983) accordait une attention toute particulière au rôle de l'histoire dans le processus de développement de la science nous sommes largement invités à considérer les effets de civilisation sur les modes et les types de production des paradigmes. Aujourd'hui, la Chine devient incontournable dans un contexte de globalisation, et nous permet de convoquer des « pensées d'un dehors » – pour reprendre l'expression de François Jullien (2000) – pour interroger nos pensées du dedans. Convoquer des pensées d'un dehors permet alors de retrouver des marges de manœuvre théoriques, de produire de la reconfiguration en bousculant des catégories établies, sans pour autant y renoncer. En acceptant de passer par des hétérotopies on se donne la possibilité de voir les angles morts de nos pensées d'un dedans et d'échapper à des filiations théoriques familières.

La sociologie chinoise a trouvé un essor très rapide depuis une vingtaine d'années. L'abondance des productions scientifiques témoigne d'une dynamique intellectuelle forte qui produit une vraie originalité et de vraies spécificités, liées à une histoire de la pensée chinoise et à la complexité d'un contexte sociétal. Si, dans un premier temps, les influences des sociologies occidentales ont pu jouer sur les conditions de réinvention de la sociologie chinoise, la tendance risque de s'inverser dans les années à venir dans le champ international de la sociologie avec le développement d'une discipline dans une société en grande transformation, très dynamique et vigoureuse.

BIBLIOGRAPHIE

AUBERT, C. (2006) : Entreprise rurale in *Dictionnaire de la Chine contemporaine*, Paris, A. Colin.

AUTHIER, J.Y., (1993) : *La Vie des lieux. Un quartier du Vieux-Lyon au fil du temps,* Lyon, Presses universitaires de Lyon.

AUTHIER, J.Y., BACQUÉ, M.-H., GUÉRIN-PACE, F. (2007) : *Le quartier. Enjeux scientifiques, actions politiques et pratiques sociales*, Paris, La Découverte, coll. « Recherches ».

BAI NANSHENG & HE YUPENG (2002) : Huixiang haishi waichu ? Anhui sichuan ersheng nongcun waichu laodongli huiliu yanjiu (Retour au pays natal ou immigration vers les grandes villes ? Étude du phénomène du retour au pays natal chez la population des travailleurs migrants de l'Anhui et du Sichuan), *Shehuixue yanjiu, Recherche Sociologique,* Vol. 2.

BARNES, J.A. (1972) : *Social networks*, Reading, Mass, Addison – Wesley.

BATTEGAY, A. (1997) : Parcours et mouvances associatives : entre affirmation d'un droit de cité et gestions politiques, *Migrations études*, n° 69.

BAUDELOT, C., ESTABLET, R. (2000) : *Avoir 30 ans, en 1968 et 1998*, Paris, Le Seuil.

BEAUD, S., PIALOUX, M. (1999) : *Retour sur la condition ouvrière,* Paris, Fayard

BECKER, H. S. (1985) : *Outsiders,* Paris, Métailié.

BECKER, H. S. (1986) : *Doing things together,* Evanston, Northwestern University Press.

BECKER, H. S. (1988) : *Les Mondes de l'art,* Paris, Flammarion.

BECKER, H. S., MAC GALL, M. M. (1990) : *Symbolic interaction and cultural studies,* Chicago, University of Chicago Press.

BERGER, P., LUCKMANN, T. (1986) : *La construction sociale de la réalité,* Paris, Méridiens Klincksieck.

BERGER, S., PIORE, M. (1980) : *Dualism and discontinuity in industrial societies,* New York, Cambridge University Press.

BERTHELOT J.-M. (2001) : *Epistémologie des sciences sociales*, Paris, PUF.

BEVORT, A. LALLEMENT, M. (2006) : Capital social et théories sociologiques : une esquisse de panorama, in : BEVORT, A. LALLEMENT, M. (2006) : *Le capital social,* Paris, La découverte.

BIDOU-ZACHARIASEN, C. (dir.) (2003) : *Retours en ville, des processus de "gentrification" urbaine aux politiques de "revitalisation des centres"*, Paris, Éditions Descartes.

BLUMER, H., (1969) : *Symbolic interactionism : perspective and method,* Englewood Cliffs, NJ, Prentice Hall.

BOLTANSKI, L., THEVENOT, L. (1987): *Les économies de la grandeur,* Cahiers du CEE, Paris, PUF.

BORUTTI, S. (1999): Interprétation et construction, in Affergan, F.: *Construire le savoir anthropologique,* Paris, PUF.

BOURDIEU, P (1978): Classement, déclassement, reclassement, *Actes de la recherche en sciences sociales,* n° 24.

BOURDIEU, P (1979): *La distinction*, Paris, Éditions de Minuit.

BOURDIEU, P. (1993): *La Misère du monde,* Paris, Seuil.

BOURDIEU, P. (1992*): Raisons pratiques, Paris, Seuil.*

BOURDIEU, P. (1994*)* (avec L. Wacquant)*: Réponses. Pour une anthropologie réflexive,* Paris, Seuil.

BRAUDEL, F. (1987): *Grammaire des civilisations,* Paris, Flammarion.

CASTEL, R. (1991): De l'indigence à l'exclusion: la désaffiliation, in DONZELOT, J. (dir.) *Face à l'exclusion,* Paris, Esprit.

CASTEL, R. (1995a): Les pièges de l'exclusion, *Lien social et politiques-*RIAC 34.

CASTEL, R. (1995b): *Les Métamorphoses de la question sociale,* Paris, Fayard.

CASTEL, R. (2001): *Propriété privée, propriété sociale, propriété de soi*, Paris, Fayard.

CASTEL, R. (2005): *L'insécurité sociale*, Paris, Seuil.

CASTEL, R. (2007): Au-delà du salariat ou en deçà de l'emploi ? L'institutionnalisation du précariat in PAUGAM, S.: *Repenser la solidarité: l'apport des sciences sociales*, Paris, PUF.

CEFAI, D. (2007): *Pourquoi se mobilise-t-on ? Les théories de l'action collective*, Paris, La Découverte.

CEFAI, D., JOSEPH, I. (2002): *L'héritage du pragmatisme*, La Tour d'Aigues, Éditions de l'Aube.

CERTEAU, M. DE (1980): *L'invention du quotidien, 1. Arts de faire,* Paris, Gallimard Folio.

CHAPOULIE, J. M. (2000): *La Tradition sociologique de Chicago: 1892-1961,* Paris, Seuil.

CHAUVEL, L. (1998): *Le Destin des générations*, Paris, PUF.

CHEN SHUDE: Shehuixue lishi yanjiu de huigu yu fansi (Les réflexions de la recherche sur l'histoire sociologique chinoise), *zhongguo shehuixue nianjian (Les Annales de la recherche chinoise)*, 1989-1993.

CHEN YINGFANG (2006): Nongmingong: zhidu anpai yu shenfen rentong (Paysan travailleur: arrangement institutionnel et identité), *zhongguo shehuixue (Sociologie chinoise)*, n° 5.

CHEN YINGYING, ZHE XIAOYE (2003): *Shequ de shijian –"chaoji cunzhuang"fazhan de licheng (La mise en œuvre des communautés urbaines – Parcours de développement du « super village »)*, Hangzhou, Zhejiang renmin chubanshe.

CHEN YINGYING (2004) : *Zhiye jiegou yu liudong* (Structure et mobilité professionnelle), Pékin, Dongfang chubanshe.

CHEN YINGYING, ZHE XIAOYE (2005) : Ziben zeyang yunzuo – dui « gaige » zhong ziben nengdongxing de shehui fenxi (Comment fonctionne le capital ? – Analyse sociologique sur la mobilité du capital dans les « réformes »), *Zhongguo shehuixue wang (Réseau de la sociologie chinoise)*, http://www.sociology.cass.net.cn/shxw/qt/t20050310_5299.htm

CHEN YINGYING & al. (2005) : *Zhongguo yanhai fada diqu shehui bianqian diaocha (Études sur les changements sociaux dans les régions côtières développées de la Chine),* Pékin, Shehui kexue wenxian chubanshe.

CHENG BOQING (2004) : Shehuixue de xiuci (La rhétorique de la sociologie), *Zhongguo shehuixue (Sociologie chinoise)*, n° 3.

CHENG MEIBAO (2001) : Cong minsu dao mizu : difang wenhua yu guojia rentong (Du folklore à l'ethnique : culture locale et identité nationale), *Qinghua shehuixue zazhi (Revue de sociologie de Tsinghua)*, Vol. 1.

CHIAPELLO, E., BOLTANSKI, L. (1999) : *Le Nouvel esprit du capitalisme,* Paris, Gallimard.

CLARKE, A., FUJIMURA, J. H. (1992) : *What tools ? Which jobs ? Why rights ? in The right tools for the job. At Work in twentieth-century life sciences*, Princeton, Princeton University Press.

DAI JIANZHONG : Siyou jingji fazhan de waibu huanjing he neibu jizhi (L'environnement extérieur et le système intérieur du développement de l'économie privée chinoise), *Zhongguo shehuixue nianjian (Les Annales de la recherche chinoise)*, 1992.7~1995.6.

DE GAULEJAC, V., TABOADA-LEONETTI, I (1992) : *La Lutte des places,* Paris, Desclée de Brouwer.

DE RUDDER, V., POIRET, C., VOURCH', F. (2000) : *L'inégalité raciste. L'universalité républicaine à l'épreuve*, Paris, PUF.

DE SINGLY (2007) : Société des individus et transformations de la sociologie in WIEVIORKA, M. (ed.) : *Les sciences sociales en mutation*, Auxerre, Éditions Sciences Humaines.

DE SINGLY, F. (1992) : *L'enquête et ses méthodes : le questionnaire*, Paris, Nathan.

DEMAZIERE D, (2006) : *La sociologie des chômeurs*, Paris, La Découverte.

DING YUANZHU : Shequ yanjiu de fazhan gaishu (La généralité du développement de la recherche sur les communautés), *Zhongguo shehuixue nianjian (Les Annales de la recherche chinoise) 1989~1993.*

DUBET, F. (1994) : *Sociologie de l'expérience,* Paris, Seuil.

DUBET, F. (2000) : *Les Inégalités multipliées*, La Tour d'Aigues, Éditions de l'Aube.

DUBET, F. LAPEYRONNIE, D. (1992) : *Quartiers d'exil,* Paris, Seuil.

EHRENBERG, A. (1995) : *L'individu incertain,* Paris, Calmann-Lévy.

EHRENBERG, A. (1998) : *La Fatigue d'être soi,* Paris, Éditions O. Jacob.

ELIAS, N. (1991) : *La Société des individus,* Paris, Fayard.

FANG HUIRONG (2003) : Wushijianjing yu shenghuo shijie zhong de zhenshi : xicun nongmin tudi gaige shiqi shehui shenghuo de jiyi (L'état du « non-événement » et la « vérité » dans le monde de la vie : la mémoire de la vie sociale des paysans du village de Xi à l'époque de la réforme agraire), *Zhongguo shehuixue (Sociologie chinoise)*, n° 2.

FANG MING : Shehui zhuangkuang de fenxi ji yu ce – yixiang zuijin kaishi de yanjiu (L'analyse et les prévisions de la situation sociale – une recherche récemment commencée), *Zhongguo shehuixue nianjian (Les Annales de la recherche chinoise)* 1989-1993.

FEI XIAOTONG : Du Ma jiaoshou de "wenhua xianzhuang" yougan (Après la lecture de "L'actualité de la culture" du professeur Ma), *Zhongguo shehuixue nianjian (Les Annales de la recherche chinoise)* 1995.7~1998.6.

FEI XIAOTONG : Shehuixue chongjian de huigu (État des lieux sur le rétablissement de la sociologie), *Zhongguo shehuixue nian jian (Les Annales de la recherche chinoise)* 1989~1993.

FEI XIAOTONG : Shu fengqi yu rencai (Développer l'esprit, cultiver des personnes qualifiées), *Zhongguo shehuixue nianjian (Les Annales de la recherche chinoise)* 1992.7~1995.6.

FEI XIAOTONG : Zhongguo wenhua he xin shiji de shehuixue, renleixue (La culture chinoise et la sociologie, l'anthropologie du nouveau siècle), *Zhongguo shehuixue nianjian (Les Annales de la recherche chinoise)* 1995.7~1998.6.

FEI XIAOTONG (1985) : *Xiangtu zhongguo (La Chine rurale)*, Pékin, Sanlian chubanshe.

FENG XIAOTIAN : Diaocha fangfa de fangfalun beijing (Le contexte méthodologique de la méthode d'enquête), *Zhongguo shehuixue nianjian (Les Annales de la recherche chinoise)* 1989~1993.

FENG XIAOTIAN : Shehuixue fangfa yanjiu gaishu (Généralités sur la recherche sur les méthodes en sociologie), *Zhongguo shehuixue nianjian (Les Annales de la recherche chinoise)* 1992.7~1995.6.

FOUCAULT, M. (1975) : *Surveiller et punir,* Paris, Gallimard.

GLAZER.B. G., STRAUSS, A. L. (1967) : *The discovery of grounded theory,* Chicago, Aldine Publishing Company.

GOFFMAN, E. (1968) : *Asiles,* Paris, Minuit.

GOFFMAN, E. (1973) : *La mise en scène de la vie quotidienne,* Paris, Minuit.

GOFFMAN, E. (1975) : *Stigmates,* Paris, Minuit.

GOFFMAN, E. (1989) : Calmer le jobard : quelques aspects de l'adaptation à l'échec, in *Le parler-frais d'Erving Goffman,* Paris, Minuit.

GRAFMEYER, Y., (1994a) : *Sociologie urbaine,* Paris, Nathan.

GRAFMEYER, Y., (1994b) : Regards sociologiques sur la ségrégation, in *La Ségrégation dans la ville,* Paris, L'Harmattan.

GRAFMEYER, Y., JOSEPH, I. (dir.) (1979) : *L'École de Chicago. Naissance de l'écologie urbaine,* Paris, Aubier-Montaigne, 3e ed., 1990.

GRAMSCI. A. (1977) : *Gramsci dans le texte,* Paris, Éditions Sociales.

GRANOVETTER, M. (1974) : *Getting a job : a study of contacts and careers,* Cambridge, Harvard University Press.

GRANOVETTER, M. (1994) : *Getting a job : a study of contacts and careers,* Chicago, University of Chicago Press.

GRANOVETTER, M., SWEDBERG, R. (1992) : *The sociology of economic life*, Boulder, Westview Press.

GUIHEUX, G. (2004) : Les ressources localisées d'une entreprise privée en Chine centrale, *Genèses*, n. 56.

GUO YUHUA, YANG YIYIN, YING XING (1999) : *Shiye gongtongti – di san bumen jili jizhi ge an tansuo (Les communautés professionnelles – Exploration du cas du mécanisme d'encouragement du troisième département)*, Hangzhou, Zhenjiang remin chubanshe.

GUO YUHUA (2000a) : *Zai xiangye zhong yuedu shengming (Lire la vie dans les campagnes)*, Shanghai, Shanghai wenyi chubanche.

GUO YUHUA (ed.) (2000b) : *Yishi yu shehui bianqian (Rituels et changement social)*, Pékin : Zhonggo shehui kexue wenxian chubanshe.

GUO YUHUA (2001) : D'une forme de réciprocité à l'aure. Une analyse de la prise en charge des personnes âgées dans les villages du Hebei in THIREAU, I. et WANG HANSHENG : *Disputes au village chinois*, Paris, Éditions de la Maison des Sciences de l'Homme.

GUO YUHUA et SUN LIPING (2002) : Suku : yizhong nongmin guojia guannian xingcheng de zhongjie jizhi (Le mouvement de dénonciation des souffrances : un mécanisme intermédiaire de production de la notion d'État chez les paysans), *Zhongguo xueshu (Recherche académique en Chine)* n. 4.

GUO YUHUA (2003) : Xinling de jitihua : Shanbei jicun nongye hezuohua de nv xing ji yi (Collectivisation de l'âme : mémoire féminine de l'instauration des coopératives agricoles du village de Ji dans le nord du Sha'an Xi), *Zhongguo shehui kexue, Sciences sociales de Chine,* n° 4.

GUO YUHUA et CHANG AISHU (2006) : Life Cycle and Social Security : a Sociological Exploration of the Life Course of Laid-off workers, *Social Sciences in China*, vol. 26, n° 1.

GUO ZHIGANG (2004) : Jiegou, fenceng moxing (Unité d'analyse, structure et modèles de stratification), *Zhongguo shehuixue (Sociologie chinoise)* n° 3.

HABERMAS, J. (1990) : *Écrits politiques,* Paris, Éditions du Cerf.

HABERMAS, J. (1992) : « L'espace public, trente ans après », *Quaderni,* n° 18.

HONNETH, A. (2000) : *La lutte pour la reconnaissance,* Paris, Éditions du Cerf.

HUANG PING : Zhongguo dangdai zhishifenzi : shehui yanbian de canyuzhe he daibiao (Les intellectuels contemporains chinois : acteurs et représentation de l'évolution sociale), *Zhongguo shehuixue nianjian (Les Annales de la recherche chinoise)* 1992.7~1995.6.

HUGHES, E.C., (1996) **:** Textes rassemblés et présentés par J.M. CHAPOULIE : *Le regard sociologique,* Paris, Éditions de l'école des hautes études en sciences sociales.

JIANG SHIGONG (2002) : Xiangcun shehui de sifa shijian (Pratique judiciaire dans les campagnes : savoir, technique et pouvoir), *Zhongguo shehuixue (Sociologie chinoise)* n° 1.

JOSEPH, I. (1998) : *La ville sans qualités,* La Tour d'Aigues, Éditions de l'Aube.

JULLIEN, F. (2000) : *Penser d'un dehors (La Chine),* Paris, Seuil.

KAUFMANN, J.-C. (2001) : *Ego : pour une sociologie de l'individu,* Paris, Nathan.

KAUFMANN, J.-C. (2004) : *L'invention de soi*, Paris, A. Colin.

KOKOREFF, M. (2003) : *La force des quartiers*, Paris, Payot.

KUHN, T. (1983) : *La structure des révolutions scientifiques,* Paris, Flammarion.

LAE, J.-F., MURARD, N. (1985) : *L'argent des pauvres*, Paris, Seuil.

LAHIRE, B. (1998) : *L'homme pluriel. Les ressorts de l'action,* Paris, Nathan.

LALLEMENT, M. (2007) : *Le travail, une sociologie contemporaine,* Paris, Gallimard.

LAPEYRONNIE, D. (2006) : Révolte primitive dans les banlieues françaises, *Déviance et Société,* n° 30.

LAPLANTINE, F. (2007) : La question du sujet dans le social et dans les sciences sociales aujourd'hui, in WIEVIORKA, M. : *Les sciences sociales en mutation*, Auxerre, Éditions Sciences Humaines.

LAVILLE, J.L., CATTANI, A.D. (2007) : *Dictionnaire de l'autre économie*, Paris, Gallimard.

LAVILLE, J.C., (1999) : *Une troisième voie pour le travail,* Paris, Desclée de Brouwer.

LAZEGA, E. (2006) : Échanges socio-économiques et analyse de réseaux, in ALTER, N. (ed.) (2006) : *Sociologie du monde du travail*, Paris, PUF.

LE GALES, P. (2003) : *Le retour des villes européennes ? Sociétés urbaines, mondialisation, gouvernement et gouvernement*, Paris, Presses de Sciences Po.

LEI JIEQIONG : Jingji shehui de hexie fazhan (Le développement harmonieux de l'économie et de la société), *Zhongguo shehuixue nianjian (Les Annales de la recherche chinoise)* 1992.7~1995.6.

LEI JIEQIONG : Lun jingji shehui de hexie fazhan (Essai sur le développement harmonieux de l'économie et de la société), *Zhongguo shehuixue nianjian (Les Annales de la recherche chinoise)* 1989~1993.

LEPOUTRE, D. (1997) : *Cœur de banlieue*, Paris, Éditions Jacob.

LI QIANG (2006) : *Nongmingong yu Zhongguo shehui fenceng* (*Paysans-ouvriers et couches sociales en Chine*), Pékin, Shehui kexue wenxian chubanshe.

LI QIANG (2004) : *Zhuanxing shiqi Zhongguo shehui fenceng (Couches sociales dans la Chine en transition),* Shenyang, Liaoning jiaoyu.

LI CHUNLING (2003) : *Institutional and Non-institutional Path : Different Processes of Socioeconomic Status Attainment of Migrants and Non-migrants in China*, Institute of Sociology, Chinese Academy of Social Sciences.

LI CHUNLING (2005a) : *Duanlie yu suipian. Dangdai zhongguo shehui jieji fenhua qushi de shizheng fenxi (Clivages et fragments. Une analyse empirique sur la stratification sociale de la Chine contemporaine)*, Pékin, Shehui kexue wenxian chubanshe.

LI CHUNLING (2005b) : Dangdai Zhongguo shehui de shengwang fenceng (La stratification de prestige en Chine contemporaine), *Zhongguo shehuixue (Sociologie chinoise)* n° 4.

LI CHUNLING (2006) : *Dang dai zhong guo xian dai hua jin cheng zhong de she hui jie gou ji qi bian qian,* (*Structure sociale et mobilisation dans le processus de modernisation en Chine contemporaine*), Hangzhou, Zhejiang renmin chubanshe.

LI HANLIN, LI LULU (2003) : Ziyuan yu jiaohuan : zhongguo danwei zuzhi zhong de yilaixing jiegou (Ressources et échanges : la structure de dépendance dans les unités de travail en Chine), *Zhongguo shehuixue (Sociologie chinoise)* n° 2.

LI HANLIN (1993) : Zhongguo danwei xianxiang yu chengshi shequ de zhenghe jizhi (Le phénomène de l'unité de travail en Chine et le mécanisme d'intégration dans les quartiers urbains), *Shehuixue yanjiu (Recherches en sociologie)* Vol 5.

LI HANLIN (2005) : Guanxi qiangdu yu xuni shequ (Intensité de la relation et communauté virtuelle), *Zhongguo shehuixue (Sociologie chinoise)* n° 4.

LI HANLIN, LI LULU, WANG FENYU (1995) : *Zhongguo danwei xianxiang yanjiu ziliaoji (Documents sur les recherches sur le phénomène de l'unité de travail en Chine)*, Pékin, Zhongyang wenxian chubanshe.

LI LULU : Qiye shi shenme – yi ge guoyou qiye yunying fangshi de geren diaocha (Qu'est-ce que l'entreprise ? – une enquête individuelle sur le mode d'exploitation de l'entreprise d'État), *Zhongguo shehuixue nianjian (Les Annales de la recherche chinoise)* 1989~1993.

LI LULU (1997) : Siying qiyezhe de shehui beijing youyu qiye chenggong (L'origine sociale des entrepreneurs privés qui ont du succès dans les affaires), in *Zhongguo shehui kexue (Sciences sociales en Chine)* vol.2.

LI LULU (1993) : Zhongguo de danwei xianxiang yu tizhi gaige (Le phénomène de l'unité de travail en Chine et la réforme du système), *Zhongguo shehui kexue jikan (Revue trimestrielle des sciences sociales chinoises).*

LI LULU (2003) : Zhidu zhuanxing yu fenceng jiegou de bianqian : cong "jianjie zaishengchan" dao "jianjie yu zhijie zaishengchan" bingcun (Transition institutionnelle et évolutions de la stratification sociale : de la « reproduction indirecte » à la coexistence des reproductions « indirecte » et « directe »), *Shehuixue yanjiu (La recherche en sociologie)* n. 5.

LI LULU (2005) : Zhidu zhuanxing yu jiecenghua jizhi de bianqian (Transition institutionnelle et évolution des mécanismes de stratification), *Zhongguo shehuixue (Sociologie chinoise)* n° 4.

LI LULU (2006) : Zaishengchan yu tongzhi : shehui liudong jizhi de zaisikao (Reproduction sociale et dominance : nouvelle réflexion sur les mécanismes de mobilité sociale), in *Shehuixue yanjiu (Recherches sociologiques)* vol. 21, n. 2.

LI MENG, ZHOU FEIZHOU, LI KANG (1996), Danwei : zhiduhua zuzhi de neibu jizhi (L'unité de travail : les mécanismes internes de l'organisation institutionnalisée), *Zhongguo shehui kexue jikan, (Revue trimestrielle des sciences sociales chinoises*).

LI MENG : Guowai shehuixue yanjiu gaishu (Généralité sur la recherche en sociologie à l'étranger), *Zhongguo shehuixue nianjian (Les Annales de la recherche chinoise)* 1992.7~1995.6.

LI PEILIN (2002a) : Urban Industry in Rural China", *Social Sciences in China*, Vol. XIX, No.1. 1998

LI PEILIN (2002b) : Introduction : Changes in Social Stratification in China Since the Reform, *Social Sciences in China*, vol. XXIII, n° 1, Spring 2002.

LI PEILIN (2002c) : Zai lun lingyizhi kanbujian de shou (Propos sur " l'autre main invisible »), *zhongguo shehuixue (Sociologie chinoise)* n° 1.

LI PEILIN (2003) : Jubian : cunluo de zhongjie. Yiyi doushili de cunzhuang yanjiu (Une mutation considérable : la fin des villages. Recherche sur les villages au sein des villes), in LI LI PEILIN (ed.) : *Nongmingong – Zhongguo jincheng nongmingong de jingji shehui fenxi* (Les paysans-ouvriers – Analyse socio-économique des paysans-ouvriers qui s'installent dans les villes chinoises), Pékin, Shehui kexue wenxian chubanshe.

LI PEILIN (2005) : *Lingyi zhi kanbujian de shou – shehui jiegou zhuanxing (Une autre main invisible – la transition de la structure sociale)*, Pékin, Shehui kexue wenxian chubanshe.

LI PEILIN (2007) : Introduction : the Building of a harmonious society ant the China Experience, "*Social Sciences in China,* Autumn 2007, vol. XXVIII, n° 3.

LI PEILIN, QIN FANGMING (eds.) (2005) : *Shehuixue lilun yu jingyan (Théorie et expérience en sociologie)*, Pékin, Shehui kexue wenxian chubanshe.

LI PEILIN, ZHANG YI (2000) : *Guoyou qiye shehui chengben fenxi (Analyse du coût social des entreprises d'État)*, Pékin, Shehui kexue wenxian chubanshe.

LI QIANG (1997) : *Zhongguo fupin zhi lu (La voie chinoise de lutte contre la pauvreté)*, Kunming, Yunan renmin chubanshe.

LI QIANG : Shichang zhuanxing ji Zhongguo jumin de shouru chaju wenti (La transition de marché et le problème des écarts de revenus en Chine), *Zhongguo shehuixue nianjian (Les Annales de la recherche chinoise)* 1995.7~1998.6.

LI QIANG (2000) : Zhongguo chengshi zhong de eryuan laodongli shichang yu diceng jingying wenti (Dualité du marché du travail et la question des élites de base), *Qinghua shehuixue zazhi (Revue de sociologie de Tsinghua)* Numéro spécial n. 1.

LI QIANG (2001) : *Woguo shiye xiagang wenti duibi yanjiu (Études sur le problème des chômeurs et des xiagang en Chine)*, Pékin, Qinghua daxue chubanshe.

LI QIANG (2002) : Stratification in China's Urban society during the transition period, *Social Sciences in China*, vol. XXIII, n° 1, Spring 2002.

LI YIXIAN : Shequ jiaoyu de lilun he shijian (La théorie et la pratique de l'éducation communautaire), *Zhongguo shehuixue nianjian (Les Annales de la recherche chinoise)* 1992.7~1995.6.

LI YOUMEI (2005a) : Shehui jiegou zhong de "bailing" jiqi shehui gongneng — yi 20 shi ji 90 nian dai yi lai de shang hai wei li (Les "cols blancs" dans la structure sociale et leur fonction sociale. Le cas de Shanghai depuis les années 1990), *Shehuixue yanjie (La recherche en sociologie)*, n. 6.

LI YOUMEI (2005b) : Dangqian shetuan zuzhi de zuoyong jiqi guanli tixi (Le rôle des organisations sociales actuelles et leur système de gestion), *Tansuo yu zhengming (Exploration and Free views)*, n° 12.

LI YOUMEI (2006) : Minjian zuzhi yu shehui fayu (Organisation civile et développement de la société), *Tansuo yu zhengming (Exploration and Free views)*, n° 4.

LI YOUMEI : (2007), Shequ zhili : gongmin shehui de weiguan jichu (La gouvernance de communautés : base micro de la société civile), *Shehui (Société)*, n° 2.

LI YOU MEI (2007) : Rebuilding basic social identity and a new collective cooperative capacity, *Social Sciences in China, Autumn 2007,* vol. XXVIII, n° 3.

LI MENG, ZHOU FEIZHOU, LI KANG (2003) : Danwei : zhiduhua zuzhi de neibu jizhi (Danwei : les mécanismes internes des organisations institutionnelles), *Zhongguo shehuixue (Sociologie chinoise)* n° 2.

LIN BIN : Shehuixue fangfa yanjiu ji yingyong gaishu (Généralités sur l'application des méthodes en sociologie), *Zhongguo shehuixue nianjian (Les Annales de la recherche chinoise)* 1989~1993.

LIU DAN (2001) : Citang de fazhan yu bianqian : yi jiangxi liukengcun weili (Développement et évolutions des temples ancestraux dans le village de Liukeng dans la province du Jiangxi), *Qinghua shehuixue zazhi (Revue de sociologie de Tsinghua)* Vol. 1.

LIU ERDUO (2006) : Chengshi laodongli shichang jiegouxing duanque yu mingonghuang (Carence structurelle du marché urbain de main-d'œuvre et "pénurie de paysans travailleurs"), *Renkou xuekan (Revue de démographie)*, juin 2006.

LIU FENG : youguan chengzhen qiye yanglao baoxian zhidu jibenxing shi de yanjiu (Recherche sur le modèle fondamental du système d'assurance retraite des entreprises de bourg), *Zhongguo shehuixue nianjian (Les Annales de la recherche chinoise)* 1992.7~1995.6.

LIU SHIDING (1995) : *Zhengfu dui wailai nongmingong de guanli — "Guangdong wailai nongmingong kaocha" baogao zhi san*, (Gestion des travailleurs migrants par les gouvernements – troisième rapport d'étude sur les travailleurs migrants dans le Guangdong), *Guanli shijie (Le monde de la gestion)*, 1995.6.

LIU SHIDING et al. (1997) : Chanye shequxing liudong : Zhongguo nongmin jinru chengshi de yi zhong dute fangshi — yi "Zhejiangcun" wei anli (Migration de propriété et de communauté : une voie particulière d'entrée des paysans chinois en ville. Le cas du « village Zhejiang »), *Shehuixue yanjiu (La recherche en sociologie)*, n. 1.

LIU SHIDING (2001) : De la préférence individuelle au choix collectif. Un cas de redistribution des terres en Chine rurale, in THIREAU, I. et WANG HANSHENG : *Disputes au village chinois*, Paris, Éditions de la Maison des Sciences de l'Homme.

LIU SHIDING (2002) : L'alliance entre un grand marché et une multitude d'ateliers domestiques, *Études rurales*, n° 161-162, janvier – juin 2002.

LIU SHIDING (2004) : Weilai shinian Zhongguo shehui mianlin de ruogan wenti (Quelques problèmes auxquels la société chinoise va faire face dans les dix prochaines années), in : *2004 Zhongguo fandichan lingdaoli qianyan baogao (Rapport 2004 sur la force d'entrainement de l'immobilier en Chine)*, Pékin, Zhongguo chubanshe.

LIU SHIDING (2006a) : Zhongguo shehui yanjiu zhong de xueshu zijue (Conscience scientifique dans la recherche sociologique chinoise), in YU HUIFANG, ZHU ZHIYONG : *Zhongguo shehui de yunxing yu bianqian : lilun yu quanshi (Fonctionnement et transformations de la société chinoise : théories et interprétations)*, Pékin, Beijing daxue chubanshe.

LIU SHIDING (2006b) : Zhanyou zhidu de sange weidu ji zhanyou rending jizhi (Trois dimensions du système de possession et le mécanisme de reconnaissance de la possession), *Zhongguo shehuixue, Sociologie chinoise n° 5.*

LIU XIN (2005) : Shichang zhuanxing yu shehui fencing (Transition de marché et stratification sociale), *Zhongguo shehuixue (Sociologie chinoise)* n° 4.

LU FENG (1989) : Danwei : yi zhong teshu de shehui zuzhi xingshi (L'unité de travail – une forme particulière d'organisation sociale), *Zhongguo shehui kexue (Les sciences sociales chinoises),* vol. 1.

LU XUEYI (2001) : *Dangdai Zhongguo shehui jieceng yanjiu baogao (Rapport d'étude sur la stratification sociale de la Chine contemporaine)*, Pékin, Shehui kexue wenxian chubanshe.

LU XUEYI (2002) : China's Modernization Process : Urbanization of rural areas, *Social Sciences in China*, vol. XXIII, n° 1.

LU XUEYI : Ershiyi shiji de yazhou shehui ji shehuixue (La société et la sociologie asiatiques du XXème siècle), *Zhongguo shehuixue nianjian (Les Annales de la recherche chinoise)* 1992.7~1995.6.

LU XUEYI : Shehuixue ying zhongshi nongmin wenti yanjiu (La sociologie doit prendre en considération l'étude des problèmes des paysans), *Zhongguo shehuixue nianjian (Les Annales de la recherche chinoise)* 1979~1989.

LU XUEYI : Xin Zhongguo shehuixue wushi nian (Cinquante ans de sociologie de la Chine Nouvelle), *Zhongguo shehuixue nianjian (Les Annales de la recherche chinoise)* 1995.7~1998.6.

LUO HONGGUANG (2000) : *Budeng jia jiaohuan : weirao caifu de laodong yu xiaofei (La richesse autour du travail et de la consommation)*, Hangzhou : Zhejiang renmin chubanshe.

LUO HONGGUANG. (ed.) (2003) : *Wenhua yanjiu xin cidian (Nouveau dictionnaire d'études culturelles)*, Changchun, Jilin renmin chubanshe.

LUO HONGGUANG : Budeng jia jiaohuan de yanjiu (La recherche sur l'échange inégalitaire), *Zhongguo shehuixue nianjian (Les Annales de la recherche chinoise)* 1995.7~1998.6.

MARUANI, M., REYNAUD, E. (2004) : *Sociologie de l'emploi,* Paris, La Découverte.

MERLE, A. (2007) : De la reconstruction de la discipline à l'interrogation sur la transition : la sociologie chinoise à l'épreuve du temps, in : « La Chine en transition : regards sociologiques » *Cahiers internationaux de sociologie,* vol. CXXII.

MICHELL, J.C. (1973) : Networks, norms and institutions in BOISSEVAIN, J., CLYDE MITCHELL, C. (eds) : *Networks analysis*, La Haye, Mouton.

MIEGE, P. (2005) : *Les évolutions de la danwei dans la Chine des Réformes : une analyse des changements de la société urbaine (1978-2004)* ; Thèse de doctorat, EHESS, Paris.

MOZERE, L., PERALDI, M., REY, H. (1999) : *Intelligence des banlieues*, La Tour d'Aigues, Éditions de l'Aube.

NICOLE-DRANCOURT, C., ROULLEAU-BERGER, L. (2001) : *Les jeunes et le travail 1950-2000,* Paris, PUF.

PARADEISE, C. (2003) : The French sociology of work and labor from workshops to labor markets to careers in networks, *Organisation studies,* n° 24/4.

PASSERON, J.-C. (1991) : *Le raisonnement sociologique*, Paris, Nathan.

PAUGAM, S. (1991) : *La disqualification sociale. Essai sur la nouvelle pauvreté,* Paris, PUF.

PAUGAM, S. (2000) : *Le salarié de la précarité,* Paris, PUF

PAUGAM, S. (2005) : *Les formes élémentaires de la pauvreté,* Paris, PUF.

PAYET, Jean-Paul (1995) : *Collèges de banlieue : ethnographie d'un monde scolaire,* Paris, Méridiens Klincksieck.

PEI XIAOMEI (2000) : Chuantong wenhua yu shehui xianshi : laonianren jiating guanxi chutan (Culture traditionnelle et réalité sociale : étude préliminaire sur les relations familiales des personnes âgées), *Qinghua shehuixue zazhi (Revue de sociologie de Tsinghua)* Numéro spécial n. 1.

PENEFF, J. (1990) : *La méthode biographique*, Paris, A. Colin

PENG YUSHENG (2000) : Zhongguo de cunzhen gongye gongsi : suoyouquan, gongsi zhili yu shichang jiandu (Entreprises industrielles rurales en Chine : droits de propriété, gouvernance et surveillance du marché), *Qinghua shehuixue zazhi (Revue de sociologie de Tsinghua)* Numéro spécial n. 2.

PERETTI-WATEL P., 2001, *Sociologie des risques*, Paris, A. Colin.

PETONNET, C, (1985) : *On est tous dans le brouillard*, Paris, Galilée.

PHARO, P. (1985) : *Le civisme ordinaire*, Paris, Méridiens Klincksieck.

PHARO, P. (2006) : *Raison et civilisation*, Paris, Passages.

PIORE, M., BERGER, S., (1980) : *Dualism and discontinuity in industrial societies,* New York, Cambridge University Press

PUTNAM, R. (2000) : *Bowling alone : the collapse and revival of American Communicty*, New-York, Simon and Schuster.

QIN FANGMING (2004) : Shehuixue fangfalun xintan : kexue zhexue yu yuyan zhexue de lilun shijiao (Nouvelle recherche sur la méthodologie sociologique : une perspective théorique des philosophies scientifiques et linguistiques), *Zhongguo shehuixue (Sociologie chinoise)* n° 3.

QIN HAI, XU YING (2000) : Dongya qiji, xin rujiao yu wenhua bianqian (Le miracle de l'Asie orientale : néo-confucianisme et évolutions culturelles), *Qinghua shehuixue zazhi (Revue de sociologie de Tsinghua)* Numéro spécial n. 1.

QIU ZEQI et LI SHOUJING : Nongcun shehuixue yanjiu de jincheng (Le développement de la recherche en sociologie rurale), *Zhongguo shehuixue nianjian (Les Annales de la recherche chinoise)* 1989-1993.

QIU ZEQI : Nongcun shehuixue yanjiu jincheng (L'avancement de la recherche en sociologie rurale), *Zhongguo shehuixue nianjian (Les Annales de la recherche chinoise)* 1992.7~1995.6.

QU JING DONG (2002) : Tu'ergan de yichan : xiandai shehui jiqi kenengxing (Patrimoine de Durkheim : la société moderne et ses possibilités), *Zhongguo shehuixue (Sociologie chinoise)* n° 1.

QUERE, L. et OGIEN, A. (dir.), (2006) : *Les moments de la confiance. Connaissance, affects et engagements*, Paris, Economica.

RABIER, J.-C. (2002) : *Formes de mobilisation dans les régions d'activités minières*, Édition numérique, Lille, IFRESI-CNRS.

REMY, J. (1998) : *Sociologie urbaine et rurale,* Paris, L'Harmattan.

REMY, J., VOYE, L. (1992) : *La ville : vers une nouvelle définition,* Paris, l'Harmattan.

RONCAYOLO, M. (1990) : *La ville et ses territoires,* Paris, Gallimard.

ROULLEAU-BERGER, L. (1991), réédité en (1993) : *La Ville-Intervalle. Jeunes entre centre et banlieue,* Paris, Méridiens Klincksieck.

ROULLEAU-BERGER, L., (1999) : *Le travail en friche. Les mondes de la petite production urbaine,* La Tour d'Aigues, Éditions de l'Aube.

ROULLEAU-BERGER, L., (ed.) (2003) réédité en (2004) : *Youth and work in the Post-Industrial City of North America and Europe*, Leiden and Boston, Brill Publishers.

ROULLEAU-BERGER, L., (2004a) : *La rue, miroir des peurs et des solidarités*, Paris, PUF.

ROULLEAU-BERGER, L., (2004b) : Voir, "savoir-être avec ", rendre public : pour une ethnographie de la reconnaissance, *Cahiers Internationaux de sociologie*, vol CXVII, Juillet-décembre, 2004.

ROULLEAU-BERGER, L., (ed.) (2007a) : *Nouvelles migrations chinoises et travail en Europe*, Toulouse, PUM.

ROULLEAU-BERGER, L. (2007b) : Grammaires de la reconnaissance, individuation et ordres sociétaux in CAILLE, A. (ed.) : *La quête de la reconnaissance*, Paris, La Découverte.

SANJUAN T. (ed.) (2006) : *Dictionnaire de la Chine contemporaine*, Paris, A. Colin.

SCHMUTZ, G.M. (1985) : La sociologie de la Chine avant 1949, *Cahiers Internationaux de Sociologie,* vol. LXXVIII.

SCHWARTZ, 0. (1993) : L'empirisme irréductible in : *Le Hobo, sociologie du sans-abri,* Paris, Nathan.

SCOTT, J. (1990) : *Domination and the Arts of Resistance*, New Haven, Yale University Press.

SHAN GUANGNAI : Shehui wenti yanjiu gaishu (Généralité sur la recherche sur les problèmes sociaux), *Zhongguo shehuixue nianjian (Les Annales de la recherche chinoise)* 1989~1993.

SHEN HONG : Pinkun chansheng de yanjiu : jiating neibu pinkun de zhuanyi jizhi (Étude sur la production de la pauvreté : le système transitif de la pauvreté à l'intérieur de la famille), *Zhongguo shehuixue nianjian (Les Annales de la recherche chinoise)* 1992.7~1995.6.

SHEN JING, WANG HANSHENG (2006) : Jiti chanquan zai Zhongguo xiangcun shenghuo zhong de shijian luoji : shehuixue shijiao xia de chanquan jiangou guocheng (La logique de pratique des droits de propriété collective dans la vie de la Chine rurale : le processus de construction des droits de propriété dans une perspective sociologique), *Zhongguo shehuixue (Sociologie chinoise)* n° 5.

SHEN YUAN (2002a) : L'affaire du tirage au sort. Principes de justice des commerçants d'un marché du nord de la Chine in THIREAU, I. et WANG HANSHENG : *Disputes au village chinois*, Paris, Éditions de la Maison des Sciences de l'Homme.

SHEN YUAN (2002b) : Naissance d'un marché, *Études rurales*, n° 161-162.

SHEN YUAN (2006) : Shehui zhuanxing yu gongren jieji de zaixingcheng (Transition sociale et la reformation de la classe ouvrière), *Zhongguo shehuixue (Sociologie chinoise)* n° 5.

SHEN YUAN (2007) : "Intervention forte" et "intervention faible" : deux voies d'intervention sociologique, in : « La Chine en transition : regards sociologiques » *Cahiers internationaux de sociologie,* vol CXXII.

SHEN YUAN (2007) : *Shichang, jieji yu shehui : zhuanxing shehui de guanjian yiti (Marché, classes et société : questions clefs de la sociologie de la transition)*, Pékin, Shehui kexue wenxian chubanshe.

STEINER, P. (1999) : *La sociologie économique*, Paris, La Découverte.

STRAUSS, A., (1982) traduit et présenté par BASZANGER, I. : Social worlds and legitimation processes, in : *Studies in symbolic interaction,* volume 4, Greenwich, CT/JAI Press.

STRAUSS, A., (1992B) : *La trame de la négociation,* Paris, L'Harmattan.

SU GUOXUN (2003) : Shehuixue yu shehui jiangoulun (Sociologie et constructivisme social), *zhongguo shehuixue (Sociologie chinoise)* n° 2.

SU GUOXUN : Guowai shehuixue yanjiu (La recherche sur la sociologie étrangère), *Zhongguo shehuixue nianjian (Les Annales de la recherche chinoise)* 1989~1993.

SU GUOXUN : Zhongguo shehuixue yingzou jiankang zhilu – jianchi yingyong yanjiu yu lilun yanjiu xiangjiehe (Le chemin sain que la sociologie chinoise doit prendre – persister dans la combinaison de la recherche appliquée et la recherche théorique), *Zhongguo shehuixue nianjian (Les Annales de la recherche chinoise)* 1979-1989.

SUN LIPING et GUO YUHUA (2000) : "Ruanying jianshi" : zhengshi quanli feizhengshi yunzuo de guocheng fenxi — Huabei B zhen shouliang de gean yanjiu (Carotte et bâton : analyse du fonctionnement informel d'un pouvoir formel. Le cas de l'achat de nourriture par l'État au bourg de B dans le nord de la Chine), *Qinghua shehuixue pinglun (Revue de sociologie de Tsinghua)* numéro spécial.

SUN LIPING (2001) : Les armes faibles des forts. L'usage des normes sociales informelles dans l'exercice du pouvoir, in THIREAU, I. et WANG HANSHENG : *Disputes au village chinois*, Paris, Éditions de la Maison des Sciences de l'Homme.

SUN LIPING (2002a) : *Re-accumulation of Resources : the background of social stratification in China in the 1990s*, Social Sciences in China, vol. XXIII, n° 1.

SUN LIPING (2002b) : *The sociology of practice and the analysis of the Practical Process of Market Transition,* Social Sciences in China, vol. XXIII, n° 4.

SUN LIPING (2002c) : Guocheng shijian fenxi yu dangdai Zhongguo guojia nongmin guanxi de shijian xingtai (Analyse temporelle des processus et la relation en pratique entre l'État et les paysans dans la Chine contemporaine), *zhongguo shehuixue, Sociologie chinoise n° 1.*

SUN LIPING (2003) : *Duanlie : Er shi shiji jiushi niandai yilai de Zhongguo shehui (Fractures : la société chinoise depuis les années 1990)*, Pékin : Shehui kexue wenxian chubanshe.

SUN LIPING (2007a) : La Transition sociale : un nouvel enjeu pour la sociologie du développement, in : « La Chine en transition : regards sociologiques » *Cahiers internationaux de sociologie,* vol CXXII.

SUN LIPING (2007b) : Reconstructing the fundamental social order, *Social Sciences in China* vol. XXVIII, n° 3.

SUPIOT A. (1994) : *Critique du droit du travail*, Paris, PUF.

SUPIOT, A. (2005) : *Homo juridicus : essai sur la fonction anthropologique du droit*, Paris, Seuil.

TAN SHEN : Shehui gaige qijian de funv yanjiu (La recherche sur les femmes pendant les réformes sociales), *Zhongguo shehuixue nianjian (Les Annales de la recherche chinoise)* 1989~1993.

TANG JUN (2000) : "De l'action rationnelle des membres du lignage à sa croissance consciente : une étude sociologique des lignages villageois dans le Nord de la Chine contemporaine" (chinois), Études de la Chine rurale contemporaine. New Jersey, Global Publishing Co. Inc.

TANG JUN (2003) : *Du licenciement au chômage : l'évolution de l'exclusion sociale des salariés licenciés dans la Chine d'aujourd'hui,* Santé, société et solidarité, n° 3.

TANG JUN e& al. (2004) : Dui cunmin zizhi zhidu xia jiazu wenti de lilun fansi (Réflexion théorique critique sur la problématique des clans sous le système d'autonomie des villageois), *Shehuixue yanjiu (La recherche en sociologie)*, n. 3.

TARRIUS, A. (1995) : *Economies souterraines. Le comptoir maghrébin de Marseille,* La Tour D'Aigues, Éditions de l'Aube.

TARRIUS, A. en collaboration avec MISSAOUI, L. (2000) : *Les nouveaux cosmopolitismes. mobilités, identités, territoires*, La Tour D'Aigues, Éditions de l'Aube.

THIREAU, I., et WANG HANSHENG (2001) : *Disputes au village chinois*, Paris, Éditions de la Maison des Sciences de l'Homme.

THIREAU, I., HUA LINSHAN (2001) : Du présent au passé : accords et désaccords concernant les affaires communes villageoises, in THIREAU, I., et WANG HANSHENG : *Disputes au village chinois*, Paris, Éditions de la Maison des Sciences de l'Homme.

THIREAU, I., HUA LINSHAN (2002) : A l'ombre des commerces en bordure de route, *Études rurales*, n. 161-162.

TONG XIN (1997) : Xin shiqi youguan laodong guanxi de shehuixue fenxi (Analyse sociologique des relations de travail dans une ère nouvelle), *Zhejiang xuekan (Journal académique du Zhejiang)*.

TONG XIN (2002) : Shehui bianqian yu gongren shehui shenfen de chonggou (Évolutions sociales et reconstruction de l'identité sociale des ouvriers), *Shehuixue yanjiu (La recherche en sociologie)* n.6.

TONG XIN (2006) : Yanxu de shehui zhuyi wenhua chuantong — yixiang guoyou qiye gongren jitixing dongde gean fenxi (La tradition culturelle socialiste maintenue : le cas d'une action collective d'ouvriers d'une entreprise d'État), *Shehuixue yanjiu (La recherche en sociologie)*.

TOURAINE, A., WIEVIORKA, M., DUBET, F. (1984) : *Le mouvement ouvrier,* Paris, Fayard.

TOURAINE, A. (1992) : *Critique de la modernité,* Paris, Fayard.

TOURAINE, A. (1997) : *Pourrons-nous vivre ensemble ?* Paris, Fayard.

TOURAINE, A. (2005) : *Un nouveau paradigme*, Paris, Seuil.

TOURAINE, A. (2007) : *Penser autrement*, Paris, Fayard.

TOURAINE, A., KHOSROKHAVAR, F. (2000) : *La recherche de soi,* Paris, Fayard.

VAN ZANTEN, A. (2001) : *L'école de la périphérie. Scolarité et ségrégation en banlieue*, Paris, PUF.

VAN ZANTEN, A. (2007) : Ségrégations et inégalités », *in* J.-M. BARREAU, *Dictionnaire des inégalités en France*, Paris, ESF.

VERDIER E., (2007) : « Éducation et formation tout au long de la vie : une rhétorique européenne, cinq régimes d'action », in Derouet J-L., Normand R., *Repenser la justice en éducation*, Bruxelles, Peter Lang.

WANG KANG : Qingzhu Zhongguo shehuixue chongjian shisi zhounian (La célébration du quatorzième anniversaire du rétablissement de la sociologie en Chine), *Zhongguo shehuixue nianjian (Les Annales de la recherche chinoise)* 1989~1993.

WANG KANG : Shehuixue renwu (Les responsabilités de la sociologie), *Zhongguo shehuixue nianjian (Les Annales de la recherche chinoise)* 1992.7-1995.6.

WANG KANG : Zhongguo dalu shehuixue de chongjian – qingzhu Zhongguo dalu shehuixue chongjian shi zhounian (Le rétablissement de la sociologie en Chine continentale – pour célébrer le dixième anniversaire du rétablissement de la sociologie en Chine continentale), *Zhongguo shehuixue nianjian (Les Annales de la recherche chinoise)* 1979~1989.

WANG MINGMING (2007) : *Zhongguo renleixue pinglun (Critique de l'anthropologie chinoise)*, vol. 2, Pékin, Shijie dushu chubanshe.

WANG YING : Shequ yanjiu gaishu (Généralités sur la recherche sur les communautés), *Zhongguo shehuixue nianjian (Les Annales de la recherche chinoise)* 1992.7~1995.6.

WIEVIORKA, M. (1999) : *Violences urbaines,* Paris, Seuil.

WIEVIORKA, M. (1993) : *Racisme et modernité.* Paris, La Découverte.

WIEVIORKA, M. (2000) : Sociologie post-classique ou déclin de la sociologie ? *Cahiers internationaux de sociologie*, vol CVIII.

WIEVIORKA, M. (2004) : La violence, Paris, Balland.

WIEVIORKA, M. (2005) : L*a différence : Identités culturelles : enjeux, débats et politiques.* La Tour-d'Aigues, Éditions de l'Aube.

WIEVIORKA, M. (2007a) : La Chine et l'avenir mondial de la sociologie, in : « La Chine en transition : regards sociologiques » *Cahiers internationaux de sociologie,* vol CXXII

WIEVIORKA, M. (dir) (2007b) : *Les sciences sociales en mutation*, Auxerre, Éditions sciences humaines.

WU DUO : Chengshi shehuixue ji chengshi shehui de fazhan yanjiu (La sociologie urbaine et la recherche sur le développement de la société urbaine), *Zhongguo shehuixue nianjian (Les Annales de la recherche chinoise)* 1989~1993.

WU DUO : Chengshi shehuixue yanjiu de xin jinzhan (Les nouveaux développements de la recherche en sociologie urbaine), *Zhongguo shehuixue nianjian (Les Annales de la recherche chinoise)* 1992.7~1995.6.

WU DUO : Jianshe you Zhongguo tese de shehuixue – qingzhu Zhongguo shehuixue chongjian shi zhounian (La construction de la sociologie aux caractéristiques chinoises – pour célébrer le dixième anniversaire du rétablissement de la sociologie chinoise), *Zhongguo shehuixue nianjian (Les Annales de la recherche chinoise)* 1979~1989.

WU ZHONGMIN : Lun shehui fazhan yanjiu he xiandaihua (Commentaires sur la recherche sur le développement social et la modernisation), *Zhongguo shehuixue nianjian (Les Annales de la recherche chinoise)* 1992.7~1995.6.

WU ZHONGMIN : Xiandaihua yanjiu zongshu (Généralités sur la recherche sur la modernisation), *Zhongguo shehuixue nianjian (Les Annales de la recherche chinoise)* 1989~1993.

XI GUIHUA (2006) : Market transition and Laid-Off Workers, *Chinese Sociology*.

XIANG BIAO (2002) : Taobi, lianhe yu biaoda : Beijing zhejiangcun de gushi (Fuite, alliance et expression : une histoire du « village de Zhejiang » à Pékin), *Zhongguo shehuixue (Sociologie chinoise)* n° 1.

XIANG JIQUAN (2004) : Duanque caizheng xia de xiangcun zhengzhi fazhan (Le développement de la politique à la campagne sous pénurie financière), *Zhongguo shehuixue (Sociologie chinoise)* n° 3.

XIE GUIHUA (2006) : Shichang zhuanxing yu xiagang gongren (La transition du marché et les ouvriers *xiagang*), *Zhongguo shehuixue (Sociologie chinoise)* n° 5.

XU HANG, JING MING : Shehuixue lilun yanjiu (La recherche théorique en sociologie), *Zhongguo shehuixue nianjian (Les Annales de la recherche chinoise)* 1989~1993.

XU HANG, JING MING : Shehuixue lilun yanjiu de xianzhuang (État des lieux de la théorie en sociologie), *Zhongguo shehuixue nianjian (Les Annales de la recherche chinoise)* 1992.7~1995.6.

YANG SHANHUA (2002) : Cunzhuang bianjie de duoyuanhua – jingji bianjie kaifang yu shehui bianjie fengbi de chongtu yu gongsheng (La multiplication des frontières entre les villages – conflits et coexistence de l'ouverture des frontières économiques et de la fermeture des frontières sociales), *Zhongguo shehuixue (Sociologie chinoise)* n° 1.

YANG SHANHUA, ZHAO LITAO (2004) : Zhongguo nongcun shehui zhuanxing zhong shequ zhixu de chongjian (La reconstruction de l'ordre dans les communautés résidentielles en Chine rurale en transition), *Zhongguo shehuixue (Sociologie chinoise)* n° 3.

YANG XINHENG : Gaige de shishi he zhengguihua jincheng – shi nian gaige de shehuixue fansi (La mise en œuvre des réformes et la régularisation – réflexion sociologique sur dix années de réforme), *Zhongguo shehuixue nianjian (Les Annales de la recherche chinoise)* 1979~1989.

YANG YIYIN : Shehui xinlixue yanjiu zongshu (Présentation de la recherche en psychologie sociale), *Zhongguo shehuixue nianjian (Les Annales de la recherche chinoise)* 1992.7~1995.6.

YANG YIYIN (1998) : Ziwo jiqi bianjie : wenhua jiazhi quxiang jiaodu de yanjiu jinzhan (L'ego et ses frontières. État des lieux des recherches du point de vue des valeurs culturelles), *Guowai shehui kexue (Sciences sociales à l'étranger)* n.6.

YANG YIYIN (2002) : Wenhua rentong de dulixing he donglixing : yi Malaixiya huaren rentong de yanjiang yu chuangxin weili (Autonomie et force mobilisatrice de l'identité culturelle : le cas des évolutions et créations de l'identité culturelle chez les Malais d'origine chinoise), in ZHANG CUNWU, TANG XIYONG (eds.) 2002 : *Haiwai huazu yanjiu lunji, di san juan : Wenhua, jiaoyu yu rentong (Recueil d'études sur les Chinois d'outre-mer, tome 3 : Culture, éducation et identité)*, Taipei, Huaqiao xiehui zonghui chuban.

YE DELEI (1999) : Jingji zhuanxing zhong de Shanghai laodong li shichang : shi zhengmiao shuyu lilun jiexi (Le marché du travail de Shanghai dans la transition économique : description empirique et analyse théorique), *Huadong shifan daxue xuebao (Le journal de l'Université Normale de Chine Orientale).*

YE QIZHENG (2002) : Qimeng renwen sixiang de lishi mingyun : cong shengchan dao xiaofei (Vers une analyse sociologique du sort historique des pensées des Lumières : de la production à la consommation), *Zhongguo shehuixue (Sociologie chinoise)* n° 1.

YING XING (2007) : L'École rurale et les études chinoises sur la gestion autonome des villages, in : « La Chine en transition : regards sociologiques » *Cahiers internationaux de sociologie,* vol CXXII.

YU RONGPEI : Chanye shehuixue zai Zhongguo de yanjiu ji jinzhan (La recherche et le développement de la sociologie industrielle en Chine), *Zhongguo shehuixue nianjian (Les Annales de la recherche chinoise)* 1989~1993.

YU XIAOMIN (2006) : Jingji quanqiuhua beijing xia de laogong yundong (Les mouvements ouvriers dans le contexte de la mondialisation économique), *Zhongguo shehuixue (Sociologie chinoise)* n° 5.

YUAN FANG : Jiasu Zhongguoren leixue fazhan jincheng (Accélérer le développement de l'anthropologie chinoise), *Zhongguo shehuixue nianjian (Les Annales de la recherche chinoise)* 1992.7~1995.6.

YUAN FANG : Shehui gongzuo jiaoyu ji Zhongguo shehui zhuyi xiandaihua jianshe (L'éducation du travail social et la construction moderne du socialisme en Chine), *Zhongguo shehuixue nianjian (Les Annales de la recherche chinoise)* 1979~1989.

YUAN FANG : Zhongguo shehuixue de chongjian he qianjing (Le rétablissement et les perspectives de la sociologie chinoise), *Zhongguo shehuixue nianjian (Les Annales de la recherche chinoise)* 1989~1993.

YUAN JIHUI : Yanglao de lilun yu shijian (La théorie et la pratique des retraites), *Zhongguo shehuixue nianjian (Les Annales de la recherche chinoise)* 1992.7~1995.6.

YUEN SUNPONG (2003) : Shehui yanjiu de benzhi (L'essence de la recherche sur la société), *Zhongguo shehuixue (Sociologie chinoise)* n° 2.

ZHAI XUEWEI : Zhongguoren de lianmianguan – lun guonei shehui xinlixue (La conception chinoise de la face – un essai sur la psychologie sociale en Chine), *Zhongguo shehuixue nianjian (Les Annales de la recherche chinoise)* 1992.7~1995.6.

ZHANG JING (2002) : Cunzhuang zizhi yu guojia zhengquan jianshe : huabei xicun anli fenxi (Auto-gouvernance des villages et construction de l'État : le cas du village de Xi dans la Chine du Nord), *Zhongguo shehuixue (Sociologie chinoise)* n° 1.

ZHANG JING (2006) : Eryuan zhenghe zhixu : yige caichan jiufen'an de fenxi (Ordre d'intégration dual : le cas d'un procès de propriété), *Zhongguo shehuixue (Sociologie chinoise)* n° 5.

ZHANG JING (dir) (2006) : *Shenfen rentong yanjiu (Recherche sur la reconnaissance et l'identité)*, Shanghai, Shanghai Renmin Chubanshi.

ZHANG XIAOJUN (2001) : Chuantong wenhua shengchan zhong de xiangzhengxing shijian (Pratique symbolique dans la production de la culture traditionnelle), *Qinghua shehuixue zazhi (revue de sociologie de Tsinghua)* Vol.1.

ZHAO LIXIN (2006) : Chengshi nongmingong shiminhua wenti yanjiu (Recherche sur la question de l'urbanisation des travailleurs paysans), *Renkou xuekan (Revue de démographie).*

ZHAO LUKUAN&PAN JINTANG : Laodong shehuixue yanjiu gaishu (Généralité sur la recherche en sociologie du travail), *Zhongguo shehuixue nianjian (Les Annales de la recherche chinoise)* 1989~1993.

ZHAO YANDONG & WANG FENYU (2005) : Chengxiang liudong renkou de jingji diwei huode ji jueding yinsu (Les facteurs décisifs dans l'acquisition du statut économique au sein de la population migrante), *Zhongguo shehuixue (Sociologie chinoise)* n° 4.

ZHE XIAOYE & CHEN YINGYING : Nongcun de chengzhenhua qushi (La tendance à la transformation en bourgs des villages), *Zhongguo shehuixue nianjian (Les Annales de la recherche chinoise)* 1995.7~1998.6

ZHE XIAOYE, CHEN YINGYING (2006) : Chanquan zenyang jieding : yifen jiti chanquan sihua de shehui wenben (Définir les droits de propriété : un corpus social de la privatisation de la propriété collective), *Zhongguo shehuixue (Sociologie chinoise)* n° 5.

ZHENG HANGSHENG : Dangjin lilun shehuixue shenru yanjiu de jige lingyu (Quelques domaines qu'approfondit la sociologie théorique actuelle), *Zhongguo shehuixue nianjian (Les Annales de la recherche chinoise)* 1992.7~1995.6.

ZHENG HANGSHENG : Deng Xiaoping he Zhongguo dangdai shehuixue – qingzhu Zhongguo shehuixue chongjian ershi zhounian (Deng Xiaoping et la sociologie contemporaine chinoise – pour célébrer le XXème anniversaire du rétablissement de la sociologie en Chine), *Zhongguo shehuixue nianjian (Les Annales de la recherche chinoise)* 1995.7~1998.6.

ZHENG HANGSHENG : Zhuanxing zhong de Zhongguo shehui ji Zhongguo shehuixue de fazhan (La société et la sociologie chinoises dans la transition), *Zhongguo shehuixue nianjian (Les Annales de la recherche chinoise)* 1979~1989.

ZHOU XUEGUANG & HOU LIREN (2003) : Wenge zhong de haizimen : dangdai Zhongguo de guojia yu shengming licheng (Les enfants de la Révolution culturelle : l'État et le cours de la vie dans la Chine contemporaine), *Zhongguo shehuixue (Sociologie chinoise) n° 2.*

ZHOU XUEGUANG (2006) : Guanxi chanquan : chanquan zhidu de yige shehuixue jieshi (Droits de propriété relationnels : une approche sociologique), *Zhongguo shehuixue (Sociologie chinoise)* n° 5.

ZHU JIANGANG & TAN KAI (2001) : Gongzuo, quanli yu nuxing rentong de jiangou : dui Guangdong yijia waizi qiye de Zhongguo bailing nuxing de ge'an yanjiu (Travail, pouvoir et construction de l'identité féminine : un cas de travailleuses en « col blanc » dans une entreprise étrangère du Guangdong), *Qinghua shehuixue zazhi (Revue de sociologie de Tsinghua)* vol. 1.

ZHU JIANGANG (2003) : Guojia quanli yu jiequ kongjian : dangdai Zhongguo jiequ quanli yanjiu daolun (État, pouvoir et espace résidentiel : introduction à la recherche sur les pouvoirs dans les ensembles résidentiels en Chine contemporaine), *Zhongguo shehuixue (Sociologie chinoise)* n° 2.

La sociologie chinoise face à la transition sociale

LI PEILIN, GUO YUHUA, LIU SHIDING

À la fin du XIXe siècle et au début du XXe siècle la sociologie fut introduite en Chine, depuis l'Europe, comme une discipline parmi les sciences sociales modernes. Nombre de sociologues chinois savent qu'à ses débuts la sociologie était appelée « recherche sur les groupes », comme l'illustre le fait que Yan Fu (1854 – 1972) traduisit *The study of Sociology* (1873) du sociologue britannique Herbert Spencer sous le titre de *Qunxue Yiyan*, signifiant à peu près « Discours sur l'étude des groupes ». Cependant, les analyses sur la société chinoise remontent à l'Antiquité. Il y a deux mille ans, à l'époque des Royaumes Combattants, les grands penseurs ne réfléchissaient pas seulement à la gouvernance de la société, un certain nombre proposait également des analyses sociales.

L'introduction et la naissance de la sociologie produisirent un changement important dans les méthodes de travail des penseurs chinois. Ceux-ci découvrirent que le savoir (notamment le savoir permettant d'expliquer et de résoudre des problèmes sociaux concrets) pouvait naître de l'observation de la vie quotidienne. Le recours à la méthode d'enquête sociologique renforça la pratique scientifique en Chine. La première enquête sociale est sans doute celle que réalisa entre 1914-1915 l'Association pour le progrès social de Pékin (une organisation sociale mise en place par des étudiants de Pékin en 1913) sur les conducteurs de pousse-pousse de la capitale. Ce type de méthode de recherche n'existait pas auparavant en Chine et n'était pas né des traditions chinoises en matière de production de la connaissance ; il fut, comme d'autres nouveautés à l'époque – la poste, les chemins de fer et les écoles – le fruit de la rencontre entre les cultures chinoise et occidentale et le signe de la mutation des idées d'une Chine en modernisation.

Cette discipline eut une grande influence sur les milieux scientifiques et les politiques sociales. Mais son développement a suivi un parcours sinueux. Pendant la première moitié du XXe siècle, la succession des guerres – guerres civiles et luttes contre des invasions étrangères – se prolongea sur plusieurs décennies, perturbant directement ou indirectement le déroulement normal des recherches scientifiques. Cependant, grâce aux efforts conjoints des chercheurs, de nombreux résultats furent obtenus dont une partie attirèrent l'attention de la communauté scientifique internationale. À la fin des années 1940 et au début des années 1950, l'avènement de la paix ne s'accompagna pas du développement scientifique espéré. Pour des raisons idéologiques, entre autres, la réorganisation des disciplines universitaires entreprise en 1952 donna malheureusement lieu à la suppression de la sociologie et de l'anthropologie, deux « disciplines bourgeoises ». Pendant plus de vingt ans, la formation des sociologues ne fut plus assurée, les travaux de recherche furent interrompus, et les chercheurs qui restaient attachés à la sociologie durent s'abriter derrière d'autres disciplines. Cette situation se prolongea jusqu'à la fin des années 1970.

En 1979, dans le contexte de la politique de réforme économique, la sociologie commença à être réintroduite dans les établissements de recherche et d'enseignement supérieur du pays. Les sociologues et les anthropologues de la première génération, comme Fei Xiaotong et Lei Jieqiong, devinrent les organisateurs de cette reconstruction. Outre la reconstitution d'équipes de recherche et d'enseignement, ils invitèrent des professeurs étrangers à venir présenter des cours, des conférences et des directions de recherche, et progressivement organisèrent des séjours d'études à l'étranger pour de jeunes étudiants.

En ce qui concerne la recherche et l'enseignement, deux perspectives s'ouvrirent en même temps. Il s'agissait d'une part de présenter et d'étudier les méthodologies et théories sociologiques étrangères, et d'autre part de mener des enquêtes de terrain et des recherches empiriques. Ces deux perspectives se développèrent selon deux trajectoires totalement différentes, sans que des liens étroits ne soient établis entre la recherche théorique et méthodologique et la recherche empirique.

À cette époque, les recherches empiriques, dans leur ensemble, consistaient à recueillir des données et à faire des descriptions élémentaires ; les chercheurs ne concevaient pas spontanément que la recherche empirique puisse faire avancer le développement des théories sociologiques. De son côté, la recherche théorique était pour l'essentiel une recherche sur l'histoire des idées. Enfin, les méthodologies étaient plus étudiées que mobilisées par la recherche. Cette situation n'était pas surprenante : en effet, l'étude et le développement des théories sociologiques nécessitaient une accumulation de pratiques, alors que la riche réalité des mutations sociales et l'apparition de nouveaux problèmes sociaux exerçaient une grande attraction sur les chercheurs et les étudiants en sociologie. Les discussions méthodologiques ne pouvaient être développées qu'à la suite d'un approfondissement à la fois des recherches théoriques et des recherches empiriques.

Une nouvelle posture est apparue rapidement chez les chercheurs : la société chinoise, en train de se complexifier et de connaître une mutation accélérée, constituait en réalité un « laboratoire » exceptionnel pour la recherche scientifique. Ainsi, les sociologues chinois ne devaient pas se contenter d'y puiser des données, de comprendre et d'expliquer la situation du pays, ils avaient la responsabilité d'établir un dialogue entre la recherche empirique et la théorie afin de pousser l'innovation théorique et le développement scientifique de la discipline. Il leur incombait non seulement de découvrir les spécificités chinoises, mais encore d'explorer les principes généraux qui permettent de les expliquer.

Pour résumer, depuis sa restauration à la fin des années 1970, le développement de la sociologie chinoise a connu deux phases principales : des années 1980 au début des années 1990, les problématiques de la réalité chinoise, comme la modernisation, l'évolution des situations matrimoniales et familiales, les entreprises rurales, les migrations de travailleurs, les relations ville-campagne… ont largement mobilisé les chercheurs. Par contraste, à côté de ce vif intérêt pour la réalité il y avait un manque relatif de ressources théoriques et de normes scientifiques. À cette époque, les chercheurs se référaient pour la plupart à la sociologie américaine. À partir des années 1990, la sociologie chinoise est entrée dans sa seconde phase. Elle connaît depuis des progrès remarquables, marqués par des échanges internationaux et la constitution de théories, de pensées et de normes scientifiques. La sociologie chinoise est devenue désormais une force importante capable de proposer des points de vue et de prendre part aux dialogues scientifiques. Mais, dans le même temps, certaines recherches ont perdu de leur sensibilité à la nature et aux spécificités de la société chinoise et se sont mises à distance de la réalité sociale du pays. Étant donné cette tradition scientifique et ce contexte, nous proposons deux objectifs scientifiques fondamentaux : faire face aux problématiques chinoises réelles, urgentes et majeures ; participer de manière constructive aux échanges et dialogues internationaux. Les efforts visant ces deux objectifs s'incarnent dans l'apparition de la sociologie de la transition sociale. Cette sociologie porte en elle de profondes réflexions sur le processus de transition de la société chinoise, possède une forte ambition théorique et demeure fortement attachée au sort de la société.

Ces dernières années, la sociologie chinoise a connu un développement rapide lié à trois facteurs. Premièrement, la volonté de construire une société harmonieuse (*hexie shehui*) coïncide parfaitement avec les objectifs de la sociologie ; deuxièmement, les transformations sociales que connaît le pays stimulent la sociologie chinoise et lui imposent de nouvelles exigences sociales ; troisièmement, les enquêtes et l'accumulation des savoirs scientifiques réalisés pendant de longues années ont bâti un socle solide sur lequel la discipline a pu prendre son essor.

Ce développement doit toutefois faire face à des défis théoriques et empiriques qui peuvent être résumés par trois questions : comment connaître, comprendre et expliquer les bouleversements de la Chine à partir des lois sociales ? Comment répondre aux problèmes importants qui surgissent au cours du développement actuel ? Comment construire une théorie de la production de la société fondée sur l'expérience chinoise ?

Il n'est pas aisé de répondre à la première question, car la transition sociale que connaît la Chine est inédite. Si des intellectuels parlent depuis les années 1840 de changements sans précédent depuis mille ans (*qiannian weiyou zhi bianju*), les transformations que la Chine a connues ces trente dernières années sont sans équivalent dans l'histoire de la modernisation du monde, à la fois par l'immensité de la population concernée, par sa vitesse et par la profondeur des mutations.

Si nous soulignons l'importance de la population concernée, il faut dire que l'ensemble des populations de tous les pays développés n'atteint pas les 1,3 milliards d'habitants de la Chine. L'entrée dans la modernité d'une telle masse fait penser à un train géant en surcharge, et qui, une fois mis en route et lancé à pleine vitesse, pose la question de son contrôle. Pour un pays surpeuplé comme la Chine, il est difficile d'éluder la variable démographique. Tout changement dans la quantité, la structure ou le niveau d'éducation de la population entraîne une modification des conséquences et des règles du développement. Le développement chinois doit répondre à des besoins différents de ceux qui naissent dans les pays ayant une population plus réduite ; il doit également faire face à des exigences de croissance économique radicalement différentes par rapport aux pays où la croissance démographique est nulle ou négative.

Dans le processus de mondialisation, le développement chinois se distingue par sa vitesse ; il ne représente pas la simple répétition des processus de modernisation qui ont eu lieu dans le passé. L'expérience chinoise est celle de la concentration d'un processus sur quelques décennies, processus qui avait pris des centaines d'années dans d'autres pays. La circulation et l'expansion de technologies, capitaux, produits, systèmes, pensées empruntent une vitesse qui ne peut être comparée à aucune expérience passée. Dans ce type de mutation rapide, les différents problèmes liés à l'industrialisation, la modernisation et la mondialisation ont tendance à émerger conjointement ; pré-modernité, modernité et post-modernité coexistent ; différents types de contradictions sont entremêlés de façon complexe. Il est donc nécessaire de partir à la recherche de nouvelles voies qui mènent, dans un contexte de grande diversité dans la société, à l'intégration, la solidarité et l'harmonie sociales.

La profondeur de la mutation est pour partie liée à la multiplicité des changements qui se produisent. D'une part, il y a synchronie entre les réformes du système économique et la transformation de la structure sociale. Au cours de ces vingt dernières années, le développement économique a été si dominant que beaucoup de chercheurs ont présenté la transformation structurelle de la société comme la conséquence des réformes économiques. Or, en réalité, la transformation de la structure de la société elle-même joue le rôle d'une force qui stimule le développement économique. L'avantage de cette transformation en Chine est son potentiel d'élasticité et son immense espace libre. Quand les réformes suscitent la participation et la créativité, la société devient rapidement dynamique. La substitution de la technologie au travail manuel dans l'agriculture, le transfert de la main-d'œuvre rurale vers les secteurs non agricoles et l'afflux massif de la population rurale vers les villes, ont apporté de larges bénéfices à la société. D'autre part, aussi bien la structure professionnelle que les modes de vie, les comportements et les systèmes de valeurs, ont subi des transformations, donnant lieu à de nouveaux problèmes. Par exemple, les relations professionnelles, construites dans la transition d'une société agricole vers une société industrielle, sont venues se substituer aux relations traditionnelles fondées sur les liens du sang et la proximité géographique. En un sens, la société dans laquelle les individus évoluent n'est plus une société de « proches » (c'est-à-dire où les gens se connaissent) mais est devenue une société d'« étrangers ». Dans ce contexte, une nouvelle problématique apparaît : comment reconstruire des relations sociales de confiance ? Un autre exemple : la transformation et la diversification de l'économie entraînent une modification de la configuration des intérêts sociaux. Différentes catégories sociales et groupes d'intérêts formulent des revendications divergentes. Résoudre les tensions, les contradictions, voire les conflits entre ces intérêts nés dans le contexte de l'économie de marché, constitue un défi nouveau pour notre pays socialiste. Avec les mutations sociales et économiques rapides, différentes couches sociales, classes d'âge et régions développent des idées et conceptions divergentes qui impliquent de régler les questions de justice et de formation des consensus sociaux dans un nouveau contexte.

Il est des questions pour lesquelles il est difficile de trouver des réponses à partir de nos expériences. C'est le cas par exemple de l'élargissement des écarts de revenus qui se produit au cours de la transition vers l'économie de marché. Jusqu'au milieu des années 1990, la majorité des chercheurs estimait que ces écarts croissants de revenus étaient la conséquence naturelle du processus de transition, et que le problème de la distribution des revenus se réglerait au fur et à mesure du développement de la société et de l'enrichissement général. Or, si la croissance des écarts de revenus prend la forme en cloche énoncée par Kuznets, quand cette courbe va-t-elle arriver à son point culminant ? et quelles seront alors les conséquences de cette tendance à l'accroissement des écarts de revenus ? Nous ne possédons pas aujourd'hui de réponse claire. En effet, dans un contexte général de concurrence mondiale, les écarts de revenus entre les différents secteurs s'accroissent, l'essor rapide de l'économie immatérielle accélère l'accumulation des richesses, et les phénomènes de concentration des activités renforcent encore l'afflux des investissements vers des régions spécifiques ; l'importante offre de main-d'œuvre physique et la sur-concurrence empêchent le niveau des salaires de progresser ; à cela s'ajoutent encore les phénomènes de corruption et les bénéfices illégaux… Tous ces facteurs contribuent à ce que les écarts de revenus se creusent chaque jour davantage. Dans l'économie de marché socialiste, le problème du maintien de l'équilibre entre l'égalité et l'efficacité est une question difficile tant sur le plan théorique que pratique.

Par ailleurs, certains problèmes nous conduisent à des dilemmes. Par exemple, il faut d'un côté proposer une solution au manque de fonds pour la protection sociale et élargir sa couverture, et de l'autre, faire attention aux décalages entre la loi de fluctuation cyclique de la croissance économique et celle de la croissance continue des avantages sociaux et donc éviter le piège du *welfarism* ; il faut, d'un côté, développer l'innovation technologique pour faire progresser certains secteurs et améliorer les règles du marché, et de l'autre côté, créer des emplois en soutenant les secteurs à forte intensité de main-d'œuvre ; il faut à la fois maintenir la politique de limitation des naissances tout en parant au vieillissement trop rapide de la population. Si l'on ne considère que le problème de l'emploi, celui-ci est devenu une des principales préoccupations quotidiennes des Chinois, après que trente ans de réformes et de développement soutenu aient permis d'éradiquer la famine et de vêtir tout le monde. Depuis le milieu des années 1990, l'ombre du chômage ne cesse de s'épaissir, d'autant que la situation de l'emploi en Chine ne s'est pas configurée en totale conformité avec la courbe de Phillips. En raison de la substitution du travail par la technologie et le capital, l'élasticité de l'emploi dans la croissance économique en Chine ne cesse de diminuer ; l'offre de main-d'œuvre continue d'augmenter ; les réductions d'effectifs dans les entreprises d'État ne sont pas encore arrivées à leur terme ; la réforme des unités de service qui emploie 30 millions de personnes n'a pas réellement démarré ; la pression qu'exerce le transfert de main-d'œuvre rurale vers les secteurs non agricoles reste forte. Selon les chercheurs qui croient en « la force du progrès technique », de l'ère agricole à l'ère d'informations en passant par l'ère industrielle, la technologie ne fait qu'accroître les chances d'emploi et non le contraire. Mais en Chine à l'heure actuelle, les secteurs à forte intensité de main-d'œuvre ont une portée considérable sur l'emploi, et ne doivent pas être négligés au nom de l'accent mis sur le progrès technologique. En même temps, la Chine doit faire face à la co-existence d'insuffisances d'emplois et de pénuries structurelles de main-d'œuvre.

D'autres questions nécessitent une étude approfondie du contexte chinois. Par exemple avec les réformes et le développement économique, un grand nombre de « paysans-ouvriers » (*mingong*) quitte le secteur agricole. Aujourd'hui, cette population atteint presque le chiffre de 200 millions de personnes. Importants acteurs de la formation des marchés du travail, les paysans-ouvriers jouent un rôle majeur dans la transition vers le marché et la modernisation du pays. Depuis une dizaine d'années, ils polarisent l'attention du milieu académique, des autorités concernées et des médias. Entre 1979 et 1984, pendant la première phase des réformes, les entreprises de bourg et de village constituaient la voie principale de leur passage vers les activités non agricoles. La spécificité de ce passage était que ces paysans « quittaient la terre sans quitter le village, entraient dans l'usine sans entrer en ville », ce qui fut à un moment appelé la « voie d'urbanisation à la chinoise ». En 1984, l'État a assoupli les contraintes qui empêchaient les paysans d'aller dans les villes, ouvrant ainsi une longue période pendant laquelle des paysans ont afflué massivement dans les zones urbaines pour y travailler comme ouvriers ou exercer de petits métiers. En Occident, les chercheurs sont nombreux à avoir exprimé leur inquiétude face aux conséquences sociales de cette migration massive des paysans-ouvriers ; en Chine, des chercheurs ont également regardé ces déplacements comme une menace pour la stabilité sociale, presque une bombe sociale. Or, comment se fait-il que cette migration n'ait pas produit de l'agitation sociale ? Pourquoi les paysans-ouvriers, situés en bas de l'échelle des revenus dans les villes, n'ont-ils pas manifesté de forts mécontentements ? Pourquoi des actions collectives de ces paysans-ouvriers confrontés à des situations d'injustice sociale ne se sont-elles pas produites ? Les recherches ont permis de découvrir que le niveau de revenu de cette population était davantage déterminé par des facteurs comme l'éducation et l'aptitude professionnelle que par des discriminations visant leur identité. On a également découvert avec surprise que les paysans-ouvriers qui jouissent d'un statut salarial et social relativement bas ont une attitude sociale assez positive. On peut probablement expliquer ce phénomène par la courbe ascendante de leurs revenus en ville et par le fait qu'ils comparent leur situation avec celles des paysans restés dans les villages. Ce ne sont peut-être pas des déterminants économiques qui influencent leurs comportements, mais des déterminants historiques.

Suivant de près les problèmes réels et cherchant sans relâche les lois de fonctionnement de la société, les travaux des chercheurs sont de plus en plus marqués par une double attention à la fois empirique et théorie. Aujourd'hui, c'est vers cette double exigence que tend la recherche sociologique en Chine. Les chapitres de cet ouvrage en sont les témoins.

Ces chapitres expriment l'attachement des sociologues chinois à leur société et leur pays, mais également aux réflexions scientifiques qui transcendent les frontières. D'une part, ils suivent de près les évolutions majeures de la société chinoise en les décrivant et en les analysant. Les grands changements que la Chine a connus et connaît encore, tel que les réformes agraires, l'urbanisation dans un contexte de séparation entre villes et campagnes, la production des paysans-ouvriers, les évolutions de la structure de propriété dans les entreprises, la situation des travailleurs, la fragmentation sociale et la justice sociale, le rapport État-société, les activités de défense des droits chez les citadins, les évolutions de la structure familiale, etc., font l'objet d'une attention particulière dans la perspective d'une société en transition. D'autre part, les chercheurs s'emploient à adopter un regard international pour interpréter ces phénomènes chinois. On trouvera dans chaque article du présent ouvrage des références bibliographiques étrangères aussi bien sur des concepts que sur des problématiques. Certaines de ces références viennent des États-Unis, d'autres d'Europe.

Ce livre est d'abord destiné aux lecteurs français. Nous souhaitons que sa publication les aide à mieux comprendre la transition que la Chine est en train de vivre et à connaître les réflexions des sociologues chinois sur cette société et ses mutations. Les bénéfices d'une telle connaissance seront évidents.

Nous tenons à remercier tout particulièrement Laurence Roulleau-Berger pour ses immenses efforts. Avec sa fougue chaleureuse et sa vigueur professionnelle, elle a été le pilier de l'édition de cet ouvrage. Pendant notre coopération pour la co-direction, les échanges avec elle nous ont fortement impressionnés. C'est de cette heureuse coopération qu'est né ce livre.

Pékin, le 23 octobre 2007

PREMIÈRE PARTIE

Société de marché et transition sociale

Chapitre premier

Sociologie de la transition et nouvelles perspectives théoriques

SUN LIPING

TRANSITION SOCIALE ET NOUVELLES PERSPECTIVES SUR LE DÉVELOPPEMENT DES CONNAISSANCES SOCIOLOGIQUES

Dans l'article intitulé « Transformations sociales : un nouvel enjeu pour la sociologie du développement » (Sun Liping, 2007), j'ai avancé l'idée qu'il existait deux principales traditions scientifiques dans la sociologie classique du développement :
– la théorie de la modernisation ayant pour objet les pays développés.
– la théorie du développement qui s'appuie sur les modèles de l'Amérique latine, de l'Afrique et de l'Asie du Sud-Est.

Ces deux traditions constituent le principal cadre théorique de la sociologie du développement, mais elles en limitent le champ. Les transitions des pays socialistes (dont la Chine, l'ancienne URSS et l'Europe de l'Est) signifient des processus de changement social totalement différents des deux types précédents, notamment en termes de contenus et de caractéristiques. Elles apportent à la sociologie du développement une série de nouveaux objets qui élargissent son champ et rendent possible la construction de nouvelles théories. Sur cette base, j'ai proposé que cette sociologie intègre le processus pratique de la transition sociale (*shehui zhuanxing*) dans les pays en transition pour former, avec les théories de la modernisation et les théories du développement, une sorte de nouveau triptyque conceptuel soutenant la sociologie du développement (Sun Liping, 2005). En réalité, l'apport de cette sociologie de la transition ne se restreint pas à la sociologie du développement mais s'étend à l'ensemble des domaines couverts par la discipline.

Il suffit de revenir sur sa naissance et son développement pour comprendre cette question. En un sens, la sociologie comme discipline est née dans la civilisation capitaliste. C'est au travers des réponses successives apportées aux problèmes de cette civilisation capitaliste que s'est développée la sociologie. Du point de vue historique, les théories sociologiques classiques tirent toutes leur origine de ces réponses apportées aux questions fondamentales que posait la civilisation capitaliste, questions qui ont stimulé le développement de la sociologie pendant plus d'un siècle. La sociologie se reconnaît trois pères fondateurs : Marx, Weber et Durkheim. Certes, si l'on s'en tient à un point de vue superficiel, ces trois théoriciens n'ont pas défendu les mêmes intérêts scientifiques ni les mêmes points de vue sur la société. Cependant, chacun avec sa problématique et son angle d'approche, répond en fait à la même question : comment expliquer la civilisation capitaliste en train d'apparaître ? Marx attache une grande importance aux rapports de production, en particulier les relations de travail dans le cadre de ces rapports de production, la lutte de classes entre les représentants du capital et les travailleurs, antagonisme qui se constitue dans ces rapports de production. Weber s'intéresse davantage aux conditions spirituelles de l'apparition de la civilisation capitaliste, aux caractéristiques de ses institutions et de ses organisations, ainsi qu'au sort de l'individu dans une telle civilisation. Durkheim, quant à lui, insiste sur les nouveaux mécanismes d'intégration de cette civilisation et les institutions qui opèrent dans une telle économie de marché. Pour résumer, ces trois théoriciens classiques répondent tous à une même question : qu'est-ce que la civilisation capitaliste ? quelles sont ses caractéristiques, ses fondements ? quel peut en être l'avenir ?

S'il est possible de considérer la civilisation capitaliste comme la source d'inspiration et la force motrice du développement de la sociologie depuis plus d'un siècle, nous pouvons dire que nous vivons un moment-charnière dans le développement de la sociologie. Pendant plusieurs décennies la Chine, l'ex-URSS et l'Europe de l'Est ont connu une civilisation entièrement différente de la civilisation occidentale, possédant sa propre logique et son système de valeurs. Elle a, à un moment donné, exercé une large influence sur le monde, et à son apogée, cette civilisation incluait un tiers de la population mondiale. Aujourd'hui, cette civilisation est en train de connaître un changement de nature historique, dont le processus et le point final restent une énigme qu'il faut décoder. Par conséquent, nous avons toutes les raisons de croire qu'une telle civilisation, et sa transition, doivent devenir une nouvelle source d'inspiration et de stimulation pour la sociologie, voire même pour l'ensemble des sciences sociales (Sun Liping, 1995).

En règle générale, il est possible de distinguer deux types fondamentaux de changement social :
– le premier ne s'apparente pas à un grand tournant de civilisation, mais correspond à un changement routinisé. Un grand nombre de changements de ce type se produit en permanence.
– le second type de changement social représente un tournant de civilisation, et il a rarement lieu dans l'histoire. La transition sociale que nous connaissons aujourd'hui s'apparente à cette catégorie. Ce type de processus de changement social donne au développement des sciences sociales de nouvelles ressources scientifiques extrêmement riches. Pour emprunter les termes de Kuhn, cela peut entraîner une révolution dans les paradigmes des sciences sociales (Kuhn, 1980). Dwight H. Perkins, professeur à Harvard, affirmait dans un discours prononcé à l'Université Tsinghua en 2005 que la plupart des événements dans le monde se produit en Chine, alors que Cambridge, où il réside et où se trouve l'Université de Harvard, n'est plus qu'une petite bourgade ; il a diffusé le message d'évaluer complètement le processus de transition sociale pour que le développement scientifique bénéficie de ressources et d'opportunités nouvelles.

Dans le domaine de la sociologie, pendant ces vingt dernières années, les recherches au niveau international sur la transition ont obtenu un certain succès qui défie les résultats et théories déjà constitués. Dans leur ouvrage *Making capitalism without capitalists*, Eyal, Townsley et Szelenyi ont fait un effort théorique important. À travers la recherche sur les processus de transition de quatre pays d'Europe centrale ils ont créé ce qu'ils ont appelé une théorie sociologique néo-classique. Pour ces auteurs, les recherches sur le capitalisme classique ont donné naissance à la sociologie classique ; et leurs propres recherches sur les « sociétés capitalistes sans capitalistes » d'Europe centrale mènent à la production d'une sociologie néo-classique qui, selon eux, adresse un défi à la théorie classique et montre que, dans l'analyse du capitalisme classique, l'existence du capital privé et de ses détenteurs est une condition préalable à la formation du capitalisme. C'est là la base la plus importante de la formation du capitalisme classique. Cependant, ces auteurs montrent que nous sommes confrontés à la formation d'un capitalisme qui n'a rien de commun avec le « capitalisme traditionnel ». L'Europe centrale est une société où n'existe pas de classe de propriétaires privés avant l'introduction des mécanismes du marché ; dans ce type de société, les « élites techniques et du savoir » ont adopté une tactique de transition nouvelle et originale : la formation d'un capitalisme sans capitalistes (Eyal, Szelenyi et Townsley, 1998). C'est précisément ce type de processus de transition qui a produit la formation d'une « sociologie néo-classique ». Burawoy, ancien président de l'Association américaine de sociologie, estime que la recherche sur la transition va faire avancer les trois théories classiques de la sociologie. Selon Burawoy qui s'inscrit dans la filiation de Marx, Szelenyi prolonge la tradition théorique de Weber et Stark dans celle de Durkheim (Burawoy, 2000).

Transition sociale et sociologie de la transition

C'est sur cette base que nous avons posé les hypothèses concernant la sociologie de la transition qui comprend au moins deux niveaux d'analyse.

En premier lieu, elle n'est pas un champ de la sociologie, mais un point de vue théorique. Dans les années 1980, certains ont proposé de fonder une discipline du type « étude des réformes », projet qui a été abandonné, en particulier en raison du manque de scientificité de cette démarche. Pour certains, cette proposition de recherche incluait l'analyse du contenu, des étapes et des stratégies des réformes, mais les faits ont montré que cette approche était fondamentalement un échec. Au contraire, la sociologie de la transition ne se propose pas de résoudre ce type de problèmes à caractère opérationnel. La sociologie de la transition signifie l'adoption d'un point de vue sociologique pour comprendre la logique interne de cette civilisation originale du communisme, et, sur cette base, d'étudier différents phénomènes sociaux pendant cette transition historique. En d'autres termes, la sociologie de la transition ne se tourne pas vers des phénomènes spécifiques, mais place les objets de recherche dans le cadre contextuel de la société en transition, ou, plus précisément, le cadre intellectuel de cette transition.

En second lieu, la sociologie de la transition est un champ scientifique relativement autonome procédant à une accumulation du savoir. Comme nous l'avons expliqué, la sociologie de la transition est fondée sur la compréhension de l'ensemble de la civilisation communiste et de sa transition, et vise à en constituer un système de connaissances. Il faut souligner que, comme la civilisation capitaliste, la civilisation communiste possède, dans son fonctionnement quotidien, son propre système de logiques cohérentes. Voici donc les bases pratiques qui permettent de considérer cette sociologie comme un champ qui procède à l'accumulation de connaissances de façon indépendante.

Il est peut-être nécessaire de présenter ici une ébauche de définition de ce concept de la transition sociale. En sociologie, il est fréquent qu'un concept riche de sens soit polysémique et donc un peu flou, au point parfois de perdre son sens. Le concept de structure sociale offre un exemple de ce type, il en est dc même de celui de transition sociale. Pour faire une sociologie qui soit une science sociale expérimentale, il est nécessaire que les concepts possèdent une signification claire et des frontières bien délimitées. Ainsi, avec le concept de transition sociale nous désignons les transformations qui ont eu lieu depuis les vingt dernières années du XXe siècle dans les pays socialistes et pays anciennement socialistes, et plus particulièrement les processus de changement social accompagnant les mécanismes de marché. En ce sens, dans cet article nous appelons transition sociale une partie des nombreuses transformations sociales auxquelles nous faisons face. Par exemple, notre société est confrontée en même temps à plusieurs transitions, comme celle qui mène d'une société agricole à une société industrielle, ou celle qui mène d'une société pré-moderne à une société moderne, ou encore le processus de mondialisation. La transition sociale, telle que nous la définissons, bien qu'elle possède des contenus et des caractéristiques différentes, se trouve en réalité liée à deux autres types de transformations : la transformation d'une société traditionnelle vers une société moderne et la transformation d'une société agricole vers une société industrielle.

Distinguer ces différents processus permet de décomposer les différentes transformations afin de pouvoir mieux connaître leurs logiques internes et d'éclairer leurs interrelations. Cela nous aidera sans aucun doute à approfondir notre compréhension des évolutions sociales d'aujourd'hui. Nous pouvons illustrer ces processus et leurs relations à travers la situation des *mingong* (paysans-ouvriers) apparue ces dernières années. Depuis 2004, dans certaines régions du pays, notamment les plus développées, comme dans le Delta de la rivière des Perles et dans celui du Yangtsé, est apparu le phénomène de pénurie de *mingong*. Au bout de trois ans, un consensus s'est dégagé sur les causes de cette pénurie : des salaires trop bas, des journées de travail trop longues, de mauvaises conditions de travail et le manque de protection sociale. Selon le Bureau national de statistiques, la Chine compte actuellement 120 millions de *mingong*. En 2004, leur salaire mensuel moyen était de 539 yuans au niveau national, tandis que celui des employés urbains était de 1 335 yuans. Cela signifie que le pays a fait l'économie de 1,146 milliards de yuans de salaires, soit 8,5 % du PIB, soit encore l'équivalent du taux de croissance du pays cette même année. Selon les calculs de Lu Xueyi et de Guo Shutian, la valeur créée par chaque *mingong* s'élève à 25 000 yuans, alors que leur salaire moyen n'est que de 6 000 à 8 000 yuans par an. Les villes et les régions développées recueillent chaque année une plus-value supérieure à 16 000 yuans sur chaque *mingong*. Si l'on arrondit le nombre de ces *mingong* à 100 millions, alors chaque année, 16 000 de milliards de yuans sont extraits de cette main-d'œuvre (Li Changping, 2006). Qu'est-ce qui a provoqué cette situation ? Cette question demande une analyse approfondie. Tout d'abord, le problème des *mingong* possède des points communs avec la situation des ouvriers au début de l'industrialisation, mais il a également ses propres particularités. Trois facteurs ont joué un rôle important : le processus et la logique de l'industrialisation, le processus et la logique de la transition et enfin le processus et la logique de la mondialisation.

– Le processus d'industrialisation et sa logique.

Au début de leur industrialisation, de nombreux pays ont connu une période d'accumulation primitive du capital durant laquelle les ouvriers étaient généralement privés de leurs droits par les représentants du capital. Ceci se manifestait par des salaires très bas et de longues journées de travail ; il faut aussi évoquer le système des « sweatshops » qui ont eu pour fonction principale de permettre une accumulation rapide du capital à travers l'exploitation des ouvriers. En ce sens, cette même logique de l'industrialisation se déploie dans notre vie sociale. Pendant les trente années de réformes économiques, l'industrialisation de la Chine a connu un essor sans précédent. En particulier, grâce aux délocalisations du secteur manufacturier vers la Chine, la combinaison entre capital et travail est équivalent à l'accumulation primitive de capital au début du processus d'industrialisation.

– Le processus de transition et sa logique

L'accumulation primitive du capital est loin de pouvoir expliquer totalement la situation actuelle des *mingong*. Le sens même du terme *mingong*, « paysan-ouvrier », possède les caractéristiques d'une époque de transition : le terme de paysan renvoie à une identité, tandis que celui d'ouvrier reflète une profession. Qu'il s'agisse de paysans exerçant le métier d'ouvrier, ou de travaux d'ouvriers accomplis par des paysans, ce terme est le produit d'une période de transition. D'un côté, c'est précisément grâce aux réformes que les paysans ont pu quitter la terre pour s'engager dans la production industrielle ; d'un autre côté, le système de *hukou* non encore totalement aboli, ainsi que les arrangements institutionnels régissant les relations de travail et l'expression des intérêts des ouvriers, placent les *mingong* dans une position de faiblesse lorsqu'ils souhaitent préserver et défendre leurs propres intérêts.

– Le processus de mondialisation et sa logique.

De nos jours, les relations de travail en Chine subissent l'influence de la mondialisation, et en particulier celle des commandes venant d'entreprises multinationales. Étant donné les conditions du commerce international et l'étroitesse du marché domestique, les produits fabriqués en Chine ne peuvent être exportés qu'à des prix très bas. À titre d'exemple, si unc paire de « Jordan 5 » de la marque Nike peut se vendre aux États-Unis à plus de 120 dollars, la somme totale payée aux ouvriers chinois pour l'ensemble des étapes de fabrication n'atteint même pas 1,50 dollars. Sur une paire de Puma vendue environ 70 dollars aux États-Unis et en Europe, les ouvriers chinois ne reçoivent que 1,16 dollars de rémunération pour leur travail, alors que la publicité revient à 6,78 dollars pour chaque paire, soit six fois le salaire des ouvriers chinois. Dans ces usines, les travailleurs disent haut et fort que cet argent gagné appartient aux ouvriers. Autrement dit, les entreprises de sous-traitance ne peuvent réaliser de profits qu'en réduisant davantage les salaires.

L'analyse précédente montre que la situation actuelle de pénurie des paysans-ouvriers résulte du concours de différents processus de transformation sociale et de leurs logiques, parmi lesquels la transition sociale. Sur un plan pratique, ces processus et ces logiques sont entremêlés.

L'École chinoise de la sociologie de la transition

Actuellement, au niveau international, les recherches sur les sociétés en transition se concentrent sur les anciens pays socialistes, en particulier d'Europe centrale, et les problématiques sont majoritairement celles de la sociologie occidentale. La manifestation la plus saillante de cette sociologie de la transition est l'influente recherche de l'École de Budapest. On peut résumer les quatre caractéristiques de cette École comme suit :

– premièrement, que ce soient les recherches sur la transition de marché ou sur les sociétés post-communistes, toutes s'intéressent principalement aux caractéristiques structurelles telles que les organisations officielles et les institutions.

– deuxièmement, les études sur ces caractéristiques structurelles sont réalisées par des enquêtes par questionnaire de grande envergure. Il faut en particulier mentionner la recherche de Szelenyi sur les changements des élites en Europe centrale.

– troisièmement, le point de vue théorique adopté est « top-down » avec une attention particulière portée à la question des élites.

– quatrièmement, le préalable et la base des trois points précédents est que, pour les recherches de l'école de Budapest, la transition de marché suit la transition du système politique.

Cependant, en Chine le processus de transition de marché a été différent de ce qu'il a été dans l'ex-URSS et dans les pays d'Europe centrale et orientale, ce qui ouvre de nouveaux champs à explorer, tant sur un plan théorique que sur un plan méthodologique. Comparées à ces pays, les spécificités chinoises sont au moins au nombre de quatre. Premièrement, le maintien du régime politique et l'idéologie en Chine ; plus de 20 ans après le début des réformes, les anciens systèmes politiques et idéologiques continuent de dominer la société. Deuxièmement, en raison de cette continuité, de nombreuses réformes et transitions ont été réalisées par adaptations progressives. Troisièmement, au cours de ces processus d'adaptation, en particulier dans les premières années, de nouveaux facteurs systémiques sont apparus et ont été diffusés sur des modes non officiels. Quatrièmement, la naissance et le développement de ces voies non officielles ont souvent pris place à l'intérieur même du fonctionnement du système. C'est la raison pour laquelle, pour mener des recherches sur la transition sociale en Chine, nous nous devons d'accorder suffisamment d'importance aux facteurs non officiels liés et tout particulièrement aux processus de fonctionnement du système. Cela signifie que nous privilégions la dimension pratique de la transition.

Par conséquent, l'une des bases méthodologiques des recherches sur la transition en Chine est de se centrer sur la pratique. C'est la raison pour laquelle, ces dernières années, nous avons constamment préconisé une sociologie de la pratique. Privilégier la dimension pratique du processus de transition de marché signifie que nous ne pouvons pas en rester aux caractéristiques structurelles statiques des institutions et de l'organisation sociale. Dans la sociologie de la pratique on insiste pour partir des processus afin de saisir les logiques qui jouent un rôle véritable dans la réalité et mieux comprendre les changements essentiels qui se sont produits dans notre société pendant la transition (Sun Liping, 2002). Ces dernières années, nous avons toujours focalisé nos recherches sur des processus pratiques : récits de vie de paysans chinois, relations État-paysans en Chine rurale, et protection sociale des chômeurs.

Dans un sens plus large, cela signifie porter un nouveau regard sur la civilisation. Où réside la civilisation ? Elle réside dans les pratiques de la vie quotidienne de l'homme ordinaire. En fait, il est possible de considérer la civilisation comme un système de valeurs et de fonctionnement de la vie sociale. Les fondements d'une civilisation reposent d'abord sur des valeurs et des logiques, les institutions ou les cadres institutionnels n'étant que leur forme extérieure. À partir du milieu des années 1990, avec Guo Yuhua et des étudiants de l'Université de Pékin, nous avons commencé à enquêter à partir de récits de vie dans le but de comprendre la gigantesque reconstruction de l'État et de la société en Chine rurale pendant la seconde moitié du XXe siècle. Nous avons trouvé un point d'entrée à partir des pratiques de « dénonciation des souffrances » (*suku*) et du « souvenir des épreuves d'antan pour chérir le bonheur d'aujourd'hui» (*yi ku si tian*). La révolution chinoise a dû relever un problème riche de défis : à savoir la reconstruction du rapport entre des centaines de millions de paysans et un État-Nation moderne. La recherche sur les récits de vie qui passe par la «dénonciation des souffrances» et «se souvenir des épreuves d'antan pour chérir le bonheur d'aujourd'hui» nous a conduit à penser que la plainte correspondait à un mécanisme essentiel pour la reconstruction de l'idée d'État chez les paysans chinois pendant la révolution. Le rôle de ce mécanisme réside dans ce que les «techniques» formées dans le mouvement de «dénonciation des souffrances» permettent d'extraire la souffrance quotidienne des paysans – difficile à raconter dans une forme naturelle – et d'établir un lien entre le discours sur la souffrance et celui sur l'État et sur la société. C'est donc précisément dans la pratique de la «dénonciation des souffrances» qu'a été reconstruit le rapport entre les paysans et le monde qui les entoure, y compris l'État (Guo Yuhua et Sun Liping, 2002).

Lorsque nous étudions la transition sociale en mettant en œuvre une sociologie de la pratique, nous mettons l'accent sur quatre rouages de la transition en situation pratique, c'est-à-dire le processus, la logique, le mécanisme et les techniques.

1. Le processus de la transition sociale

Le processus est en réalité le mode d'entrée pour approcher les phénomènes sociaux dans leurs modalités pratiques. Et ce sont les processus à caractère évenementiel qui nous intéressent particulièrement. Car le plus souvent, la logique des phénomènes sociaux en situation pratique n'apparaît entièrement que dans des processus ayant un caractère d'événement. Les particularités de la transition chinoise nous donnent des raisons de privilégier les processus pratiques. Les individus ont recours à différentes expressions pour rendre compte de ces particularités. Par exemple, quand on utilise dans le discours officiel une expression comme «pas de controverse», on dira dans le langage populaire «agir en se taisant» ou encore dans le langage officiel informel «tourner à droite mais allumer le clignotant gauche». Autrement dit, en raison des limites des conditions structurelles, la transition sociale en Chine a emprunté une voie tout à fait autre que celle des pays d'Europe de l'Est à partir d'écarts plus marqués entre la théorie et la pratique. Par conséquent, on ne peut analyser de manière approfondie la transition sociale en Chine qu'en termes de processus.

2. La logique de la transition sociale

Comprendre la logique de la transition correspond à l'objectif de la sociologie de la pratique. Dans l'analyse des modalités pratiques des phénomènes sociaux, cette sociologie a pour ambition de découvrir la logique dans la pratique, puis d'expliquer les questions qui nous intéressent. Bien que la tendance soit généralement de considérer les réformes comme un processus conçu par des individus, en réalité, une fois qu'il est engagé, il représente une sorte de force qui s'auto-perpétue. Dans le processus pratique se construit alors une logique propre qui constitue sa dynamique interne. En ce sens, à l'issue de la phase préliminaire, les processus de réforme et de transition se séparent, produisent des logiques qui commencent à déployer leurs fonctions propres, et qui ne cessent de se renforcer avec le temps. C'est ainsi que le processus et les résultats de la transition ont de moins en moins de rapport avec les objectifs fixés au départ.

3. Les mécanismes de la transition sociale

Les mécanismes sont les modes nécessaires à la formation de la logique de la transition. En ce qui concerne le processus de transition, le mécanisme est le mode par lequel la logique joue son rôle. Les mécanismes de la transition sociale portent sur les institutions, les structures, les actions et la culture. Mais d'un point de vue sociologique, ils désignent l'articulation des forces sociales et leur évolution. Dans la seconde moitié des années 1990, la relation entre les changements de système et les changements structurels était différente. Cela détermine dans une large mesure les différences évidentes dans les mécanismes de réformes des deux périodes. L'importance accordée aux mécanismes est un trait essentiel de la sociologie de la pratique.

4. Les techniques et stratégies déployées par l'homme ordinaire dans la transition

Les techniques désignent toutes les stratégies déployées par les acteurs. Si nous les mettons en évidence, c'est pour faire valoir les facteurs subjectifs qui entrent dans l'action pratique. La pratique est le processus dans lequel l'acteur joue activement son rôle qui est un facteur important dans la fabrication de la logique de la pratique. Comme nous l'avons montré précédemment, l'un des traits importants de la transition sociale en Chine est la dissociation entre la pratique et la théorie. Les systèmes non officiels jouent un rôle particulièrement marqué, s'ouvre alors un espace plus grand aux individus pour déployer des techniques et des stratégies d'action. Il ne serait pas exagéré de dire que le processus des réformes et de la transition en Chine serait en fait le résultat de jeux d'interactions des individus dans la pratique. Comprendre les techniques et les stratégies utilisées par les individus dans ce processus reste essentiel pour mieux comprendre la transition.

Des réformes institutionnelles aux évolutions structurelles

En tant que sociologie expérimentale qui étudie la société, cette discipline doit trouver un angle bien adapté pour aborder la transition sociale. Quand Nee a avancé l'idée de la « théorie de la transition de marché », il avait comme intention d'expliquer les effets sociaux d'une réforme qui introduisait le marché, ou, plus concrètement, d'expliquer l'influence de cette réforme du marché sur la question des inégalités sociales et de la stratification (Nee, 1996). Les recherches sur la transition du marché se limitaient alors, d'une façon générale, au champ classique de la stratification. Mais les recherches sur les inégalités intègrent naturellement la position et le rôle de chaque catégorie et groupe social dans la transition. Ainsi sont apparues les études sur les changements au sein des élites de Szelenyi et l'appel de Burawoy a proposé de réintroduire la classe ouvrière dans les recherches sur la transition.

À partir du moment où les horizons de recherche s'élargissent avec l'ouverture des problématiques, les travaux sur la transition voient leur domaine s'étendre. L'un des projets récents est une étude comparée proposée par King et Szelenyi. Dans leur projet, les chercheurs établissent une typologie de trois catégories de transitions, à savoir : l'Asie orientale (en particulier la Chine et le Vietnam) où la transition est partie de la base de la société ; la Russie où la mutation est un processus du haut vers le bas ; et enfin l'Europe centrale où la mutation correspond à une introduction depuis l'extérieur du fait de la présence des investisseurs étrangers, et plus particulièrement des multinationales étrangères qui ont joué un rôle déterminant dans la privatisation (King et Szelenyi, 2004). Cependant, ce type de cadre comparatif est encore plus formaliste, et sa capacité d'explication demeure limitée. Un cadre de recherche comparatif sur la transition pertinent doit au moins être capable de répondre aux questions fondamentales suivantes :

– quel est le modèle d'accumulation du capital ? Dans les différents pays en transition, les modalités de constitution du capital, les relations de travail, les relations entre villes et campagnes, la vente de la propriété publique, sont toutes liées à cette question ;

– le modèle doit permettre d'expliquer l'état de développement de l'économie. Ce qui inclut principalement les succès et les principaux problèmes qui subsistent, ainsi que les modèles fondamentaux de ce type de développement économique ;

– la question de l'itinéraire et de la ligne directrice des évolutions politiques. Sur ce point, on remarque des différences substantielles entre les pays en transition ;

– la question de la structure sociale de base ;

– enfin les difficultés principales auxquelles se heurtent la transition.

Manifestement, le projet de recherche comparative de Szelenyi est loin de répondre d'une manière convaincante à ces questions. Les études comparatives sur la transition appellent donc un cadre ayant plus de force explicative.

Pour parvenir à répondre aux questions présentées ci-dessus, il est nécessaire de reconstruire la problématique et le cadre de la comparaison. À mon avis, la question centrale se situe dans la relation et le mode d'articulation entre les éléments de système d'avant la transition et ceux d'après la transition. Plus précisément, si l'on représente l'ancien système par un pouvoir administratif (même si ce n'est pas obligatoirement le cas) et le nouveau par le marché, il s'agit d'un mode de combinaison entre le pouvoir administratif et le marché. Selon la théorie de la « dépendance au chemin », les éléments de l'ancien système, ainsi que leur position dans le changement, exercent une profonde influence sur l'ensemble du processus de réformes. Sur le plan pratique, quel que soit le pays en transition, l'ancien et le nouveau système, c'est-à-dire le pouvoir administratif et le marché, sont les questions les plus essentielles mais aussi les plus délicates à résoudre. En fait, le pouvoir et le marché sont des questions théoriques classiques. Nombre de théories classiques sont fondées sur un postulat : le pouvoir et le marché entretiennent une relation d'incompatibilité et d'exclusivité. La théorie de la transition de marché repose également sur ce type d'hypothèse. Par conséquent, la transition de marché est souvent perçue comme un processus dans lequel le pouvoir administratif ne cesse de s'affaiblir pour être progressivement remplacé par le marché. Mais la transition sociale en Chine montre justement que tout ne se réduit pas à une simple dichotomie pouvoir/marché. Au cours de la transition et du développement de la Chine, il s'est formé une articulation originale entre l'État et le marché. Au cours de ces trente dernières années, les succès de la croissance économique et les difficultés rencontrées sont liés à cette articulation.

Il y a une dizaine d'années, nous avons proposé une piste de réflexion qui consistait à réfléchir sur la relation entre les évolutions de système et les changements de la structure sociale. Généralement, les transformations sociales de grande ampleur impliquent toujours deux processus : d'une part, une transformation du système qui entraîne un ensemble de changements dans les règles de la vie sociale ; d'autre part, un changement dans la configuration des forces sociales, autrement dit des évolutions structurelles. Mais au cours des différentes étapes de la transformation sociale les relations entre ces deux processus varient. Les changements dans cette relation peuvent en retour avoir des répercussions sur les évolutions elles-mêmes (Sun Liping *et alii*, 1994). Pour résumer, au cours des réformes des années 1980, c'est la transformation du système qui a entraîné la transition de la structure sociale, c'est-à-dire la formation de nouvelles forces sociales et de nouveaux rapports sociaux. Dans ce processus, nous avons observé la situation suivante : la réforme a provoqué la libre circulation des ressources et la constitution d'« espaces d'action libre » qui ont permis à diverses forces sociales nouvelles de croître, comme par exemple les dirigeants d'entreprises collectives et les entrepreneurs privés, les personnels de direction apparus au sein de la nouvelle structure de gestion des entreprises. De nouveaux métiers et de nouvelles techniques ont aussi permis l'émergence de nouvelles catégories de techniciens spécialisés et de cols blancs. Enfin, la diversification des ressources a permis le renforcement continu de l'indépendance des intellectuels universitaires. Toutes ces nouvelles forces sociales sont produites par les transformations du système, car c'est dans le changement de système qu'elles puisent les ressources et espaces nécessaires pour leur existence et leur développement.

En revanche, durant les années 1990, en même temps que les transformations du système poursuivent leur cours, les nouvelles forces sociales commencent à se recomposer dans un processus qui ne pourra jamais être totalement achevé. Mais ces forces sociales ont commencé à prendre une forme certes encore floue mais identifiable et à partir du milieu des années 1990 elles deviennent plus visibles. On peut alors distinguer quatre expressions de ce processus :

– en premier lieu, les frontières entre les catégories sociales commencent à se préciser, phénomène assez net dans l'habitat. Si les modes d'habiter donnent à voir des frontières sociales, la distinction liée aux modes de vie et à la culture demeure invisible. Mais cette frontière invisible marque les différences entre catégories sociales, et comme l'a exprimé le célèbre sociologue Bourdieu, qui expriment un mécanisme de reproduction des classes sociales (Bourdieu, 1990).

– deuxièmement, apparaissent des phénomènes d'identification au sein des catégories sociales étroitement liés aux frontières entre elles. En effet, c'est à partir de ce type de frontières que les individus construisent la conscience du « nous » et du « eux ». En 1991, l'Académie des sciences sociales de Shanghai a mené une enquête sur la conscience des habitants de cette ville, enquête qui a conclu qu'il y a différenciation sociale mais pas de conscience de classe. En revanche, une étude similaire menée à Wuhan en 1996 a montré qu'une majorité des habitants possédait une conscience de classe, les trois quarts estimant qu'ils vivaient dans une société inégalitaire.

– troisièmement, la mobilité entre catégories sociales commence à diminuer. Si la mobilité était forte dans les années 1980, voire jusqu'au début des années 1990, la situation a clairement changé à partir de la seconde moitié des années 1990. L'une des manifestations de ce changement est l'élévation du seuil d'entrée dans la société. Dans les années 1980 et au début des années 1990, un capital très modeste suffisait pour entrer dans la sphère économique. Certains gros promoteurs ont ainsi réussi à se lancer dans l'immobilier avec un emprunt de quelques dizaines de milliers de yuans, ce qui ne serait plus possible aujourd'hui.

– enfin, quatrièmement, la reproduction des catégories sociales : le dicton selon lequel le fils de paysan restera paysan et le fils de commerçant restera commerçant commence à devenir réalité. Si l'on en juge par ces quatre aspects, on peut affirmer qu'un processus de reconfiguration de la structure sociale est en train de se produire dans notre vie sociale.

Cette reconfiguration de la structure sociale s'accompagne de l'apparition d'un mécanisme qui influence, voire déforme les réformes. En effet nous pouvons observer dans la vie réelle le phénomène suivant : en amont et en aval d'une nouvelle réforme, de vastes débats se font entendre en particulier dans le milieu intellectuel. Des polémiques ont, pour partie, une forte couleur idéologique, opposant par exemple le réformisme et le conservatisme, la gauche et la droite. Cependant, une fois ces mesures ou politiques mises en application, les individus s'aperçoivent que, quelle que soit leur orientation, leurs résultats en terme d'intérêts diffèrent peu. Même les mesures et les politiques construites à partir de valeurs et d'idéologies différentes aboutissent souvent à des résultats et des convergences d'intérêts. Derrière ce phénomène, certaines mesures qui visaient initialement le progrès de l'égalité sociale finissent souvent par produire de nouvelles inégalités. Dans des cas extrêmes, des réformes sont détournées au profit de la corruption. C'est justement dans ce contexte que, ces dernières années, les réflexions et débats sur les réformes ont vu le jour.

Transformation de la structure sociale : problématiques et paradigmes explicatifs

L'étude de la structure sociale ne signifie pas la décrire, mais mettre en lumière la composition des groupes sociaux occupant différentes positions et leurs relations, révéler l'influence de cette configuration et de ces relations sur la vie sociale et la vie de chaque individu. Néanmoins, chaque paradigme explicatif donne à voir un tableau différent ; chaque paradigme et cadre théorique possèdent leur propre fonction explicative.

Il y a quelques années, j'ai montré qu'une structure que j'avais appelée « société fracturée » (*duanlie shehui*) était en formation (Sun Liping, 2002) ; j'ai employé ce concept dans plusieurs sens.

Le premier sens, dans la perspective de la stratification sociale, désigne le fait qu'une partie de la population est exclue de la structure sociale et que n'existent pas de vrais mécanismes intégrateurs de différentes couches sociales. Le deuxième sens se réfère à la rupture entre la ville et la campagne, rupture à la fois sociale et géographique. Le troisième sens manifeste une rupture à différents niveaux de la vie sociale et culturelle. Cependant, de manière plus générale, nous pouvons appeler « sociétés fracturées » toutes les sociétés au sein desquelles il existe des zones de rupture importantes. Dans son ouvrage *« Functions of Social Conflicts »* Coser cite Edward Ross : *« Chaque conflit empêche d'autres conflits dans la société… à l'exception de moments où les lignes de séparation se rejoignent ; ces conflits se renforcent alors entre eux… Les différents antagonismes de la société sont comme différentes vagues qui frappent la côte opposée du lac. Lorsque la crête d'une vague rencontre le creux d'une autre, elles s'annulent ; mais lorsque deux crêtes se rencontrent, elles se renforcent… Ainsi, une société qui se développe vers une diversité d'antagonismes court moins le risque d'être écartelée par la violence qu'une société qui avance en sens unique. Car chaque nouvelle bifurcation donne lieu à une fracture étroite, les individus peuvent dire que la société se construit autour de conflits internes. »* La question cruciale ici est de savoir s'il existe ou non une zone de conflit social centrale[1]. Il est dès lors permis de dire qu'une société fracturée comporte une zone de rupture entre les riches et les pauvres. Les divergences et oppositions auxquelles la Chine actuelle doit faire face se forment autour de l'émergence d'une zone de rupture centrale.

Mais quel est le paradigme le plus approprié pour analyser les transformations de la structure sociale chinoise dans la période de transition ? Bien entendu chacun a son propre point de vue. Li Chunling distingue quatre modèles théoriques principaux en Chine sur cette question :

– le premier est celui de la « société fracturée » de Sun Liping qui avance l'idée que la dissociation mène à constituer deux pôles.

– le deuxième est celui de la « société moderne dominée par la classe moyenne » proposée par Lu Xueyi, qui tient pour acquis qu'une structure sociale dominée par la classe moyenne est en train d'apparaître.

– le troisième est celui de la « structuration » de Li Lulu, qui met l'accent sur la constitution visible au quotidien d'une stratification sociale.

---

1. Au sujet de l'influence de la zone de rupture sur la vie sociale, Coser mobilise Ross sur l'idée que, dans un pays, l'existence d'une seule religion signifie la dictature ; l'existence de deux religions signifie la guerre civile ; l'existence d'une multiplicité de religions signifie la paix et la liberté. La question clé n'est donc pas l'existence ou non de conflits dans une société, mais de savoir si ces conflits et désaccords s'organisent autour d'une zone de rupture dominante.

– le dernier est celui de la « fragmentation » de Li Qiang et Li Peilin, qui soulignent la multiplicité des fragmentations qui rend difficile la formation de classes sociales.

Si l'on synthétise, on peut poser deux hypothèses très différentes que sont la « structuration » et la « fragmentation ». Dans la première la dissociation entre couches sociales participe à former une structure sociale qui se solidifie à partir du maintien des forces influentes et de la délimitation de frontières entre groupes sociaux. La seconde s'appuie sur l'idée que la dissociation s'exprime sur différents modes sans faire apparaître forcément des couches sociales qui partagent les mêmes intérêts. Li Chunling elle-même juge que le courant principal de la différenciation sociale de la société actuelle suit une tendance à la structuration en différentes catégories sociales (Li Chunling, 2005).

En réalité, utiliser de façon vague un seul modèle pour analyser les transformations de la structure sociale en Chine présente des risques : il est facile d'en donner une image fausse, notamment que les changements et la reconstitution de la structure sociale ont lieu au même rythme. Bien que personne n'ait officiellement affiché ce point de vue, elle paraît être l'hypothèse sous-jacente à de nombreuses recherches. Car la majorité des travaux sur la stratification ne distinguent pas les rythmes de formation et les degrés de différenciation des différentes couches sociales qui, pourtant ces dernières années, ont beaucoup varié. Et c'est précisément ces disparités de niveau de développement des couches sociales qui ont conduit à la perte de l'équilibre dans la structure des intérêts sociaux. Ceci se reflète en particulier dans la violation des droits de travailleurs. Ce phénomène a beau s'être répandu ces dernières années, jusqu'à devenir un fait banal, les cas de conflits du travail restent relativement peu nombreux. L'une des raisons est l'apathie des travailleurs envers la défense de leurs droits, mais surtout l'absence de modalités de protection des droits et des intérêts des travailleurs. Selon certains chercheurs, la lutte des travailleurs chinois ne montre pas qu'ils se soient constitués en une force organisée. La plupart des actions collectives d'ouvriers sont spontanées, la majorité de leurs actions ne sont pas organisées et ils ne possèdent pas de dirigeants. Dans la Chine d'aujourd'hui, il est toujours difficile d'imaginer une mobilisation de travailleurs hors de l'appareil officiel (Chen Feng, 2000). Sur la base de mes recherches, j'avais résumé les évolutions de la structure sociale chinoise en deux mouvements : la stratification en couches sociales en haut de la société et la fragmentation en bas. Ces tendances exercent une forte influence sur les comportements des différentes couches sociales. Pour certains, dans un tel contexte structurel, il existe un double risque : l'oligarchie au sommet et le populisme en bas de la société (Sun Liping, 2006).

Face aux entités stratifiées et structurées, il existe également trois modèles d'analyse pour les classes sociales, la stratification et les groupes d'intérêts. Il faut reconnaître qu'il y a plusieurs années, le modèle de la stratification par catégories sociales occupait une place dominante dans la sociologie. Mais depuis quelques temps, cette primauté semble être accordée au modèle des classes sociales. Les différences sont importantes entre ces deux modèles. Tout d'abord, la classe désigne une position dans la structure fondée sur la possession de ressources ; par exemple, la classe bourgeoise peut être comprise comme celle qui possède un capital économique, la classe moyenne celle qui possède un capital de travail. Une même somme de 50 yuans, que ce soit le salaire obtenu par un ouvrier ou le profit d'un capitaliste, n'est pas différente dans le modèle de la stratification, mais prend un sens fondamentalement différent dans le modèle des classes. En second lieu, la classe sociale est un concept qui signifie la construction de relations sociales, à savoir qu'une classe n'existe qu'en relation avec d'autres classes et qu'elle se définit par rapport aux autres. Les caractéristiques des ouvriers ne ressortent pleinement que par rapport à celles des « capitalistes », et *vice versa*. De même, un rapport substantiel entre les classes, comme l'exploitation, ne peut être perçu et expliqué que par la relation réciproque entre les classes. En troisième lieu, la classe est vecteur d'intérêts communs. Nous pouvons en général parler des intérêts de telle classe qui sont liés à la position structurelle ; en revanche, les catégories sociales ont peu d'intérêts communs liés à la position structurelle. Quatrièmement, une classe sociale possède une relative homogénéité, c'est-à-dire que les différenciations n'apparaissent pas trop marquées et qu'il existe un certain niveau d'intégration et d'auto-identification par une conscience de classe. Les catégories sociales n'impliquent nullement ces questions d'intégration et d'identification. Enfin, cinquièmement, une classe peut être principalement actrice, ce qui n'est pas le cas d'une catégorie sociale. Ainsi, on dit souvent d'une classe, mais jamais d'une catégorie sociale, qu'elle agit. L'action de classe peut avoir lieu sur deux modes : l'action d'une classe entière ou l'action de groupes d'intérêts appartenant à une même classe. Mais les groupes d'intérêts ne sont pas obligatoirement liés à une classe sociale, comme l'illustrent les « déménagements forcés » de familles contraintes de partir à cause de situations de rénovation ou de destruction urbaine où sont impliqués des membres de différentes classes ou catégories sociales.

Comme nous l'avons mentionné plus haut, un effort permanent nourrit sans cesse les recherches sur la transition sociale, un effort de dialogue constant avec la sociologie classique. Dans une large mesure, le modèle des classes peut être considéré comme une extension de la théorie marxiste traditionnelle. Les travaux de Shen Yuan rendent compte de cet effort. Ses travaux sont au fond un appel à revenir à l'étude des classes dans l'analyse des sociétés en transition, à réintégrer les études sur la classe ouvrière dans l'analyse des classes sociales, et enfin à tenir compte du lieu de travail et du régime politique des usines dans l'analyse de la classe ouvrière (Shen Yuan, 2006). Pour Qiu Liping (2006), il est aujourd'hui possible de recourir à la théorie marxiste pour analyser la structure des classes en Chine suite au virage de l'économie chinoise vers l'économie de marché, à l'apparition d'une grande diversité de formes économiques, à la réapparition de la force du capital comme si le capital au sens de Marx s'était frayé de force un chemin. Néanmoins, la théorie marxiste des classes analyse la structure profonde de la stratification sociale – qui passe par une analyse des rapports de possession des biens de production pour expliquer le pourquoi de cette acquisition. Dans l'analyse de la stratification sociale, il est nécessaire de relier les structures sociales de surface et de fond de façon à pouvoir dévoiler les causes fondamentales des inégalités sociales et de la bipolarisation (Qiu Liping, 2006). Procédant à une description systématique de la politique de transition dans la classe ouvrière chinoise, Li Jingjun (2006) établit une typologie de trois modèles de la transition de la classe ouvrière dans les villes chinoises : (1) la formation de paysans-ouvriers migrants ; (2) la réinvention de l'ouvrier socialiste ; (3) la disparition des ouvriers *xiagang*. Son analyse montre que ces trois modèles de transition de la classe ouvrière résultent de différents agencements entre la gouvernance par l'État, la politique et l'économie locale, le système politique dans les usines et l'organisation des ouvriers. À la différence de nouveaux courants de recherche sur les travailleurs qui insistent sur les facteurs extérieurs au domaine de production, Li Jingjun souligne la nécessité de réfléchir sur les facteurs théoriques essentiels que sont l'organisation des ateliers ou le système politique dans les usines (Li Jingjun, 2006).

Le modèle des groupes d'intérêts suscite une plus grande attention en Chine. Il est regrettable que les recherches sur les groupes d'intérêts restent relativement limitées. Il y a quelques années, Li Qiang a élaboré pour la société chinoise un modèle de quatre groupes d'intérêts qui sont nés avec les réformes (Li Qiang, 2004). Ce modèle d'analyse des groupes d'intérêts devrait recevoir plus d'attention. En effet les groupes d'intérêts sont composés d'acteurs plus concrets ; dans la vie réelle, on voit rarement des actions menées par une classe ou une catégorie sociale mais plutôt par des groupes d'intérêts. Par ailleurs une société en transition est traversée par de violents réajustements des relations d'intérêts. Les conflits et contradictions dans la société concrète sont nombreux à être directement ou indirectement liés à ces réajustements. En outre, du point de vue des caractéristiques d'une société moderne, au fur et à mesure que la place occupée par la consommation est de plus en plus forte, les conflits et contradictions sont de plus en plus nombreux et les groupes d'intérêts acquièrent une position d'acteurs de plus en plus importante (Cai He, He Yanling, 2004). Nous pouvons d'ailleurs constater que les recherches sur les groupes d'intérêts sont de plus en plus nombreuses et font de plus en plus de liens avec l'étude de l'action collective et des mouvements sociaux.

Discussion sans fin : des transformations structurelles à la compréhension de la société

Les transformations de la structure sociale s'inscrivent au cœur du processus de transition sociale et produisent des influences larges et profondes sur l'ensemble de la vie économique et sociale. Il est donc nécessaire de poursuivre l'analyse de la structure sociale et de l'introduire dans d'autres cadres théoriques. Cela renforcerait la force explicative de cette notion clé de la structure sociale et approfondirait également la compréhension d'autres phénomènes sociaux.

Prenons l'exemple de la question de la relation État-société pour en proposer une théorie simple. L'introduction du concept de structure sociale nous conduit à adopter un regard encore plus complexe pour observer cette relation. Les individus utilisent généralement la dichotomie État-société, cadre hérité essentiellement de Hegel. Dans la théorie classique de l'État, l'accent est mis sur la « représentativité » de l'État, considérant celui-ci comme le représentant de certains groupes d'intérêts ou de certaines coalitions. L'État est le représentant de la classe dominante. Il découle de cette logique que les décisions de l'État n'expriment que les intérêts de la classe dominante. Cependant des recherches récentes ont traité de l'autonomie propre à l'État. Selon les recherches de Mann (1988) sur la Grande-Bretagne, l'État possède ses propres intérêts (Mann, 1988). Dans ce nouveau cadre théorique, il importe de souligner la nature propre de l'État : l'État est une entité possédant ses propres intérêts, ses objectifs ne se réduisent pas à ceux de groupes d'intérêts. L'État peut exister en tant qu'acteur indépendant ; s'il partage des intérêts communs avec les classes dominantes, il existe également des conflits d'intérêts lorsqu'ils sont tous deux menacés. Mais si nous introduisons la perspective de la structure sociale dans ce rapport entre État et société, l'ensemble du tableau change fortement d'aspect. Sous cet angle, la société n'apparaît plus comme une entité soudée et opposée à l'État, et si l'on réintroduit l'idée que l'État n'est pas un ensemble organique, alors la relation entre État et société ne peut plus être définie entre deux ensembles cohérents et unifiés. Il est probable que se tissent des liens relativement stables entre des éléments issus de chacun de ces deux ensembles. Bien que ces liens puissent être analysés dans le cadre des relations État-société, la situation réelle apparaît ainsi bien plus complexe.

Prenons le cas de la fièvre de l'immobilier en Chine. Ces dernières années, les plus grands bénéficiaires de cette fièvre ont sans aucun doute été les promoteurs et les gouvernements locaux. Le plus grand perdant a été la classe moyenne qui forme ce groupe qualifié d'« esclaves de l'immobilier » auquel une attention particulière a été accordée. Classe moyenne et promoteurs sont membres de la société. Cependant, les promoteurs forment cette partie la mieux organisée et constituent la partie ayant connu la plus forte croissance dans ce que l'on appelle la société urbaine ; au contraire, la classe moyenne constitue une partie de cette société urbaine moins développée et moins organisée. Parmi les forces qui promeuvent l'immobilier, l'alliance entre promoteurs et gouvernements locaux, voire même avec une partie des intellectuels, représente indéniablement la plus puissante. Pourtant, du point de vue des relations entre État et société, cette alliance transcende justement la frontière entre l'État et la société. Le gouvernement central, considérant attentivement les conséquences sociales et politiques de cette fièvre, joue le rôle principal dans la régulation de l'immobilier. À l'opposé, parmi les groupes s'opposant par tous les moyens à cette régulation figurent les gouvernements locaux participant à cette coalition de promotion de la fièvre immobilière, mais également certains ministères du gouvernement central ayant des intérêts dans cette fièvre. Dans ce rapport de forces autour de la régulation de l'immobilier les coalitions en formation ne se laissent pas couvrir par le cadre État-société. À l'opposé, la classe moyenne et les autres groupes sociaux consommateurs se placent du côté du gouvernement central pour réguler ce secteur. Ainsi, la fièvre de l'immobilier et son contrôle révèlent des alliances de forces qui dépassent de loin le simple cadre État-société.

Penser le rapport État-société en introduisant la question de la structure sociale permet de mieux appréhender le rôle de l'État, de mieux définir la société et les relations entre eux. Gramsci et Chatterjee avaient eu recours aux concepts d'« élite » et de « subalterne » pour distinguer différents groupes sociaux. Pour Gramsci, le « subalterne » est souvent synonyme de prolétaire, mais il signifie aussi membre des classes dominées dans la structure sociale capitaliste. La classe dominante utilise la culture et l'idéologie pour exercer son pouvoir sur l'ensemble de la société. Chatterjee, quant à lui, a découvert ce que les chercheurs négligent d'ordinaire, c'est-à-dire des espaces politiques produit par les classes dominées ; cette découverte infirme l'idée de l'absence d'activités politiques chez elles sachant qu'elles produisent un mode d'action politique propre, différent de celui des élites (Chatterjee, 2001).

L'État ne peut être défini comme un bloc monolithique. Par exemple, la recherche de Liu Yia-ling sur le développement de l'économie privée à Wenzhou montre justement que, dans un environnement économique peu développé, elle a pu croître rapidement avec la tension entre le gouvernement central et les autorités locales. Cette tension est née des réformes du système financier dans les années 1980 du fait que les gouvernements locaux tirent l'essentiel de leurs revenus de la croissance économique de leur territoire. Dans un tel contexte, les autorités locales ont souvent protégé les entreprises privées et les entreprises de bourg et de village (Liu Yia-ling, 1992).

Introduire la structure sociale dans l'analyse des relations entre État et société n'est qu'un exemple. En fait, le rôle de la structure sociale peut être mobilisé dans beaucoup d'autres domaines de la vie sociale, et permettre la compréhension des phénomènes économiques, politiques et culturels. Cette question n'est pas l'objet de cet article, dans lequel nous avons voulu montrer la place fondamentale de la structure sociale dans les recherches sur la transition sociale.

Bibliographie

BOURDIEU, P. (1990) *: The Logic of the Practice, Cambridge*, Cambridge University Press.

BURAWOY, M. (2000) : A Sociology for the Second Great Transformation ? *Annual Review of Sociology* vol. 26.

CAI HE, HE YANLING (2004) : Jiti xiaofei yu shehui bupingdeng. Dui dangdai zibenzhuyi dushi shehui de yizhong shijiaofenxi (Consommation collective et inégalités sociales. Une perspective analytique sur les sociétés urbaines capitalistes contemporaines), *Xueshu yanjiu (Recherche académique)* n. 1.

CHEN FENG (2000) : Xiagang gongren de kangyi yu daoyi jingjixue (Protestation des ouvriers xiagang et économie éthique), http://www.usc.cuhk.edu.hk/wk.asp.

CHATTERJEE, P. (2001) : Guanzhu diceng (Sur les catégories subalternes), *Dushu (Lire)* n. 1.

EYAL, G., SZELENYI, I., TOWNSLEY, E. (1998) : *Making capitalism without capitalists : The new ruling elites in Eastern Europe*, Londres, Verso.

GUO YUHUA, SUN LIPING (2002) : Suku : yizhong nongmin guojia guannian xingcheng de zhongjie jizhi (Le mouvement de dénonciation des souffrances : un mécanisme intermédiaire de production de la notion d'État chez les paysans), *Zhongguo xueshu (Recherche académique en Chine)* n. 4.

KING, L., SZELENYI, I. (2004) : Max Weber's theory of capitalism and varieties of post-communist capitalism, *Angewandte Sozialforschung*.

KUHN, T. (1980) : *Kexue keming de jiegou (La structure des révolutions scientifiques)*, Shanghai, Shanghai kexue jishu chubanshe.

LI CHANGPING (2006) : Zhongguo nongmin zenneng bu pinkun (Comment les paysans chinois pourrait-ils ne pas être pauvres », *Shehui touchi (Perspectives sociales)* 8 avril 2006. http://www.weachina.com/html/02802.htm

LI CHUNLING (2005) : *Duanlie yu suipian. Dangdai zhongguo shehui jieji fenhua qushi de shizheng fenxi (Clivages et fragments. Une analyse empirique sur la stratification sociale de la Chine contemporaine)*, Pékin, Shehui kexue wenxian chubanshe.

LI JINGJUN (2006) : Zhongguo Gongren jieji de zhuanxing zhengzhi (Politique en transition dans la classe ouvrière chinoise), in LI YOUMEI *et alii* (eds.) (2006), *Dangdai zhongguo shehui fenceng : lilun yu shijian (Stratification sociale en Chine contemporaine : théorie et pratique)*, Pékin, Shehui kexue wenxian chubanshe.

LI QIANG (2004) : Zhongguo shehui fenceng jiegou de xinbianhua (Nouveaux changements dans la structure de stratification sociale en Chine), in LI PEILIN *et alii* (2004) : *Zhongguo shehui fenceng (Stratification sociale en Chine)*, Pékin, Shehui kexue wenxian chubanshe.

LIU YIA-LING (1992) : Reform from below : The Private Economy and Local Politics in the Rural Industrialization of Wenzhou, *China Quarterly* n.130.

MANN, M. (1988) : State and society : 1130-1815 – An Analysis of English State Finances, in Maurice Zeitlin, *Political Power and Social Theory,* Greenwick, JAI Press.

— (1986) : *The Sources of Social Power, vol. 1*, Cambridge, Cambridge University Press.

NEE, V. (1996) : The Emergence of A Market Society : Changing Mechanisms of Stratification in China, *American Journal of Sociology* vol. 100.

QIU LIPING (2006) : Huidao makesi : dui zhongguo shehui fenceng yanjiu de fansi (Retour sur Marx : remise en question de la recherche sur la stratification de la société chinoise), *Shehui (Société)* vol. 26, n. 4.

SHEN YUAN (2006) : Shehui zhuanxing yu gongren jieji de zaixingcheng (Transition sociale et réinvention de la classe ouvrière), *Shehuixue yanjiu (La recherche en sociologie)* n. 2.

SUN LIPING *et alii* (1994) : Gaige yilai Zhongguo shehui jiegou de bianqian (Évolutions de la structure sociale en Chine depuis les réformes), *Zhongguo shehui kexue (Sciences sociales en Chine)* n. 2.

— (1995) : Cong gongchang toushi shehui (Regard sur la société à travers une usine), *Zhongguo shuping (Critiques de livres chinoises)* n. 1.

— (2002) : Women zai miandui yige duanlie de shehui ? (Sommes-nous confrontés à une société en rupture ?), *Zhanlue yu guanli (Stratégies et gestion)* n. 2.

— (2005) : Shehui zhuanxing : fazhan shehuixue de xinyiti (Société en transition : nouvelles problématiques de la sociologie du développement), *Shehuixue yanjiu (La recherche en sociologie)* n. 1.

— (2006) : Jingti shangceng guatouhua xiaceng pincuihua (Gare à l'élitisme au sommet et au populisme en bas de la société), *Zhongguo yu shijie guancha (La Chine et l'observation du monde)* n. 3.

— (2007) : La transition sociale : un nouvel enjeu pour la sociologie du développement », *Cahiers Internationaux de Sociologie*, vol. CXXII.

Chapitre 2

Transition et stratification sociale dans les villes chinoises[1]

LI LULU

Introduction

Cet article part du point de vue de la mobilité intergénérationnelle pour analyser les types de relations entre les catégories sociales et l'évolution des mécanismes de mobilité entre elles dans les villes chinoises afin de tenter de discuter les lois de changement du modèle de stratification dans les sociétés en transition. En effet, dans le passage du système de planification centralisée vers l'économie de marché, on peut poser les questions suivantes :

– la structure de stratification sociale globale et le groupe des élites suivent-elles un modèle « circulaire » (substitution et recombinaison) ou celui de la « reproduction » (continuité et hérédité) ?

– quel est le rapport entre le changement de système et celui de la structure sociale ?

Ces questions font l'objet de nombreuses recherches et de débats animés, et mettent de plus en plus en évidence les questions fondamentales que sont la structure sociale et les changements sociaux.

---

1. Les données utilisées dans cet article proviennent de deux sources. (1) une enquête menée en 1998 dans les trois villes de Beijing, Wuxi et Zhuhai. Parmi les 4364 personnes sélectionnées possédant un *hukou* de la ville de résidence, 3975 étaient valides. Afin de centrer l'analyse, les personnes possédant un *hukou* rural ou bien d'une autre ville n'ont pas été pris en compte. Pour une présentation détaillée de cette enquête, (2) l'enquête CGSS 2003 menée par l'Université du Peuple de Chine et l'Université des sciences et de la technologie de Hongkong, voir www.chinagss.org.

L'approche théorique de la modernité dans une perspective fonctionnaliste souligne que le développement rationnel de l'économie et de la technologie exige fondamentalement une transformation des rapports entre les catégories sociales, ce qui rend la structure de la stratification sociale de plus en plus ouverte (Goldthorpe, 1964; Erikson et Goldthorpe, 1992) La théorie de la transition vers le marché, présentée par Victor Nee, suit ce type de logique: elle recourt à des analyses du système et de la structure qui mettent l'accent sur les mécanismes économiques dans le passage de la «redistribution» vers le marché pour avancer que les classes construites à partir des mécanismes de redistribution déclineront avec la croissance du marché, conduisant à une recombinaison ou une substitution (modèle circulaire) de la structure de stratification sociale (Nee, 1989, 1991, perspective 1996). Le présent article s'inscrit dans une perspective d'analyse politique, estimant que les changements de la structure de stratification sociale ne reflètent pas passivement l'économie. En effet les variables comme la politique, la société, la culture, la structure des intérêts, la tradition, exercent toutes une influence majeure sur ces changements. Au cours de la transition sociale chinoise, bien que les mécanismes de marché aient progressivement remplacé ceux de redistribution, les anciennes structures de pouvoir et les classes ont été, dans une large mesure, préservées en raison de nombreux facteurs politiques, culturels et sociaux, comme l'environnement institutionnel, le processus et les modes de transition, les forces dominantes de cette transition (Bian Yanjie, 1999). Cet article se propose d'analyser la montée des mécanismes de marché et le changement de modèle de stratification sociale à partir des relations entre classes et leurs mécanismes de structuration. Par ailleurs, nous souhaitons discuter des problèmes théoriques fondamentaux sur la stratification dans le contexte du nouveau changement de système.

Contexte spécifique de la Chine en transition

Pour analyser le changement de modèle de stratification sociale au cours du processus de transition, il est nécessaire de bien connaître ses spécificités. Dans la société chinoise, la substitution progressive des mécanismes de redistribution par ceux de marché représente sans aucun doute un changement de grande ampleur. Cependant, selon nous, le changement de modèle de stratification sociale subit toujours l'influence de facteurs tels que le processus politique de l'instauration du marché, les caractéristiques de la « dépendance au chemin » et la structure des intérêts sociaux ; ce changement est donc l'aboutissement d'une série d'arrangements institutionnels (Walder, 1996 ; Stark, 1996). Dans le processus de transition du système en Chine, nous devons intégrer différents facteurs pour analyser le cadre des changements de modèles de la stratification sociale :

– premièrement, cette transition est organisée par l'État qui a mis en place une série de politiques afin de mettre en marche les réformes, modeler le marché, déterminer le niveau et la direction des changements de système, toujours préserver et déployer son influence dominante et décisive et jouer un rôle clef dans le processus de réforme du système (Zhou Xuegang, 2000a).

– deuxièmement, le processus de transition du système en Chine s'est déroulé dans différents secteurs et domaines, selon des modalités et des degrés différents de mise en œuvre ; par conséquent, cette transition possède les caractéristiques typiques d'un « système mixte ».

– troisièmement, la très forte intervention politique présente dans l'ancien système de redistribution socialiste avait souvent pour conséquence de conduire à une redistribution dans la société des ressources sociales et par conséquent à une égalisation relative dans divers domaines, notamment celui des revenus (Whyte et Parish, 1984).

– quatrièmement, pour expliquer les changements du modèle de stratification sociale de la Chine, la « dépendance au chemin », en tant que mécanisme de transformation sociale, doit être suffisamment prise en compte. Le processus et la tendance de la transition vers l'économie de marché subit nécessairement l'influence de l'ancien système de redistribution (Stark, 1992). Ce contexte théorique et les caractéristiques de la transition du système chinois nous conduisent à formuler les hypothèses suivantes :

1. Hypothèse de la double reproduction de la structure de classes

Cette hypothèse concerne l'évolution du modèle des classes au cours du processus de transition qui se traduit par le remplacement progressif des mécanismes de redistribution par ceux du marché, par la reproduction comme principale caractéristique du modèle de relations entre classes[2] et qui contient deux significations : premièrement, l'hérédité sociale est déterminante[3] ; deuxièmement, ce modèle de reproduction sociale est continuellement actif dans le processus de transition comme dans l'ancien modèle. Le développement des mécanismes de marché n'entraîne pas une recomposition du modèle de relations sociales ni un changement de la structure sociale. Les groupes privilégiés maintiennent leur position privilégiée dans les réformes du système économique. Dans cet article, nous parlerons de « modèle de la double reproduction » (Li Chunling, 1997 ; Xu Xinxin, 2000 ; Liu Jingming, 1999).

2. Hypothèse de la reproduction directe de la structure de classes

Cette hypothèse concerne le mécanisme de formation de la structure de classes. À partir de la connaissance des logiques internes de l'intervention politique et des mécanismes du marché dans la société de redistribution traditionnelle et dans la société en transition nous avons posé l'hypothèse suivante : l'introduction et le développement des mécanismes du marché entraînent, d'une part, un affaiblissement du rôle du facteur politique étroitement lié au système de redistribution dans l'accès aux positions sociales, et, d'autre part, le maintien de l'éducation (le capital en ressources humaines) comme mécanisme intermédiaire dans la reproduction des classes de la société moderne ; enfin, l'influence de l'origine familiale émerge en raison des changements du système économique et de l'affaiblissement relatif de l'intervention politique. Par conséquent, l'introduction des mécanismes de l'économie marchande modifie

2. À signaler que la présente recherche ne nie pas les changements provoqués dans la structure sociale par la transition vers le marché. Mais étant donné la multi-dimensionnalité de ces changements, nous pensons que l'effet principal des mécanismes de marché s'exerce principalement dans le domaine des mécanismes de structuration, et non pas dans celui des rapports entre catégories sociales.

3. Beaucoup de recherches se sont intéressées au modèle de reproduction des catégories sociales dans les sociétés socialistes traditionnelles, par exemple Frank Parkin, Anthony Giddens.

les modes d'accès à une position sociale ; elle ne produit pas une recomposition de la structure sociale, mais plutôt un processus de reproduction des positions de classe.

Cadre de la recherche et analyse des données

Notre objet d'analyse se limite aux personnes interrogées détentrices d'un *hukou* urbain de la ville dans laquelle ils résident. En effet, la distribution de ressources et le système de contrôle social étant basés sur le système du *hukou*, afin de diminuer le caractère complexe de l'analyse, nous excluons de cette étude les détenteurs d'un *hukou* rural ou d'un *hukou* urbain d'une ville autre que celle où ils résident actuellement.

Afin de vérifier les hypothèses présentées précédemment, il est nécessaire d'établir au préalable un cadre de référence pour analyser l'évolution du modèle de stratification sociale. Dans cet article, nous distinguerons cinq catégories :

– la catégorie privilégiée et détentrice de pouvoir qui comprend tous les responsables des unités de travail et les personnels de gestion de niveau supérieur.
– la catégorie des gestionnaires et agents de direction ordinaires qui disposent d'une relative autonomie dans leur travail
– la catégorie des personnels techniques spécialisés
– la catégorie des ouvriers et des paysans[4]
– la catégorie des travailleurs indépendants.

Ces différentes catégories peuvent être définies par une diversité de propriétés. Nous insisterons ici sur la centralité des rapports de pouvoir et de domination pour développer une analyse comparative des deux systèmes de redistribution et de marché. La description de la structure sociale, y compris de son évolution, est, en règle générale, réalisée à travers une analyse de la mobilité intergénérationnelle, c'est-à-dire l'ana-

4. Bien que tous les interviewés possèdent un *hukou* urbain, certains ont un premier emploi en tant que paysans, d'autres ont un père paysan. Compte tenu des limites de l'objet d'analyse de cette étude, ouvriers et paysans sont rassemblés dans la même catégorie, il s'agit dans les deux cas de travailleurs manuels.

lyse des relations entre les positions sociales des parents et celles des enfants. La transmission des positions sociales d'une génération à l'autre témoigne de continuités et de ruptures intergénérationnelles. Par conséquent, l'analyse intergénérationnelle permet largement de vérifier les deux hypothèses présentées précédemment. Nous analyserons en premier lieu les transformations du modèle de relations entre classes pendant la transition.

Théorie de la « double reproduction »

L'analyse des données de l'enquête révèle les caractéristiques suivantes en ce qui concerne le modèle des relations entre catégories sociales avant et après les réformes (Li Lulu, 2002) :

1. Processus de reproduction des catégories privilégiées et détentrices de pouvoir et de celle des personnels techniques spécialisés

L'héritage ou la reproduction des positions sociales entre les générations traduisent des relations de domination qui n'ont pas été modifiées par la transition de l'économie de redistribution vers l'économie de marché. En particulier, les catégories privilégiées et celle des personnels techniques spécialisés ont vu leur capacité de reproduction non seulement dépasser leurs propres capacités de mobilité, mais également dépasser les capacités de reproduction des autres catégories. Avant ou après les réformes, dans la société urbaine, il existe une mobilité entre les différentes catégories, mais l'hérédité ou la reproduction sont les caractéristiques dominantes du modèle de relations entre catégories dans le processus de transition du système.

2. Frontières sociales entre les travailleurs intellectuels et les travailleurs manuels

Il existe un fossé manifeste entre, d'une part, les catégories détentrices de pouvoir, des personnels techniques spécialisés et des gestionnaires et agents de direction ordinaires et, d'autre part, les catégories de travailleurs indépendants, de paysans et ouvriers ; une rupture entre les travailleurs intellectuels et les travailleurs manuels qui traduit la reproduction de la structure des classes. Les caractéristiques de ce fossé sont les suivantes : premièrement, il existe des mobilités positives évidentes entre les trois premières catégories, coupées des deux dernières ; les frontières sociales se sont en effet redéfinies. Deuxièmement, bien qu'une mobilité intergénérationnelle existe entre les trois premières catégories, l'hérédité demeure la caractéristique dominante. Troisièmement, bien que les relations intergénérationnelles montrent que des mobilités peuvent avoir lieu entre travailleurs intellectuels et travailleurs manuels, il y a peu de chances qu'un fils d'ouvrier ou de paysan devienne membre des catégories détentrices de pouvoir ou des personnels techniques spécialisés. Les catégories les plus privilégiées restent fermées sur elles-mêmes et il est pratiquement impossible de passer directement des catégories les plus basses aux catégories les plus élevées.

3. Reproduction sociale et mobilité relative

Bien que la reproduction caractérise les relations intergénérationnelles entre catégories, trois autres particularités de la mobilité dans les villes chinoises méritent l'attention. Premièrement, il existe une mobilité pouvant s'opérer entre certaines catégories mais ne peut être qualifiée de mobilité de « longue distance » – c'est-à-dire permettant aux travailleurs manuels de devenir des travailleurs intellectuels – mais il existe une mobilité de « courte distance » entre catégories proches. Deuxièmement, contrairement aux catégories des détenteurs de pouvoir et des personnels techniques spécialisés, l'hérédité ne pèse pas trop lourd dans les relations intergénérationnelles entre les catégories des gestionnaires et agents de direction ordinaires. Troisièmement, la séparation entre travailleurs intellectuels et manuels n'est pas vraiment nette.

Il faut donc admettre que l'hérédité sociale pèse lourd mais qu'elle permet cependant certaines mobilités. Dans les sociétés modernes, une séparation complète entre les catégories sociales est impossible. Les institutions chinoises produisent des politiques publiques et de l'idéologie capables de modifier la distribution des ressources, entraînant par là une modification de la position relative entre les différentes catégories (Zhou, Tuma et Moen, 1996). La transition d'un modèle économique vers un autre peut offrir de fortes opportunités de mobilité sociale (Nee, 1989) ; peuvent même apparaître des « vides institutionnels » pendant la transition qui peuvent donner des occasions de modifier leur propre position à ceux qui, dans l'ancienne structure institutionnelle, souffraient d'un manque d'opportunités. Il s'agit probablement d'une particularité de l'économie centralement planifiée et de la structure sociale en transition.

COEXISTENCE D'UNE REPRODUCTION « DIRECTE » ET D'UNE REPRODUCTION « INDIRECTE »

Afin d'analyser l'évolution du mécanisme de structuration des catégories sociales, nous avons construit un modèle du processus d'acquisition du statut social des interviewés (Li Lulu, 2003). En comparant les deux modèles d'acquisition du statut social, c'est-à-dire avant et après la transition du système de 1979, nous pouvons constater certains résultats significatifs. Avant les réformes, dans l'accès à la position sociale, à l'exception des personnels techniques spécialisés, l'origine sociale du père n'exerce pas une forte influence sur la position du fils. Ceci est particulièrement évident en ce qui concerne les pères issus des catégories de détenteurs de pouvoir qui ne peuvent exercer d'influence directe sur la position de leurs enfants, notamment dans l'accès à la position de gestionnaires ou d'agents de direction. Cependant, après la transition, non seulement l'influence intergénérationnelle s'accroît chez les personnels techniques spécialisés, mais, de plus, la position sociale des pères exerce une influence évidente sur celle des enfants.

Quelle que soit la période, l'identité politique a toujours joué un rôle décisif dans l'accès aux positions dominantes. Pour les personnels techniques spécialisés, après les réformes, le statut de membre du Parti perd de son influence et n'est plus un des principaux facteurs dans l'accès à cette position. Cependant, en ce qui concerne la catégorie des gestionnaires et agents de direction ordinaires, l'appartenance au Parti est devenue un des principaux mécanismes d'accès à cette position. Un autre phénomène extrêmement important émerge de l'analyse précédente : dans l'accès aux métiers intellectuels la position du père, l'éducation et l'identité politique jouent un rôle important qui devient faible chez les travailleurs indépendants, voire même joue inversement.

Une tendance vers la complexification se dégage nettement : la transition vers le système d'économie de marché met en lumière l'influence de la position du père (c'est-à-dire la dynamique de reproduction de la structure de classes sociales) ; dans le même temps, le rôle de l'éducation est maintenu et renforcé. Le rôle de l'identité politique diminue plus ou moins. On voit que, d'un côté, la transition produit un changement évident : l'affaiblissement du rôle de l'identité politique et le renforcement de l'hérédité sociale dans le processus de développement des mécanismes de marché. Dans le même temps, l'éducation joue un rôle considérable dans les deux systèmes. Par conséquent, il est nécessaire d'aller plus loin dans l'analyse des relations entre l'éducation, l'acquisition de l'identité politique et la position sociale du père pour expliquer les résultats des analyses précédentes.

La comparaison des modes d'accès à l'éducation pendant les deux périodes met en lumière que ce soit avant ou après les réformes, il y a un lien évident entre le niveau d'éducation et la position sociale du père : ce lien est stable et exerce une influence positive. Il faut souligner que, avant les réformes, en raison de l'influence très forte de la politique dans le système de redistribution et le contrôle centralisé des ressources par l'État, le processus de reproduction sociale se réalisait par l'intermédiaire de l'éducation. Dans la transition vers l'économie de marché, d'un côté, l'éducation assure toujours une fonction de médiation dans la reproduction intergénérationnelle, et d'un autre côté, cette reproduction intergénérationnelle, qui était indirecte devient directe.

Avant et après les réformes, au sein des trois catégories supérieures (c'est-à-dire les catégories des détenteurs de pouvoir, des gestionnaires et agents de direction ordinaires, et enfin des personnels techniques spécialisés), l'effet de l'influence de la position du père sur le niveau d'éducation du fils a changé. Avant 1979, cette influence était plus forte quand les pères appartenaient à la catégorie des gestionnaires et agents de direction ordinaires, alors qu'elle était plus faible chez les personnels techniques spécialisés. Après 1979, ce sont les pères détenteurs de pouvoir qui exercent l'influence la plus forte sur l'accès à l'éducation des enfants parmi toutes les catégories ; ils sont suivis des personnels techniques et en dernier par les agents de direction. Ces différents modes d'influence de la position du père sur le niveau d'éducation des enfants ont connu des changements évidents avant et après les réformes. La raison principale est que, avant les réformes, l'État maintenait un degré d'intervention relativement fort sur l'accès à d'éducation. Cependant, en raison de la coupure entre villes et campagnes, de la diversité des identités dans la société chinoise, les opportunités d'accès à l'éducation traduisent une tendance à la différenciation et à une marchandisation dans laquelle certaines catégories sont nettement privilégiées.

L'analyse de l'évolution du rôle de l'identité politique des membres du Parti montre que, ce soit avant ou après les réformes, il n'existe pas de lien évident entre l'appartenance au Parti et la position des pères. Le rôle de l'identité politique est indépendant, et principalement déterminé par l'environnement institutionnel. Par conséquent, la diminution de l'influence de l'identité politique sur l'accès à la position sociale est plus directement le résultat de la transition du système.

L'analyse du changement des mécanismes d'acquisition d'une position sociale avant et après les réformes permet d'avoir une connaissance plus claire de la relation entre la transition vers le marché et le changement de la structure de stratification sociale et montre qu'elle ne conduit pas à une recomposition de cette structure. D'une part, le développement des mécanismes de marché produit une baisse de l'influence de l'identité politique sur la structure sociale, et, d'autre part, la spécificité du processus de reproduction sociale apparaît plus saillante ; l'éducation joue un rôle important dans la reproduction de la structure de stratification sociale. Dans le système de redistribution, étant donné le rôle important des mécanismes de distribution des ressources et des facteurs politiques, la reproduction de la structure sociale était « indirecte » ; lorsque les mécanismes de marché deviennent progressivement très actifs dans la distribution des ressources, l'influence du politique diminue, l'éducation maintient son rôle médiateur dans la reproduction de la stratification sociale ; cependant, les positions sociales sont désormais marquées par la reproduction « directe » entre les générations.

La reproduction de la structure sociale, un processus universel

Il nous reste encore à répondre à la question suivante : l'hérédité du processus de reproduction est-elle propre à la période de transition de la Chine ou bien est-elle une caractéristique universelle ? De nombreuses recherches ont souligné le fait que la structure sociale connaissait des transformations à la suite d'une modernisation ou de réformes institutionnelles. Cependant, l'expérience chinoise nous conduit à insister sur la portée universelle de la reproduction de la structure sociale. Pour vérifier ce point de vue, nous avons eu recours à deux ensembles de données. Premièrement, des données internationales sur la mobilité sociale provenant des tableaux de mobilité intergénérationnelle élaborés par le projet ISMF (*The International Stratification and Mobility File*)[5]. Parmi les 42 pays et régions disponibles, nous avons sélectionné les données sur la mobilité de 16 pays sur les années 1970 et 1980. Afin de mieux répondre à notre question, ces pays sélectionnés ont des niveaux de développement économique, des systèmes économiques et sociaux, des trajectoires historiques et culturelles différentes. Le second corpus concerne la mobilité sociale en Chine, et est constitué de deux sources : d'une part l'enquête sociale générale (GSS) de 2003 dirigée conjointement par le département de sociologie de l'Université du Peuple de Chine et le centre d'enquête sur la société de l'Université de sciences et technologies de Hongkong, et d'autre part une enquête de 1996 réalisée au niveau national par le département de sociologie de l'Université du Peuple de Chine et des chercheurs américains[6].

5. « The International Stratification and Mobility File » est un projet de collecte de données sur « la stratification sociale et la mobilité sociale » initié par Ganzeboom et Treimain, et soutenu par le département de sociologie et la banque de données en sciences sociales de l'Université de Californie à Los Angeles. L'objectif était de créer une banque de données qui réponde au besoin des études comparatives internationales sur la mobilité sociale. En décembre 2004, cette banque recueillait déjà 200 enquêtes issues de 42 pays et régions. Voir www.sscnet.ucla.edu/issr/da/Mobiliy/mobindex.html.

6. Pour en savoir plus sur la CGSS, voir www.chinagss.org. Le sondage national administré par le département de sociologie de l'Université du peuple de Chine et des chercheurs américains en 1996 dans les villes et campagnes utilise l'échantillonnage PPS avec 6 090 échantillons. L'enquête aborde les domaines suivants : parcours éducatif et professionnel, histoire familiale, revenus et gestion, etc.

Notre analyse confirme globalement une conclusion de base d'Erikson et de Goldthorpe sur la mobilité sociale : dans tous les pays, si on compare les paramètres du « modèle d'infiltration », le modèle de l'hérédité sociale des privilèges reste dominant. Bien que l'hérédité et la transmission des privilèges entre générations soit plus ou moins forte selon les pays, la plupart des pays présente un processus de mobilité assez proche, l'hérédité sociale des privilèges est forte dans tous les pays (Li Lulu, 2006).

Ces conclusions apportent également des éléments de réponse au débat autour de la théorie de la transition de marché. L'analyse des données des enquêtes sociales générales de 1996 et de 2003 montre que, même dans la société chinoise, qui connaît une considérable transition de système et une modernisation rapide, l'hérédité des privilèges a tendance à être plus forte que la mobilité, l'ancien ordre social (les positions et opportunités relatives des différentes catégories) n'est pas modifié en raison de l'évolution des mécanismes de redistribution vers les mécanismes de marché. Dans la suite de cette analyse nous allons tenter d'apporter une explication à ce modèle d'hérédité des privilèges par la logique politique-intérêts. Selon nous, ce modèle de mobilité sociale, dans lequel le modèle d'hérédité des privilèges est dominant, tient à deux types de mécanismes principaux : les mécanismes de reproduction des groupes sociaux et les mécanismes de domination. Le modèle d'hérédité intergénérationnelle des privilèges peut se maintenir de manière universelle dans des sociétés qui possèdent des structures, des institutions, des cultures ainsi que des situations de fonctionnement social différentes.

1. Indépendance relative de « l'arrangement institutionnel »

Pour pouvoir discuter de la question de l'universalité des mécanismes de reproduction, il est nécessaire de commencer par considérer qu'entre différentes formes d'arrangements institutionnels il existe une indépendance relative, et non un simple rapport de détermination ou d'exigence fonctionnelle (Walder, 1996). L'ancien débat sur la rationalité de type économique et technologique refait surface aujourd'hui sous une nouvelle forme avec une approche en termes de mécanismes économiques. Mais, selon nous, ces questions théoriques ont la même origine : les approches des chercheurs sont en permanence influencées par deux variables de base qui restent cachées – c'est-à-dire la rationalité économique et le pouvoir social, autrement dit le marché et la politique. Selon la première, la structure sociale, la structure de pouvoir ainsi que les structures des intérêts et des opportunités de la société, sont toutes les produits de la rationalité de type économique et technologique ou des mécanismes économiques.

Dans les actions sociales concrètes, y compris les actions économiques, les logiques qui déterminent l'action des individus sont multiples. Braudel avait montré qu'entre le capitalisme réel et l'économie de marché, la force économique n'était qu'un des facteurs, mais qu'il n'était pas possible d'éliminer les facteurs politiques et culturels pour comprendre les mécanismes de fonctionnement de l'économie (Xu Baoqiang, 2001). Bien que les modèles de la marchandisation et de la stratification sociale incluent tous une certaine logique économique, le modèle de stratification sociale contient également d'autres logiques. Les facteurs qui déterminent les changements de modèles de stratification sociale n'incluent pas seulement les mécanismes économiques, mais aussi d'autres facteurs sociaux, politiques et culturels. Bien que les mécanismes de marché jouent un rôle important dans la transition chinoise, dans le même temps, les changements politiques, les intérêts et fondements des catégories sociales ainsi que les modes de préservation des intérêts et positions de ces catégories, contribuent également à ces transformations et à la transition. Comme le fait remarquer Zhou Xueguang à juste titre : « étant donné que la politique et le marché évoluent ensemble au cours du processus de transition, le résultat de cette transition dépend des conditions spécifiques et changeantes dans le contexte institutionnel ». Dans cette évolution simultanée de la politique et du marché, la politique joue un rôle prépondérant dans le modelage du système économique (Zhou Xuegang, 2000b).

L'État élabore et maintient les normes sociales, y compris les normes de transactions sur le marché ; par conséquent il joue un rôle crucial dans le processus de structuration de l'économie de marché (Xu Baoqiang, 2001). L'évolution de tout système dépend au final de la manifestation d'une diversité d'intérêts dans le domaine politique : d'une part l'État est un acteur actif qui possède ses propres intérêts et préférences, d'autre part l'autorité politique et les intérêts des catégories privilégiées agissent fortement sur l'organisation des activités économiques. Par conséquent, dans la sphère du marché, les actions économiques sont largement façonnées par le politique. En ce sens, l'action économique est une forme d'action sociale, l'économique « s'insère » dans les relations sociales, et dans les institutions politiques, le droit, la structure de pouvoir, la vie quotidienne, les traditions culturelles. Le marché n'est pas un concept abstrait, ses caractéristiques et sa nature varient grandement en fonction du contexte institutionnel et du processus d'institutionnalisation.

Étant donné cette relative indépendance de « l'arrangement institutionnel », nous concluons de cette étude que le modèle de stratification d'une société est déterminé par le développement économico-technologique et les mécanismes économiques, tout en étant en même temps fortement influencé par les intérêts politiques et sociaux ainsi que les traditions culturelles. Les intérêts politiques et sociaux sont relativement indépendants de la rationalité économique. La ségrégation sociale et le repli sur soi apparaissent comme des processus qui traduisent de nouvelles dynamiques sociétales. Au cours de la transition sociale, les rapports entre les catégories sociales seront maintenus d'une façon ou d'une autre. En particulier, les catégories riches en ressources et en pouvoir transmettront ces capitaux par tous les moyens. Les statuts des catégories sociales assureront hérédité et stabilité dans la transition ou même dans des moments d'agitation sociale. La capacité reproductrice des mécanismes de transmission ou de structuration apparaît si forte qu'elle dépasse la logique des théories de la modernité fonctionnalistes et ne se laisse pas expliquer par elles.

Les intérêts politiques, économiques et culturels déterminent les choix et les évolutions institutionnelles. Les institutions et les structures sociales résultent d'une construction sociale. Le processus de choix et le résultat de cette création dépendent de la participation de différents groupes sociaux et du degré de contrôle exercé sur le processus de transition.

2. Mécanismes de reproduction

L'expression « mécanisme de reproduction » désigne le fait que des groupes sociaux sont placés dans un système inégalitaire : les groupes sociaux jouissant d'une position de monopole et de divers privilèges sociaux afin d'assurer le maintien de leur propre position et de leurs intérêts, mobilisent différentes ressources pour préserver et transmettre aux générations suivantes leur propre position sociale. Dans différentes structures sociales, régimes et cultures, ce type de mécanisme s'exprime sous des formes différentes mais les logiques internes sont identiques. En raison de l'existence de ces mécanismes, les modèles de mobilité sociale dans différents pays possèdent des similitudes. La force motrice interne de ce modèle d'hérédité tire son origine de structures sociales inégalitaires. À partir du moment où il y a des inégalités dans le régime de propriété, la structure de distribution, les moyens de production, le pouvoir social, les ressources sociales sont converties pour élargir et transmettre les intérêts des groupes sociaux et les inciter à s'auto-reproduire. Les groupes sociaux qui occupent une position dominante dans la société chinoise développent des stratégies pour maintenir, élargir et transmettre à tout prix leur position et leurs intérêts afin de reproduire la même structure sociale, manifestant ainsi une tendance à la « clôture sociale » forte et durable. Fermeture et exclusion sociales s'expliquent par les différences de position, d'opportunités et de capacités à défendre leurs intérêts réels dont disposent les différents groupes sociaux. Par conséquent, les stratégies et modes de « clôture sociale » sont également différents. Le système de stratification sociale est une structure de rapports de forces (Bourdieu et Passeron, 2002). Les modes de reproduction de l'ordre social sont actifs au sein de la structure de pouvoir. En d'autres termes, les « clôtures sociales » sont fondées sur les rapports de force sociaux par les groupes dominants qui utilisent leur pouvoir pour préserver leurs moyens de reproduction et maintenir l'ordre social.

Ce type de mécanisme d'auto-reproduction des positions de monopole s'exprime pleinement dans l'économie de marché moderne. Sur la forme, cette économie de marché moderne a pour principe le libre-échange et l'égalité formelle des participants ; elle établit un système économique basé sur des relations d'échanges réciproques entre différents individus et organisations. Les participants ayant une position de monopole en matière de biens et de ressources peuvent utiliser leurs privilèges pour forcer les participants qui ont besoin de ces ressources à obéir à leur volonté et échanger ces biens et ressources contre leur soumission (Blau, 1967). Ce type de pouvoir ne s'exerce généralement pas de manière coercitive mais indirectement sous forme de conventions, d'action volontaire et de contrat. Quand les individus se trouvent en position faible sur le marché, qu'ils ne sont pas satisfaits du processus et du résultat de l'échange, peu ont la capacité et l'opportunité de changer cette situation ; dans la structure de pouvoir du marché, leur choix est préalablement limité. Ainsi Bourdieu soulignait que les symboles de l'acte éducatif dans les sociétés modernes expriment les intérêts matériels et symboliques des groupes ou catégories sociales ; que ce soit par un renforcement des formes, des contenus ou des objets, ils favorisent toujours la reproduction de la structure de distribution du capital culturel entre ces groupes ou catégories. Mais cela s'accomplit toujours sous des formes indirectes (Bourdieu et Passeron, 2002).

Notre discussion sur les mécanismes de reproduction révèle la très forte rigidité de la structure sociale dans la réalité. Bien que, dans les sociétés modernes, et en particulier dans les économies de marché, il n'existe pas de réglementations ou de systèmes formels discriminatoires limitant les opportunités sociales des individus, la protection, l'expansion et la transmission des intérêts constituent la force motrice qui peut mobiliser une diversité de ressources pour construire cette stratification sociale et transmettre de génération en génération cet ordre social. Une telle logique de reproduction est indépendante de l'industrialisation et des institutions et se déploie dans différentes sociétés.

Quand le système de stratification révèle un tel modèle d'hérédité stable des privilèges, une question ne peut être évitée : quel est le rapport entre les changements sociaux et les mécanismes de reproduction ? Serait-il possible que les changements sociaux n'exercent aucune influence sur l'ordre social ? Il s'agit là d'une question extrêmement complexe. Selon nous, un système de stratification sociale n'est pas une structure purement objective, c'est un système social que divers groupes sociaux construisent et font fonctionner. Les groupes qui détiennent des privilèges utilisent leur position pour déplacer les intérêts et ressources liés à une position vers d'autres positions. L'hérédité des privilèges dans l'ordre de la stratification est toujours préservée au cours du processus de changement social. Le changement de système se produit sous le contrôle des catégories privilégiées, les mécanismes de reproduction conduisent à la perpétuation directe de l'ancien ordre social. Nombre de recherches sur les pays d'Europe de l'Est et sur la transition de la Chine vers l'économie de marché confirment ce type de mécanisme de reproduction (Bian Yanjie, Sun Liping et Lu Hanlong, 2002). L'expérience de la Chine correspond à ce phénomène.

Les réformes chinoises ont été dirigées par l'État. Une transition de système dirigée par l'État signifie que celle-ci est un processus promu par les groupes privilégiés dans lequel l'État déploie les ressources et le pouvoir du haut vers le bas et de manière contrôlée. Par conséquent, ces groupes disposent d'un pouvoir d'initiative et d'un pouvoir de direction dans ce type de transition (y compris les transitions vers d'autres mécanismes économiques). D'un côté, ils font sans cesse avancer le processus de développement du marché, ils se servent de leurs anciens privilèges pour le promouvoir aux moments opportuns. Au cours de ce processus, la perpétuation ou le transfert du pouvoir, le développement du marché, les traditions culturelles locales, le type et le degré de « dépendance au chemin », peuvent tous devenir des mécanismes pour assurer le maintien de leurs privilèges et leur transmission aux générations suivantes, et donc décider du résultat de l'évolution de la structure de stratification sociale. C'est dans ce genre de transition vers le marché que s'enracine le caractère de double reproduction.

Le développement des mécanismes de marché diminue l'influence du politique, il favorise l'usage de la nature égalitaire apparente du « marché » dans la transmission de l'hérédité directe intergénérationnelle. Par conséquent, la question-clef concernant le changement de modèle de stratification sociale est : quelle catégorie sociale devient dominante dans la transition ? Ses membres sont-ils capables de promouvoir de manière contrôlée cette transition ? À l'heure actuelle, il existe déjà de nombreuses recherches qui montrent le déplacement réussi de cette position dominante et privilégiée dans les processus de transition (Rona-Tas, 1994 ; Lin Nan et Bian Yanjie, 1991 ; Stark, 1996 ; Lin Nan, 1995 ; Parish et Michelson, 1996 ; Zhou Xuegang, 2000a, 2000b).

Lorsque la transition est dirigée et promue par des groupes occupant une position inférieure dans l'ancien système de stratification sociale, cet ancien ordre social peut connaître des bouleversements considérables : les anciennes catégories privilégiées « chutent » socialement et les anciennes catégories inférieures peuvent devenir les « catégories dominantes » dans le nouvel ordre social. Dans un tel changement de système, après la formation d'un nouvel ordre social, le modèle de mobilité sociale va rapidement révéler le processus de reproduction sociale par la transmission des privilèges. Certaines études sur les sociétés socialistes ont déjà démontré un tel processus (Giddens, 1973 ; Parkin, 1969). Ainsi, bien qu'une « révolution sociale » puisse transformer un ordre social et construire un nouveau système de stratification, le modèle de mobilité suivra toujours la logique de la reproduction. La concurrence et les conflits d'intérêts déterminent la logique de la reproduction.

3. Mécanisme de domination

Si l'on s'accorde sur le fait que le modèle d'hérédité des privilèges est régi par un mécanisme de reproduction, et donc qu'il existe une logique de reproduction, il reste un point à analyser : comment se maintient un tel mécanisme ? Dans un système de stratification, tous les groupes sociaux qui se trouvent dans des positions sociales différentes adoptent toutes sortes de moyens pour défendre, élargir et maintenir leurs propres intérêts, se disputent les ressources, le pouvoir et les opportunités sociales pour maintenir leurs propres intérêts, engendrant une forte concurrence, voire même des conflits. Comment les groupes sociaux qui bénéficient de privilèges dans le système de stratification sociale face à la concurrence voire l'antagonisme des groupes sociaux relativement défavorisés réalisent-ils la transmission de génération en génération du monopole et de l'exclusivité de leur pouvoir, de leurs ressources et de leurs opportunités sociales ? Pourquoi les groupes défavorisés tolèrent-ils la transmission intergénérationnelle de leur position inférieure, et pourquoi sont-ils incapables de changer leur propre position ? Pour le dire autrement : pourquoi la logique de reproduction est-elle rarement rompue et remplacée par des mécanismes de mobilité ? À titre d'exemple, si le système éducatif est, comme le décrivait Bourdieu, un outil de reproduction des classes sociales, pourquoi les groupes ou classes en position inférieure ne peuvent-elles résister à un tel système et en établir un nouveau ? Ceci montre que d'autres mécanismes jouent un rôle dans l'existence d'un modèle d'hérédité des privilèges. C'est la une question que nous devons continuer à discuter dans ce chapitre. Selon nous, ces autres mécanismes qui coexistent avec ceux de la reproduction peuvent être appelés « mécanismes de domination ».

Dans une société caractérisée par la pénurie relative des ressources et de vives concurrences d'intérêts, le maintien de la logique de reproduction, ou de toutes sortes de mécanismes de monopole, de clôture et d'exclusion, est permis parce que les groupes sociaux occupant une position de domination non seulement usent de leur pouvoir comme une « violence » ou une « force » directe, mais surtout transforment leur pouvoir en une forme particulière – la domination au sens de Weber – c'est-à-dire un ordre de domination qui maintient le système de stratification sociale ainsi que sa reproduction.

a) Pouvoir institutionnalisé

La reproduction, pour être maintenue, suppose qu'une domination institutionnalisée soit établie impliquant la société entière, par exemple dans les domaines des droits sociaux, du droit de propriété ou celui des droits du citoyen. N'importe quel groupe social monopolisant des privilèges a la possibilité d'utiliser sa propre position pour imposer des règles de concurrence à ses adversaires réels ou potentiels, de sorte que ces règles correspondent à leurs propres intérêts et que les adversaires les respectent, favorisant ainsi la reproduction de la stratification sociale.

L'institutionnalisation de la violence ou de la force en pouvoir de domination signifie que la domination s'appuie sur un ensemble de normes formelles, règles qui en principe ne sont pas individualisées mais universelles. Autrement dit, ces règles ne peuvent pas être modifiées en raison de changements individuels ou de changements de circonstances. L'institutionnalisation de la domination est mise en œuvre par une série de moyens coercitifs directs ; en règle générale, elle exige l'adoption de règles légales ; au final elle se lie avec la puissance et la violence, voire même on peut dire qu'elle-même est issue de la transformation de la force (Lenski, 1988). Les espaces de pouvoir que recouvre la domination institutionnelle sont moins nombreux que ceux liés à la stratification sociale. La domination institutionnelle est plus coercitive et directe ; par conséquent, elle est plus stable et plus efficace. D'un autre point de vue, la domination ne dépend pas seulement de la puissance ou de la faiblesse du pouvoir qui constitue sa base. Une telle domination par la force impose de faire face à beaucoup plus de résistance ou de sabotages de la part des groupes concurrents. Par conséquent, la domination a besoin d'être institutionnalisée.

Lorsque les rapports de force dans le système de stratification sociale prennent la forme d'un pouvoir institutionnalisé, les mécanismes de reproduction – comme le monopole, la clôture et l'exclusion – se généralisent. La domination institutionnalisée conforte le rôle de l'État, voire même se présente comme le pouvoir d'État. Défier un tel pouvoir signifie affronter plus de pressions et de difficultés. Le pouvoir se traduit sous forme de « droits », de la garantie des intérêts ; et la préservation des positions des groupes sociaux, en particulier des groupes occupant une position privilégiée, devient encore plus stable : en effet, l'institutionnalisation de la domination signifie la production de droits institutionnalisés. Cela contribue à l'institutionnalisation des modes de clôture et d'exclusion sociale et favorise davantage le maintien des positions sociales. En d'autres termes, il suffit pour les individus d'occuper ces positions ou rôles pour disposer naturellement d'un pouvoir de domination ; comme l'a noté Gerhard Lenski (1988) : « le pouvoir institutionnalisé garantit que les intérêts affluent automatiquement vers ces gens-là… ». Lorsqu'ils étudient les modèles de mobilité sociale en Chine, certains chercheurs ont accordé une grande attention aux formes d'institutionnalisation du pouvoir : par exemple, la nature et le système des grades administratifs dans les unités de travail en Chine. On ne saurait expliquer convenablement le modèle de mobilité sociale en Chine sans prendre en compte ces pouvoirs de domination institutionnalisés (Walder, 1992, 1996 ; Lin Nan et Bian Yannan, 2002 ; Xu Xinxin, 2000)

b) De la « légitimation » du pouvoir

Le pouvoir de domination ne possède qu'une légitimité sociale ; il faut faire en sorte qu'il corresponde aux idées de justice, d'égalité et de morale, d'éthique partagées par la plupart des membres de la société. Que ce soient les modes de « clôture sociale » ou d'institutionnalisation de la domination, bien qu'ils assurent la reproduction sociale, ils ne sont pourtant pas les moyens les plus efficaces pour mettre en pratique cette domination, préserver et transmettre les intérêts acquis par la position sociale et en tirer profit. Il faut socialement légitimer le pouvoir, faire en sorte qu'il soit admis comme un ordre social « naturel ».

C'est à cette condition que les différents modes de reproduction peuvent se maintenir en se heurtant à un minimum de contestations et de résistances. Par conséquent, en ce qui concerne le maintien des mécanismes de reproduction, les mécanismes de légitimité de la domination sont plus dissimulés et plus intériorisés, et par conséquent probablement plus efficaces, que l'institutionnalisation du pouvoir.

En réalité, les différentes formes de clôture sociale et les pouvoirs institutionnalisés existant dans le système de stratification possèdent une légitimité plus ou moins forte. S'ils ne sont pas légitimes, ils ne peuvent se maintenir dans un contexte de concurrences violentes et de conflits acharnés. Dans une telle situation, la domination par la violence ou la force serait devenue le mode le plus important du maintien du système de stratification sociale. Il est nécessaire d'indiquer que la « légitimité» ne désigne pas seulement une légitimité en termes de droits mais qu'elle reflète beaucoup plus une adhésion à des valeurs culturelles ou à une idéologie. Autrement dit, les groupes sociaux qui occupent une position privilégiée recourent à leurs pouvoirs culturels et idéologiques pour faire de l'ordre social et de l'ordre de domination une sorte d'ordre naturel. Ils les imposent à la majorité des membres de la société afin qu'ils les acceptent comme justes ou légitimes. Ces ordres sociaux et ordres de domination se donnent dès lors une « aura de légitimité », l'inégalité produite par la société est transformée en un droit «naturel». Comme le disait Pascal: «Impuissants à rendre plus fortes les choses justes, les individus ont déjà rendu juste les choses fortes» (Lenski, 1988). Dans une telle situation, «obéir» à un ordre donné n'est plus le résultat de la peur ou de la contrainte, mais est devenu un «devoir» ou une «habitude».

L'institutionnalisation et la légitimation du pouvoir de domination sont encore dotées d'une autre vertu dans la reproduction: créer un espace de mobilité limité à côté du modèle dominant d'hérédité. D'un côté, elle donnent encore plus de stabilité à l'ordre social et diminuent les possibilités de contestation, et, d'un autre côté, elles restreignent le domaine dans lequel s'exerce le pouvoir de domination. Mais quand certaines mobilités entre des catégories proches ou des mobilités de courte distance deviennent possibles, l'ordre social apparaît posséder, malgré le poids de la reproduction, une flexibilité relative.

BIBLIOGRAPHIE

BIAN YANJIE et LOGAN, J. (1996) : Market Transition and the Persistence of Power : The Changing Stratification System in Urban China, *American Sociological Review* vol. 61.

— (1999) : Shichang zhuanxing yu shehui fenceng (Transition de marché et stratification sociale), in TU ZHAOQING, LIN YIMIN (eds.) : *Gaige kaifang yu zhongguo shehui : xifang shehuixue wenxian pingshu (Réformes et société chinoise : commentaires dans les publications sociologiques en Occident)*, Hongkong, Oxford University Press.

BIAN YANJIE, SUN LIPING, LU HANLONG (eds.) (2002) : *Shichang zhuanxing yu shehui fenceng : meiguo shehui xuezhe fenxi zhongguo (Transition de marché et stratification sociale : comment les sociologues américains analysent la Chine)*, Pékin, Sanlian shuju.

BLAU, P., DUNCAN, O. (1967) : *The American Occupational Structure*, New York, John Wiley Press.

BOURDIEU, P., et PASSERON, J-C. (2002) : *Zaishengchan – yizhong jiaoyu xitong lilun de yaodian (La reproduction. Eléments pour une théorie du système d'enseignement)*, Pékin : Shangwu yinshuguan.

CAI RUIMING (1997) : Duishu xianxing moxing yu duishu xiangcheng moxing de fazhan yu yingyong (Développement et application du modèle linéaire de logarithme et du modèle de multiplication de logarithme), in YANG WENSHAN (ed.) : *Shehui kexue jiliang fangfa fazhan yu yingyong lunwenji (Recueil d'articles sur le développement et l'application des méthodes de mesure en sciences sociales)*, Taipei, Centre Sun Yat-sen de recherche en sciences humaines et sociales de l'Institut de recherche central.

CHEN YINGYING (1995), *Zhiye jiegou yu liudong (Structure professionnelle et mobilité)*, Pékin, Dongfang chubanshe.

CHEN YUAN, DAI JIANZHONG (1995) : Intergenerational Mobility in Modern China, *European Sociological Review* vol. 11.

ERIKSON, R., GOLDTHORPE, J. (1987a) : Commonality and Variation in Social Fluidity in Industrial Nations, Part 1 : A Model for Evaluating the "FJH Hypothesis", *European Sociological Review* vol. 3.

— (1987b) : Commonality and Variation in Social Fluidity in Industrial Nations, Part 2 : The Model of Core Social Fluidity Applied, *European Sociological Review* vol. 3.

— (1992) : *The Constant Flux : A Study of Class Mobility in Industrial Societies*, Oxford, Clarendon Press.

FEATHERMAN, D., LANCASTER, J., HAUSER, R (1975) : Assumptions of Social Mobility Research in the United States : The Case of Occupational Status, *Social Science Research* vol. 4.

GANZEBOOM, H., TREIMAN, D., ULTEE, W. (2002) : Daiji fenceng bijiao yanjiu de sandai ji yihou de fazhan (Recherche comparative sur la stratification intergénérationnelle : trois générations et leur futur), *Qinghua sheshuixue pinglu* (Commentaires en sociologie de Tsinghua).

GIDDENS, A. (1973) : *The Class Structure of the advanced Societies*, Londres, Hutchinson.

GOLDTHORPE, J. (1964) : Social Stratification in Industrial Society, in HALMOS, P. (ed.) : *The Development of Industrial Societies*, Sociological Review Monograph No. 8, Keele, University of Keele Press.

GRUSKY, D. (ed.) (2001) : *Social Stratification : Class, Race, and Gender in Sociological Perspective*, Boulder, Westview Press.

HAUSER, R. (1984a) : Vertical Class Mobility in Great Britain, France and Sweden, *Acta Sociologica* vol. 27.

— (1984b) : Some Cross Population Comparisons of Family Bias in the Effects of Schooling on Occupational Status, *Social Science Research* vol. 13.

HAUT, M. (2004) : How Inequality May Affect Intergenerational Mobility, in NECKERMAN, K. : *Social Inequality*, New York, Russell Sage Foundation.

IMADA, T (1991) : *Shehui jieceng yu zhengzhi (Classes sociales et politique)*, Pékin, Jingjiribao chubanshe.

LENSKI, G. (1988), *Quanli yu tequan : shehui fencing de lilun (Pouvoir et privilèges : une théorie de la stratification sociale)*, Hangzhou, Zhejiang renmin chubanshe.

LI CHUNLING (1997) : *Zhongguo chengzhen shehui liudong (Mobilité sociale dans les villes chinoises)*, Pékin, Shehuikexue chubanshe.

LI LULU (2002) : Zhidu zhuanxing yu fenceng jiegou de bianqian : jieceng xiangdui guanxi moshi de shuangchong zaishengchan (Transition institutionnelle et évolution de la stratification sociale : la « double reproduction » du modèle de relations entre les couches sociales), *Zhongguo shehui kexue (Sciences sociales en Chine)* n. 6.

LI LULU (2003) : Zhidu zhuanxing yu fenceng jiegou de bianqian : cong "jianjie zaishengchan" dao "jianjie yu zhijie zaishengchan" bingcun (Transition institutionnelle et évolutions de la stratification sociale : de la « reproduction indirecte » à la coexistence des reproductions « indirecte » et « directe »), *Shehuixue yanjiu (La recherche en sociologie)* n. 5.

LI LULU (2006) : Social Reproduction and Dominance : Further study on social mobility regimes, *Sociological Studies* vol. 21, n. 2 (Mai).

LIN NAN (1995) : Local Market Socialism : Local Corporatism in Action in Rural China, *Theory and Society* vol. 24.

LIN NAN, BIAN YANJIE (1991) : Getting Ahead in Urban China, *American Journal of Sociology* vol. 97.

LIU JINGMING (1999) : Wenge shijian dui ruxue shengxue moshi de yingxiang (La récupercussion de la Révolution culturelle sur le mode de scolarisation), *Shehuixue yanjiu* (La recherche en sociologie) vol. 6.

NEE. V. (1989) : A Theory of Market Transition : From Redistribution to Markets in State Socialism, *American Sociological Review* vol. 54.

— (1991) : Social Inequalities in Reforming State Socialism : Between Redistribution and Market, *American Sociological Review* vol. 56.

— (1996) : The Emergence of a Market Society Changing Mechanisms of Stratification in China. *American Journal of Sociology* vol. 101.

NEE. V., MATTHEWS, R (1996) : Market Transition and Societal Transformation in Reforming State Socialism, *Annual Reviews Sociology* vol. 22.

PARISH, W., MICHELSON, E. (1996) : Politics and Markets : Dual Transformations, *American Journal of Sociology* vol. 101.

PARKIN, F. (1969) : Class Stratification in Socialist Societies », *The British Journal of Sociology* vol. 20.

– (1974) : *The Social Analysis of Class Structure*, London, Tavistock.

PENG YUSHENG (2000) : Xiandai Yingguo jieji yu zhiye de daiji liudong (Classes sociales en Grande Bretagne contemporaine et mobilité professionnelle intergénérationnelle), *Guowai shehuixue (Sociologies étrangères)* vol. 5.

RONA-TAS, A. (1994) : The First Shall Be Last : Entrepreneurship and Communist Cadres in the Transition from Socialism, *American Journal of Sociology* vol. 100.

SONG SHIGE (1998) : Quanli zhuanhuan de yanchi xiaoying : dui shehuizhuyi guojia xiang shichang zhuanbian guocheng zhong de jingying zaishengchan yu xunhuan de yizhong jieshi (Effet à retardement du transfert de pouvoir – une explication de la reproduction et de la circulation des élites dans la transition du pays socialiste vers le marché), *Shehuixue yanjiu* (La recherche en sociologie) vol. 3.

STARK, D. (1992) : Path Dependence and Societies Strategies in Eastern Europe, *East European Politics and Societies* vol. 6.

— (1996) : Recombinant Property in East European Capitalism, *American Journal of Sociology* vol. 101.

STARK, D., NEE, V. (1989) : Toward an Institutional Analysis of State Socialism, in Victor Nee et David Stark (eds.), *Remaking the Economic Institutions of Socialism : China and Eastern Europe*, Stanford, Stanford University Press.

SZELENYI, I. (1978) : Social Inequalities in State Socialist Redistributive Economies, *International Journal of Comparative Sociology* vol. 19.

— (1993) : Zirkulation der Elite ? Wandlung der Gesellschaftsstruktur in Mitteleuropa in der postkommunistischen Uebergangsperiode, in BAYER, J., DEPPE, R. (eds) : *Der Schock der Freiheit, Ungarn auf dem Weg in die Demokratie*, Francfort sur le Main, edition Suhrkamp.

SZELENYI, I., KOSTELL, E. (1996) : The Market Transition Debate : Toward a Synthesis ? *American Journal of Sociology* vol. 101.

WALDER, A. (1992) : Property Rights and Stratification in Socialist Redistributive Economies, *American Sociological Review* vol. 57.

— (1995) : Career Mobility and the Communist Political Order, *American Sociological Review* vol. 60.

— (1996) : Markets and Inequality in Transitional Economies : Toward Testable Theories, *American Journal of Sociology* vol. 101.

WANG FENYU, LI LULU (2001) : *Zhongguo chengshi laodongli liudong : congye moshi, zhiye shengya, xin yimin (Migration de la main-d'œuvre dans les villes chinoises : mode d'accès à l'emploi, carrière professionnelle, nouveaux migrants)*, Pékin, Beijing chubanshe.

WHYTE, M., PARISH, W. (1984) : *Urban Life in Contemporary China*, Chicago, The University of Chicago Press.

XU XINXIN (2000) : *Dangdai zhongguo shehui jiegou bianqian yu liudong (Évolution de la structure sociale et mobilité en Chine contemporaine)*, Pékin, Shehui kexue wenxian chubanshe.

XU BAOQIANG (2001) : Fan shichang de zibenzhuyi (Le capitalisme anti-marché), in XU BAOQIANG, LIANG JINGDONG (eds.) : *Fan shichang de zibenzhuyi (Le capitalisme anti-marché)*, Pékin, Zhongyang bianyi chubanshe.

Zhongguo tongji nianjian, 2001 (Annuaire statistique de Chine, 2001), Pékin, Zhongguo tongji chubanshe.

ZHOU XUEGUANG (2000a) : Economic Transformation and Income Inequality in Urban China : Evidence from Panel Data, *American Journal of Sociology* vol. 105.

— (2000b) : Reply : Beyond Debate and Toward Substantive Institutional Analysis, *American Journal of Sociology* vol. 105.

ZHOU XUEGUANG, TUMA, N., MOEN, P. (1996) : Stratification dynamics under State Socialism : The case of China cities, 1949-1993, *Social Forces* vol. 28.

ZHOU XUEGUANG (1997) : Institutional Change and Job-Shift in Urban China, 1949 to 1994, *American Sociological Review* vol. 62.

Chapitre 3

Mobilité sociale et classes sociales en Chine :

Étude comparative des modèles de mobilité intragénérationnelle avant et après les réformes économiques

LI CHUNLING

Au cours du demi-siècle qui vient de s'écouler, la société chinoise a connu d'importantes mutations sociales, politiques et économiques. Le premier changement social correspond à la prise du pouvoir par le Parti communiste chinois (PCC) en 1949. Le nouveau gouvernement a procédé à une reconfiguration fondamentale de la structure sociale en supprimant la classe bourgeoise et celle des propriétaires fonciers et en améliorant le statut social, politique et économique des paysans et des ouvriers. Puis la Révolution culturelle des années 1960 et 1970 emporta la Chine toute entière dans sa deuxième mutation. D'un côté, la Révolution a touché de nombreux intellectuels et une partie des nouveaux membres du PCC en pleine ascension ; d'un autre côté, les mouvements révolutionnaires ont donné l'opportunité à des ouvriers et des paysans de former la nouvelle aristocratie politique. Le troisième changement fondamental a eu lieu avec les réformes économiques mises en œuvre à partir de la fin des années 1970. La réhabilitation de la propriété privée ainsi que le développement de l'économie de marché ont donné naissance à une classe nouvelle de riches Chinois. Dans le même temps, de nouvelles élites politiques et culturelles ont émergé pendant que le statut social des ouvriers et des paysans déclinait progressivement. Ces changements sociaux, politiques et économiques ont provoqué à chaque fois un processus de mobilité sociale sans précédent et la transformation de la structure sociale du pays. Ces deux périodes, avant et après les réformes économiques, ont produit deux modèles de mobilité foncièrement différents. Le présent article se propose de comparer les itinéraires et les obstacles à la mobilité sociale pendant ces deux périodes afin d'éclairer le processus de transformation structurelle de la société chinoise et la formation des classes sociales.

Traditionnellement, les études de mobilité sociale s'intéressent aux analyses intergénérationnelles. Or une perspective intragénérationnelle est de notre point de vue plus éclairante pour comprendre la mobilité en Chine. Durant les six dernières décennies, la structure sociale chinoise a été l'objet de secousses radicales, chaque période a eu sa propre dynamique, les unes pouvant même s'opposer radicalement aux autres. Par exemple, si le capital économique était un facteur favorable à l'ascension sociale avant 1949, il devient défavorable après 1949 ; avant 1980, le capital culturel de l'individu ou de sa famille ne pesait d'aucun poids dans son ascension sociale, aujourd'hui il constitue l'élément le plus important dans le mécanisme de mobilité. Par ailleurs, les formes de différenciation sociale ont varié selon les périodes, la définition des catégories sociales n'est évidemment pas la même avant et après les réformes économiques. Pour toutes ces raisons, une analyse intergénérationnelle ne saurait faire émerger les modalités et les mécanismes spécifiques de la mobilité sociale de chaque période, alors qu'une analyse intragénérationnelle serait plus pertinente pour montrer les effets et les changements des mécanismes de mobilité, notamment en ce qui concerne la mobilité sociale depuis les réformes.

Les données exploitées dans le présent article sont celles recueillies par l'équipe de recherche du projet *« Études de la transformation de la structure sociale de la Chine contemporaine »* du département de sociologie de l'Académie des sciences sociales de Chine (CASS). Les données viennent d'enquêtes réalisées en novembre et décembre 2001 dans 73 districts de 12 provinces chinoises ; 6193 personnes âgées de 16 à 70 ans ont été interrogées. Nos travaux s'appuient sur les méthodes traditionnelles d'analyse de la mobilité sociale : étude de tables de mobilité, et notamment de tables de mobilité professionnelle (intragénérationnelle). Il s'agit de comparer, chez un individu, le statut social de son premier emploi et celui de son emploi actuel, pour examiner les changements vécus quant à son statut professionnel ou social et, par là, la fréquence des mobilités constatées à l'intérieur d'une génération. On peut alors mesurer le nombre d'individus qui sont passés d'une position relativement basse vers une position plus élevée (taux de mobilité ascendante), ou au contraire la fréquence de passage vers une position plus basse (taux de mobilité descendante), tout en montrant quelles sont les catégories sociales qui bénéficient d'opportunités d'ascension relativement nombreuses, et celles qui, au contraire, ont peu de possibilités d'ascension, voire sont dans une dynamique de mobilité descendante. La nomenclature des catégories sociales retenue dans cette recherche est celle proposée par l'équipe de la CASS du projet *« Études de la transformation de la structure sociale de la Chine contemporaine »,* qui distingue dix catégories (Li Chunling, 2005 ; Lu Xueyi, 2001) :

– cadres du Parti et de l'administration (hauts fonctionnaires du Parti et de l'administration).
– dirigeants d'entreprises publiques.
– dirigeants d'entreprises privées.
– techniciens spécialisés et ingénieurs.
– personnels administratifs.
– entrepreneurs individuels (*geti gongshang hu*).
– employés des services et du commerce.
– ouvriers.
– paysans
– les personnes sans activité, au chômage ou au chômage partiel.

Nos tables de mobilité s'appuient donc sur ces dix catégories dont nous examinerons l'origine et la formation ; nous analyserons également les obstacles à la mobilité et les frontières entre les catégories sociales, comparerons la mobilité sociale avant et après les réformes économiques, et essaierons d'apporter une réponse à la question de savoir si le phénomène de formation des classes sociales a émergé dans la Chine d'aujourd'hui.

La mobilité sociale avant les réformes économiques

En Chine, la transformation d'une société agricole traditionnelle en une société industrielle moderne est un processus de longue haleine qui n'est toujours pas achevé à l'heure actuelle. Ce processus de modernisation s'accompagne d'ailleurs de mouvements politiques et de changements de régime violents. Étant donné ces spécificités, les évolutions structurelles de la société et les transformations des modes de mobilité sociale ont suivi un parcours différent des autres pays, comme par exemple ceux qui sont directement passés d'une société agricole féodale à une société industrielle capitaliste moderne.

Après la prise de pouvoir par le PCC en 1949, le nouveau gouvernement a pris des mesures radicales pour transformer la structure sociale. Il a fait disparaître la classe bourgeoise et les propriétaires terriens et a favorisé considérablement le statut social, politique et économique des paysans et des ouvriers. Ces changements sociaux ont donné lieu à des mobilités sociales massives par lesquelles les membres originaires des classes moyennes et supérieures (propriétaires terriens, capitalistes et bureaucrates) se sont vus précipiter vers le bas de la société, tandis que des ouvriers et des paysans passaient des couches les plus basses vers les niveaux moyens ou élevés. Or, avant que la nouvelle structure ait eu le temps de se stabiliser, une nouvelle série de bouleversements sociaux eut lieu. Il s'agit de la Révolution culturelle des années 1960 et 1970 qui frappa bon nombre d'intellectuels et une partie des hauts cadres du Parti communiste. Dans le même temps, un grand nombre d'ouvriers et de paysans ordinaires accédèrent à la nouvelle aristocratie politique à travers les mouvements de rébellion politique. Cette série de mouvements de révolte et de mouvements politiques a produit un modèle de mobilité sociale spécifique. Bien que cette période soit aussi celle d'une importante industrialisation de la Chine, son modèle de mobilité sociale avait des caractéristiques très différentes des expériences d'autres pays, comme l'illustre la Figure 1.

Si l'on part des modalités de mobilité et des positions socio-économiques individuelles, les membres de la société peuvent être répartis ainsi : les cadres, les ouvriers et les paysans. En se fondant sur les statuts socio-économiques et les trajectoires de mobilité professionnelle de ces trois groupes, il est possible de les ranger sur trois niveaux : dans un système d'échelons en fonction de la mobilité sociale, les cadres se trouvent au niveau supérieur, les ouvriers au niveau moyen et les paysans au niveau inférieur. Trois facteurs structurels constituent des barrières à la mobilité sociale des individus : le *hukou*, le dossier personnel (*dang'an*) et l'identité politique. Parmi ceux-ci, le *hukou* est la barrière la plus difficile à surmonter. Entre 1940 et 1979, seuls 5,2 % des paysans

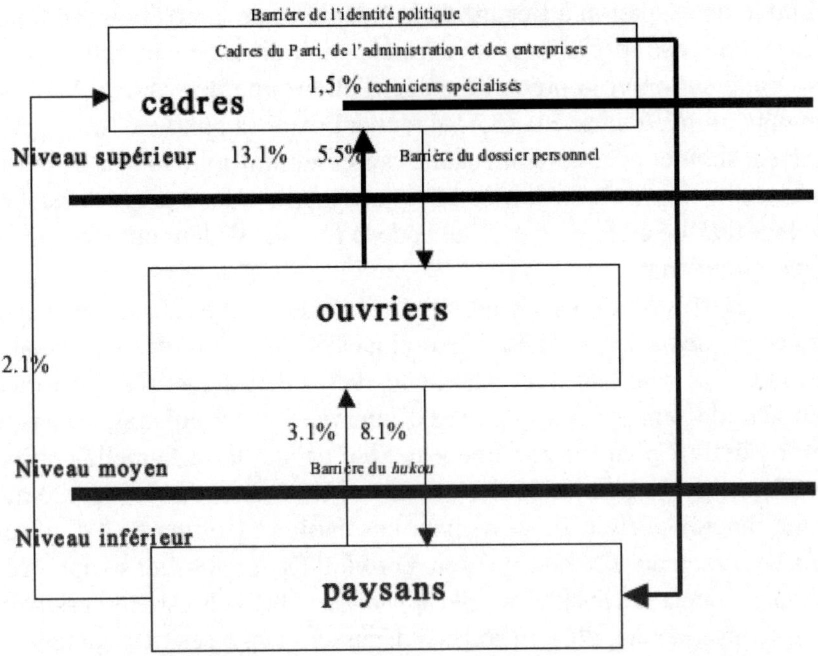

Figure 1 – Itinéraires et obstacles à la mobilité sociale avant 1980[1].

ont réussi à quitter leur lieu de résidence et à changer de *hukou* parmi lesquels 3,1 % sont devenus des ouvriers et 2,1 % des cadres. Le dossier personnel est également très important, le gouvernement se fonde sur un certain nombre de règlements pour distinguer deux types de travailleurs non ruraux : les cadres et les ouvriers. Une fois l'identité d'ouvrier acquise, il est extrêmement difficile de devenir cadre. Avec le système de la planification le gouvernement définit un quota limité de promotions d'ouvriers pouvant accéder au statut de cadre, offrant ainsi peu d'opportunités d'ascension sociale[2]. Les cadres, quant à eux, sont distingués cette fois-ci selon leur identité politique, ce qui empêche les techniciens spécialisés de rejoindre les rangs des cadres de la fonction publique et des entreprises d'État. Étant donné que le Parti au pouvoir affiche une

1. Dans les figures 1 et 2, les flèches indiquent le sens de la mobilité. Les doubles flèches représentent une mobilité dans les deux sens. L'épaisseur des flèches indique l'intensité de la mobilité. Les chiffres sont ceux des taux de mobilité.

2. Jusque dans les années 1990, la majorité de la main-d'œuvre urbaine était distribuée dans le cadre d'un système de planification, contrairement à ce qui se passait dans les autres pays socialistes où des formes de marché du travail dominaient.

attitude de suspicion à l'égard de la fidélité et de la position politique des techniciens spécialisés, ces derniers ont toujours été marqués par la marginalisation et la précarité au sein du groupe des cadres. Seul un nombre infime d'entre eux (1,5 %) réussit l'examen politique strict qu'ils doivent subir et peut devenir ensuite cadres administratifs ou cadres dirigeants d'entreprises. Ils doivent faire beaucoup d'efforts pour convaincre de leur fidélité au Parti et à l'État et de la fermeté de leur croyance dans le communisme.

Ces trois barrières à la mobilité sociale ne sont pas la conséquence des écarts de positions socio-économiques ou de la stratification sociale. En fait elles résultent d'arrangements dans un système très spécifique qui se traduisent par des tentatives d'intervention administrative dans le but de définir pour chacun une « identité de statut » à laquelle correspondent l'accès à la protection sociale et la rémunération, identité qui pour chacun se rigidifie et ne peut pas évoluer. Comparés à d'autres types de facteurs sociaux qui peuvent bloquer la mobilité sociale, ces obstacles de nature institutionnelle apparaissent bien plus stricts et rigides, et en conséquence, plus difficiles à dépasser. Ainsi, ces trois facteurs – le *hukou*, le dossier administratif individuel et l'idéologie – représentent trois murs infranchissables, rendant la société d'avant les réformes rigide et fermée, limitant fortement la mobilité sociale.

Mais d'un autre côté, malgré ces barrières institutionnelles, une mobilité peut toujours avoir lieu entre les trois catégories. Avant les réformes économiques, il est vrai qu'à cause des contraintes du *hukou* qui les empêchaient de trouver un emploi en ville, les paysans avaient moins d'opportunités de mobilité sociale. Or certains paysans ont fait un changement de position extraordinaire et sont devenus cadres, certains d'entre eux ont accédé au statut de cadre de rang élevé[3]. Ce type de mobilité est presque impossible après les réformes, de même qu'elle est peu probable dans d'autres sociétés industrialisées ou en phase d'industrialisation. La situation est identique pour les ouvriers. Si l'identité prescrite par leur dossier administratif réduit par avance la possibilité d'ascension, 13,1 % des ouvriers ont malgré tout pu rejoindre le corps des cadres avant 1980 – ce qui est un taux relativement élevé. En réalité,

3. Par exemple Chen Yonggui (paysan à l'origine) et Wang Hongwen (ancien ouvrier) devinrent tous les deux des hauts dirigeants (vice premier ministre et vice-président).

avant les réformes, le taux d'ascension des ouvriers est plus élevé qu'après les réformes. Le plus étonnant est le taux de mobilité descendante au sein de ces trois catégories. Du cadre vers l'ouvrier, la proportion est de 5,5 %, ce mouvement de descente de cols blancs vers les cols bleus est élevé au regard des modèles habituels de mobilité sociale. Du groupe des ouvriers vers celui des paysans, le taux est de 8,1 %, taux étonnamment plus élevé que celui de l'ascension du statut de paysan vers celui d'ouvrier (3,1 %). Le plus inattendu est la proportion du nombre de cadres qui deviennent paysans, c'est-à-dire du niveau social le plus élevé vers celui le plus bas : 15,3 %. Ces données montrent qu'avant les réformes, en même temps que les barrières institutionnelles restreignent la mobilité, il existe des dynamiques spécifiques qui maintiennent ouvertes les voies de mobilité entre les différentes catégories sociales. Ces modalités de changements de statut dépendent du niveau d'éducation supérieure, du service militaire, des promotions exceptionnelles et des mouvements et changements politiques. L'université et l'armée offrent une opportunité de changer d'identité à beaucoup d'ouvriers et de paysans. Notamment, la politique de recrutement privilégié des « ouvriers, paysans et soldats » pendant la Révolution culturelle a permis à un certain nombre d'ouvriers et de paysans de se convertir en cadres. Le remplacement de cadres par des ouvriers et des paysans, essentiellement pendant la Révolution culturelle, est aussi une politique qui a contribué à l'ascension sociale d'ouvriers et de paysans sans que leur appartenance institutionnelle soit modifiée, tout en risquant de devenir à nouveau un jour des ouvriers et des paysans. Les multiples mouvements politiques ont également ouvert des brèches, certains cadres et intellectuels sont devenus des ouvriers ou des paysans dans le cadre de la politique d'« envoi à la campagne » (*xiafang*) et, dans le même temps, des ouvriers et des paysans ont pu entrer dans les comités révolutionnaires constitués dans les collectivités locales et les entreprises pendant la Révolution culturelle[4]. Ces voies de mobilité spécifiques font aussi partie du système institutionnel : distinctes des dynamiques des sociétés industrialisées, ces opportunités d'ascension sociale ne s'obtiennent pas par le mérite ou l'accumulation

4. Les comités révolutionnaires furent mis en place à partir de 1967 en remplacement des comités du Parti. Ils devaient être constitués pour un tiers de militaires, un tiers de cadres du Parti réhabilités et un tiers de représentants des gardes rouges et autres groupes révolutionnaires radicaux. À partir de 1969, le Parti s'est progressivement reconstitué, et les comités révolutionnaires ont été marginalisés, avant d'être démantelés.

de capitaux personnels, ni par l'hérédité familiale, elles dépendent des politiques ponctuelles mises en place par le gouvernement à des moments particuliers de l'histoire. C'est grâce à ces voies spécifiques que, dans la pratique, le gouvernement contrôle le sens et l'intensité de la mobilité sociale.

Par ailleurs, les modes de mobilité intergénérationnelle d'avant les réformes économiques se distinguent de la mobilité intergénérationnelle des sociétés traditionnelles qui était fortement héréditaire, où la position sociale des parents déterminait fortement celle d'un individu. Au contraire, dans les sociétés industrielles modernes, cette hérédité s'affaiblit. En revanche, étant donné que la profession et le niveau culturel des parents exercent une influence notable sur l'accès à l'éducation des enfants, et que le niveau d'éducation détermine dans une large mesure la position sociale d'un individu, l'origine familiale influence toujours le statut socio-économique. Or, en Chine, dans la mobilité intergénérationnelle d'avant les réformes, l'origine familiale et le niveau d'éducation n'avaient qu'une faible influence sur l'accès à l'éducation et à l'emploi. La proportion de cadres nés dans une famille de cadres (ou d'intellectuels nés dans une famille d'intellectuels) était beaucoup moins élevée qu'elle ne le sera après le lancement des réformes, tandis qu'il était plus fréquent pour un enfant d'ouvrier ou de paysan de devenir cadre ou intellectuel. Mais l'origine familiale jouait un rôle décisif chez certaines populations, comme par exemple les descendants de propriétaires terriens, de paysans riches, de réactionnaires ou de « droitiers ». Ceux-ci étaient injustement traités dans leur accès à l'école et l'emploi. A contrario, à la même époque certains enfants de cadres supérieurs, peu nombreux, jouissaient de privilèges pour rentrer à l'armée, à l'Université ou obtenir un emploi.

D'un point de vue global, avant les réformes, la société chinoise produit un modèle de mobilité sociale spécifique distinct de celle des sociétés industrielles. D'une part, les barrières institutionnelles, posées par l'État, entravent les évolutions de statut social et contribuent à une structure sociale rigide et inflexible. D'autre part, des politiques étatiques ouvrent souvent des voies de mobilité assurant une certaine fluidité entre les niveaux supérieur, moyen et inférieur. Elles évitent par là au groupe supérieur de se stabiliser en tant que classe privilégiée fermée sur elle-même, créant ainsi des porosités structurelles et assurant une certaine souplesse. Par conséquent, le modèle de mobilité de cette période se distingue à la fois des modèles traditionnels – marqués par l'hérédité, le déterminisme, la fermeture et un taux de mobilité bas – et de ceux des pays industrialisés – caractérisés par l'ouverture, la méritocratie, un taux de mobilité élevé et une ascension sociale par paliers. La mobilité en Chine affiche des spécificités à la fois dans les itinéraires et dans les règles de mobilité, étant le produit de politiques et d'institutions étatiques.

Changement de modèle de mobilité sociale

Les réformes économiques lancées à partir de 1978 entraînent dans la société chinoise des changements importants, notamment en matière de mobilité sociale. La figure 2 illustre les nouveaux itinéraires et les barrières institutionnelles apparues depuis les réformes économiques. Comparée à la figure 1, il ressort clairement que la structure sociale est beaucoup plus complexe que précédemment, que les groupes sociaux se différencient davantage, que les itinéraires sont plus nombreux, et que les barrières structurelles à la mobilité ne sont plus les mêmes.

Les changements sont donc importants. Premièrement, à l'ancienne structure sociale – composée essentiellement de cadres, d'ouvriers et de paysans – se substitue progressivement une nouvelle structure qui décompose et dissocie les anciennes catégories. Ce processus s'accompagne évidemment d'évolutions dans le schéma de mobilité sociale. En se fondant sur les tendances fondamentales des mobilités sociales et professionnelles, nous obtenons une esquisse de la morphologie structurelle de la société actuelle. Ainsi, cadres supérieurs du Parti et de l'administration, dirigeants d'entreprises étatiques et privées, occupent le sommet de l'échelle, les techniciens spécialisés et ingénieurs, les personnels administratifs et les entrepreneurs individuels se trouvent au milieu, les employés des services et du commerce, les ouvriers de production et les travailleurs agricoles se trouvent au niveau inférieur, juste devant les chômeurs et les sans-emploi qui se trouvent tout en bas de cette échelle sociale.

Deuxièmement, les trois principales barrières institutionnelles que nous avons analysées précédemment se sont écroulées depuis le lancement des réformes économiques. La première à s'effondrer a été celle

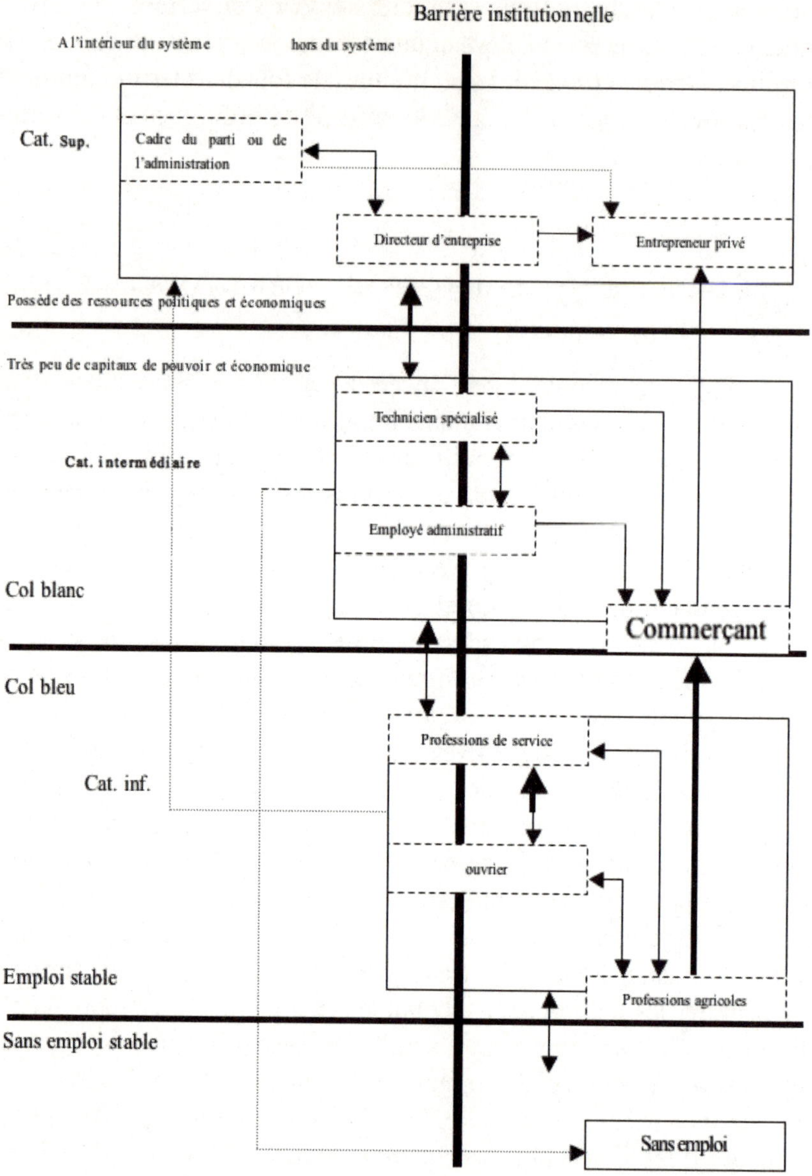

Figure 2 – Itinéraires et obstacles à la mobilité sociale (intragénérationnelle) depuis 1980

de l'identité politique : au fur et à mesure que l'idéologie du Parti-État et que les politiques sociales ont évolué, l'identité politique a perdu de son influence sur la mobilité sociale. Si le fait d'être membre du Parti reste un préalable dans la sélection des cadres supérieurs du Parti et de l'administration publique, l'accès au Parti n'est plus aussi strictement conditionné qu'auparavant par des examens et des épreuves de nature politique. Le système du dossier personnel (*dang'an*), s'il subsiste toujours dans les organes du Parti et du gouvernement, n'est pratiquement plus qu'une formalité. L'accès des ouvriers au statut de cadre, ou toute autre position de col blanc, dépend aujourd'hui des qualifications et des savoir-faire. Quant à la barrière du *hukou*, elle s'est affaiblie progressivement. Dans les années 1990, à peu près la moitié (48,4 %) des travailleurs agricoles ont pu accéder à d'autres catégories sociales plus élevées, soit neuf fois plus qu'avant la réforme, ce qui prouve l'affaiblissement du rôle restrictif du *hukou* dans la mobilité sociale des paysans. Aujourd'hui, la principale barrière à la mobilité ascendante des paysans résulte plutôt de l'industrialisation et de l'urbanisation dans un contexte qui n'offre plus suffisamment d'emplois non agricoles.

Pendant la première décennie des réformes (les années 1980 et le début des années 1990), les barrières institutionnelles s'affaiblissaient progressivement, sans que ne s'y substituent d'autres obstacles structurels. Les groupes supérieur, moyen et inférieur se sont recomposés, mais dans le même temps, de nouveaux espaces ont vu le jour à côté de l'ancien système. Tout cela a fait naître de nouvelles voies de mobilité sociale. Le niveau supérieur se dissocie, et l'apparition de nouveaux groupes offre des possibilités d'ascension sociale à la classe moyenne et inférieure. Cette nouveauté se manifeste le plus clairement en dehors de l'ancien système. Pendant les années 1980, les opportunités d'ascension sociale s'accroissent notoirement chez les ouvriers (incluant les employés de services et du commerce et les ouvriers de production) et les paysans. Le taux de passage des ouvriers dans la catégorie des cols blancs (cadres de la haute fonction publique et du Parti, dirigeants d'entreprises publiques ou privées, personnels administratifs, techniciens spécialisés et ingénieurs) atteint 16,1 %, chiffre largement plus élevé qu'avant 1980. Dans les années 1990, le taux d'ascension des paysans vers les positions de cols blancs est de 2,4 %, celui de leur mobilité vers les catégories d'ouvriers et d'employés de services et du commerce atteint 9,8 % ; enfin, 6,3 % deviennent des entrepreneurs individuels. Si on compare aux années 1980, les paysans connaissent un fort accroissement de leur taux d'ascension sociale.

La situation évolue cependant depuis 1990. Les écarts socio-économiques qui continuent à se creuser aboutissent à un phénomène de fractionnement en catégories. Une hiérarchie nouvelle commence à apparaître dans la structure sociale et a des effets sur les processus de mobilité sociale. Ainsi apparaissent trois nouveaux types de barrières à la mobilité sociale nées de la différenciation des catégories sociales (figure 2). Les individus se heurtent ou pas à une première barrière selon leurs ressources (ressources politiques et économiques), ce qui participe également à la différenciation sociale. Les individus dépourvus de ces ressources doivent surmonter des difficultés quand ils cherchent à accéder aux catégories supérieures. Rappelons qu'avant les réformes économiques, et encore dans les années 1980, le fossé entre ceux qui disposaient de telles ressources et ceux qui en étaient privés n'était pas aussi marqué. La deuxième barrière découle de la différenciation sociale produite par la division technique du travail (entre les cols blancs et les cols bleus) et par le volume de ressources culturelles. Pour un col bleu, il est désormais beaucoup plus difficile qu'auparavant de devenir un col blanc faute des diplômes et des qualifications qui constituent le fondement de cette barrière. La troisième barrière se situe entre ceux qui ont accès à l'emploi et ceux qui en sont privés. Les individus dépourvus de ressources politiques, économiques et culturelles, mais également de relations sociales, voire même de capital physique, sont relégués en bas de la société sans beaucoup d'espoir d'améliorer un jour leur destin. Ces trois nouvelles barrières structurelles expliquent les différences de mobilités entre aujourd'hui et avant les réformes économiques. De nos jours, la mobilité sociale est caractérisée par des mouvements de petites distances et des passages progressifs, des mouvements ascendants ou descendants de plus grande ampleur étant plus rares. Les mouvements horizontaux sont de loin plus fréquents que ceux qui se produisent entre différents niveaux, car de telles mobilités entre catégories nécessitent le dépassement de barrières structurelles.

Parallèlement, si les anciennes barrières institutionnelles s'effacent, de nouvelles s'imposent de manière évidente en séparant les populations intégrées de celles qui sont reléguées « hors système » (voir Tableau 2). Certains individus ou groupes (tels que les entrepreneurs individuels, les travailleurs agricoles et les entrepreneurs privés) ne peuvent se déplacer qu'en dehors du système, qu'il leur est très difficile d'intégrer. À l'intérieur du système, certains membres des catégories inférieures se voient exclure petit à petit (c'est le cas des *xiagang*) ; les membres des catégories moyennes ou supérieures ont le libre choix de rester dans le système ou de le quitter, leur mobilité vers l'extérieur étant souvent une ascension sociale (avec un métier ou une profession bien meilleurs). Cette barrière du système apparaît comme une caractéristique de la mobilité sociale dans la période de transition (d'une économie planifiée vers une économie de marché). Son effet s'atténue progressivement au fur et à mesure que la transition s'approfondit.

Ouverture et taux de mobilité

La comparaison des modèles de mobilité avant et après les réformes montre que les catégories sociales, les mécanismes de la mobilité et ses obstacles sont extrêmement différents à ces deux périodes ; ceci accroît la difficulté de saisir les principales tendances de l'évolution de la mobilité sociale en Chine. L'un des critères utilisé pour évaluer la tendance à l'ouverture ou la fermeture d'une société est l'augmentation (ou la réduction) du taux de mobilité. De plus, c'est à l'aune du degré d'égalité dans la distribution des opportunités d'ascension que l'on mesure l'équité d'une société. Alors, si l'on s'en tient aux formes actuelles de la mobilité sociale, la société chinoise évolue-t-elle vers plus d'ouverture et d'équité ? Si l'on considère les taux intergénérationnels et intragénérationnels de mobilité, la structure sociale semble s'assouplir depuis les réformes, car, pendant cette période, les taux de mobilité ont sensiblement augmenté.

Le Tableau 1 présente les taux de mobilité intergénérationnelle et intragénérationnelle, ascendante et descendante pendant différentes années. Ces chiffres montrent un taux de mobilité plus élevé après les réformes qu'avant. Si l'on considère les taux de mobilité intragénérationnels, le taux de mobilité total (incluant les mobilités ascendante et descendante) est de 41,4 % parmi les personnes ayant commencé à travailler avant 1980 ; il est de 54 % parmi celles ayant commencé à travailler après 1980. La mobilité a donc augmenté de 13 points de pourcentage après les réformes, la mobilité ascendante augmentant de 8 points et la mobilité

	Mobilité intergénérationnelle			Mobilité intragénérationnelle (1er emploi et emploi actuel)			mobilité intragénérationnelle (emploi précédent – emploi actuel)			
	Total	Emploi avant 1980	Emploi après 1980	Total	Emploi avant 1980	Emploi après 1980	Total	Changement d'emploi entre 1949 et 1979	Changement d'emploi entre 1980 et 1989	Changement d'emploi entre 1999 et 2001
Taux de mobilité nul	51,7	58,6	46,0	63,2	64,7	61,8	63,7	86,7	69,8	45,8
Ensemble mobilité (ascendante et descendante)	48,3	41,4	54,0	36,8	35,3	38,2	36,3	13,3	30,2	54,2
Mobilité ascendante	37,0	32,4	40,9	23,2	23,8	22,6	20,9	7,4	18,7	30,5
Mobilité descendante	11,3	9,0	13,1	13,6	11,5	15,6	15,4	5,9	11,5	23,7

Tableau 1 – Comparaison chronologique des taux de mobilité intergénérationnelle et intragénérationnelle

descendante de 4 points. On remarque la même tendance en ce qui concerne la mobilité intragénérationnelle entre le premier emploi et l'emploi actuel. Le taux de mobilité (ascendante et descendante) des personnes ayant eu leur premier emploi avant 1980 est de 35,3 % contre 38,2 % chez celles qui ont commencé à travailler après 1980. La différence entre ces deux chiffres peut ne pas sembler très importante, mais il faut prendre en compte le fait que les individus ayant commencé à travailler avant 1980 ont déjà derrière eux une période de travail relativement longue, et par conséquent ont eu plus de possibilités de mobilité que ceux entrés dans la vie active après 1980. Cependant, le taux de mobilité des premiers reste plus bas que celui des seconds, ce qui montre que, depuis les réformes économiques, la société offre plus d'opportunités de mobilité. Dans le même temps, la mobilité intragénérationnelle entre le premier emploi et l'emploi actuel montre un phénomène étrange : bien que la mobilité sociale soit plus élevée chez les personnes ayant commencé à travailler après 1980, leur mobilité ascendante demeure plus faible et leur mobilité descendante plus forte que chez ceux qui ont obtenu leur premier emploi avant 1980. Cela s'explique peut-être par un parcours professionnel plus long chez les personnes ayant commencé à travailler avant 1980, parcours qui leur a offert plus de possibilités de mobilité ascendante. Toutefois, les écarts entre les taux de mobilité descendante de ces deux groupes montrent qu'après la réforme économique, les perspectives de mobilité descendante sont plus grandes qu'avant les réformes.

La mobilité intragénérationnelle entre l'emploi précédent et l'emploi actuel traduit la même tendance : les taux de mobilité totale (ascendante et descendante) sont toujours plus élevés après qu'avant les réformes. En ce qui concerne les changements d'emploi qui ont eu lieu entre 1949 et 1979, un peu plus d'un dixième (13,3 %) a entraîné un changement de catégorie sociale, dont 7,4 % une ascension et 5,9 % un déclassement social ; les individus qui ont changé de travail entre 1980 et 1989 ont été 30,2 % à connaître une mobilité sociale, dont 18,7 % ascendante et 11,5 % descendante ; quant aux changements d'emploi ayant eu lieu entre 1990 et 2001, plus de la moitié (54,2 %) ont provoqué un changement de catégorie sociale, dont 30,5 % ascendant et 23,7 % descendant. Ces chiffres montrent très clairement que, depuis les réformes économiques, les opportunités d'ascension sociale sont plus nombreuses, mais que, dans le même temps, la probabilité d'une mobilité descendante est également plus élevée.

Une autre analyse confirme cette conclusion. Le Tableau 2 enregistre les taux de mobilité selon les classes d'âge. Chaque classe d'âge connaît une mobilité sociale ou professionnelle à des périodes différentes ; de plus, leurs taux de mobilité diffèrent. Ce qui signifie que les taux de mobilité sociale ne sont pas les mêmes suivant les époques. Le parcours professionnel du groupe le plus âgé (de 51 à 70 ans) s'est principalement déroulé avant les réformes ; le groupe des personnes d'âge moyen (de 31 à 50 ans) a commencé à travailler essentiellement après la Révolution culturelle et les réformes ; le groupe des plus jeunes (de 16 à 30 ans) a débuté dans la vie professionnelle après les réformes économiques. La comparaison des taux de mobilité nous révèle que les taux de mobilité intragénérationnelle et intergénérationnelle sont tous plus élevés dans le groupe des personnes d'âge moyen que dans le groupe des plus âgés, en particulier en ce que concerne le taux de mobilité ascendante. De leur côté, les plus jeunes, bien qu'ayant commencé à travailler il y a peu de temps, connaissent une mobilité relativement élevée. Ces éléments confirment que les opportunités de mobilité sociale sont plus nombreuses depuis les réformes, et que l'apparition de nouvelles catégories sociales a ouvert de nouveaux canaux de mobilité sociale ascendante.

Classes d'âge	Mobilité intergénérationnelle			Mobilité intragénérationnelle		
	Mobilité (ascendante/ descendante)	Mobilité ascendante	Mobilité descendante	Mobilité (ascendante/ descendante)	Mobilité ascendante	Mobilité descendante
De 16 à 20 ans	29,1	25,1	4,0	27,5	16,0	11,5
De 21 à 30 ans	53,0	41,4	11,6	37,0	22,4	14,6
De 31 à 40 ans	52,4	40,1	12,0	40,9	27,7	13,2
De 41 à 50 ans	43,0	32,6	10,4	39,8	27,9	11,9
De 51 à 60 ans	39,2	32,8	6,4	33,4	23,2	10,2
De 61 à 70 ans	46,0	41,4	4,6	31,7	19,3	12,4

Tableau 2 – Comparaison de la mobilité intergénérationnelle et intragénérationnelle selon les classes d'âge (16-70 ans).

Si l'on en juge par la croissance de la mobilité, on pourrait dire que la société chinoise s'ouvre de plus en plus. Cependant, cette évolution présente des différences par rapport aux pays industrialisés ; l'augmentation de la mobilité ne concerne pas seulement la mobilité ascendante, mais également la mobilité descendante. Cette particularité est probablement la conséquence d'une « double transition » : c'est-à-dire l'industrialisation et le changement de système. L'industrialisation favorise le développement des structures d'activités et d'emploi, ce qui entraîne nécessairement l'augmentation des opportunités de mobilité ascendante et simultanément une augmentation du taux de mobilité descendante. C'est une tendance commune à tous les pays industrialisés. La spécificité de la Chine est que cette industrialisation accompagne un changement de système : la réforme du système économique.

Catégories sociales et itinéraires de mobilité intragénérationnelle

Si, d'un côté, la hausse de la mobilité montre que depuis les réformes économiques la société chinoise est de plus en plus ouverte, d'un autre côté, les différentes tendances de mobilité entre les catégories sociales ou les groupes professionnels expriment une fermeture plus grande de la société chinoise. En effet, dans le même temps, la distance entre catégories sociales augmente, leurs frontières se précisent, témoignant de la formation d'une nouvelle structure sociale entièrement différente de ce qui prévalait avant les réformes économiques.

Pour étudier avec précision la mobilité des catégories sociales en Chine, cet article présente sept tables de mobilité intragénérationnelle. La Table 1 enregistre le premier emploi et l'emploi actuel de chaque enquêté. Les Tables 2 et 3 présentent également le premier emploi et l'emploi actuel pour les personnes ayant commencé à travailler avant 1980 (Table 2) et après 1980 (Table 3). Ces trois tables montrent que les taux de mobilité intragénérationnelle présentent de faibles différences. Pour l'ensemble des personnes ayant participé à l'enquête, le taux de mobilité (ascendante et descendante) est de 36,6 %, dont 24,1 % pour la mobilité ascendante et 12,5 % pour la mobilité descendante. Pour les personnes ayant obtenu leur premier emploi avant 1980, le taux de mobilité est de 35,2 %, dont 24,3 % pour la mobilité ascendante et 10,9 % pour la mobilité descendante. En ce qui concerne les personnes ayant commencé à travailler après 1980, le taux de mobilité est de 37,9 %, dont 24 % pour la mobilité ascendante et 13,9 % pour la mobilité descendante. Le taux de mobilité des personnes ayant commencé à travailler après 1980 n'est donc que très peu supérieur à celui des enquêtés ayant obtenu leur premier emploi avant 1980. Ces derniers ont derrière eux une vie active plus longue, et ont donc bénéficié de possibilités de changement d'emploi plus nombreuses. Par conséquent, les variations du taux de mobilité entre ces deux catégories ne peuvent refléter une évolution du nombre d'opportunités de mobilité intragénérationnelle avant et après les réformes. Les Tables 4, 5, 6 et 7 enregistrent les derniers changements d'emploi des enquêtés, afin d'analyser les taux de mobilité suivant les époques. La Table 4 présente l'époque à laquelle les enquêtés ont connu leur dernier changement d'emploi, en distinguant trois périodes (1) entre 1940 et 1979, (2) entre 1980 et 1989 et (3) entre 1990 et 2001. Les Tables 5, 6 et 7 enregistrent les mêmes données respectivement pour chacune de ces trois époques, et comparent les taux de mobilité intragénérationnelle ainsi que l'orientation de cette mobilité et reflètent les écarts entre les taux de mobilité avant et après les réformes. Dans notre échantillon, 1 685 personnes ont connu leur dernier changement d'emploi entre 1940 et 1979 (y compris ceux qui ont eu leur premier emploi pendant cette période sans changement depuis), c'est-à-dire avant la réforme. Leur taux de mobilité est de 13,3 %, et leur taux de mobilité ascendante et descendante sont respectivement de 7,5 % et 5,8 % (Table 5) ; 1 270 personnes ont changé d'emploi pour la dernière fois entre 1980 et 1989 (y compris ceux qui ont décroché leur premier emploi pendant cette période sans changement depuis), c'est-à-dire pendant les dix premières années des réformes. Leur taux de mobilité s'élève à 29,9 %, dont respectivement 19,9 % et 10,9 % de mobilité ascendante et descendante (Table 6). Enfin, 2 623 personnes ont changé d'emploi pour la dernière fois entre 1990 et 2001 (y compris ceux qui ont obtenu leur premier emploi pendant cette période sans changement depuis), à savoir la deuxième décennie des réformes. Leur taux de mobilité atteint 53,9 %, avec un taux de mobilité ascendante de 32,9 % et un taux de mobilité descendante de 21 % (Table 7). Ces chiffres reflètent une augmentation des opportunités de mobilité intragénérationnelle depuis les réformes économiques. Non seulement les possibilités de mobilité ascendante sont plus élevées, mais la mobilité descendante s'avère également plus importante. Cependant, le plus significatif est le fait que, suivant les époques, chaque catégorie sociale (ou groupe professionnel) connaît des modèles et des orientations de mobilité différents.

1. Renforcement de la fermeture des catégories supérieures

Les sociologues chinois distinguent dix catégories sociales : cadres du Parti et de l'administration, directeurs d'entreprises publiques, dirigeants d'entreprises privées, techniciens spécialisés et ingénieurs, personnels administratifs, entrepreneurs individuels, employés des services et du commerce, ouvriers de production, paysans, chômeurs et sans emploi. Les trois premières catégories sont considérées comme privilégiées, parce que détentrices de capitaux sociaux, économiques et culturels. Parmi elles, les cadres du Parti et de l'administration représentent la catégorie détenant la position la plus privilégiée, ce que reflètent les tendances de la mobilité sociale.

Si l'on regarde la tendance générale de la mobilité intragénérationnelle, les cadres du Parti et de l'administration forment une catégorie sociale dans laquelle il n'est possible que d'entrer mais pas de sortir. Autrement dit, cette catégorie apparaît à la fin de la chaîne de mobilité. Une fois intégrés à cette catégorie, les individus ne souhaitent pas se déplacer vers une autre catégorie, ce qui reflète la position privilégiée de cette catégorie dans la structure sociale. De plus, les voies d'entrée dans ce groupe des cadres sont limitées et fixes. Environ 20 % des cadres du Parti et de l'administration ont commencé leur carrière en tant que cadres ; 60 % étaient auparavant des techniciens spécialisés ou des personnels administratifs ; 20 % sont issus des professions suivantes : ouvriers de production, employés des services et du commerce et paysans (Table 1). Ainsi, globalement, les techniciens spécialisés et les personnels administratifs sont les deux principales catégories de cadres. Les ouvriers et les paysans ont moins d'opportunités de devenir cadres. Les directeurs d'entreprises d'État, les dirigeants d'entreprises privées et les entrepreneurs individuels ne disposent fondamentalement pas d'opportunités pour rejoindre cette catégorie. Les voies d'accès au groupe des cadres ont connu un changement majeur après les réformes. Jusque-là, une partie des entrées dans cette catégorie était réservée aux ouvriers et aux employés des services et du commerce, et surtout aux paysans : le premier emploi pour plus de 10 % des cadres était paysan. Après les réformes, la part des ouvriers, paysans et employés des services et du commerce intégrant la catégorie des cadres a baissé. Si la proportion des employés de services et du commerce qui accède au groupe des cadres reste fixe, les ouvriers de production et les paysans n'ont fondamentalement plus aucune chance de devenir des cadres du Parti et de l'administration. L'origine de la catégorie des cadres a connu une évolution qui reflète les nouvelles normes de sélection de cette catégorie apparues depuis les réformes économiques (à titre d'exemple : avant les réformes, la sélection des cadres était basée sur le comportement et l'identité politique, mais depuis les réformes la sélection accorde plus d'importance au niveau d'éducation). Ceci reflète également le renforcement du caractère dominant et fermé de cette catégorie en position privilégiée par rapport aux catégories inférieures.

Comparées à la catégorie des cadres du Parti et de l'administration, les deux autres catégories en position supérieure, c'est-à-dire les dirigeants d'entreprises privées et les directeurs d'entreprises publiques, sont moins fermées du fait qu'il s'agit de deux catégories apparues plus récemment avec les réformes économiques, et encore en voie de formation. En général, les catégories en formation restent plutôt ouvertes, mais récemment ces deux catégories se sont fermées. La mobilité intragénérationnelle des directeurs d'entreprises publiques (Table 1) montre que, bien que cette catégorie soit, comme celle des cadres, dans une position supérieure dans la structure sociale, elle est beaucoup plus ouverte que cette dernière, avec des voies d'entrée plus larges et moins fermées. La probabilité pour les ouvriers, les employés des services et de commerce et les paysans d'y pénétrer est beaucoup plus élevée que celle d'entrer dans la catégorie des cadres. Dans les entreprises, ces trois catégories (les ouvriers, les employés de services et de commerce et les paysans qui sont entrés dans l'entreprise) ont des chances de mobilité ascendante vers la catégorie des dirigeants, même si, bien entendu, ce sont les personnels administratifs qui bénéficient le plus de ce type de mobilité ascendante dans l'entreprise. La probabilité d'ascension des techniciens vers la catégorie des dirigeants reste stable ; cependant celle qu'ils deviennent des cadres du Parti et de l'administration reste de loin supérieure à celle de devenir directeur. Le taux de sortie de la catégorie des dirigeants d'entreprises publiques est assez faible : parmi nos enquêtés, parmi ceux dont le premier emploi était directeur, 77,3 % ont conservé cette position, et seuls un peu plus de 20 % ont intégré une autre catégorie. En ce qui concerne ce taux de sortie, le plus fort facteur de différenciation d'avec la catégorie des cadres vient du fait que les dirigeants d'entreprises ne bénéficient pas de la même protection absolue de l'emploi ; ils peuvent connaître le chômage, situation que ne peuvent connaître les cadres du Parti et de l'administration (Table 1). Depuis les réformes économiques, les chances de mobilité des ouvriers vers cette catégorie des dirigeants d'entreprises publiques ont considérablement diminué. L'origine des directeurs a connu des évolutions avec les réformes (Tables 6 et 7) : parmi les directeurs qui ont débuté leur carrière professionnelle avant 1980, 26,4 % ont eu un premier emploi en tant qu'ouvrier. En revanche, ce taux descend à 16,2 % chez les directeurs qui ont débuté leur carrière professionnelle après 1980. Les données des Tables 9, 10 et 11 confirment également que la probabilité qu'un ouvrier connaisse une mobilité ascendante vers la catégorie de directeur ne cesse de se réduire. Avant 1980, parmi les directeurs d'entreprises publiques, presque un sur trois avait été directement promu d'ouvrier à directeur (26,7 %) ; au contraire, dans les années 1980, ce taux (13,0 %) avait fortement baissé et était même inférieur à ce même taux dans la structure générale (15,2 %), Et dans les années 1990, ce taux était de 14,0 %, c'est-à-dire beaucoup plus bas que celui de la structure générale (27,4 %). Cependant, depuis les réformes économiques, la probabilité pour un paysan de devenir directement directeur connaît une courbe ascendante (Tables 9, 10 et 11). Il s'agit pour la plupart de paysans âgés (ayant commencé à travailler avant 1980), ce qui s'expliquerait par le développement des entreprises de bourg et de village. Ces résultats montrent que, en tant que catégorie privilégiée en formation, le groupe des directeurs ne manifeste pas le même caractère exclusif à l'égard des groupes inférieurs que la catégorie des cadres, et maintient une petite voie d'ascension pour les personnes issues des catégories inférieures, comme les ouvriers, les employés des services et du commerce et les paysans.

Les directeurs d'entreprises privées forment une nouvelle catégorie apparue avec les réformes économiques. Faute d'accumulation de capitaux économiques par la génération précédente, il s'agit majoritairement d'entrepreneurs. La plupart d'entre eux a connu une histoire professionnelle complexe, 16,9 % d'entre eux ont directement commencé leur carrière en créant une entreprise, dont la moitié a changé de domaine d'activité tout en restant entrepreneurs ; 35,7 % sont devenus dirigeants d'entreprises privées après avoir exercé une seule autre profession ; les 47,4 % restant ont d'abord travaillé dans diverses professions avant de créer leur entreprise. À peu près les deux tiers des dirigeants d'entreprises privées ont occupé des emplois de « cols bleus » (Table 4) ; 9,7 % ont été entrepreneurs individuels, 11,3 % employés des services et de l'industrie, 11,3 % ouvriers et 29 % paysans. Seuls un dixième des chefs d'entreprise a précédemment fait partie des « cols blancs » – c'est-à-dire des cadres du Parti ou de l'administration, directeurs d'entreprises publiques ou techniciens spécialisés. La majorité des dirigeants d'entreprises privées est donc issue des catégories inférieures, dont une proportion importante de la catégorie des paysans. Parmi les trois catégories privilégiées, celle-ci est la plus ouverte, elle offre des voies de mobilité ascendante aux membres des catégories intermédiaires et inférieures. Cependant, depuis une dizaine d'années, ces voies de mobilité ascendante sont de moins en moins accessibles, et aujourd'hui les individus liés aux catégories intermédiaires et inférieures – c'est-à-dire ceux qui ne disposent pas de capitaux importants, de réseaux de relations politiques ou de niveaux de qualification élevés n'ont pratiquement aucune chance de devenir des dirigeants d'entreprises privées.

2. Perspectives de mobilité des catégories intermédiaires

Dans les sociétés ouvertes à fort taux de mobilité, les catégories intermédiaires jouent souvent le rôle de maillon central dans la chaîne de mobilité. Elles absorbent les membres des catégories inférieures, et dans le même temps, certains de leurs membres intègrent les catégories supérieures. Aujourd'hui, en Chine, ce groupe intermédiaire est composé de techniciens spécialisés, de personnels administratifs et d'entrepreneurs individuels. Les deux premières catégories forment l'armée de réserve des cadres et des directeurs d'entreprises publiques, alors que les entrepreneurs individuels constituent l'armée de réserve de la catégorie des dirigeants d'entreprises privées. Depuis les réformes économiques, ces trois catégories ont effectivement joué le rôle de maillon intermédiaire de la chaîne de mobilité et ont offert à de nombreux membres des catégories inférieures des opportunités de mobilité ascendante, tout en permettant à ses membres un grand nombre d'opportunités de mobilité. Cependant, en raison des changements dans le système, les catégories intermédiaires ont conservé un nombre relativement élevé de possibilités de mobilité descendante. De plus, ces dernières années, les obstacles à la mobilité – c'est-à-dire les barrières entre catégories et les obstacles institutionnels – se sont renforcés.

Avant et au début des réformes, la catégorie des techniciens spécialisés offrait de nombreuses opportunités de mobilité ascendante aux catégories inférieures – en particulier les ouvriers et les paysans. Mais aujourd'hui, cette situation a déjà totalement changé. Cette catégorie tend à intégrer de plus en plus de techniciens qualifiés et de niveau de formation élevé. Par conséquent, cette catégorie est de plus en plus fermée aux membres des catégories inférieures. Ainsi, la stabilité de cette catégorie ne cesse de se renforcer. Le taux de mobilité intragénérationnelle de la catégorie des techniciens spécialisés est le plus bas de l'ensemble des catégories, à l'exception de celle des paysans (Table 1). La plupart des techniciens spécialisés (60,5 %) reste dans cette catégorie toute leur vie active. Depuis les années 1990, comme le taux de mobilité intragénérationnelle des paysans a augmenté, la catégorie des techniciens spécialisés est devenue la plus stable (pratiquement sans mobilité) de l'ensemble (Table 7). Sur un autre plan, la qualification professionnelle et le capital culturel étant de plus en plus importants, la position socio-économique des techniciens spécialisés ne cesse de s'élever, et leurs opportunités de mobilité ascendante sont nombreuses. Deux grandes orientations de mobilité peuvent être relevées : « *congzheng* », c'est-à-dire « s'engager en politique », mobilité vers les catégories de cadres et de personnels administratifs et « *xiahai* » (c'est-à-dire « plonger dans la mer », mobilité vers les catégories de dirigeants d'entreprises publiques, de directeurs d'entreprises privées et d'entrepreneurs individuels).

Pour 74,6 % d'entre eux, ils ont commencé leur carrière en tant que personnel technique, les autres étaient employés, ouvriers ou paysans. Presque aucun ne vient des catégories sociales supérieures (cadres, dirigeants d'entreprises privées et publiques). Ces mouvements de trajectoire rendent compte de la position supérieure des trois catégories sociales précédentes qui attirent les personnels techniques. Ceux-ci accèdent principalement à deux secteurs : la politique (comme cadres du Parti ou employés) et les affaires (comme dirigeants d'entreprises privées ou comme entrepreneurs individuels). Par contre, en zone rurale, des mobilités ont lieu entre techniciens spécialisés et paysans mais la plupart d'entre eux préfèrent ne pas se déplacer.

En comparaison avec la catégorie précédente, la catégorie des personnels administratifs possède un caractère relativement ouvert, et joue pleinement son rôle de maillon intermédiaire dans la chaîne de mobilité. Ses membres forment l'armée de réserve de trois catégories : cadres du Parti et de l'administration, dirigeants d'entreprises publiques et techniciens spécialisés. Dans le même temps, ouvriers et paysans ont aussi la possibilité d'évoluer vers cette catégorie. Du point de vue de la mobilité intragénérationnelle (Tables 1 et 4), presque la moitié des personnels techniques (48,1 %) occupait déjà ce type d'emploi ; 40 % étaient auparavant des employés des services et du commerce, des ouvriers de production ou des paysans ; moins de 10 % est originaire de la catégorie des techniciens spécialisés. Très peu d'entre eux appartiennent aux catégories supérieures : cadres, dirigeants d'entreprises publiques et directeurs d'entreprises privées. De même rares sont les entrepreneurs individuels à avoir évolué vers cette catégorie. Lorsque l'on étudie les mouvements de sortie de cette catégorie, on constate qu'environ 10 % des personnels administratifs ont connu une mobilité ascendante vers les trois catégories supérieures, environ 10 % vers les deux autres catégories intermédiaires (techniciens spécialisés et entrepreneurs individuels) et presque 30 % ont connu une mobilité descendante vers les catégories inférieures (employés des services et du commerce, ouvriers, paysans, ainsi que sans emploi). Ces itinéraires témoignent clairement du fait que, dans l'espace social, cette catégorie fait « zone tampon » entre les catégories supérieures et les catégories inférieures ; autrement dit, elle constitue une catégorie intermédiaire. Par rapport à l'autre catégorie intermédiaire – les techniciens spécialisés –, les membres de cette catégorie ont beaucoup plus de probabilités de connaître une mobilité descendante. On peut donc dire que, alors qu'ils appartiennent tous à des catégories intermédiaires, les techniciens spécialisés jouissent néanmoins d'une position plus élevée que les employés administratifs dans la chaîne de la mobilité sociale.

Les entrepreneurs individuels représentent une catégorie produite par les réformes. Elle se compose de ceux que le système n'avait pas la capacité d'absorber et d'autres qui ont été exclus par le système. À la fin des années 1970 et au début des années 1980, les *zhiqing* de retour dans les villes et les prisonniers libérés que les entreprises sous propriété collective ne voulaient ou ne pouvaient recruter sont devenus les premiers entrepreneurs individuels ; dans les années 1980, des jeunes sans emploi et une partie de la main-d'œuvre rurale excédentaire ont rejoint cette catégorie ; dans les années 1990, certains *xiagang*, rejetés par le processus de réforme des entreprises d'État et des entreprises collectives, n'ont pas eu d'autre choix que de les rejoindre également cette catégorie. Ainsi, 15 % des entrepreneurs individuels étaient des *xiagang*. Dans le même temps, beaucoup de *mingong* (paysans-ouvriers) installés en ville sont également devenus des entrepreneurs individuels. Cette catégorie peut être considérée comme une catégorie intermédiaire qui intègre une partie des membres des catégories inférieures. Cependant, la catégorie des entrepreneurs individuels ne joue qu'à moitié le rôle de maillon intermédiaire dans la chaîne de mobilité sociale. En effet, elle intègre un certain nombre de membres des catégories inférieures, mais ses voies de sortie ne fonctionnent que dans une seule direction, à savoir une mobilité descendante. Par rapport aux deux autres catégories intermédiaires (les techniciens spécialisés et les personnels administratifs), les entrepreneurs individuels disposent de très peu d'opportunités de mobilité ascendante, ils n'ont pratiquement pas de possibilité de devenir cadres ou dirigeants d'entreprises publiques ; de plus, très peu parviennent à devenir des dirigeants d'entreprises privées.

Si, du milieu des années 1980 à la première moitié des années 1990, un nombre limité d'entrepreneurs individuels pouvait devenir chefs d'entreprise, cette perspective s'est considérablement réduite depuis le milieu des années 1990. De même, impossible pour eux de se transformer en personnels techniques. Une brèche modeste reste cependant ouverte pour entrer dans la catégorie des employés. Du côté du taux de sortie, près de 60 % d'entre eux restent immobiles, 40 % accèdent aux professions dans les services. On en déduit que, moins prestigieuse que les deux autres catégories sociales intermédiaires, cette catégorie se situe dans une position intermédiaire inférieure. Il importe de remarquer que, contrainte par la barrière du système public, elle peut absorber les sortants du système sans que ses membres puissent migrer vers l'intérieur du système. Pour beaucoup, en particulier pour les « cols bleus » sans qualification spécifique, passer du statut de « in » à celui d'« out » signifie perte d'appartenance sociale.

3. Opportunités de mobilité des catégories inférieures

Les employés de services et du commerce, les ouvriers, les paysans et les chômeurs constituent les catégories inférieures. En termes de mobilité, ces catégories ont en commun de disposer de moins d'opportunités de mobilité ascendante vers les trois catégories supérieures, mais sont confrontées à une probabilité de mobilité descendante relativement forte. Cependant, ces trois catégories disposent de possibilités relativement importantes de mobilité vers les catégories intermédiaires. Environ le quart des employés de services et du commerce parviennent à intégrer des catégories plus élevées, essentiellement les catégories intermédiaires – pour la plupart, ils rejoignent les catégories des personnels administratifs et des entrepreneurs individuels. Rares sont ceux qui intègrent les trois catégories supérieures ou la catégorie intermédiaire des techniciens spécialisés. En outre, moins de 20 % connaissent une mobilité vers les catégories des ouvriers, des paysans et des sans-emploi. L'origine des employés de services et du commerce, ainsi que leurs mouvements vers d'autres catégories varie selon les périodes (Tables 2, 3, 5, 6 et 7). Avant 1990, les membres de cette catégorie représentaient une part modeste de la structure générale. Après les années 1980, leur nombre a commencé à connaître une hausse, beaucoup de personnes récemment intégrées à cette catégorie sont des paysans. À partir des années 1990, l'expansion de cette catégorie s'est accélérée, et sa part dans la structure sociale s'est accrue, les nouveaux membres étant essentiellement d'anciens ouvriers. Ceci s'explique probablement par la forte réduction des effectifs dans l'industrie. Depuis les réformes économiques, la part des membres de la catégorie des employés de services et du commerce qui connaissent une mobilité descendante vers la catégorie des sans-emploi ne cesse d'augmenter. Avant 1980, les membres de cette catégorie ne connaissaient pratiquement pas le chômage ; dans les années 1980, environ 3,6 % sont devenus chômeurs ; depuis les années 1990, ce taux est monté à 10,4 %.

Les ouvriers partagent un certain nombre de points communs avec les employés de services et du commerce, mais ils présentent également des différences. Comme les employés de services et du commerce, rares sont les ouvriers (environ 3 %) qui connaissent une mobilité ascendante vers les trois catégories supérieures. Cependant, environ 20 % des ouvriers parviennent à intégrer les catégories intermédiaires, soit une proportion légèrement moins élevée que pour la catégorie des employés des services et du commerce. Les ouvriers sont également plus nombreux que les employés de services et du commerce à devenir chômeurs. Quant aux perspectives de mobilité réciproque entre ces deux catégories, la tendance dominante va de la catégorie des ouvriers vers la catégorie des employés des services et du commerce, le mouvement inverse étant nettement moins fréquent. Cette tendance traduit les évolutions de la structure professionnelle et sociale : le nombre des ouvriers se réduit alors que celui des employés de services et du commerce augmente. La mobilité intragénérationnelle des ouvriers connaît, aux différentes époques, les mêmes évolutions que celle des employés de services et du commerce. Avant 1980 et dans les années 1980, un nombre relativement grand d'ouvriers connaissait une mobilité ascendante vers la catégorie des personnels administratifs, alors que dans les années 1990, le principal mouvement de mobilité ascendante les conduisait vers la catégorie des entrepreneurs individuels. De plus, avant et pendant les années 1980, rares étaient les ouvriers qui devenaient chômeurs, alors que dans les années 1990, 14,3 % connaissaient une mobilité descendante due à la perte de leur emploi (Tables 5, 6 et 7).

4. Les paysans

La catégorie des paysans est une catégorie avec un haut niveau de stabilité qui ne connaît que des mouvements de sortie. 91,5 % des paysans appartiennent à cette catégorie depuis leur premier emploi, et leur mobilité vers d'autres catégories reste relativement faible. De plus, parmi les individus dont le premier emploi était paysan, 73,4 % demeurent aujourd'hui dans la même catégorie. Il s'agit là du taux d'immobilité le plus élevé de l'ensemble de la structure sociale. Seulement un quart environ des personnes dont le premier emploi était un emploi de paysan a changé de catégorie. Seuls moins de 2 % ont réussi à rejoindre les trois catégories supérieures, 10 % les catégories intermédiaires et 15 % les deux autres catégories les plus basses que sont les employés des services et du commerce et les ouvriers (Tables 1 et 4). Ce type de modèle de mobilité, avec peu de sorties et pratiquement aucune entrée, montre, d'une part, que les effectifs paysans se réduisent progressivement et, d'autre part, que cette catégorie est la plus basse dans l'ensemble de la chaîne de mobilité sociale (à l'exception des chômeurs et des sans-emploi). Bien que les réformes économiques aient ouvert des opportunités inédites de migration géographique et de travail en ville pour les paysans, ceux-ci forment la catégorie au plus faible taux de mobilité et aux plus rares opportunités de mobilité ascendante.

Conclusion

Les évolutions de la mobilité intragénérationnelle avant et après les réformes nous conduisent à la conclusion suivante : les réformes ont multiplié les opportunités de mobilité sociale, l'apparition de nouvelles catégories ouvre de nouvelles voies de mobilité ascendante, mais dans le même temps, les obstacles à la mobilité ascendante entre des catégories inférieures et des catégories supérieures se sont multipliés. Les membres des différentes catégories sociales empruntent différents itinéraires et voies de mobilité. De ce point de vue, les frontières entre les catégories sociales deviennent plus distinctes.

Les réformes économiques ont modifié les modes, mécanismes, voies et obstacles à la mobilité sociale qui, avant les réformes, restaient sous le contrôle de l'État à travers une série d'arrangements institutionnels. Après les réformes, un nouveau système – lié aux mécanismes de marché – domine et contrôle la mobilité des individus en supprimant les voies et obstacles à la mobilité sociale liés aux arrangements institutionnels. Les mécanismes de marché ont fait naître de nouvelles catégories – comme les dirigeants d'entreprises publiques et privées, les entrepreneurs individuels et les employés des services et du commerce – qui ont offert aux individus un grand nombre d'opportunités de mobilité ascendante, mais ont également produit de nouveaux obstacles. Les écarts socio-économiques s'élargissent, de même que ne cesse de s'accroître la distance sociale entre les différents groupes professionnels et les catégories, et plus particulièrement entre les catégories privilégiées et les catégories « inférieures » ; le caractère fermé des catégories « supérieures » se renforce, accroissant les obstacles à la mobilité ascendante des autres catégories, et réduisant notablement la possibilité d'ascension de grande « enjambée », c'est-à-dire la mobilité ascendante des catégories inférieures directement vers les trois catégories supérieures. Les modes et les itinéraires de mobilité de chaque catégorie rendent compte d'une différenciation sociale de plus en plus visible. Ces tendances à la mobilité sociale reflètent un phénomène de stratification sociale.

Dans le même temps, les barrières et les orientations de la mobilité nous permettent de décrire la situation fondamentale de la structure sociale dans la Chine d'aujourd'hui. Le premier obstacle à la mobilité apparaît entre les niveaux supérieurs et les niveaux intermédiaires de la société. Les trois catégories supérieures – cadres du Parti et de l'administration, dirigeants d'entreprises publiques et directeurs d'entreprises privées – sont détenteurs d'importantes ressources économiques et de pouvoir. En ce qui concerne la mobilité, elles partagent des caractéristiques communes : elles correspondent souvent à la position finale des parcours de mobilité ; elles se caractérisent par des entrées mais pratiquement pas de sorties, et elles excluent des membres des niveaux inférieurs de la société. Ces traits sont les plus évidents dans la catégorie des cadres du Parti et de l'administration, laquelle fait preuve d'une « fermeture » (avec une hérédité intergénérationnelle) aux membres des catégories inférieures pour qui il est de plus en plus difficile d'intégrer les catégories supérieures dont le seuil d'entrée est plus élevé. Selon Parkin (1974), ces caractéristiques expriment des influences de la structure sociale sur la mobilité sociale ; autrement dit, les catégories privilégiées adoptent des tactiques pour tenter de maintenir et de renforcer leurs privilèges. Il s'agit d'un mécanisme important qui accélère la formation de la structure sociale (Parkin, 1974). Ce phénomène apparaît moins nettement dans les deux autres catégories supérieures (les dirigeants d'entreprises privées et publiques) qui réservent une petite voie d'entrée aux membres des niveaux inférieurs et reflète le fait qu'elles sont encore en voie de développement comme classes privilégiées.

Les trois catégories intermédiaires – techniciens spécialisés, personnels administratifs et entrepreneurs individuels – disposent de peu de ressources économiques et de pouvoir. Cependant, elles se distinguent des catégories inférieures (les « cols bleus ») par la possession de ressources culturelles ou d'un petit capital économique. Leurs points communs sont les suivants : ces trois catégories jouissent d'opportunités déterminées d'ascension sociale pour intégrer les trois catégories supérieures, mais leurs membres peuvent aussi être contraints à une mobilité descendante vers les niveaux inférieurs de la société. Elles intègrent une partie des membres des catégories inférieures, auxquels elles offrent des opportunités de mobilité ascendante. De plus, elles intègrent également un petit nombre de membres issus des catégories supérieures. Ces trois catégories se trouvent dans une zone intermédiaire de la chaîne de mobilité sociale.

Les trois catégories de « cols bleu » – les employés de services et du commerce, les ouvriers et les paysans – constituent les « catégories inférieures » de la société chinoise. En raison du renforcement des caractères « fermé » et « exclusif » des trois catégories privilégiées, les membres des catégories inférieures se heurtent à des obstacles de plus en plus importants dans leur ascension sociale ; de plus, ils risquent à tout moment de perdre leur emploi et de se retrouver au niveau le plus bas de la société.

Ces voies et caractéristiques de la mobilité sociale montrent que les différences de statut socio-économique ont tendance à se structurer, que de nouvelles classes sociales sont en train de se former, et que les frontières entre classes sociales sont en train de se préciser.

BIBLIOGRAPHIE

LI CHUNLING (2005) : *Duanlie yu suipian. Dangdai zhongguo shehui jieji fenhua qushi de shizheng fenxi (Clivages et fragments. Une analyse empirique sur la stratification sociale de la Chine contemporaine)*, Pékin, Shehui kexue wenxian chubanshe.

LU XUEYI (2001) : *Dangdai zhongguo shehui jieceng yanjiu baogao (Rapport d'étude sur la stratification sociale de la Chine contemporaine)*, Pékin, Shehui kexue wenxian chubanshe.

PARKIN, F. (ed) (1974) : *The Social Analysis of Class Structure*, Londres, Tavistock.

Catégorie du premier emploi		Catégorie de l'emploi actuel										
		cadres du Parti et de l'administration	directeurs d'entreprises publiques	dirigeants d'entreprises privées	techniciens spécialisés et ingénieurs	personnels administratifs	entrepreneurs individuels	employés des services et du commerce	ouvriers	paysans	chômeurs et sans emploi	Total
Cadres du Parti et de l'administration	Nombre	***13***	2	0	0	6	0	0	0	1	0	22
	Mobilité parfaite	***0.2***	0.4	0.2	0.9	1.8	2.4	2.6	2.8	9.7	0.9	22.0
	Taux de sortie (ligne)	***59.1%***	9.1%	0.0%	0.0%	27.3%	0.0%	0.0%	0.0%	4.5%	0.0%	100.0%
	Taux d'entrée (colonne)	***21.3%***	2.2%	0.0%	0.0%	1.3%	0.0%	0.0%	0.0%	0.0%	0.0%	0.4%
Directeurs d'entreprises publiques	Nombre	0	***17***	0	0	1	1	1	0	0	2	22
	Mobilité parfaite	0.2	***.4***	0.2	0.9	1.8	2.4	2.6	2.8	9.7	0.9	22.0
	Taux de sortie (ligne)	0.0%	***77.3%***	0.0%	0.0%	4.5%	4.5%	4.5%	0.0%	0.0%	9.1%	100.0%
	Taux d'entrée (colonne)	0.0%	***18.9%***	0.0%	0.0%	0.2%	0.2%	0.2%	0.0%	0.0%	0.8%	0.4%
Dirigeants d'entreprises privées	Nombre	0	0	***11***	0	0	0	0	0	0	0	11
	Mobilité parfaite	0.1	0.2	***0.1***	0.5	0.9	1.2	1.3	1.4	4.9	0.5	11.0
	Taux de sortie (ligne)	0.0%	0.0%	***100.0%***	0.0%	0.0%	0.0%	0.0%	0.0%	0.0%	0.0%	100.0%
	Taux d'entrée (colonne)	0.0%	0.0%	***18.0%***	0.0%	0.0%	0.0%	0.0%	0.0%	0.0%	0.0%	0.2%
Techniciens spécialisés et ingénieurs	Nombre	16	7	5	***179***	31	12	7	4	24	11	296
	Mobilité parfaite	3.2	4.8	3.2	***12.7***	23.9	32.3	34.8	37.5	130.8	12.7	296.0
	Taux de sortie (ligne)	5.4%	2.4%	1.7%	***60.5%***	10.5%	4.1%	2.4%	1.4%	8.1%	3.7%	100.0%
	Taux d'entrée (colonne)	26.2%	7.8%	8.2%	***74.6%***	6.9%	2.0%	1.1%	0.6%	1.0%	4.6%	5.3%
Personnels administratifs	Nombre	19	20	8	13	***217***	21	20	26	48	27	419
	Mobilité parfaite	4.6	6.8	4.6	18.0	***33.8***	45.7	49.2	53.1	185.2	17.9	419.0
	Taux de sortie (ligne)	4.5%	4.8%	1.9%	3.1%	***51.8%***	5.0%	4.8%	6.2%	11.5%	6.4%	100.0%
	Taux d'entrée (colonne)	31.1%	22.2%	13.1%	5.4%	***48.1%***	3.4%	3.0%	3.7%	1.9%	11.3%	7.5%
Entrepreneurs individuels	Nombre	0	1	0	0	5	***185***	89	18	20	3	321
	Mobilité parfaite	3.5	5.2	3.5	13.8	25.9	***35.0***	37.7	40.7	141.9	13.7	321.0
	Taux de sortie (ligne)	0.0%	0.3%	0.0%	0.0%	1.6%	***57.6%***	27.7%	5.6%	6.2%	0.9%	100.0%
	Taux d'entrée (colonne)	0.0%	1.1%	0.0%	0.0%	1.1%	***30.4%***	13.6%	2.5%	0.8%	1.3%	5.7%
Employés des services et du commerce	Nombre	4	8	3	6	42	53	***213***	20	15	31	395
	Mobilité parfaite	4.3	6.4	4.3	17.0	31.9	43.1	***46.4***	50.1	174.6	16.9	395.0
	Taux de sortie (ligne)	1.0%	2.0%	0.8%	1.5%	10.6%	13.4%	***53.9%***	5.1%	3.8%	7.8%	100.0%
	Taux d'entrée (colonne)	6.6%	8.9%	4.9%	2.5%	9.3%	8.7%	***32.5%***	2.8%	0.6%	13.0%	7.1%
Ouvriers	Nombre	4	19	9	14	65	117	124	***436***	100	108	996
	Mobilité parfaite	10.9	16.1	10.9	42.8	80.5	108.6	117.0	***126.3***	440.3	42.6	996.0
	Taux de sortie (ligne)	0.4%	1.9%	0.9%	1.4%	6.5%	11.7%	12.4%	***43.8%***	10.0%	10.8%	100.0%
	Taux d'entrée (colonne)	6.6%	21.1%	14.8%	5.8%	14.4%	19.2%	18.9%	***61.6%***	4.1%	45.2%	17.8%
Paysans	Nombre	5	16	25	28	84	218	191	202	***2259***	49	3077
	Mobilité parfaite	33.6	49.6	33.6	132.3	248.6	335.6	361.5	390.2	***1360.2***	131.7	3077.0
	Taux de sortie (ligne)	0.2%	0.5%	0.8%	0.9%	2.7%	7.1%	6.2%	6.6%	***73.4%***	1.6%	100.0%
	Taux d'entrée (colonne)	8.2%	17.8%	41.0%	11.7%	18.6%	35.8%	29.1%	28.5%	***91.5%***	20.5%	55.1%
Chômeurs et sans emploi	Nombre	0	0	0	0	0	2	11	2	1	***8***	24
	Mobilité parfaite	0.3	0.4	0.3	1.0	1.9	2.6	2.8	3.0	10.6	***1.0***	24.0
	Taux de sortie (ligne)	0.0%	0.0%	0.0%	0.0%	0.0%	8.3%	45.8%	8.3%	4.2%	***33.3%***	100.0%
	Taux d'entrée (colonne)	0.0%	0.0%	0.0%	0.0%	0.0%	0.3%	1.7%	0.3%	0.0%	***3.3%***	0.4%
Total	Nombre	61	90	61	240	451	609	656	708	2468	239	5583
	Mobilité parfaite	61.0	90.0	61.0	240.0	451.0	609.0	656.0	708.0	2468.0	239.0	5583.0
	Taux de sortie (ligne)	1.1%	1.6%	1.1%	4.3%	8.1%	10.9%	11.7%	12.7%	44.2%	4.3%	100.0%
	Taux d'entrée (colonne)	100.0%	100.0%	100.0%	100.0%	100.0%	100.0%	100.0%	100.0%	100.0%	100.0%	100.0%

Tableau 1 – Table de mobilité intragénérationnelle.

Catégorie du premier emploi		Catégorie de l'emploi actuel: cadres du Parti et de l'administration	directeurs d'entreprises publiques	dirigeants d'entreprises privées	techniciens spécialisés et ingénieurs	personnels administratifs	entrepreneurs individuels	employés des services et du commerce	ouvriers	paysans	chômeurs et sans emploi	Total
Cadres du Parti et de l'administration	Nombre	***7***	2	0	0	6	0	0	0	1	0	16
	Mobilité parfaite	***0.3***	0.3	0.1	0.6	1.4	1.2	1.3	1.7	8.5	0.5	16.0
	Taux de sortie (ligne)	***43.8%***	12.5%	0.0%	0.0%	37.5%	0.0%	0.0%	0.0%	6.3%	0.0%	100.0%
	Taux d'entrée (colonne)	***15.9%***	3.8%	0.0%	0.0%	2.6%	0.0%	0.0%	0.0%	0.1%	0.0%	0.6%
Directeurs d'entreprises publiques	Nombre	0	***6***	0	0	1	1	1	0	0	1	10
	Mobilité parfaite	0.2	***.2***	0.1	0.4	0.9	0.8	0.8	1.1	5.3	0.3	10.0
	Taux de sortie (ligne)	0.0%	***60.0%***	0.0%	0.0%	10.0%	10.0%	10.0%	0.0%	0.0%	10.0%	100.0%
	Taux d'entrée (colonne)	0.0%	***11.3%***	0.0%	0.0%	0.4%	0.5%	0.5%	0.0%	0.0%	1.1%	0.4%
Dirigeants d'entreprises privées	Nombre	0	0	***0***	0	0	0	0	0	0	0	0
	Mobilité parfaite	0.0	0.0	***0.0***	0.0	0.0	0.0	0.0	0.0	0.0	0.0	0.0
	Taux de sortie (ligne)	0.0%	0.0%	***0.0%***	0.0%	0.0%	0.0%	0.0%	0.0%	0.0%	0.0%	0.0%
	Taux d'entrée (colonne)	0.0%	0.0%	***0.0%***	0.0%	0.0%	0.0%	0.0%	0.0%	0.0%	0.0%	0.0%
Techniciens spécialisés et ingénieurs	Nombre	11	2	2	***74***	22	4	3	3	20	3	144
	Mobilité parfaite	2.4	2.9	0.8	***5.8***	12.8	10.8	11.7	15.7	76.2	4.9	144.0
	Taux de sortie (ligne)	7.6%	1.4%	1.4%	***51.4%***	15.3%	2.8%	2.1%	2.1%	13.9%	2.1%	100.0%
	Taux d'entrée (colonne)	25.0%	3.8%	13.3%	***71.2%***	9.6%	2.1%	1.4%	1.1%	1.5%	3.4%	5.6%
Personnels administratifs	Nombre	15	11	2	7	***78***	8	9	11	32	6	179
	Mobilité parfaite	3.0	3.7	1.0	7.2	***15.9***	13.5	14.5	19.5	94.7	6.1	179.0
	Taux de sortie (ligne)	8.4%	6.1%	1.1%	3.9%	***43.6%***	4.5%	5.0%	6.1%	17.9%	3.4%	100.0%
	Taux d'entrée (colonne)	34.1%	20.8%	13.3%	6.7%	***33.9%***	4.1%	4.3%	3.9%	2.3%	6.8%	6.9%
Entrepreneurs individuels	Nombre	0	0	0	0	1	***37***	21	2	4	1	66
	Mobilité parfaite	1.1	1.3	0.4	2.6	5.9	***5.0***	5.3	7.2	34.9	2.2	66.0
	Taux de sortie (ligne)	0.0%	0.0%	0.0%	0.0%	1.5%	***56.1%***	31.8%	3.0%	6.1%	1.5%	100.0%
	Taux d'entrée (colonne)	0.0%	0.0%	0.0%	0.0%	0.4%	***19.0%***	10.0%	0.7%	0.3%	1.1%	2.5%
Employés des services et du commerce	Nombre	3	3	0	4	19	11	***38***	13	7	7	105
	Mobilité parfaite	1.8	2.1	0.6	4.2	9.3	7.9	***8.5***	11.4	55.5	3.6	105.0
	Taux de sortie (ligne)	2.9%	2.9%	0.0%	3.8%	18.1%	10.5%	***36.2%***	12.4%	6.7%	6.7%	100.0%
	Taux d'entrée (colonne)	6.8%	5.7%	0.0%	3.8%	8.3%	5.6%	***18.1%***	4.6%	0.5%	8.0%	4.1%
Ouvriers	Nombre	3	14	1	5	37	17	47	***158***	27	35	344
	Mobilité parfaite	5.8	7.0	2.0	13.8	30.5	25.9	27.9	***37.4***	182.0	11.7	344.0
	Taux de sortie (ligne)	0.9%	4.1%	0.3%	1.5%	10.8%	4.9%	13.7%	***45.9%***	7.8%	10.2%	100.0%
	Taux d'entrée (colonne)	6.8%	26.4%	6.7%	4.8%	16.1%	8.7%	22.4%	***56.0%***	2.0%	39.8%	13.3%
Paysans	Nombre	5	15	10	14	66	117	88	93	***1279***	33	1720
	Mobilité parfaite	29.2	35.2	10.0	69.0	152.6	129.4	138.4	187.1	***909.8***	58.4	1720.0
	Taux de sortie (ligne)	0.3%	0.9%	0.6%	0.8%	3.8%	6.8%	5.1%	5.4%	***74.4%***	1.9%	100.0%
	Taux d'entrée (colonne)	11.4%	28.3%	66.7%	13.5%	28.7%	60.0%	41.9%	33.0%	***93.3%***	37.5%	66.4%
Chômeurs et sans emploi	Nombre	0	0	0	0	0	0	3	2	1	***2***	8
	Mobilité parfaite	0.1	0.2	0.0	0.3	0.7	0.6	0.6	0.9	4.2	***0.3***	8.0
	Taux de sortie (ligne)	0.0%	0.0%	0.0%	0.0%	0.0%	0.0%	37.5%	25.0%	12.5%	***25.0%***	100.0%
	Taux d'entrée (colonne)	0.0%	0.0%	0.0%	0.0%	0.0%	0.0%	1.4%	0.7%	0.1%	***2.3%***	0.3%
Total	Nombre	44	53	15	104	230	195	210	282	1371	88	2592
	Mobilité parfaite	44.0	53.0	15.0	104.0	230.0	195.0	210.0	282.0	1371.0	88.0	2592.0
	Taux de sortie (ligne)	1.7%	2.0%	0.6%	4.0%	8.9%	7.5%	8.1%	10.9%	52.9%	3.4%	100.0%
	Taux d'entrée (colonne)	100.0%	100.0%	100.0%	100.0%	100.0%	100.0%	100.0%	100.0%	100.0%	100.0%	100.0%

Tableau 2 – Table de mobilité intragénérationnelle des personnes ayant leur premier emploi avant 1980.

Catégorie du premier emploi		Catégorie de l'emploi actuel										
		cadres du Parti et de l'administration	directeurs d'entreprises publiques	dirigeants d'entreprises privées	techniciens spécialisés et ingénieurs	personnels administratifs	entrepreneurs individuels	employés des services et du commerce	ouvriers	paysans	chômeurs et sans emploi	Total
Cadres du Parti et de l'administration	Nombre	***6***	0	0	0	0	0	0	0	0	0	6
	Mobilité parfaite	***0.0***	0.1	0.1	0.3	0.4	0.8	0.9	0.9	2.2	0.3	6.0
	Taux de sortie (ligne)	***100.0%***	0.0%	0.0%	0.0%	0.0%	0.0%	0.0%	0.0%	0.0%	0.0%	100.0%
	Taux d'entrée (colonne)	***33.3%***	0.0%	0.0%	0.0%	0.0%	0.0%	0.0%	0.0%	0.0%	0.0%	0.2%
Directeurs d'entreprises publiques	Nombre	0	***11***	0	0	0	0	1	0	0	1	13
	Mobilité parfaite	0.1	***.2***	0.2	0.6	1.0	1.8	1.9	1.8	4.8	0.7	13.0
	Taux de sortie (ligne)	0.0%	***84.6%***	0.0%	0.0%	0.0%	0.0%	7.7%	0.0%	0.0%	7.7%	100.0%
	Taux d'entrée (colonne)	0.0%	***29.7%***	0.0%	0.0%	0.0%	0.0%	0.2%	0.0%	0.0%	0.7%	0.4%
Dirigeants d'entreprises privées	Nombre	0	0	***11***	0	0	0	0	0	0	0	11
	Mobilité parfaite	0.1	0.1	***0.2***	0.5	0.8	1.5	1.6	1.6	4.0	0.6	11.0
	Taux de sortie (ligne)	0.0%	0.0%	***100.0%***	0.0%	0.0%	0.0%	0.0%	0.0%	0.0%	0.0%	100.0%
	Taux d'entrée (colonne)	0.0%	0.0%	***24.4%***	0.0%	0.0%	0.0%	0.0%	0.0%	0.0%	0.0%	0.4%
Techniciens spécialisés et ingénieurs	Nombre	5	5	3	***105***	9	9	4	1	5	8	154
	Mobilité parfaite	0.9	1.9	2.3	***7.0***	11.4	21.4	22.9	21.9	56.5	7.7	154.0
	Taux de sortie (ligne)	3.2%	3.2%	1.9%	***68.2%***	5.8%	5.8%	2.6%	0.6%	3.2%	5.2%	100.0%
	Taux d'entrée (colonne)	27.8%	13.5%	6.7%	***77.8%***	4.1%	2.2%	0.9%	0.2%	0.5%	5.3%	5.2%
Personnels administratifs	Nombre	5	9	6	6	***138***	14	11	15	16	21	241
	Mobilité parfaite	1.5	3.0	3.6	10.9	***17.8***	33.5	35.9	34.3	88.4	12.1	241.0
	Taux de sortie (ligne)	2.1%	3.7%	2.5%	2.5%	***57.3%***	5.8%	4.6%	6.2%	6.6%	8.7%	100.0%
	Taux d'entrée (colonne)	27.8%	24.3%	13.3%	4.4%	***62.4%***	3.4%	2.5%	3.5%	1.5%	14.0%	8.1%
Entrepreneurs individuels	Nombre	0	1	0	0	5	***145***	67	16	20	2	255
	Mobilité parfaite	1.5	3.2	3.8	11.5	18.9	***35.5***	38.0	36.3	93.6	12.8	255.0
	Taux de sortie (ligne)	0.0%	0.4%	0.0%	0.0%	2.0%	***58.0%***	26.3%	6.3%	6.3%	0.8%	100.0%
	Taux d'entrée (colonne)	0.0%	2.7%	0.0%	0.0%	2.3%	***35.6%***	15.1%	3.8%	1.5%	1.3%	8.5%
Employés des services et du commerce	Nombre	2	5	3	2	23	42	***174***	7	7	24	289
	Mobilité parfaite	1.7	3.6	4.4	13.1	21.4	40.2	***43.0***	41.1	106.1	14.5	395.0
	Taux de sortie (ligne)	0.7%	1.7%	1.0%	0.7%	8.0%	14.5%	***60.2%***	2.4%	2.4%	8.3%	100.0%
	Taux d'entrée (colonne)	11.1%	13.5%	6.7%	1.5%	10.4%	10.1%	***39.1%***	1.6%	0.6%	16.0%	7.1%
Ouvriers	Nombre	0	6	7	9	28	100	77	***278***	73	73	651
	Mobilité parfaite	3.9	8.1	9.8	29.4	48.1	90.6	96.9	***92.3***	238.9	32.7	651.0
	Taux de sortie (ligne)	0.0%	0.9%	1.1%	1.4%	4.3%	15.4%	11.8%	***42.7%***	11.2%	11.2%	100.0%
	Taux d'entrée (colonne)	0.0%	16.2%	15.6%	6.7%	12.7%	24.0%	17.3%	***65.4%***	6.7%	48.7%	21.8%
Paysans	Nombre	0	0	15	13	18	101	103	108	***980***	15	1353
	Mobilité parfaite	8.1	16.7	20.4	61.1	100.0	188.3	201.4	192.4	***496.6***	67.9	1353.0
	Taux de sortie (ligne)	0.0%	0.0%	1.1%	1.0%	1.3%	7.5%	7.6%	8.0%	***72.4%***	1.1%	100.0%
	Taux d'entrée (colonne)	0.0%	0.0%	33.3%	9.6%	8.1%	24.3%	23.1%	25.4%	***89.3%***	10.0%	45.3%
Chômeurs et sans emploi	Nombre	0	0	0	0	0	2	8	0	0	***6***	16
	Mobilité parfaite	0.1	0.2	0.2	0.7	1.2	2.2	2.4	2.3	5.9	***0.8***	16.0
	Taux de sortie (ligne)	0.0%	0.0%	0.0%	0.0%	0.0%	12.5%	50.0%	0.0%	0.0%	***37.5%***	100.0%
	Taux d'entrée (colonne)	0.0%	0.0%	0.0%	0.0%	0.0%	0.5%	1.8%	0.0%	0.0%	***4.0%***	0.5%
Total	Nombre	18	37	45	135	221	416	445	425	1097	150	2989
	Mobilité parfaite	18.0	37.0	45.0	135.0	221.0	416.0	445.0	425.0	1097.0	150.0	2989.0
	Taux de sortie (ligne)	0.6%	1.2%	1.5%	4.5%	7.4%	13.9%	14.9%	14.2%	36.7%	5.0%	100.0%
	Taux d'entrée (colonne)	100.0%	100.0%	100.0%	100.0%	100.0%	100.0%	100.0%	100.0%	100.0%	100.0%	100.0%

Tableau 3 – Table de mobilité intragénérationnelle des personnes ayant leur premier emploi après 1980.

Catégorie du premier emploi		Catégorie de l'emploi actuel: cadres du Parti et de l'administration	directeurs d'entreprises publiques	dirigeants d'entreprises privées	techniciens spécialisés et ingénieurs	personnels administratifs	entrepreneurs individuels	employés des services et du commerce	ouvriers	paysans	chômeurs et sans emploi	Total
Cadres du Parti et de l'administration	Nombre	***28***	6	2	3	8	1	0	0	0	1	49
	Mobilité parfaite	***0.5***	0.8	0.5	2.1	4.0	5.8	6.2	6.2	21.7	2.1	49.0
	Taux de sortie (ligne)	***57.1%***	12.2%	4.1%	6.1%	16.3%	2.0%	0.0%	0.0%	0.0%	2.0%	100.0%
	Taux d'entrée (colonne)	***45.9%***	6.7%	3.2%	1.2%	1.8%	.2%	0.0%	0.0%	0.0%	0.4%	0.9%
Directeurs d'entreprises publiques	Nombre	4	***28***	1	1	7	1	1	2	2	1	48
	Mobilité parfaite	0.5	***.8***	0.5	2.1	3.9	5.2	5.6	6.1	21.2	2.0	48.0
	Taux de sortie (ligne)	8.3%	***58.3%***	2.1%	2.1%	14.6%	2.1%	2.1%	4.2%	4.2%	2.1%	100.0%
	Taux d'entrée (colonne)	6.6%	***31.5%***	1.6%	0.4%	1.5%	0.2%	0.2%	0.3%	0.1%	0.4%	0.9%
Dirigeants d'entreprises privées	Nombre	0	0	***13***	0	0	1	1	0	1	0	16
	Mobilité parfaite	0.2	0.3	***0.2***	0.7	1.3	1.7	1.9	2.0	7.1	0.7	16.0
	Taux de sortie (ligne)	0.0%	0.0%	***81.3%***	0.0%	0.0%	6.3%	6.3%	0.0%	6.3%	0.0%	100.0%
	Taux d'entrée (colonne)	0.0%	0.0%	***21.0%***	0.0%	0.0%	0.2%	0.2%	0.0%	0.0%	0.0%	0.3%
Techniciens spécialisés et ingénieurs	Nombre	11	6	4	***183***	30	11	7	3	24	9	288
	Mobilité parfaite	3.1	4.6	3.2	***12.4***	23.3	31.4	33.8	36.6	127.3	12.3	288.0
	Taux de sortie (ligne)	3.8%	2.1%	1.4%	***63.5%***	10.4%	3.8%	2.4%	1.0%	8.3%	3.1%	100.0%
	Taux d'entrée (colonne)	18.0%	6.7%	6.5%	***75.9%***	6.6%	1.8%	1.1%	0.4%	1.0%	3.8%	5.2%
Personnels administratifs	Nombre	14	15	3	13	***237***	23	24	28	49	22	428
	Mobilité parfaite	4.7	6.8	4.7	18.5	***34.6***	46.7	50.3	54.4	189.1	18.2	428.0
	Taux de sortie (ligne)	3.3%	3.5%	0.7%	3.0%	***55.4%***	5.4%	5.6%	6.5%	11.4%	5.1%	100.0%
	Taux d'entrée (colonne)	23.0%	16.9%	4.8%	5.4%	***52.4%***	3.8%	3.7%	3.9%	2.0%	9.2%	7.7%
Entrepreneurs individuels	Nombre	0	3	6	0	7	***180***	95	16	24	6	337
	Mobilité parfaite	3.7	5.4	3.7	14.5	27.3	***36.7***	39.6	42.8	148.9	14.4	337.0
	Taux de sortie (ligne)	0.0%	0.9%	1.8%	0.0%	2.1%	***53.4%***	28.2%	4.7%	7.1%	1.8%	100.0%
	Taux d'entrée (colonne)	0.0%	3.4%	9.7%	0.0%	1.5%	***29.6%***	14.5%	2.3%	1.0%	2.5%	6.0%
Employés des services et du commerce	Nombre	2	7	7	4	41	67	***230***	21	36	38	453
	Mobilité parfaite	4.9	7.2	5.0	19.5	36.6	49.4	***53.2***	57.6	200.2	19.3	453.0
	Taux de sortie (ligne)	0.4%	1.5%	1.8%	0.9%	9.1%	14.8%	***50.8%***	4.6%	7.9%	8.4%	100.0%
	Taux d'entrée (colonne)	3.3%	7.9%	11.3%	1.7%	9.1%	11.0%	***35.1%***	3.0%	1.5%	16.0%	8.1%
Ouvriers	Nombre	1	14	7	15	69	121	144	***459***	130	110	1070
	Mobilité parfaite	11.7	17.0	11.9	46.2	86.6	116.6	125.6	***136.0***	472.9	45.6	1070.0
	Taux de sortie (ligne)	0.1%	1.3%	0.7%	1.4%	6.4%	11.3%	13.5%	***42.9%***	12.1%	10.3%	100.0%
	Taux d'entrée (colonne)	1.6%	15.7%	11.3%	6.2%	15.3%	19.9%	22.0%	***64.6%***	5.3%	46.2%	19.2%
Paysans	Nombre	1	10	18	22	52	191	146	176	***2199***	43	2858
	Mobilité parfaite	31.2	45.5	31.7	123.3	231.2	311.5	335.6	363.2	***1263.0***	121.7	2858.0
	Taux de sortie (ligne)	0.0%	0.3%	0.6%	0.8%	1.8%	6.7%	5.1%	6.2%	***76.9%***	1.5%	100.0%
	Taux d'entrée (colonne)	1.6%	11.2%	29.0%	9.1%	11.5%	31.4%	22.3%	24.8%	***89.1%***	18.1%	51.2%
Chômeurs et sans emploi	Nombre	0	0	1	0	1	14	7	5	4	***8***	40
	Mobilité parfaite	0.4	0.6	0.4	1.7	3.2	4.4	4.7	5.1	17.7	***1.7***	40.0
	Taux de sortie (ligne)	0.0%	0.0%	2.5%	0.0%	2.5%	35.0%	17.5%	12.5%	10.0%	***20.0%***	100.0%
	Taux d'entrée (colonne)	0.0%	0.0%	1.6%	0.0%	0.2%	2.3%	1.1%	0.7%	0.2%	***3.4%***	0.7%
Total	Nombre	61	89	62	241	452	609	656	710	2469	238	5587
	Mobilité parfaite	61.0	89.0	62.0	241.0	452.0	609.0	656.0	710.0	2469.0	238.0	5587.0
	Taux de sortie (ligne)	1.1%	1.6%	1.1%	4.3%	8.1%	10.9%	11.7%	12.7%	44.2%	4.3%	100.0%
	Taux d'entrée (colonne)	100.0%	100.0%	100.0%	100.0%	100.0%	100.0%	100.0%	100.0%	100.0%	100.0%	100.0%

Tableau 4 – Table de mobilité entre emploi actuel et emploi précédent.

Catégorie du premier emploi		Catégorie de l'emploi actuel: cadres du Parti et de l'administration	directeurs d'entreprises publiques	dirigeants d'entreprises privées	techniciens spécialisés et ingénieurs	personnels administratifs	entrepreneurs individuels	employés des services et du commerce	ouvriers	paysans	chômeurs et sans emploi	Total
Cadres du Parti et de l'administration	Nombre	***6***	2	0	0	3	0	0	0	0	0	11
	Mobilité parfaite	***0.1***	0.1	0.0	0.5	0.5	0.3	0.4	1.0	8.0	0.1	11.0
	Taux de sortie (ligne)	***54.5%***	18.2%	0.0%	0.0%	27.3%	0.0%	0.0%	0.0%	0.0%	0.0%	100.0%
	Taux d'entrée (colonne)	***46.2%***	13.3%	0.0%	0.0%	3.7%	0.0%	0.0%	0.0%	0.0%	0.0%	0.7%
Directeurs d'entreprises publiques	Nombre	0	***5***	0	0	0	0	0	0	0	0	5
	Mobilité parfaite	0.0	***0.0***	0.0	0.2	0.2	0.1	0.2	0.5	3.7	0.0	5.0
	Taux de sortie (ligne)	0.0%	***100.0%***	0.0%	0.0%	0.0%	0.0%	0.0%	0.0%	0.0%	0.0%	100.0%
	Taux d'entrée (colonne)	0.0%	***33.3%***	0.0%	0.0%	0.0%	0.0%	0.0%	0.0%	0.0%	0.0%	0.3%
Dirigeants d'entreprises privées	Nombre	0	0	***0***	0	0	0	0	0	0	0	0
	Mobilité parfaite	0.0	0.0	***0.0***	0.0	0.0	0.0	0.0	0.0	0.0	0.0	0.0
	Taux de sortie (ligne)	0.0%	0.0%	***0.0%***	0.0%	0.0%	0.0%	0.0%	0.0%	0.0%	0.0%	0.0%
	Taux d'entrée (colonne)	0.0%	0.0%	***0.0%***	0.0%	0.0%	0.0%	0.0%	0.0%	0.0%	0.0%	0.0%
Techniciens spécialisés et ingénieurs	Nombre	1	0	0	***51***	6	0	0	1	7	0	66
	Mobilité parfaite	0.5	0.6	0.0	***2.8***	3.2	1.6	2.7	6.1	48.2	0.4	66.0
	Taux de sortie (ligne)	1.5%	0.0%	0.0%	***77.3%***	9.1%	0.0%	0.0%	1.5%	10.6%	0.0%	100.0%
	Taux d'entrée (colonne)	7.7%	0.0%	0.0%	***71.8%***	7.3%	0.0%	0.0%	0.6%	0.6%	0.0%	3.9%
Personnels administratifs	Nombre	5	1	0	4	***44***	1	2	6	18	0	81
	Mobilité parfaite	0.6	0.7	0.0	3.4	***3.9***	2.0	3.3	7.5	59.2	0.4	81.0
	Taux de sortie (ligne)	6.2%	1.2%	0.0%	4.9%	***54.3%***	1.2%	2.5%	7.4%	22.2%	0.0%	100.0%
	Taux d'entrée (colonne)	38.5%	6.7%	0.0%	5.6%	***53.7%***	2.4%	2.9%	3.9%	1.5%	0.0%	4.8%
Entrepreneurs individuels	Nombre	0	0	0	0	0	***29***	19	2	4	0	54
	Mobilité parfaite	0.4	0.5	0.0	2.3	2.6	***1.3***	2.2	5.0	39.5	0.3	54.0
	Taux de sortie (ligne)	0.0%	0.0%	0.0%	0.0%	0.0%	***53.7%***	35.2%	3.7%	7.4%	0.0%	100.0%
	Taux d'entrée (colonne)	0.0%	0.0%	0.0%	0.0%	0.0%	***70.7%***	27.9%	1.3%	0.3%	0.0%	3.2%
Employés des services et du commerce	Nombre	0	2	0	2	6	2	***26***	2	3	0	43
	Mobilité parfaite	0.3	0.4	0.0	1.8	2.1	1.0	***1.7***	4.0	31.4	0.2	43.0
	Taux de sortie (ligne)	0.0%	4.7%	0.0%	4.7%	14.0%	4.7%	***60.5%***	4.7%	7.0%	0.0%	100.0%
	Taux d'entrée (colonne)	0.0%	13.3%	0.0%	2.8%	7.3%	4.9%	***38.2%***	1.3%	0.2%	0.0%	2.6%
Ouvriers	Nombre	0	4	0	2	10	2	9	***114***	13	1	155
	Mobilité parfaite	1.2	1.4	0.0	6.5	7.5	3.8	6.3	***14.3***	113.2	0.8	155.0
	Taux de sortie (ligne)	0.0%	2.6%	0.0%	1.3%	6.5%	1.3%	5.8%	***73.5%***	8.4%	0.6%	100.0%
	Taux d'entrée (colonne)	0.0%	26.7%	0.0%	2.8%	12.2%	4.9%	13.2%	***73.5%***	1.1%	11.1%	9.2%
Paysans	Nombre	1	1	0	12	13	7	11	28	***1186***	8	1267
	Mobilité parfaite	9.8	11.3	0.0	53.4	61.7	30.8	51.1	116.5	***925.0***	6.8	1267.0
	Taux de sortie (ligne)	0.1%	0.1%	0.0%	0.9%	1.0%	0.6%	0.9%	2.2%	***93.6%***	0.6%	100.0%
	Taux d'entrée (colonne)	7.7%	6.7%	0.0%	16.9%	15.9%	17.1%	16.2%	18.1%	***96.3%***	88.9%	75.2%
Chômeurs et sans emploi	Nombre	0	0	0	0	0	0	1	2	0	***0***	3
	Mobilité parfaite	0.0	0.0	0.0	0.1	0.1	0.1	0.1	0.3	2.2	***0.0***	3.0
	Taux de sortie (ligne)	0.0%	0.0%	0.0%	0.0%	0.0%	0.0%	33.3%	66.7%	0.0%	***0.0%***	100.0%
	Taux d'entrée (colonne)	0.0%	0.0%	0.0%	0.0%	0.0%	0.0%	1.5%	1.3%	0.0%	***0.0%***	0.2%
Total	Nombre	13	15	0	71	82	41	68	155	1231	9	1685
	Mobilité parfaite	13.0	15.0	0.0	71.0	82.0	41.0	68.0	155.0	1231.0	9.0	1685.0
	Taux de sortie (ligne)	0.8%	0.9%	0%	4.2%	4.9%	2.4%	4.0%	9.2%	73.1%	0.5%	100.0%
	Taux d'entrée (colonne)	100.0%	100.0%	100.0%	100.0%	100.0%	100.0%	100.0%	100.0%	100.0%	100.0%	100.0%

Tableau 5 – Table de mobilité entre emploi actuel et emploi précédent (1940-1979).

Catégorie du premier emploi		Catégorie de l'emploi actuel: cadres du Parti et de l'administration	directeurs d'entreprises publiques	dirigeants d'entreprises privées	techniciens spécialisés et ingénieurs	personnels administratifs	entrepreneurs individuels	employés des services et du commerce	ouvriers	paysans	chômeurs et sans emploi	Total
Cadres du Parti et de l'administration	Nombre	***10***	1	0	0	2	0	0	0	0	0	13
	Mobilité parfaite	***0.2***	0.2	0.1	0.5	1.0	1.2	1.3	1.5	6.8	0.2	13.0
	Taux de sortie (ligne)	***76.9%***	7.7%	0.0%	0.0%	15.4%	0.0%	0.0%	0.0%	0.0%	0.0%	100.0%
	Taux d'entrée (colonne)	***58.8%***	4.3%	0.0%	0.0%	2.2%	0.0%	0.0%	0.0%	0.0%	0.0%	1.0%
Directeurs d'entreprises publiques	Nombre	1	***12***	0	0	1	0	1	0	0	0	15
	Mobilité parfaite	0.2	***0.3***	0.1	0.5	1.1	1.4	1.5	1.7	7.9	0.2	15.0
	Taux de sortie (ligne)	6.7%	***80.0%***	0.0%	0.0%	6.7%	0.0%	6.7%	0.0%	0.0%	0.0%	100.0%
	Taux d'entrée (colonne)	5.9%	***52.2%***	0.0%	0.0%	1.1%	0.0%	0.8%	0.0%	0.0%	0.0%	1.2%
Dirigeants d'entreprises privées	Nombre	0	0	***5***	0	0	0	0	0	1	0	6
	Mobilité parfaite	0.1	0.1	***0.1***	0.2	0.4	0.6	0.6	0.7	3.2	0.1	6.0
	Taux de sortie (ligne)	0.0%	0.0%	***83.3%***	0.0%	0.0%	0.0%	0.0%	0.0%	16.7%	0.0%	100.0%
	Taux d'entrée (colonne)	0.0%	0.0%	***41.7%***	0.0%	0.0%	0.0%	0.0%	0.0%	0.1%	0.0%	0.5%
Techniciens spécialisés et ingénieurs	Nombre	3	0	0	***36***	8	1	3	0	6	0	57
	Mobilité parfaite	0.8	1.0	0.5	***2.0***	4.2	5.4	5.7	6.6	30.0	0.7	57.0
	Taux de sortie (ligne)	5.3%	0.0%	0.0%	***63.2%***	14.0%	1.8%	5.3%	0.0%	10.5%	0.0%	100.0%
	Taux d'entrée (colonne)	17.6%	0.0%	0.0%	***80.0%***	8.6%	0.8%	2.4%	0.0%	0.9%	0.0%	4.5%
Personnels administratifs	Nombre	2	5	1	2	***42***	6	3	4	9	0	74
	Mobilité parfaite	1.0	1.3	0.7	2.6	***5.4***	7.1	7.4	8.6	39.0	0.9	74.0
	Taux de sortie (ligne)	2.7%	6.8%	1.4%	2.7%	***56.8%***	8.1%	4.1%	5.4%	12.2%	0.0%	100.0%
	Taux d'entrée (colonne)	11.8%	21.7%	8.3%	4.4%	***45.2%***	5.0%	2.4%	2.7%	1.3%	0.0%	5.8%
Entrepreneurs individuels	Nombre	0	0	0	0	0	***47***	38	2	0	0	87
	Mobilité parfaite	1.2	1.6	0.8	3.1	6.4	***8.3***	8.7	10.1	45.8	1.1	87.0
	Taux de sortie (ligne)	0.0%	0.0%	0.0%	0.0%	0.0%	***54.0%***	43.7%	2.3%	0.0%	0.0%	100.0%
	Taux d'entrée (colonne)	0.0%	0.0%	0.0%	0.0%	0.0%	***38.8%***	29.9%	1.4%	0.0%	0.0%	6.9%
Employés des services et du commerce	Nombre	0	0	1	2	9	3	***25***	3	10	2	55
	Mobilité parfaite	0.7	1.0	0.5	1.9	4.0	5.2	***5.5***	6.4	29.0	0.7	55.0
	Taux de sortie (ligne)	0.0%	0.0%	1.8%	3.6%	16.4%	5.5%	***45.5%***	5.5%	18.2%	3.6%	100.0%
	Taux d'entrée (colonne)	0.0%	0.0%	8.3%	4.4%	9.7%	2.5%	***19.7%***	2.0%	1.5%	12.5%	4.3%
Ouvriers	Nombre	1	3	2	3	19	15	22	***97***	25	7	194
	Mobilité parfaite	2.6	3.5	1.8	6.9	14.2	18.5	19.4	***22.5***	102.2	2.4	194.0
	Taux de sortie (ligne)	0.5%	1.5%	1.0%	1.5%	9.8%	7.7%	11.3%	***50.0%***	12.9%	3.6%	100.0%
	Taux d'entrée (colonne)	5.9%	13.0%	16.7%	6.7%	20.4%	12.4%	17.3%	***66.0%***	3.7%	43.8%	15.3%
Paysans	Nombre	0	2	2	2	12	48	35	40	***612***	6	762
	Mobilité parfaite	10.2	13.8	7.2	27.0	55.8	72.6	76.2	88.2	***401.4***	9.6	762.0
	Taux de sortie (ligne)	0.0%	0.3%	0.3%	0.3%	1.6%	6.3%	4.6%	5.2%	***80.7%***	0.8%	100.0%
	Taux d'entrée (colonne)	0.0%	8.7%	16.7%	4.4%	12.9%	39.7%	27.6%	27.2%	***91.9%***	37.5%	60.0%
Chômeurs et sans emploi	Nombre	0	0	1	0	0	1	0	1	3	***1***	7
	Mobilité parfaite	0.1	0.1	0.1	0.2	0.5	0.7	0.7	0.8	3.7	***0.1***	7.0
	Taux de sortie (ligne)	0.0%	0.0%	14.3%	0.0%	0.0%	14.3%	0.0%	14.3%	42.9%	***14.3%***	100.0%
	Taux d'entrée (colonne)	0.0%	0.0%	8.3%	0.0%	0.0%	0.8%	0.0%	0.7%	0.4%	***6.3%***	0.6%
Total	Nombre	17	23	12	45	93	121	127	147	669	16	1270
	Mobilité parfaite	17.0	23.0	12.0	45.0	93.0	121.0	127.0	147.0	669.0	16.0	1270.0
	Taux de sortie (ligne)	1.3%	1.8%	0.9%	3.5%	7.3%	9.5%	10.0%	11.6%	52.7%	1.3%	100.0%
	Taux d'entrée (colonne)	100.0%	100.0%	100.0%	100.0%	100.0%	100.0%	100.0%	100.0%	100.0%	100.0%	100.0%

Tableau 6 – Table de mobilité entre emploi actuel et emploi précédent (1980-1989).

Catégorie du premier emploi		Catégorie de l'emploi actuel: cadres du Parti et de l'administration	directeurs d'entreprises publiques	dirigeants d'entreprises privées	techniciens spécialisés et ingénieurs	personnels administratifs	entrepreneurs individuels	employés des services et du commerce	ouvriers	paysans	chômeurs et sans emploi	Total
Cadres du Parti et de l'administration	Nombre	***12***	3	2	2	3	0	1	0	0	1	24
	Mobilité parfaite	***0.3***	0.5	0.5	1.1	2.5	4.1	4.2	3.7	5.2	2.0	24.0
	Taux de sortie (ligne)	***50.0%***	12.5%	8.3%	8.3%	12.5%	0.0%	4.2%	0.0%	0.0%	4.2%	100.0%
	Taux d'entrée (colonne)	***40.0%***	6.0%	4.0%	1.6%	1.1%	0.0%	0.2%	0.0%	0.0%	0.5%	0.9%
Directeurs d'entreprises publiques	Nombre	3	***11***	1	1	6	1	1	2	2	1	29
	Mobilité parfaite	0.3	***.6***	0.6	1.4	3.0	4.9	5.1	4.5	6.3	2.4	29.0
	Taux de sortie (ligne)	10.3%	***37.9%***	3.4%	3.4%	20.7%	3.4%	3.4%	6.9%	6.9%	3.4%	100.0%
	Taux d'entrée (colonne)	10.0%	***22.0%***	2.0%	0.8%	2.2%	0.2%	0.2%	0.5%	0.4%	0.5%	1.1%
Dirigeants d'entreprises privées	Nombre	0	0	***8***	0	0	1	1	0	0	0	10
	Mobilité parfaite	0.1	0.2	***0.2***	0.5	1.0	1.7	1.8	1.5	2.2	0.8	10.0
	Taux de sortie (ligne)	0.0%	0.0%	***80.0%***	0.0%	0.0%	10.0%	10.0%	0.0%	0.0%	0.0%	100.0%
	Taux d'entrée (colonne)	0.0%	0.0%	***16.0%***	0.0%	0.0%	0.2%	0.2%	0.0%	0.0%	0.0%	0.4%
Techniciens spécialisés et ingénieurs	Nombre	6	5	4	***95***	16	10	4	1	11	9	161
	Mobilité parfaite	1.8	3.1	3.1	***7.7***	16.9	27.3	28.3	24.8	34.9	13.2	161.0
	Taux de sortie (ligne)	3.7%	3.1%	2.5%	***59.0%***	9.9%	6.2%	2.5%	0.6%	6.8%	5.6%	100.0%
	Taux d'entrée (colonne)	20.0%	10.0%	8.0%	***76.0%***	5.8%	2.2%	0.9%	0.2%	1.9%	4.2%	6.1%
Personnels administratifs	Nombre	7	9	2	7	***150***	16	18	18	21	22	270
	Mobilité parfaite	3.1	5.1	5.1	12.9	***28.3***	45.8	47.5	41.6	58.5	22.1	270.0
	Taux de sortie (ligne)	2.6%	3.3%	0.7%	2.6%	***55.6%***	5.9%	6.7%	6.7%	7.8%	8.1%	100.0%
	Taux d'entrée (colonne)	23.3%	18.0%	4.0%	5.6%	***54.5%***	3.6%	3.9%	4.5%	3.7%	10.2%	10.3%
Entrepreneurs individuels	Nombre	0	3	6	0	6	***103***	39	13	19	6	195
	Mobilité parfaite	2.2	3.7	3.7	9.3	20.4	***33.1***	34.3	30.0	42.2	16.0	195.0
	Taux de sortie (ligne)	0.0%	1.5%	3.1%	0.0%	3.1%	***52.8%***	20.0%	6.7%	9.7%	3.1%	100.0%
	Taux d'entrée (colonne)	0.0%	6.0%	12.0%	0.0%	2.2%	***23.1%***	8.5%	3.2%	3.3%	2.8%	7.4%
Employés des services et du commerce	Nombre	2	5	6	1	26	62	***179***	15	23	37	356
	Mobilité parfaite	4.1	6.8	6.8	17.0	37.3	60.4	***62.6***	54.8	77.1	29.2	356.0
	Taux de sortie (ligne)	0.6%	1.4%	1.7%	0.3%	7.3%	17.4%	***50.3%***	4.2%	6.5%	10.4%	100.0%
	Taux d'entrée (colonne)	6.7%	10.0%	12.0%	0.8%	9.5%	13.9%	***38.8%***	3.7%	4.0%	17.2%	13.6%
Ouvriers	Nombre	0	7	5	10	40	104	113	***245***	92	103	719
	Mobilité parfaite	8.2	13.7	13.7	34.3	75.4	122.0	126.4	***110.7***	155.7	58.9	719.0
	Taux de sortie (ligne)	0.0%	1.0%	0.7%	1.4%	5.6%	14.5%	15.7%	***34.1%***	12.8%	14.3%	100.0%
	Taux d'entrée (colonne)	0.0%	14.0%	10.0%	8.0%	14.5%	23.4%	24.5%	***60.6%***	16.2%	47.9%	27.4%
Paysans	Nombre	0	7	16	9	27	136	99	108	***399***	29	830
	Mobilité parfaite	9.5	15.8	15.8	39.6	87.0	140.8	145.9	127.8	***179.7***	68.0	830.0
	Taux de sortie (ligne)	0.0%	0.8%	1.9%	1.1%	3.3%	16.4%	11.9%	13.0%	***48.1%***	3.5%	100.0%
	Taux d'entrée (colonne)	0.0%	14.0%	32.0%	7.2%	9.8%	30.6%	21.5%	26.7%	***70.2%***	13.5%	31.6%
Chômeurs et sans emploi	Nombre	0	0	0	0	1	12	6	2	1	***7***	29
	Mobilité parfaite	0.3	0.6	0.6	1.4	3.0	4.9	5.1	4.5	6.3	***2.4***	29.0
	Taux de sortie (ligne)	0.0%	0.0%	0.0%	0.0%	3.4%	41.4%	20.7%	6.9%	3.4%	***24.1%***	100.0%
	Taux d'entrée (colonne)	0.0%	0.0%	0.0%	0.0%	0.4%	2.7%	1.3%	0.5%	0.2%	***3.3%***	1.1%
Total	Nombre	30	50	50	125	275	445	461	404	568	215	2623
	Mobilité parfaite	30.0	50.0	50.0	125.0	275.0	445.0	461.0	404.0	568.0	215.0	2623.0
	Taux de sortie (ligne)	1.1%	1.9%	1.9%	4.8%	10.5%	17.0%	17.6%	15.4%	21.7%	8.2%	100.0%
	Taux d'entrée (colonne)	100.0%	100.0%	100.0%	100.0%	100.0%	100.0%	100.0%	100.0%	100.0%	100.0%	100.0%

Tableau 7 – Table de mobilité entre emploi actuel et emploi précédent (1990-2001).

Chapitre 4

Structure des droits de propriété et mécanisme du changement dans les entreprises de bourg et de village chinoises

LIU SHIDING

Les changements de système depuis la fin des années 1970 ont profondément transformé le visage de la vie sociale et économique de la Chine. Dans ce processus, les entreprises de bourg et de village ont joué un rôle extrêmement important. Dans les années 1980 et au début des années 1990, alors que la transition de l'économie étatique avançait en boitant, les entreprises de bourg et de village ont largement contribué à produire la forme initiale de l'économie de marché chinoise grâce à la structure particulière de leurs droits de propriété. À partir de la seconde moitié des années 1990, ces entreprises de bourg et de village ont connu à nouveau une réforme marquante de leur régime des droits de propriété, influençant une fois de plus la structure sociale et économique du pays.

Les entreprises de bourg et de village chinoises n'incluent pas toutes les entreprises situées dans les zones rurales. Par exemple, une entreprise d'État à la campagne n'entre pas dans cette catégorie. L'apparition de cette appellation est intimement liée au système de gestion par l'État marqué par une séparation entre villes et campagnes. Dans ce système, les ressources foncières se divisent légalement en deux parties : une partie appartient à l'État, une autre se trouve sous la propriété collective des habitants des cantons ou des villages. Ces habitants sont eux aussi divisés en deux catégories suivant leur identité, c'est-à-dire d'une part ceux qui possèdent un *hukou* urbain et d'autre part ceux qui détiennent un *hukou* rural. Les entreprises de bourg et de village désignent les entreprises créées soit par des organes dirigeants de cantons ou de villages, soit par des habitants ayant des *hukou* ruraux, et dont les ressources, comme la terre, sont légalement sous « propriété collective ». Bien que les entreprises de ce type aient été initialement toutes situées en zone rurale, leur appellation ne correspond pas à une zone géographique. Au fur et à mesure du développement de leurs réseaux de transactions, des entreprises de bourg et de village ont vite cessé de limiter leurs activités aux zones rurales.

Les entreprises de bourg et de village que nous analysons dans ce chapitre ne comprennent que celles qui sont nominalement constituées par des cantons (ou des bourgs) et enregistrées formellement auprès du gouvernement comme appartenant au système de propriété collective. Ces entreprises sont directement liées au système des communes populaires mis en place avant les réformes rurales. Elles représentent une forme importante du vigoureux développement économique durant les années 1980 et jusqu'au milieu des années 1990 ; ensuite s'est produite en leur sein une importante réforme dans la seconde moitié des années 1990. Pour étudier la structure des droits de propriété et leur évolution, les entreprises de bourg et de village sont un objet qui permet de disposer de riches informations.

Comment analyser la structure des droits de propriété des entreprises de bourg et de village chinoises ?

Les économistes contemporains du droit de propriété définissent ce dernier comme : « un droit de choisir l'usage d'un bien économique mis en œuvre par la société de manière coercitive » (Alchian, 1990). Selon les théories de certains économistes et juristes, le détenteur de ce droit peut l'exercer sur son bien librement, tout en interdisant l'ingérence d'autrui. Autrement dit, la liberté de l'exercice du droit de propriété et son exclusivité représentent les caractéristiques de base du droit de propriété. Le droit de propriété « crée un droit de confidentialité grâce auquel un propriétaire peut faire ce qu'il veut sans en informer autrui » (Cooter et Ulen, 1994). Si l'on considère les entreprises de bourg et de village en Chine à partir de ces critères, il n'est pas aisé d'analyser leur

« régime de propriété » : en effet, il est difficile de désigner qui des organisations économiques elles-mêmes ou de leurs gestionnaires peut exercer le droit de propriété de façon exclusive et libre sur les biens économiques de ces entreprises. Au moins pour toute une période il demeure malaisé de percevoir, en ce qui concerne le système des entreprises de bourg et de village chinoises, ce couple liberté/ exclusivité dans l'exercice du droit de propriété.

Comment par conséquent décrire et analyser le régime de propriété dans ces entreprises ? Différentes stratégies peuvent être adoptées. Une première stratégie de recherche consiste à reprendre comme modèle le concept de droit de propriété familier des économistes – et que nous avons présenté ci-dessus – et de présenter les éléments posant la question des écarts par rapport à ce concept standard. Emprunter des concepts comme celui de droits de propriété clairement définis, ou au contraire non clairement définis (Coase, 1990), relève précisément d'une telle stratégie. De même, des concepts comme « régime de propriété flou » et « régime de propriété incomplet », découlent d'une telle démarche. Celle-ci possède un avantage : elle facilite l'articulation entre les résultats des recherches et le modèle standard. Toutefois, une telle stratégie présente également une série de problèmes : tout d'abord, elle néglige l'analyse des « écarts », et pour un pays comme la Chine où les situations d'écart représentent un état normal, il s'agit d'un défaut non négligeable. Ensuite, une telle négligence des situations d'écart conduit facilement à considérer à tort les facteurs à leur origine comme perturbateurs, passant ainsi à côté de l'étude des lois et logiques internes de cette situation. Enfin, les résultats de ce genre de recherche se contentent souvent d'informer sur « ce qui n'est pas » et trop peu sur « ce qui est ». Or, c'est bien « ce qui est » qui doit constituer l'objet du travail de recherche.

Un autre type de démarche consiste en la recherche de concepts plus généraux encore que ce qu'on appelle un droit de propriété « standard » afin de proposer un nouveau cadre d'analyse. Un tel outil est non seulement susceptible d'éclairer le concept aujourd'hui à la mode de « droit de propriété », mais peut également permettre de percer la complexité du système économique et de ses évolutions. C'est cette stratégie que nous adoptons pour analyser la structure institutionnelle des entreprises de bourg et de village chinoises. Il importe d'abord d'apporter quelques précisions concernant les concepts utilisés dans notre analyse.

1. Possession

Nos descriptions et analyses des entreprises de bourg et de village s'appuient essentiellement sur le concept de base de « possession » (*zhanyou*). Il s'agit d'un terme largement employé mais dont le sens n'est pas unifié. Bien que ce concept ait été dans un premier temps utilisé par les économistes chinois en lien avec les traductions d'ouvrages étrangers, nous ne reviendrons pas dans cet article sur les nuances sémantiques de cette notion. De notre point de vue, que la traduction en chinois soit juste ou qu'elle soit erronée, elle exprime la compréhension que les économistes chinois se font de certains comportements économiques et arrangements institutionnels. Dans cette recherche, nous nous intéressons uniquement au sens que les économistes chinois ont donné à ce concept dans leurs recherches.

Pour simplifier, les différentes significations de ce terme de « possession » peuvent recouvrir deux catégories : un sens étroit et un sens large.

Au sens étroit, la possession désigne l'usage ou le contrôle exclusifs sur un objet économique de la part d'un individu ou d'un groupe. Autrement dit, quand un sujet considère un objet économique comme inscrit dans son champ d'usage ou de contrôle, il empêche les autres sujets d'entrer dans ce champ (Yu Guangyuan, 1991). Au sens large, la possession n'est pas obligatoirement exclusive[1]. Pour éviter toute confusion, dans cette recherche, nous utilisons le concept de « possession » au sens large, et nous parlerons de « possession exclusive » en référence au sens étroit.

2. La direction de l'exclusivité de la possession

Pour aller plus loin dans notre compréhension de l'exclusivité de la possession, il faut se demander qui est exclu, c'est-à-dire vers quels acteurs cette exclusivité est dirigée. Nous parlons alors du problème de

1. Par exemple, Zhou Qiren dans sa recherche sur l'économie collectivisée, estime que : « L'économie collectivisée ne se réduit nullement à un rapport de collaboration de droits entre les ménages ruraux. Elle est par nature une forme de contrôle qu'exerce l'État sur les droits économiques ruraux. » « Dans la limite de la légalité, la collectivité n'est que l'exécuteur de la volonté de l'État. Tout au plus, elle possède les ressources économiques, mais elle se montre impuissante face à l'invasion de l'État dans ce type de droit de propriété collectif. » (Zhou Qiren, 1994).

la direction de l'exclusivité. La forme extrême de l'exclusivité, ou, pour le dire autrement, sa forme la plus complète, est une exclusivité orientée dans toutes les directions. Ce qui signifie que le possédant propriétaire refuse l'entrée de tous les autres sujets. Le concept à la mode de « droit de propriété privée » possède précisément les caractéristiques d'une exclusivité dans toutes les directions. Dans les économies de marché développées, ce type de possession exclusive est très courant ; mais existe également dans la vie économique un relativement grand nombre de situations de possession dont l'exclusivité n'est pas orientée dans toutes les directions. Dans ces situations, le propriétaire exclut une partie des individus ou des organisations, mais n'en exclut pas une autre partie (généralement le nombre de sujets non exclus reste faible). Nous parlons ici de situation de possession dont l'exclusivité dispose d'une direction limitée.

a) Espace de choix du mode de possession

Dans la réalité, la possession est indissociable d'un mode d'usage et de contrôle sur les objets économiques. Les modes rendant possibles ou nom la réalisation de la possession composent l'espace de choix. Il faut préciser qu'il s'agisse ou non d'une propriété exclusive, il existe toujours différents espaces de choix du mode de possession.

Dans toute société possédant des règles, le choix du mode de possession est limité. Ces limites dépendent de la loi, de la force coercitive de l'administration et des contraintes qu'exercent les normes non officielles. La taille de cet espace varie en relation inverse avec le nombre de contraintes. Plus il y a de contraintes, plus l'espace de choix est petit, et au contraire, moins il y a de contraintes et plus cet espace est large.

Les économistes comprennent souvent les droits de propriété comme liés à la taille relative de l'espace de choix du mode de possession. C'est le cas par exemple de Cooter et Ulen qui considèrent que le droit de propriété « inclut les domaines de la possession, de l'usage, de la transformation, du don, de la transmission ou de la protection contre la violation par autrui des biens » (Cooter et Ulen, 1994)[2]. D'autres estiment que des droits de propriété complets incluent le droit d'usage, d'usufruit, de décision et de cession (Zhang Jun, 1994). En réalité, il est impos-

2. Dans cette citation, le terme « possession » ne possède la même signification que dans notre analyse.

sible de dresser une liste concrète des domaines qui forment cet espace de choix libres.

Nous pouvons remarquer que cet espace de choix du mode de possession a, au cours du processus de transformation systémique que la Chine a connu, été très complexe. Il a d'une part été soumis à une série de contraintes réglementaires liées à l'objet de la possession, comme par exemple les restrictions sévères sur l'usage non agricole des terres, ou celles qui concernent le traitement des pollutions industrielles, etc. ; mais il a subi également une série de contraintes institutionnelles liées au sujet possédant : cet espace de choix a pendant longtemps été différent selon qu'il s'agissait d'une possession par le gouvernement, par des organisations collectives ou par des individus.

b) Limitation dans le temps de la possession

Outre l'analyse à partir de la direction de l'exclusivité et de l'espace de choix, il est encore possible d'aborder la possession à partir de l'angle de ses limites temporelles. Dans cette perspective, il est possible de distinguer une possession non limitée dans le temps et au contraire une possession limitée dans le temps.

La non limitation temporelle de la possession ne signifie nullement que cette dernière possède un caractère d'éternité ; elle désigne un type de possession dont la validité n'a pas été préalablement limitée dans le temps par la loi, des réglementations, un contrat ou toute autre sorte de règle. Lorsque la possession prend fin en raison de la mort du sujet possédant, l'objet de la possession est transmis à une autre personne ; ou bien la possession cesse dans la réalité si le bien est endommagé ou a disparu. Ces situations n'entrent nullement en contradiction avec l'éventuelle non limitation dans le temps de la possession. La possession limitée dans le temps désigne alors une possession dont le terme est déterminé à l'avance. Pendant ce délai, le sujet peut exercer sa possession qu'elle soit ou non exclusive), mais une fois le terme arrivé, elle prend fin.

La direction de l'exclusivité, l'espace de choix, et la limite temporelle constituent trois dimensions de la possession ; à tout moment, la possession réelle est située dans cet espace à trois dimensions. Les différentes combinaisons de ces trois variables produisent des formes de possession extrêmement complexes et riches. Ce que les gens comprennent souvent comme des droits de propriété « standards », peut être décrit dans notre cadre d'analyse comme une possession à exclusivité dans toutes les directions, à l'espace de choix illimité et dont aucune limitation temporelle n'a été fixée préalablement.

Du point de vue de la sociologie, la possession de ressources spécifiques par des sujets ne devient un droit de propriété que si elle est reconnue dans un cadre social donné (Coleman, 1990). La diversité des mécanismes de reconnaissance est un facteur important qui contribue à la complexité de la structure des droits de propriété.

Dans le cours de la transformation du système de la société chinoise depuis les années 1970, les principaux mécanismes de reconnaissance sociale ont été les suivants : la reconnaissance par la loi, par la force administrative, par l'idéologie officielle, par des normes appliquées universellement dans la société, ou par des réseaux relationnels spécifiques. Ces différents mécanismes ont pu donner des résultats compatibles ou non entre eux, mais la conjonction de leurs rôles fait apparaître une image riche des formes et des mécanismes de la structure des droits de propriété en Chine. Dans notre analyse de la structure et de l'évolution du droit dc propriété des entreprises de bourg et de village, nous nous intéresserons au rôle de différents mécanismes de reconnaissance, et articulerons l'analyse de ces mécanismes avec l'étude de la structure tri-dimensionnelle de la possession.

Possession des actifs des entreprises de bourg et de village par les gouvernements ruraux

La loi stipule que les biens des entreprises créées par les bourgs et de villages sont la propriété collective de tous les paysans d'une communauté constituée au sein d'un territoire. Ainsi, les Règlements de la République Populaire de Chine concernant les entreprises sous propriété collective rurale publiés en 1990 stipulent que les biens des entreprises sous propriété collective dans les campagnes « appartiennent à la propriété collective des tous les paysans du village ou du canton qui gère l'entreprise. L'assemblée des représentants des paysans (...) ou l'organisation économique collective représentant tous les paysans, exerce le droit de propriété sur les biens de l'entreprise. » Certains chercheurs soulignent que les entreprises créées par les cantons sont nominalement sous propriété collective des paysans, mais sont en réalité dans une large mesure propriété des gouvernements de canton (Zhang Xiaoshan, 1994). Nous avons nous-mêmes exprimé cet avis dans un autre article. Mais ce cadre d'analyse néglige facilement le fait que ce qui est « nominal » peut néanmoins représenter une force réelle. Cependant, si nous laissons de côté ce débat, il reste un point essentiel : les gouvernements des cantons sont des « possédants » importants.

Cette position des gouvernements locaux peut se percevoir à travers la structure organisationnelle des cantons et des bourgs, structure qui diffère légèrement selon les régions. Dans le sud du Jiangsu, où les entreprises de bourg et de village sont les plus développées, au début des années 1990 la direction de ces entreprises se composait de quatre organes : le comité du Parti, le gouvernement (au sens étroit), l'assemblée populaire locale et la société générale de l'agriculture, de l'industrie et du commerce. Cette dernière appliquait le système de « responsabilité du directeur sous la direction du conseil d'administration ». Le conseil d'administration était composé de représentants du comité du parti, du gouvernement, mais également des principales entreprises, des villages et des coopératives de crédit. Généralement, le secrétaire du comité du Parti du canton (ou du bourg) occupait également la fonction de président du conseil d'administration[3], et le chef du canton en était le vice-président. Le directeur général des entreprises, ainsi que ses adjoints, étaient recommandés par le président du conseil d'administration : la proposition était examinée et approuvée par les autorités du niveau supérieur avant la nomination effective par le conseil d'administration. En règle générale, le directeur général assumait également la charge de vice-chef du canton (ou du bourg). La société générale de l'agriculture, de l'industrie et du commerce établissait des sociétés industrielle, agricole, commerciale, de commerce extérieur, etc. pour gérer les activités économiques du canton. Les entreprises industrielles de bourg et de village étaient directement gérées par la société industrielle. Les directeurs et les comptables des entreprises créées par les cantons et les bourgs étaient nommés par la société industrielle. C'était au travers de cette structure organisationnelle que les autorités locales concrétisaient leur possession sur les biens des entreprises.

3. Depuis la fin des années 1990, les secrétaires du Parti n'occupent plus en même temps la fonction de président du conseil d'administration des sociétés générales de l'agriculture, de l'industrie et du commerce. Cependant, dans ces sociétés le principal décideur reste le comité du Parti.

1. Possession par les organes dirigeants des communes populaires : assouplissement de « l'exclusivité verticale »

À l'origine, les entreprises de bourg et de village sont des entreprises créées dans le cadre du système des communes populaires. Il est par conséquent nécessaire de décrire brièvement cette possession par les organes dirigeants des communes populaires.

Deux situations peuvent être distinguées.

Premièrement, dans le contexte de la planification de la production et de la centralisation des achats et des ventes par l'État, les communes matérialisent leur possession des principaux biens économiques à travers la hiérarchie commune/brigade de production/équipe de production. C'est par exemple le cas des terres cultivées par les équipes de production. Les organes dirigeants des communes populaires ne sont que des exécutants des directives de l'État, ils ne sont pas des possédants ; cependant, les directives de l'État sont souvent formulées dans leurs grandes lignes et le contrôle demeure imparfait : une certaine marge apparaît ainsi dans la prise de décision indépendante par les communes, permettant à celles-ci de devenir les possédants de certains actifs. Il en est de même en ce qui concerne les brigades et les équipes de production. Ainsi, dans cette hiérarchie verticale, la possession par le niveau supérieur exclut la possession par le niveau inférieur dans certains domaines, mais pas dans d'autres. Par contre, la possession par le niveau inférieur n'est pas exclusive envers le niveau supérieur. En effet, les gouvernements du niveau supérieur peuvent à tout moment intervenir dans la possession sur les niveaux inférieurs.

La seconde situation consiste en la possession d'une partie des ressources économiques par les organes dirigeants des communes populaires, possession qui exclut totalement les brigades et équipes de travail. C'est le cas par exemple des stations de machines agricoles, des usines d'outils agricoles, etc. Cependant, les organes dirigeants de la commune ne peuvent pas empêcher les gouvernements des niveaux supérieurs d'intervenir ou de posséder ces biens. Autrement dit, l'exclusivité existe, mais elle est assouplie. En réalité, ce que l'on peut faire ou non de ces biens relève largement des exigences des niveaux supérieurs. Manifestement, l'exclusivité possède une direction limitée.

Le point commun de ces deux situations est l'absence d'exclusivité dirigée vers le niveau supérieur, ou son assouplissement. Ce phénomène peut s'expliquer par les raisons suivantes :
– premièrement, cette configuration de la structure de possession est produite par la redistribution des richesses dans le cadre du contrôle sur les campagnes par le pouvoir d'État. L'État n'est pas le protecteur des contrats de possession existant dans la société, et il n'est pas non plus l'arbitre ou le régulateur qui intervient quand il y a du flou dans les contours du droit de possession. Il est celui qui assure la distribution fondée sur la privation ou la semi-privation. Cela signifie que l'État, pour des raisons historiques spécifiques, est devenu le premier possédant de ressources économiques dans les campagnes. Ce que l'on appelle le « régime de propriété collective » est donc un compromis limité réalisé par les détenteurs du pouvoir d'État, qui tient compte à la fois des promesses faites aux paysans pendant la révolution et de la pression des concurrents politiques.
– deuxièmement, les organes dirigeants des communes sont un chaînon dans un système hiérarchique vertical de gouvernance administrative. Il existe par conséquent une dépendance envers les niveaux supérieurs. Les dirigeants des communes étant nommés par le niveau supérieur, ce système garantit ce fonctionnement vertical dirigé du haut vers le bas.
– troisièmement, sur le plan idéologique, il existait à l'époque une hiérarchie de régimes de propriété qui s'ordonnait de haut en bas de la façon suivante : le régime de propriété étatique (du peuple tout entier), le régime de propriété collective des communes, le régime de propriété collective des brigades de production, le régime de propriété collective des équipes de production, le régime de propriété privée. Selon cette idéologie, le régime de propriété étatique (du peuple tout entier) est totalement socialiste, et existera sur une longue période. Différents types de régimes de propriété collective seront progressivement remplacés par, ou transiteront vers, la propriété étatique. En réalité, au début de l'instauration des communes populaires, certaines résolutions du Comité central du Parti communiste chinois ont souligné que les communes populaires portent une composante de la propriété du peuple tout entier, et que « par son développement et sa croissance, cette composante remplacera progressivement le régime de propriété collective. » Une telle esquisse de l'arrangement institutionnel futur proclame le caractère temporaire du

système de possession, même s'il ne définit pas concrètement cette limite temporelle. Ceci influence inévitablement l'action de possession du sujet possédant. La hiérarchie des régimes de propriété favorise la pénétration de l'État dans les campagnes et de ce fait limite la capacité des dirigeants locaux à exclure les niveaux administratifs supérieurs de la possession des actifs économiques.

2. Élargissement de l'espace de choix du droit de possession : rôle de l'adaptation administrative

Dans le système des communes populaires, la possession des ressources économiques par les équipes de production ne se caractérise pas seulement par un assouplissement de l'exclusivité dirigée vers le haut, mais également par un espace de choix très faiblement restreint, et plus particulièrement en ce qui concerne l'utilisation des biens pour des activités non agricole.

À la fin des années 1950, la création des premières entreprises dans les campagnes a suivi l'instauration du système des communes populaires. Puis l'industrie créée par les communes a été réduite suite aux sérieuses difficultés que l'économie nationale a connues à partir de 1959. En 1962, le Conseil des Affaires d'État promulguait la « Décision concernant le développement des productions auxiliaires à la campagne », interdisant aux communes et aux brigades de production de créer de nouvelles entreprises. Cette prescription était rationnelle en terme de régulation économique, mais en ce qui concerne le système de possession par les communes, elle reflétait des contraintes très fortes de la part de la puissance étatique. Après le lancement de la Révolution culturelle, l'idéologie qui consistait à « empêcher le retour du capitalisme » a renforcé encore cette restriction sur le droit de possession des communes.

En 1970, le Conseil des Affaires d'État convoquait une réunion sur l'agriculture du Nord du pays, et demandait d'accélérer la mécanisation de l'agriculture. Pour cela il était permis aux communes et aux brigades de production de créer des usines de machines agricoles, d'outils agricoles, et d'autres activités ayant trait à l'agriculture. Cette mesure relâchait les restrictions précédentes et assouplissait les contraintes en autorisant les activités de nature agricole.

Le processus de mise en œuvre de cette réglementation par différents gouvernements locaux a produit de grandes différences. Le comité du district de Wuxi, dans la province du Jiangsu, a appliqué l'esprit de cette réunion et lançait le mot d'ordre : « développer l'industrie autour de l'agriculture, développer l'industrie pour stimuler l'agriculture ». En insistant sur le rôle de l'industrie, ce comité élargissait l'espace dans lequel l'industrie des communes pouvait se développer, et posait que les entreprises avaient le droit de développer des liens horizontaux entre elles. Par la suite, les communes ont été autorisées à étendre ces « autres activités en relation avec l'agriculture » de leurs entreprises aux « quatre services », à savoir les services envers la production agricole, envers les besoins quotidiens du peuple, envers la grande industrie et envers l'exportation. Une telle adaptation a élargi les frontières du droit de possession des communes et des brigades dans ces zones (bien que ces frontières demeurent encore très floues). Cette flexibilité dont le district Wuxi a fait preuve s'est rapidement diffusée dans toute la région du sud du Jiangsu. L'industrie des communes et brigades de cette province a ainsi connu un développement rapide (Mo Yuanren, 1987).

Cet exemple de développement précoce des entreprises des communes populaires témoigne du rôle important qu'a joué un mécanisme dans la reconnaissance administrative de la possession : l'adaptation. Depuis le début des années 1970, presque chaque changement important de la structure de possession de ces entreprises (qui dans un premier temps étaient des entreprises des communes et des brigades avant de devenir des entreprises de bourg et de village avec le démantèlement du système des communes) s'est adapté aux modes de reconnaissance de cette possession par les autorités locales, provinciales ou étatiques (Équipe de recherche sur les transitions institutionnelles et structurelles, 1997). Citons par exemple l'élargissement du champ d'utilisation des biens des communes et des brigades, avec l'autorisation de les utiliser pour le développement industriel, ou encore l'instauration progressive du droit de commercer librement.

En 1978, la troisième session plénière du onzième Comité Central du Parti adoptait la « décision (projet) concernant quelques questions pour accélérer le développement agricole », qui indiquait que : les entreprises des communes et des brigades devaient être fortement développées ; les usines industrielles urbaines devaient confier la gestion de certains produits et pièces détachées aux entreprises des communes et des brigades ; l'État pratiquait une politique de baisse ou d'exemption des taxes sur ces entreprises. En 1979, en se fondant sur l'esprit de la troisième session plénière du onzième Comité Central, le Conseil des Affaires d'État promulguait les « règlements concernant quelques questions pour le développement des entreprises des communes populaires et des brigades de production ». Ces règlements peuvent être considérés comme une approbation officielle des contours du droit de possession mis en œuvre de façon flexible depuis plusieurs années. L'arrangement institutionnel quasi-formel se transformait ainsi en arrangement institutionnel formel.

3. Durcissement de « l'exclusivité verticale » : le rôle joué par les finances locales

Avec le lancement des réformes économiques à la fin des années 1970, les facteurs d'assouplissement de l'exclusivité vers le haut de la possession par les organes dirigeants des communes ont connu plusieurs changements importants. En premier lieu, après s'être heurté à une sérieuse crise d'efficacité économique et à des tensions politiques et sociales, l'État, premier « possédant » du pays, a considérablement limité ses interventions directes dans les activités économiques rurales. S'il restait présent dans l'agriculture, en particulier en ce qui concerne la culture des céréales, l'État n'avait plus ni l'intention ni la capacité de planifier administrativement le fonctionnement des entreprises de bourg et de village. Deuxièmement, l'idéologie de la hiérarchie des régimes de propriété a connu une évolution : la propriété collective n'était plus considérée comme une forme inférieure au régime de propriété étatique. Troisièmement, la dépendance administrative des organes dirigeants des communes populaires (la commune populaire est supprimée et devient ainsi le gouvernement de canton ou de bourg) à l'égard des niveaux supéricurs s'cst affaiblic. Ces changements ont provoqué un durcissement de l'exclusivité verticale de la possession par les gouvernements locaux sur les actifs des entreprises qu'ils ont créées. Les changements concernant les sources de revenus des gouvernements locaux ont joué un rôle majeur et fortement influencé leurs comportements.

Avant le développement des entreprises créées par les communes populaires, les sources de revenus des communes populaires se composaient essentiellement des financements alloués par les niveaux supérieurs. Avec la création d'entreprises par les communes, la situation a changé : les bénéfices de ces entreprises sont devenus une nouvelle ressource financière. Avec le démantèlement des communes populaires et l'instauration des gouvernements de canton et de bourg, cette situation a été reconnue par le système financier de l'État.

En 1983, le Comité central du Parti communiste et le Conseil des Affaires d'État, dans un « avis » concernant la mise en place des nouvelles institutions politiques et administratives dans les campagnes, exigeait que : « avec l'instauration des gouvernements de cantons, soient constituées des finances au niveau du canton ». Conformément à cet avis, le ministère des Finances élaborait en 1985 des « mesures expérimentales concernant la gestion des finances des cantons et des bourgs ». Ce document énonçait formellement que « les revenus financiers des cantons (et des bourgs) se composent de fonds provenaient du budget de l'État, de fonds extra-budgétaires et d'autofinancement » (Société de gestion du budget, ministère des Finances, 1986)[4].

Ces mesures expérimentales concernant la gestion des finances des cantons et des bourgs, avaient pour objectif de placer la gestion des finances locales sur un terrain légal au moment de la création des gouvernements de cantons. Ainsi, elles reconnaissaient le statut du fonds d'autofinancement au sein des finances des cantons. Les principales ressources de ces fonds proviennent des profits que les entreprises créées dans les cantons versent au gouvernement local. Cette reconnaissance légale a stimulé l'assistance des gouvernements au développement de ces entreprises de bourg et de village. Dans les régions où le développement de ces entreprises était vigoureux, la structure des ressources financières des cantons a été fortement modifiée, et la dépendance envers les financements provenant des niveaux supérieurs de l'État n'a cessé de diminuer ; au contraire, la dépendance envers les profits versés par les entreprises de bourg et de village a constamment augmenté (Liu Shiding, 2000).

---

4. D'après ces mesures expérimentales, les fonds provenant du budget de l'État incluent : l'impôt sur le revenu des entreprises de bourg et de village, l'impôt sur l'abattage, l'impôt pour la maintenance et la construction urbaine, la taxe sur les foires, la taxe sur les transactions animales, la taxe sur l'immatriculation et l'usage de véhicules et de bateaux, l'impôt sur les contrats. Le produit de ces impôts, avec l'accord du gouvernement du niveau supérieur, revient aux gouvernements des bourgs et cantons. Les revenus extra-budgétaires comprennent : les taxes additionnelles agricoles et les taxes additionnelles pour les dépenses d'éducation à la campagne, ainsi que les revenus de gestion des unités de service et d'autres taxes additionnelles pour des services publics mises en place en conformité avec les règlements d'État. L'autofinancement comprend les revenus perçus en conformité avec les règlements d'État ; il n'est pas permis de répartir ces revenus selon le bon vouloir des autorités locales.

Notre étude de cas montre que les profits versés par ces entreprises de bourg et de village sont rapidement devenus la part principale des revenus des gouvernements de canton. Par exemple, pour le canton de H dans le sud du Jiangsu, l'autofinancement représentait en 1991 65,66 % des revenus du gouvernement local (voir tableau 1).

	Montant (en milliers de yuans)	**Pourcentage (%)**
Revenus budgétaires	738,6	17,1
Revenus extra-budgétaires	745,0	17,24
Fonds d'autofinancement	2 836,5	65,66
Total	4 320,1	100

Tableau 1 – Total des revenus financiers du gouvernement du canton H en 1991.
Source : Ma Rong, Wang Hansheng et Liu Shiding, 1994, p. 730.

L'existence de ces fonds d'autofinancement dans la structure des revenus a entraîné deux conséquences :
– premièrement, le lien très étroit entre ces fonds et les bénéfices des entreprises a incité les gouvernements de canton à suivre de près le développement de ces dernières. Toute intervention ou possession défavorable à la croissance des profits de ces entreprises est donc perçue comme une menace sur les revenus des gouvernements de canton, et est donc interdite par ceux-ci.
– deuxièmement, la dépendance des cantons à l'égard des gouvernements du niveau supérieur s'affaiblit, en particulier lorsque les revenus budgétaires et extra-budgétaires représentent une part très faible des ressources locales.

Ces deux conséquences produisent un même effet : le durcissement de l'exclusivité verticale de la possession par les cantons.

4. Système de contrat sur les revenus fiscaux et marchandage entre les différents niveaux de gouvernement

À partir du début des années 1970, beaucoup de provinces ont appliqué aux différents niveaux administratifs un système de contrat

portant sur les recettes et les dépenses financières. La principale source de revenus des gouvernements locaux étaient les impôts ; s'est alors formé un système d'affermage fiscal par lequel les gouvernements s'engageaient à verser un certain montant des taxes collectées aux niveaux supérieurs. Un tel système a été appliqué dans les cantons et les bourgs. Malgré la réforme du système fiscal de 1994, beaucoup de cantons continuent dans les faits à appliquer un tel système de contrat fiscal.

Il existait un double système fiscal dans la gestion économique, c'est-à-dire d'une part les impôts dont les types et les taux étaient fixés par l'État, mais dont le montant perçu n'était pas fixé à l'avance et dépendait de la situation économique réelle et de l'exécution de la perception ; et d'autre part, avec le système de contrats sur les revenus fiscaux, les impôts dont les revenus fiscaux étaient déterminés à l'avance. Les gouvernements de canton, dépendant des profits issus du développement de la communauté et de leurs profits propres, se souciaient nécessairement de la maîtrise du montant des impôts fixé par le contrat fiscal et du double système de taxes.

Dans les cantons et les bourgs, la perception des impôts est assurée par le bureau des impôts et le bureau des finances[5]. Ces deux bureaux ont beau être sous l'autorité du niveau immédiatement supérieur en ce qui concerne la gestion des personnels et les questions techniques, les revenus fiscaux restent fortement dépendants de la coopération des gouvernements de canton. En effet, premièrement, le système administratif était contraint par le double système du « *tiao kuai* »[6] ; deuxièmement, la capacité de perception était insuffisante ; enfin, troisièmement, les relations entre les personnes à la campagne avaient une influence importante sur le fonctionnement administratif. Ce système de contrat sur les revenus fiscaux a ainsi renforcé l'intervention des gouvernements de canton dans le processus de détermination du montant des impôts. Souvent, le volume des impôts versés aux niveaux supérieurs faisait

5. Dans les années 1990, dans les cantons et les bourgs, les impôts agricoles, les impôts agricoles additionnels, les fonds pour la construction et les prélèvements pour l'éducation étaient perçus par le bureau des finances, alors que les différentes taxes industrielles et commerciales, ainsi que la taxe sur l'entretien et la construction urbaine, étaient perçues par le bureau des impôts.

6. Le *tiao kuai* renvoie à la pluralité des hiérarchies et des arrangements institutionnels, qui peut permettre à un gouvernement local de contester, voire ignorer, des décisions émanant des niveaux supérieurs.

l'objet d'une discussion, voire même d'un marchandage avec les autorités et administrations.

Le système de contrat sur les revenus ne fixe pas seulement à l'avance les frontières entre les biens possédés. Il entraîne la formation d'un mécanisme de marchandage entre les gouvernements de canton et les bureaux des niveaux supérieurs ; de plus, la possession des gouvernements de canton a vu se durcir son exclusivité envers les niveaux supérieurs, en même temps les procédures légales.

5. « Mettre de l'eau et élever des poissons » et protection de la possession des gouvernements de canton

Dans ce système de double imposition, le gouvernement de canton, outre qu'il intervient dans le processus de détermination du contrat fiscal pour protéger la communauté ainsi que les intérêts de sa propre possession, adopte souvent une série de dispositions dans le processus de versement des impôts pour se prémunir contre le risque de dépasser le montant du contrat fiscal. Car si la perception s'effectue strictement en vertu des types et taux d'impôts prescrits par l'État, le montant perçu au final a de fortes chances d'être supérieur à celui du contrat fiscal. Cette pratique visant à réduire le plus possible les impôts des entreprises est appelée dans certaines régions : « mettre de l'eau et élever des poissons » (*fang shui yang yu*).

Dans les cantons où fleurissent ces entreprises, « mettre de l'eau et élever des poissons » ne représente pas seulement une protection des intérêts de la communauté, mais également une protection de la possession par le gouvernement de canton. Dans certaines régions, le canton applique des règles locales quasi-formelles, qui témoignent souvent de la spécificité de ce type de protection.

Par exemple, avant la réforme fiscale de 1994, certains cantons avaient mis en œuvre un système de profits déclarés et de profits de clôture des comptes, témoignant de cette protection de la possession des gouvernements locaux et des intérêts de la communauté. Les profits déclarés correspondent au montant que les entreprises déclarent au bureau des impôts, plus faible que leurs profits réels. La principale fonction de cette pratique est d'éviter que le bureau des impôts ne prélève de taxes supplémentaires en sus de ce qui est prévu dans le contrat fiscal. Cependant, le gouvernement du canton ne se contente pas d'autoriser un écart entre le montant des profits déclarés à l'administration fiscale et les bénéfices réels, il conçoit également des règles de vérification des profits après clôture des comptes, et protège ainsi sa possession des entreprises. Le gouvernement de canton ne se fonde pas sur les profits déclarés pour contrôler la situation de gestion des entreprises de bourg ; il se base sur les profits de clôture des comptes des entreprises. Ceux-ci représentent les profits déclarés plus ceux révisés à la hausse, moins ceux révisés à la baisse. Ces révisions à la hausse et à la baisse dépendent toutes d'un ensemble de règles internes sur lesquelles se fonde l'examen de la situation financière. Le tableau 2 montre les profits déclarés et les profits après fermeture des comptes de l'usine chimique du canton de H entre 1988 et 1991.

	1988	1989	1990	1991
Profits de clôture des comptes	84,3	99,7	150	680
Profits déclarés	4,0	04,5	1,5	6,1
Révisions à la hausse	80,3	95,2	148,5	680
Profits approuvés		32,6		
Révisions à la baisse				6,1

Tableau 2 – Profits de l'usine chimique du canton de H (en milliers de yuans).
Source : Ma Rong, Wang Hansheng, Liu Shiding, 1994, p. 762.

Les intérêts financiers du gouvernement de canton (son fonds d'autofinancement) sont liés aux profits de clôture des comptes. Le tableau 3 illustre ce point. Le système des profits déclarés/profits de clôture des comptes protège la possession des actifs des entreprises par le gouvernement de canton et ses intérêts financiers.

	Montant (en milliers de yuans)	Pourcentage (en %)
Montant total des profits après clôture des comptes	680	100
Conservé par l'entreprise	444,3	65,34
Versé au gouvernement du canton	68	10
Distribué aux salariés	167,7	24,66

Tableau 3 – Distribution des profits de l'usine chimique du canton de H en 1991.
Source : Ma Rong, Wang Hansheng, Liu Shiding, 1994, p. 763.

Cette action de protection de la part du gouvernement de canton reflète le renforcement de l'exclusivité de la possession.

Possession des actifs par les directeurs des entreprises de bourg et de village

1. Les systèmes de responsabilité et forfaitaires : possession limitée dans le temps et frontières de l'accord tacite

La plupart des entreprises de bourg et de village mettent en œuvre le « système de responsabilité » ou le « système forfaitaire ». Il existe plusieurs formes de ces deux systèmes qui ont les caractéristiques suivantes : premièrement, sont précisés les objectifs et les règles dont le directeur d'entreprise est chargé dans la mise en œuvre par le gouvernement de canton ; les modes de rémunération des directeurs qui sont liés à l'application de ces objectifs et de ces règles sont également prévus. Deuxièmement, les directeurs d'entreprise disposent dans une certaine limite d'une indépendance dans la prise de décision en ce qui concerne la production et les échanges, devenant ainsi, dans une certaine mesure les « possédants » des actifs de l'entreprise.

Il est possible d'illustrer cette particularité par l'exemple d'un « contrat forfaitaire » signé entre un gouvernement de canton et un directeur d'entreprise. Le directeur de l'usine de raffinage du canton de I dans le sud du Jiangsu a signé en 1989 avec le gouvernement du canton un contrat forfaitaire de trois ans. Les objectifs principaux fixés par ce contrat sont reproduits dans le tableau 4.

	Unité	1989	1990	1991
Valeur de la production Engagement	En millions de yuans	6	7	8,64
Cinq revenus[7] Objectif visé	En milliers de yuans	7,5		
Cinq revenus[7] Engagement	En milliers de yuans	0,75	0,885	1,04
Objectif visé	En milliers de yuans	1,10		
Profits remis au gouvernement	En milliers de yuans			
Valeur de la production créée par personne	En yuans	40 000	40 000	40 000
Cinq revenus créés par personne	En yuans	5 000	5 000	5 000
Compte débiteur / recette provenant de ventes	En %	10	10	10
Vente / Production	En %	90	90	90
Valeur de la production / capitaux fixes	En %	3	3	3
Frais d'activité / recettes provenant des ventes	En %	0,6		

Tableau 4 : Principaux objectifs du contrat forfaitaire de l'usine de raffinage du canton de I en 1989.
Source : Ma Rong, Wang Hansheng, Liu Shiding, 1994, p. 856.

---

7. Les cinq revenus incluent : (1) les profits ; (2) la masse salariale, calculée sur la base du salaire de base et des effectifs réels ; (3) la masse salariale non distribuée en salaires, comprenant le fonds d'encouragement, le fonds des assurances sociales et le fonds d'éducation ; (4) le fonds d'amortissement et (5) le fonds des réparations.

Ce tableau montre les objectifs exigés par le gouvernement du canton envers l'usine de raffinage, y compris en ce qui concerne la valeur de la production, les profits, les cinq types de revenus, etc. Cependant, l'existence de ces objectifs ne fait pas du directeur de l'entreprise un simple exécutant dans le domaine de la gestion. Le gouvernement ne pose pas d'exigence en ce qui concerne ce que l'usine produit, son mode d'organisation de la production et les clients auxquels elle doit vendre ses produits. Tous ces domaines appartiennent au domaine de décision du directeur de l'usine et représentent donc un espace de réalisation de la possession par ce dernier.

Le type et la quantité des actifs économiques étant relativement peu nombreux, le gouvernement du canton ne peut pas ressembler à un gouvernement central dans un système d'économie centralement planifiée, et substituer au commerce entre entreprises l'allocation des matériaux entre unités de production. Ainsi, le gouvernement de canton possède les actifs des entreprises, mais il ne peut pas empêcher les directeurs des entreprises de disposer d'un droit de possession dans un certain espace.

Dans la mise en œuvre du système de responsabilité des directeurs des entreprises de bourg et de village, le « contrat » de responsabilité impose deux types de contraintes du droit de possession de ces directeurs : des contraintes d'objectifs et des contraintes de processus.

Par « contraintes d'objectifs », nous désignons les objectifs de gestion qui imposent des contraintes et des restrictions sur le champ de leur droit de possession. Par exemple, les exigences en matière de valeur de la production, de profits et de revenus reproduits dans le tableau 4 constituent des contraintes d'objectifs sur le champ du droit de possession du directeur de cette usine. Bien entendu, ces objectifs de gestion en eux-mêmes ne fixent pas directement des limites au droit de possession. Cependant, la réalisation de ces objectifs ne pouvant être séparée de la possession des actifs de l'usine, leur contenu influe sur l'espace des choix possibles du mode de possession ; or cet espace de choix du mode de possession concerne directement le droit de possession. Par conséquent, les objectifs fixés dans le système de responsabilité affectent inévitablement le domaine du droit de possession des directeurs d'entreprises. On peut alors dire que ces contraintes d'objectifs sont une sorte de contrainte indirecte qui pèse sur le champ du droit de possession. Les directeurs d'entreprises qui possèdent un certain droit de propriété fixent leurs propres objectifs qui ne constituent pas des contraintes. Cependant, les objectifs fixés dans le cadre du système de responsabilité sont imposés de manière coercitive et doivent être réalisés : ils constituent par conséquent une forme de contrainte sur le droit de possession.

Par « contraintes de processus », nous désignons des règles contraignantes produites directement par l'action des directeurs d'entreprises et qui délimitent les frontières du droit de possession. Par exemple, les modes d'embauche, le système de rémunération, le mode de gestion des actifs, etc. produisent des prescriptions qui relèvent des contraintes de processus. Ces contraintes ont des effets directs sur le droit de possession.

Dans les entreprises gérées par les cantons, une contrainte importante vient des rémunérations. Si l'on observe le cas de l'entreprise du sud du Jiangsu, le contrôle du gouvernement du canton sur les rémunérations des employés comme du directeur est relativement strict (Ma Rong, Wang Hansheng, Liu Shiding, 1994). Le niveau des rémunérations est issu, bien entendu, d'une réflexion sur les différences de revenus entre les salariés du canton, mais le plus important est d'éviter que les actifs du gouvernement du canton ne deviennent, à travers la redistribution des revenus, la propriété de tous.

2. Exclusivité à direction limitée

Bien que les directeurs des entreprises signent un contrat de responsabilité ou forfaitaire avec le gouvernement du canton, le domaine de ce contrat ne leur assure en rien un droit de possession exclusif envers le gouvernement. En réalité, le contrat est souvent signé dans des conditions d'inégalité et d'asymétrie des positions entre le directeur et le gouvernement de canton, et il a plus ou moins le caractère d'une directive[8]. Après la signature du contrat, lorsqu'il le considère nécessaire, le gouvernement en vient souvent à le modifier, à réajuster les objectifs, puis à exiger l'accord du directeur.

---

8. Sur ce point, le sous-directeur de l'usine de chauffe-eaux électriques du bourg I dans le Jiangsu explique ainsi : « C'est une directive administrative, jusqu'à maintenant il n'y a pas de marge pour marchander, ce que le bourg décide c'est ce qu'il décide, on ne peut pas le changer. On gagne rarement le marchandage. » (Ma Rong, Wang Hansheng et Liu Shiding, 1994, p. 903).

La raffinerie du bourg I a ainsi signé en 1989 un contrat de trois ans (tableau 4), mais le gouvernement du bourg, ayant réajusté sa stratégie de gestion forfaitaire et les résultats de l'usine ayant largement dépassé les prévisions, a rediscuté avec l'entreprise, révisant et complétant le contrat en 1990. Ces révisions et compléments modifient le contrat dans les termes qui suivent :

– L'engagement de la valeur de la production pour 1990 est réajusté, passant de 70 millions de yuans à 96 millions, et l'objectif passe à 11,52 millions de yuans, soit 20 % de plus qu'en 1991.

– L'engagement pour le montant total des cinq revenus[9] passe de 0,885 millions de yuans à 2,20 millions ; l'objectif est de 264 2,64 millions, soit 18 % de plus qu'en 1991.

– En 1990 débute l'introduction du système de protection contre les risques, avec la mise en œuvre du forfait de prévision des risques. Il s'agit pour le directeur de verser 10 millions de yuans à un fonds, si les objectifs sont atteints en totalité, ce gage est remboursé avec intérêts au directeur ; si les objectifs ne sont pas atteints, une part de ce gage, proportionnelle aux objectifs non atteints, est retenue.

– Le calcul de la masse salariale total est modifié : du montant des revenus il devient montant des revenus après paiement des impôts.

– La rémunération des dirigeants de l'entreprise suit de nouvelles règles édictées en 1990 par le gouvernement du bourg.

En 1991, le gouvernement du bourg procéde à une nouvelle révision du contrat forfaitaire qui inclue une hausse de l'engagement de valeur de la production qui passe à 13,52 millions de yuans, et l'objectif à 17,5 millions ; l'engagement des cinq revenus passe à 2,75 millions de yuans et l'objectif à 3,7 millions de yuans.

Ces modifications de contrat, bien qu'elles fassent l'objet d'une discussion avec le directeur de l'entreprise, sont essentiellement le fruit de la volonté du gouvernement de canton. De plus, ces révisions unilatérales des contrats par les gouvernements ne prévoient pas d'indemnisations. Ceci illustre le fait que le contrat représente une contrainte faible pour les gouvernements de canton et que sa signature avec le gouvernement de canton ne signifie pas l'acquisition par les directeurs d'en-

9. Les cinq revenus incluent : (1) les profits ; (2) la masse salariale, calculée sur la base du salaire de base et des effectifs réels ; (3) la masse salariale non distribuée en salaires, comprenant le fonds d'encouragement, le fonds des assurances sociales et le fonds d'éducation ; (4) le fonds d'amortissement et (5) le fonds des réparations.

treprises d'un droit de possession exclusif dans toutes les directions sur tous les domaines couverts par le contrat. La possession par les directeurs, pendant la durée du contrat, ne peut éliminer la possession par les gouvernements, l'exclusivité est pour le moins affaiblie.

Les raisons de cette situation sont les suivantes :

– premièrement, l'existence d'un système judiciaire indépendant est une condition indispensable pour l'acquisition d'un droit de possession exclusif dans toutes les directions au travers du contrat avec les gouvernements de canton et les directeurs d'entreprises. Cependant, cette condition n'était pas présente dans la période de forte croissance des entreprises de bourg et de village des années 1980 et 1990. Il ne fait aucun doute que, si les décisions de justice subissent l'influence du pouvoir des gouvernements, même si il y a un contrat, la possession par les directeurs ne peut exclure la possession par les gouvernements. En réalité, le problème ne porte même pas sur les résultats d'un différend sur les droits. Dans un système de justice non indépendante, ou partiellement indépendante, les directeurs d'entreprises ne se pensent pas comme ayant une position d'égalité avec les gouvernements de canton au moment de la signature du contrat.

– deuxièmement, beaucoup de directeurs d'entreprises des cantons sont plus ou moins dépendants des gouvernements de canton. Le maintien de cette dépendance est dû soit au fait que le gouvernement offre la garantie d'une position stable, soit aux relations entre personnes voire aux sentiments. La première génération de directeurs de ces entreprises étaient pour la plupart d'anciens cadres de la commune ou de l'équipe de production, ou bien des cadres au niveau du canton ou du village. Par la suite, la majorité des dirigeants d'entreprises a continué à émerger du réseau social des cantons et des villages. Ce type de dépendance entraîne un affaiblissement de l'exclusivité envers le gouvernement du droit de possession des directeurs.

Toutefois, ceci ne signifie nullement que les directeurs d'entreprise ne jouissent pas d'un espace d'indépendance et qu'ils subissent en permanence les influences des gouvernements de canton. L'intervention des gouvernements de canton dans l'espace de possession des directeurs est restreinte par le manque d'informations dont ils disposent, ainsi que par leurs faibles compétences en gestion et dans le domaine technologique. De plus, les gouvernements ont toujours le devoir de trouver un équilibre entre la croissance économique du canton et le contrôle des actifs.

Mais ces deux objectifs peuvent se substituer l'un à l'autre : ainsi accroître le contrôle sur les actions de possession des directeurs peut affaiblir leur dynamisme, et s'avérer défavorable à la croissance économique ; au contraire, stimuler davantage le directeur peut entraîner un affaiblissement de la possession par le gouvernement. Si le gouvernement du canton est suffisamment rationnel et accorde une place prépondérante à la croissance économique, il accordera forcément aux directeurs d'entreprise un espace de liberté. En outre, s'il est vrai que les réseaux relationnels dans les villages provoquent parfois un affaiblissement de l'exclusivité envers le gouvernement, ils renforcent la confiance entre le gouvernement et les dirigeants de l'entreprise. En se servant de ces relations de confiance, les gouvernements peuvent souvent négocier un accord tacite sur les frontières du droit de possession avec les directeurs d'entreprises[10].

3. Possession limitée dans le temps des actifs par les gestionnaires des entreprises

La possession des actifs des entreprises par les directeurs est limitée dans le temps. Dans le système de responsabilité, la durée du contrat forme une limite temporelle à ce type de possession. Bien entendu, une fois le terme du contrat atteint, la possession de certains directeurs se maintien. Le maintien ou non de cette possession dépend de facteurs tels que les résultats de leur gestion économique, leurs relations avec le gouvernement du canton, mais également leur âge (par exemple s'ils ont ou non déjà atteint l'âge de la retraite). En réalité, cette limite temporelle anticipée par les directeurs n'est pas forcément identique celle du

10. Le discours du directeur de l'usine textile n° 2 du bourg de L illustre parfaitement les liens sentimentaux qui existent entre des dirigeants d'entreprise et des autorités locales : « premièrement, tout le monde ne peut pas devenir directeur d'usine. Si je le suis devenu, c'est grâce à la formation donnée par les dirigeants que j'ai mérité. Deuxièmement, il y a de l'affection entre ce bourg et moi, je suis redevable au bourg, et je dois bien travailler pour le bourg. Troisièmement, si je dois monter une entreprise à moi, ou si on ne veut plus de moi ici, j'ai encore des relations grâce auxquelles il serait facile pour moi de gagner 100 000 ou 200 000 yuans. Quoi qu'il en soit, le bourg m'a fait cadeau d'une bonne réputation, il a en plus changé mon *hukou* rural en *hukou* urbain, c'est un honneur. C'est différent de ceux qui achètent leur *hukou* urbain pour plus de 10 000 yuans. » (Ma Rong, Wang Hansheng, Liu Shiding, 1994).

contrat. Le lien entre ces deux limites temporelles, ont une influence importante sur le comportement de possession des directeurs d'entreprises.

Le lien entre ces deux limites temporelles influence la poursuite de résultats économiques par les directeurs. Si ces deux limites sont identiques, il est très possible qu'un directeur aille rechercher une maximisation des résultats économiques dans la durée fixée par le contrat et que ces résultats soient mis en avant face au gouvernement local. Si la limite temporelle anticipée par le directeur est plus longue que la durée prévue par le contrat, il est probable que le directeur ne recherche qu'une réussite convenable dans la durée du contrat, sans maximiser la réussite des objectifs. Dans la situation où le gouvernement de canton ne dispose pas de la totalité des informations concernant la gestion de l'entreprise, il est très probable que le directeur s'attache à faire en sorte qu'une partie de ses résultats économiques ne soient pas révélée au gouvernement de canton. Ainsi, il évite que dans la durée d'un nouveau contrat, soient décidés des objectifs économiques trop élevés.

4. Exclusivité formée par les réseaux de relations et modification des modes d'utilisation des actifs

Les réseaux relationnels informels jouent un rôle important dans le fonctionnement des entreprises de bourg et de village. Nous définissons les relations informelles comme celles reconnues par les personnes concernées, mais non confirmées par la loi, les règlements, les conventions ou autres textes officiels. Notre enquête dans les entreprises de bourg et de village révèle un usage important de ce type de relations dans le fonctionnement de ces entreprises. Elles se développent dans de nombreux domaines : création d'usine, gestion conjointe, changement de secteur d'activité, adoption de projets, achat de matières premières, vente de la production, direction technique, formation du personnel, etc. (Liu Shiding, 1995a, 1998b)[11].

---

11. La raffinerie du bourg de I a été créée en 1988 sur la base d'une usine attachée à l'école primaire du bourg, spécialisée dans le traitement d'huiles usagées. Habile et compétent, le directeur excelle à saisir toute les occasions pour établir des relations et exploiter différents secteurs d'activités commerciales. Le pétrole étant à l'époque rationné par l'État, cette usine qui n'était pas dans le système de distribution planifiée,

Nous n'excluons pas la possibilité que les ressources relationnelles soient contrôlées par le gouvernement ou des organisations coopératives collectives. Certaines relations informelles utilisées pour le développement d'entreprises de bourg et de village se construisent avec l'aide du gouvernement du canton, voire peuvent être contrôlées par lui. Cependant, notre enquête approfondie et l'observation quotidienne nous donnent des raisons de croire qu'une proportion relativement importante des ressources relationnelles informelles sont aux mains de personnes privées.

Lorsque les relations informelles sont contrôlées par le directeur en personne et qu'elles deviennent des ressources économiques importantes de la gestion, le fonctionnement de l'entreprise est quelque peu teinté de privatisation. En effet, le départ d'un directeur peut signifier la perte d'une ressource économique, voire même porter atteinte à la survie de l'entreprise. Ce qui rend les directeurs difficilement remplaçables.

Il circule sur le développement des entreprises de bourg et de village beaucoup de légendes sur des fortunes réalisées à partir de rien, à la force du poignet. Dans presque toutes ces histoires, on peut voir comment le directeur cherche, exploite, tisse, produit et reproduit des relations informelles. Ces légendes reflètent le fait que dans les entreprises créées et développées grâce aux relations du directeur, la position de ce dernier est pratiquement irremplaçable.

---

ne pouvait donc accéder à cette ressource au prix régulé. Par ailleurs, il y avait pénurie de pétrole sur le marché libre. Malgré tout, le directeur a réussi à en acheter plus de dix mille tonnes, grâce à des amis, bâtissant ainsi une base solide pour le développement ultérieur de l'usine. Par la suite, il s'est employé à trouver des financements afin de décrocher de nouveaux projets. Ce faisant, il a non seulement trouvé vingt-trois millions de yuans d'investissement, mais aussi résolu partiellement les difficultés financières d'autres entreprises du bourg. Il admet que les dirigeants de l'usine ont un vaste réseau de relations et de nombreux liens de fidélité. Selon lui, les hommes se lient par amitié et affection, les usines se créent par réputation, les produits se vendent grâce à leur qualité. « Nous sommes sincères avec les autres. Si les banquets et les cadeaux sont une obligation pour les affaires, cela entretient également des relations d'amitié et des liens privés. » Avec le développement rapide de l'usine et l'élargissement du réseau de relations chez ses dirigeants, l'école à laquelle l'usine était attachée a progressivement perdu sa capacité de contrôle sur l'usine. Dans le même temps, le gouvernement local s'efforce de l'intégrer à d'autres entreprises du bourg et à démontrer sa supériorité hiérarchique sur cette usine. Mais le directeur ne pense pas pour autant que de tels changements puissent avoir un impact sur les activités de l'usine, ce qui montre que son réseau de relations a déjà procuré au directeur un statut indispensable.

Le réseau de relations informelles de ces gestionnaires d'entreprises, le caractère privé de leur gestion et leur irremplaçabilité les protègent et leur profitent en modifiant ainsi l'exclusivité. L'existence de ces facteurs contribue au renforcement de l'exclusivité de la possession des directeurs et à l'élargissement de la direction de l'exclusivité. En effet, les gouvernements de canton en sont, dans une certaine mesure et dans une certaine limite, exclus.

La barrière formée par le réseau relationnel des entreprises affecte non seulement les caractéristiques de l'exclusivité de la possession, mais modifie également les modes d'usage des actifs des entreprises dans un contexte où le contrôle par les gouvernements de canton s'affaiblit. Élargir la consommation du pouvoir et développer de manière dissimulée des entreprises privées au service de soi-même deviennent les choix d'un nombre croissant de gestionnaires (Liu Shiding, 1999).

Réforme des entreprises de bourg et de village

Dans la seconde moitié des années 1990, dans les régions où les entreprises de bourg et de village ont connu un développement vigoureux, comme les provinces du Shandong, du Guangdong et du Jiangsu, il s'est produit une réforme majeure dans la structure de leurs droits de propriété des entreprises de bourg et de village, réforme appelée dans les discours des gouvernements locaux la « réforme des entreprises ». Le cœur de cette réforme consiste à recourir à l'achat et à la distribution d'une partie des actifs pour convertir les anciens gestionnaires de ces entreprises en propriétaires uniques, ou en actionnaires majoritaires, légalement reconnus (Liu Shiding, 1995b). Ainsi le directeur, qui était un « possédant » contraint par une exclusivité à la direction limitée, une limite temporelle et des modes d'usage limités, devient un « possédant » à l'exclusivité dans toutes les directions, sans limite temporelle et dont les modes d'usage sont soumis à très peu de restrictions. Le nouvel état de propriété correspondant à la compréhension habituelle de la « propriété privée », cette réforme est également appelée privatisation de la propriété.

Lors de notre enquête sur le développement des entreprises de bourg et de village menée en 2000 dans la municipalité de W dans le sud du Jiangsu, le vice-directeur du bureau des entreprises de bourg et de village de cette municipalité, M. Zhou expliquait ainsi :

« Depuis octobre 1997, la municipalité de W encourage avec force la réforme du système de propriété. Jusqu'à présent, seul un petit nombre de très grandes entreprises et d'entreprises conjointes avec Shanghai n'ont pas été réformées. Car si Shanghai ne veut pas procéder à cette réforme, il n'est pas possible de la mettre en œuvre. Il y a également des entreprises dont la réforme se révèle particulièrement difficile. Mais pour l'essentiel toutes les entreprises ont été réformées. La municipalité compte près de deux milles entreprises collectives, dont environ 1 700 ont été cédées à des particuliers par divers procédés. Certaines ont été vendues, d'autres ont été transformées en coopératives par actions, d'autres en sociétés par actions, pour d'autres encore les équipements ont été vendus, les locaux et les équipements électriques loués, enfin, certaines entreprises ont été cédées en louage. Dans les grandes entreprises, la collectivité détient encore des actions. Au départ la collectivité était un actionnaire majoritaire avec plus de 50 % des actions, mais cela a pris fin, et la réforme s'oriente désormais vers une transformation des entreprises en organisations privées et la coupure des liens directs avec le gouvernement. »

Cette réforme transforme de façon légale le régime de propriété collective des entreprises de bourg et de village en régime de propriété privée. Si elle a l'apparence d'un bouleversement radical, cette réforme crée un lien logique avec ce qu'était la situation de la possession des actifs dans ces entreprises avant qu'elle n'ait lieu.

Nous avons mentionné précédemment que les gestionnaires des entreprises de bourg et de village inséraient leurs activités économiques dans leur réseau relationnel, instaurant ainsi une exclusivité particulière. Il importe cependant de noter que le renforcement de cette exclusivité était informel ; l'existence de réseaux relationnels pouvait seulement rendre temporairement difficile l'intervention du gouvernement, mais ne pouvait empêcher sur le long terme de telles interventions.

Ainsi, les gestionnaires des entreprises de bourg et de village ont pendant de longues années exploité et développé une grande quantité de ressources relationnelles informelles dans leurs activités de gestion. L'utilisation de ces ressources leur a permis non seulement d'accélérer le développement des entreprises, mais également de consolider leur possession. Mais d'un autre côté, même si leur position était stable et irremplaçable pendant un moment, elle demeurait instable et incertaine à long terme. Ce contraste entre le renforcement momentané de l'exclusivité de possession et l'incertitude concernant le futur, a entraîné chez un relativement grand nombre de directeurs la volonté de transformer leur possession exclusive informelle en une possession exclusive formelle. Autrement dit, ils demandent une reconnaissance par la loi de leur droit de propriété sur les actifs des entreprises (Liu Shiding, 1998a).

Du côté des gouvernements de canton, le développement des activités des entreprises s'est accompagné d'une plus grande importance de l'écran que forment les réseaux relationnels privés des directeurs, rendant ainsi de plus en plus difficile leur contrôle sur les activités des entreprises. Il s'ensuit deux conséquences : en premier lieu, la réalité des profits et pertes des entreprises est de plus en plus difficile à établir ; il devient difficile d'empêcher les entreprises de déclarer des pertes, et, par conséquent, les gouvernements de canton ont de plus en plus de mal à assurer leurs revenus. En second lieu, les gouvernements de canton ont des difficultés à contrôler les dettes des entreprises alors qu'ils sont légalement obligés d'assumer la responsabilité de ces dettes. Les entreprises créées par les cantons et les bourgs ne sont plus le « trésor public » des gouvernements de canton mais un fardeau. Ainsi la possession de ces entreprises par le gouvernement perd de plus en plus son sens économique.

Dans le même temps, au milicu des années 1990, les entreprises privées connaissaient un essor considérable, et les gouvernements de canton tâtonnaient pour définir une fiscalité permettant de tirer bénéfice du développement de ces entreprises privées. Par exemple, la collecte des loyers des terrains et des locaux est une pratique qui s'est largement répandue. Ces méthodes, parce qu'elles remplacent la possession directe des bénéfices des entreprises, accélèrent la perte d'intérêt des gouvernements de canton pour les entreprises de bourg et de village. La réforme des entreprises de bourg et de village signifie donc la reconnaissance formelle du changement déjà réalisé des rapports de possession entre les gestionnaires et les gouvernements de canton (Liu Yuzhao, 2002).

Conclusion

Sur la base du concept de possession, nous avons décrit et analysé la structure de la propriété des entreprises de bourg et de village chinoises, ainsi que son évolution, à partir des trois dimensions que sont la question de l'exclusivité, l'espace des choix, et la limite temporelle. Nous avons souhaité que le lecteur puisse prendre connaissance des grandes lignes de la réalité des entreprises de bourg et de village chinoises. Par ailleurs, nous avons proposé un cadre d'analyse qui, sans perdre en concision, soit plus proche de la réalité, plus pertinent pour saisir les évolutions, et plus clair que les analyses en termes de clarification des droits de propriété.

Nous avons concentré cette étude sur les mécanismes de reconnaissance sociale de la possession dans la structure des droits de propriété des entreprises de bourg et de village, afin que le lecteur puisse comprendre, à partir de nos descriptions et analyses, les rôles entremêlés de l'adaptation administrative, l'incitation financière, l'idéologie, les réseaux relationnels et la législation des gouvernements locaux.

Notre analyse s'est concentrée uniquement sur deux aspects des entreprises de bourgs et de villages chinoises, c'est-à-dire les gouvernements de canton et les gestionnaires de ces entreprises. Bien que nous estimions que ceci permette de saisir les grandes lignes de l'évolution de la structure des droits de propriété, il nous faut reconnaître qu'une telle démarche ne peut offrir une compréhension exhaustive de la situation quant à la possession de ce type d'entreprises.

BIBLIOGRAPHIE

ALCHIAN, A. (1990) : Chanquan : yige jingdian zhushi (Propriété : une définition classique), in : *Caichan quanli yu zhidu bianqian – chanquan xuepai yu xinzhidu xuepai yiwenji (Droit de propriété et évolution institutionnelle – recueil de textes traduits de l'école du droit de propriété et de l'école du nouveau système)*, Shanghai, Shanghai Sanlian shudian, Shanghai renmin chubanshe.

COLEMAN, J. (1990) : *Shehui lilun de jichu (Les fondements de la théorie sociale)*, Pékin, Shehui kexue wenxian chubanshe.

COASE, R. (1990) : Shehui chengben wenti (Le problème du coût social), in COASE, R. (1990) : *Qiye shichang yu falu (Entreprise, marché et loi)*, Shanghai, Shanghai Sanlian shudian.

COOTER R., ULEN, T. (1994) : *Fa he jingjixue (La loi et l'économie)*, Shanghai, Shanghai Sanlian shudian, Shanghai renmin chubanshe.

Équipe de recherche sur les transitions institutionnelles et structurelles (1997) : Zuowei zhidu yunzuo he zhidu bianqian fangshi de biantong (Flexibilité comme fonctionnement du système et mode d'évolution institutionnelle), *Zhongguo shehui kexue jikan (Revue trimestrielle des sciences sociales chinoises)* n. 4.

LIU SHIDING (1995a) : Xiangzhen qiye fazhan zhong dui feizhengshi shehui guanxi de liyong (L'utilisation des relations sociales informelles dans le développement des entreprises de bourg et de village), *Gaige (Réforme)* n. 2.

(1995b) : Shundeshi qiye zichan suoyouquan zhuti jiegou de biange (Changements dans la structure de propriété des actifs dans les entreprises de Shunde), *Gaige (Réforme)* n. 6.

(1998a) : Kesi beilun he dangshizhe dui chanquan de renzhi (Paradoxe de Coase et connaissance des intéressés sur le droit de propriété), *Shehuixue yanjiu (La recherche en sociologie)* n. 2.

(1998b) : Lishi yichan he xiangzhen qiye de boxing (Héritage historique et essor des entreprises de bourg et de village), in Ma Rong et Zhou Xing (eds.) : *Tianye gongzuo yu wenhua zijue (Travail sur le terrain et conscience culturelle)*, Pékin, Qunyan chubanshe.

(1999) : Qianruxing yu guanxi hetong (Imbrication et relation par contrat), *Shehuixue yanjiu (La recherche en sociologie)* n. 4.

(2000) : Xiangzhen zhengfu de shouru jiegou yu yunzuo xitong (Structure des recettes et système de fonctionnement dans les gouvernements de canton et bourg), in MA RONG, LIU SHIDING, QIU ZEQI (eds.) : *Xiangzhen zuzhi bianqian yanjiu (Études structurelles des organisations dans les cantons et les bourgs)*, Pékin, Huaxia chubanshe.

LIU YUZHAO (2002) : *Feizhengshi xitong de zhengshihua (Formalisation des systèmes informels)*, thèse de doctorat, département de sociologie de l'Université de Pékin.

MA RONG, WANG HANSHENG, LIU SHIDING (eds.) (1994) : *Zhongguo xiangzhen qiye de fazhan lishi yu yunxing jizhi (Histoire du développement et mécanismes de fonctionnement des entreprises de bourg et de village en Chine)*, Pékin, Beijing daxue chubanshe.

MO YUANREN (1987) : *Jiangsu xiangzhen gongye fazhanshi (L'histoire de développement de l'industrie de bourg et de village du Jiangsu)*, Nankin, Nanjing gongxueyuan chubanshe.

Service de gestion du budget, Ministère des finances (1986) : Xianxing xiangzhen caizheng guanli banfa huibian (*Recueil des politiques de gestion financières dans les cantons et bourgs)*.

SHE XIAOYE (1997) : *Cunzhuang de zaizao : yige chaoji cunzhuang de shehui bianqian (La réinvention du village. Les évolutions sociales d'un super-village)*, Pékin : Shehui kexue wenxian chubanshe.

YU GUANGYUAN (1991) : Dui zhanyou suoyou yiji tamen yu jingying de guanxi de zaisikao (Nouvelles réflexions sur la possession, la propriété et leur rapport avec la gestion), in YU GUANGYUAN (1991) : *Zhengzhi jingjixue shehuizhuyi bufen tansuo, di wu juan (Recherche en économie politique sur le socialisme,* vol. 5*)*, Pékin, Renmin chubanshe.

ZHANG JUN (1994) : *Xiandai chanquan jingjixue (Économie du droit de propriété contemporain)*, Shanghai, Shanghai Sanlian shudian, Shanghai renmin chubanshe.

ZHANG XIAOSHAN (1994) : Xiangzhen qiye zuzhi zhidu de bijiao yanjiu : (Étude comparative des systèmes d'organisation des entreprises de bourg et de village), in : *Zhongwai xuezhe lun nongcun (Discussions sur les campagnes par des chercheurs chinois et étrangers)*, Pékin, Huaxia chubanshe.

ZHOU QIREN (1994) : Zhongguo nongcun gaige : guojia he suoyouquan guanxi de bianhua (Réformes en Chine rurale : transformation du rapport entre l'État et le droit de propriété), *Zhongguo shehui kexue jikan jikan (Revue trimestrielle des sciences sociales chinoises)* n. 2.

Chapitre 5

Continuité de la tradition culturelle socialiste : action collective et résistance dans les entreprises d'État

TONG XIN

En juillet 1997, le XVe congrès du Parti communiste chinois décidait de procéder à une transformation radicale des entreprises d'État, en provoquant des faillites, des mises en vente, des fusions et leur transformation en sociétés par actions, poussant ainsi vers le marché un grand nombre des entreprises de petite ou moyenne taille. Depuis, les effectifs dans le secteur étatique sont passés de 112,610 millions d'employés en 1995 à 76,4 millions en 2001 (Bureau national des statistiques, 2002), soit une réduction de 36,210 millions d'employés, équivalente à près du tiers des effectifs. Au cours du processus de réforme des entreprises d'État, le statut de la classe ouvrière s'est détérioré, et ce sont en fin de compte les ouvriers qui ont principalement assumé le coût de ces réformes. Sur un plan idéologique, cette ancienne « classe dirigeante » a vu son statut chuter jusqu'à l'avant-dernière place dans la structure sociale (Lu Xueyi, 2002).

Face aux licenciements massifs et à la dégradation de leur statut social, quelle a été la réaction des ouvriers ? Y a-t-il eu des actions collectives ? Comment s'est construite leur mobilisation ? Quelles sont les ressources organisationnelles et culturelles qu'ils ont utilisées ? À la lumière d'une enquête sur l'action collective menée par des ouvriers de l'usine Z contre la fusion avec une entreprise privée, ce chapitre se propose de comprendre l'état actuel des mouvements collectifs de résistance des ouvriers des entreprises d'État et les fondements organisationnels et culturels de leur action pour replacer l'action collective ouvrière dans la culture propre de cette classe sociale.

Les actions de résistance collective des ouvriers de l'usine Z contre la fusion

En mai 2002, des articles publiés sur Internet rendent compte de l'action collective des ouvriers de l'usine Z qui résistent à un plan de fusion en occupant l'usine et en bloquant des rues. Cette action a eu un grand impact et a attiré notre attention. Quatre fois, en juillet 2003 puis à la fin de 2003, à la veille de la fête du Nouvel an 2004 et enfin en juin 2004, les membres de notre équipe de recherche[1] se sont rendus dans cette usine pour y mener une enquête. Nous avons interviewé 45 personnes, recueilli des matériaux représentant 200 000 caractères et obtenu plus d'un million de caractères de retranscription d'entretiens. Nous souhaitions prendre en compte fidèlement cette action collective et étudier cette mobilisation.

Construite en 1958, l'usine Z se trouve située le long d'une route à l'extrémité Ouest de la ville de Z. En 1995, elle avait été classée « entreprise propriété du peuple tout entier de taille moyenne de type I » qui produisait principalement de la papeterie ordinaire, des livres, cahiers, journaux… et accessoirement des papiers pour l'industrie. En février 1998 les actifs représentent au total 88,3 millions de yuans dont 72,6 millions d'actifs de production, le reste étant consacré aux dépenses sociales (logement, assurances sociales, équipements collectifs, etc.). L'endettement de l'entreprise atteint 59,4 millions de yuans, dont 26 millions de prêts bancaires et 10 millions d'intérêts, soit un taux d'endettement total de 67,2 %. L'usine occupe une superficie de 7 hectares, elle emploie 860 personnes dont 171 retraités et 689 actifs. Il faut noter que dans cette usine, comme dans toute entreprise d'État traditionnelle, le logement des employés est conforme au modèle traditionnel de l'industrie étatique, un mur séparant la zone d'habitation de la zone de production.

Les difficultés de l'usine Z datent du début des années 1990. En avril 1995, en raison de la pollution liée à la production et de la baisse de rentabilité, le gouvernement contraint l'usine à cesser la production en invoquant la nécessité de protéger l'environnement. La plupart des

1. Ce projet de recherche a obtenu le soutien de la Fondation pour la recherche sur le développement de la Chine. L'équipe de recherche était composée en particulier de Dai Jianzhong, Zhu Xiaoyang, Tong Xin, Long Yan, Zhu Qinghua, Wu Feng, Ma Dan, Li Wenfen, Fu Li, Liang Meng.

ouvriers sont renvoyés chez eux. Afin de maintenir un niveau de vie minimum aux employés, l'usine maintient une chaîne de production par le biais d'achat de pâte à papier ; cette politique prend fin en 1999 avec la fusion, cette chaîne étant alors mise en location.

En juin 1997, le directeur de l'usine de l'époque souhaite hypothéquer une partie des terrains afin d'obtenir un prêt bancaire. Cette action se heurte à la forte opposition des ouvriers. Les ouvriers plus âgés et les représentants du personnel s'organisent spontanément et bloquent des rues afin de protester. Ce mouvement de protestation représente la première action collective de résistance à grande échelle des ouvriers de Z contre la vente des biens de l'usine. Elle attire l'attention de la municipalité et des autorités concernées qui ont recours à l'assemblée des représentants du personnel afin de résoudre le problème ; les membres de cette assemblée rejettent la vente des terrains par un vote à main levée.

Le 24 août 1998, l'usine Z fusionne avec la société privée H et est enregistrée comme la filiale papier. Cette dernière s'engage à verser les arriérés dc salaires ainsi que les allocations diverses sur une année, à régler progressivement le problème du remboursement des frais de santé, à contribuer au fonds d'assurance retraite des employés en déficit, et enfin à résoudre de façon convenable la réinsertion des employés au chômage. L'assemblée générale des représentants du personnel vote cet accord de fusion.

Le 28 octobre 1999, la filiale papeterie de la société H (c'est-à-dire l'ancienne usine Z) convoque une assemblée générale des représentants du personnel pour discuter de la non application de la convention par la société H. Les ouvriers redéfinissent la nature de cette fusion en la qualifiant de « fusion escroquerie », estimant que le principal objectif de la société H est la vente de terrains pour y développer des projets immobiliers. L'assemblée des représentants décide, par vote, d'exiger l'application de l'accord par la société H, sous peine de « détacher » l'usine Z et d'annuler la fusion.

Le 17 mai 2000, une nouvelle assemblée générale, par vote, décide d'annuler la fusion. Pendant les six mois qui suivent, les relations entre les employés de Z et la société H sont tendues. Les représentants du personnel eux-mêmes transmettent quatre fois de suite aux organes concernés du gouvernement municipal des avis, des rapports et des sollicitations concernant l'annulation de la fusion. Leur demande est claire : ils souhaitent l'application de la décision de l'assemblée des représentants du 28 octobre 1999.

Le 7 juin 2000, la société H n'ayant pas rempli ses engagements, l'assemblée des représentants du personnel décide de lancer une « action ferme de reprise des droits de la société H considérée comme "fusionneur" illégal ». Le mouvement est nommé : « mouvement pour sauver l'usine et pour protéger la maison ». Ce jour-là, plus de 200 employés se rendent à l'usine pour participer à l'action. Ils créent une équipe de garde de l'usine, bloquent le site et empêchent les personnels de la société H d'y pénétrer. Selon la plainte du parquet contre les représentants du personnel, ceux-ci

> « ont occupé par la force le bâtiment administratif de la filiale Z de la société H, ont coupé l'électricité, perçu de force les loyers des locataires de H, gardé l'entrée, empêché le transport de marchandises de l'entreprise locatrice… et ceci durant deux mois, rendant impossible le fonctionnement normal des activités de production et de gestion… »

Parmi les slogans affichés à la porte de l'usine, on lit :

> « Les réformes ne sont pas la privatisation », « Appliquons avec détermination la décision de l'assemblée des représentants du personnel du 28 octobre 1999 »…

Le mouvement de protection de l'usine mené par les ouvriers dure jusqu'au 8 août 2000, jour que les employés ont appelé l'« affaire du 8 octobre ». À 8 heures du matin, la porte de l'usine est encerclée par 500 agents de sécurité et policiers armés. Une quarantaine d'ouvriers gardent l'usine ce jour-là, principalement des retraités et des membres de leur famille. Au cours de cette intervention, une vingtaine de personnes gardant l'usine sont arrêtées, interrogées par la police, puis relâchées. De nombreux ouvriers qui se sont précipités vers l'usine lorsqu'ils ont appris la nouvelle sont également embarqués. La veille, Li Gong, représentant du personnel très actif dans ce mouvement collectif, a été arrêté.

Du 30 août au 1er septembre 2000, le groupe de travail du gouvernement municipal, dirigé par le président du syndicat de la ville de Z, préside une assemblée générale des représentants du personnel de l'usine Z, et organise l'élection de nouveaux représentants. Cette nouvelle assemblée des représentants du personnel, contrairement à la précédente, relève de la filiale Z de la société H. La nouvelle assemblée est composée de 58 représentants. Pour l'essentiel, il s'agit de représentants réélus, y compris Li Gong qui avait déjà été arrêté précédemment par la police.

La première session de la nouvelle assemblée des représentants du personnel adopte une motion qui déclare que :

> « La société H, sous la supervision de l'assemblée des représentants du personnel, ou bien fixe un délai pour la pleine exécution de l'accord de fusion, ou bien se retire de cette fusion. L'assemblée dispose du pouvoir de nommer et révoquer le directeur de l'usine, les dirigeants et les cadres de niveau intermédiaire, et veille à l'application du système de gestion démocratique de l'usine par l'assemblée. »

Le 16 octobre 2000 s'ouvre la seconde session plénière de l'assemblée. Les 53 représentants présents votent à l'unanimité « l'annulation de la fusion ».

Le 7 janvier 2001, sous la coordination et la supervision du groupe de travail du gouvernement municipal, la société H et sa filiale Z parviennent à un accord d'annulation de la fusion qui déclare que la filiale Z

> « ne redevenant pas propriété étatique, après une réévaluation de ses actifs, en conformité avec les politiques de l'État, comptera ses actifs par rapport au nombre d'employés, afin de fonder une entreprise dont les actions sont détenues par les employés… »

En août 2003, l'assemblée des représentants du personnel de Z élit un conseil d'administration, enregistre les capitaux, et fonde la société M. En février 2004, les deux sociétés M et H négocient les questions en suspens, telles que la dette. À l'heure actuelle, si la société M a réussi à sauvegarder les équipements de production et les 7 hectares de terrain, les dettes s'accumulent et aucune solution n'a été trouvée pour garantir les conditions d'existence des employés. Toutefois, ce qui est certain, c'est que l'action collective des employés a empêché la privatisation rapide de cette entreprise d'État.

Fondements et organisation de l'action collective des ouvriers dans les entreprises d'État

Plusieurs pistes peuvent permettre d'analyser cette résistance collective des ouvriers, mais dans cet article nous souhaiterions répondre à une question essentielle : quelles sont les bases de l'organisation de l'action collective des ouvriers dans les entreprises d'État ?

1. Pérennité de l'organisation des ouvriers et spécificités du système des unités de travail

La fermeture, l'arrêt, la fusion et la reconversion des entreprises d'État sont des réformes conduites sous la direction du gouvernement, confiées aux Commissions pour le développement et la réforme des collectivités locales. Afin de réduire le coût de ces réformes pour le gouvernement, celui-ci a mis en place des méthodes qui permettent la participation des employés. Dans ce processus de transformation, les assemblées des représentants du personnel assument des fonctions importantes. Ces assemblées favorisent une organisation efficace de l'action ouvrière et permettent une diffusion large des informations. En ce sens, dans les entreprises d'État, les formes d'organisation des employés ont été sauvegardées et constituent la base de l'action collective des ouvriers. Par exemple, dans l'usine Z, l'assemblée des représentants du personnel et le syndicat ont toujours été les organisateurs et les responsables de l'action collective.

Un autre point qui mérite l'attention est le fait quc lcs 700 ouvriers de l'usine habitent tous dans les logements réservés aux employés et situés près de l'usine, ce qui facilite grandement l'organisation et la transmission de l'information. Il s'agit également d'une des bases sur lesquelles se sont déployées les actions des ouvriers. L'exemple de Maître Xiao Yang (femme, née en 1961) illustre les conditions d'existence des familles. Après avoir obtenu son diplôme d'études secondaires en 1980, elle est entrée à l'usine Z et y a travaillé jusqu'à l'arrêt de la production en 1994. Elle raconte :

> «Nous sommes quatre enfants dans la famille, dont trois travaillent dans cette usine. Mes parents, moi et mes deux sœurs aînées travaillons tous ici. J'ai également un frère, il travaille dans l'usine de roues dentées. Dans cette usine, il y a beaucoup de familles comme la nôtre, la moitié des effectifs à mon avis. Quand j'ai commencé à travailler, on achetait des herbes, puis elles étaient hachées avec une machine, elles étaient cuites, puis lavées, mélangées pour faire une pâte et enfin on fabriquait du papier sur une machine. En 1994, parce qu'ils disaient que l'usine polluait, le gouvernement a fait arrêter la production. En 1996 quelqu'un a loué la machine n° 4, je suis retournée travailler pendant un an sur cette machine n° 4. Après, j'ai travaillé encore deux ans dans le grand atelier. Ensuite, la production a de nouveau été arrêtée. Je suis restée chez moi. En 2000 je suis allée travailler dans une autre usine de papier, une petite usine

> privée. Comme j'ai un savoir-faire, ils m'ont mise technicienne. Ils payaient à la pièce, les patrons privés sont cruels. Maintenant je gagne plus de 500 yuans par mois, alors que les autres n'ont que 300 yuans. Il (le patron) dit que j'ai des compétences techniques, il a voulu me garder à tout prix, donc il me paie 150 yuans de plus chaque mois »

Même dans des conditions extrêmement difficiles, l'usine Z utilise les recettes provenant de la location de ses locaux pour payer les frais quotidiens des employés comme l'eau, l'électricité, etc. (l'usine paie chaque mois 20 kW d'électricité pour les ouvriers). Ainsi, la tradition de protection des conditions d'existence des ouvriers par l'usine Z s'est maintenue pour partie, le logement, l'eau et l'électricité étant pour l'essentiel assurés.

2. Continuité et complexité des relations entre les ouvriers, l'usine et l'État

Dans le système d'économie planifiée, le modèle des unités de travail (*danwei*) donne lieu à des relations d'interdépendance entre les ouvriers, les entreprises et le gouvernement. Un objectif important de la réforme des entreprises d'État est justement de rompre la dépendance des ouvriers envers l'État et de les pousser vers le Marché. Pourtant, dans le processus de réforme, les ouvriers restent liés au gouvernement, et ce rapport constitue la source psychologique de leur résistance contre les décisions gouvernementales. Alors que l'usine Z se trouve dans une situation particulièrement difficile, les ouvriers espèrent toujours que le gouvernement va résoudre les problèmes, ils lui font confiance pour trouver une solution. Lorsque la société H est venue pour absorber l'usine Z, les ouvriers ont retrouvé l'espoir. Ils ont cru aux promesses de l'acquéreur concernant le paiement des arriérés de salaires, le remboursement des frais médicaux, la reprise et l'accroissement de la production. Les représentants du personnel ont très rapidement accepté cet accord de fusion qui avait des répercussions importantes sur l'existence même des ouvriers. Par conséquent, pendant l'année qui a suivi la fusion, les ouvriers ont mené une enquête active sur la situation réelle de la société H, enquête qui a abouti à une meilleure connaissance de cette société : H est une société intimement liée au gouvernement et elle n'est qu'une « enveloppe vide » sans force réelle ; le véritable objectif de la fusion est de vendre les 7 hectares de terrain à la société H pour qu'elle gagne de l'argent. Dans le même temps, les ouvriers ont monté la garde pour protéger leur usine et ses 7 hectares qu'ils considéraient comme un « trésor » garantissant leur existence pour le reste de leur vie.

La présidente du syndicat d'un atelier (femme interrogée en 2003, 57 ans, membre du Parti communiste depuis 1976), explique :

> « Ils (la société H) m'avaient dit qu'ils étaient une entreprise d'État et que c'était donc une fusion de type holding d'État. Mais ils n'ont pas du tout appliqué l'accord, ce qui a mis les ouvriers en colère. Ils voulaient juste réaliser une opération immobilière. Ils allaient vendre toute l'usine jusqu'à ce qu'il n'y ait plus rien, et qu'est-ce qu'on allait faire ?... Comment je vivrais ?.. Je dépends encore de l'usine, mes parents sont ici, moi aussi. Je dois réfléchir sur le long terme. Voilà pourquoi je ne peux pas laisser la société H piller ces biens. La demande des ouvriers n'est pas excessive, ils souhaitent juste garder ce terrain et relancer la production. Nous n'avons que deux demandes envers le gouvernement municipal, la mise en œuvre de l'accord et la relance de la production. Dans l'accord, il est dit que la production doit être développée. »

Cette notion de « notre usine » fait partie du sens commun et dévoile la dépendance envers « leur usine » des individus dans leur existence. La majorité des employés n'ont pas tiré d'avantages de la fusion. Que ce soit les retraités, les ouvriers de première ligne, les cadres moyens ou les techniciens, tous se considèrent comme des victimes de cette opération. Face à la réforme, le sentiment d'« avoir été trompé » renforce chez les ouvriers la perception négative d'une situation injuste et accroît leur mécontentement envers le gouvernement. Les ouvriers ne cessent de solliciter de manière collective les autorités concernées. À leurs yeux, non seulement l'accord de fusion qu'ils ont voté à main levée ne leur a pas garanti leur existence, mais il a conduit à la perte de leur dernier espoir – le terrain de l'usine. Non contents de perdre ce terrain, ils perdent également la protection que leur assurait l'entreprise d'État traditionnelle, d'autant plus que l'« escroquerie » de la société H s'est déroulée avec l'autorisation du gouvernement. Par conséquent, la lutte des ouvriers pour obtenir le droit de décision dans la réforme de l'usine s'est transformée en une lutte politique ayant pour cible le gouvernement.

Dans la croyance des ouvriers traditionnels, le gouvernement représente leur espoir. Ils sont persuadés que le gouvernement ne saurait pas laisser les actifs d'État être privatisés et les ouvriers mourir de faim, tandis que l'une des motivations les plus importantes du gouvernement pour réformer les entreprises d'État est d'alléger le « fardeau », de diminuer la dépendance des ouvriers à son égard en les poussant à compter plus sur le marché. Un conflit aigu apparaît alors entre la logique et les intérêts des réformes pour le gouvernement et les aspirations et les intérêts des ouvriers. L'action collective des ouvriers cache leurs attentes et leur déception envers l'État.

En septembre 1999, une trentaine d'ouvriers de l'usine Z se sont rendus au Bureau de l'industrie légère, l'administration responsable de l'usine, et au comité du Parti de la municipalité, afin de présenter leur situation. Parmi les activistes se trouvait maître Zhao. De retour à l'usine, il a été sanctionné par une « expulsion de l'usine avec sursis » pendant un an, pour avoir :

> « à de nombreuses reprises, provoqué des troubles, perturbé le travail normal, et parce que, malgré l'éducation et la critique de la part des dirigeants de différents niveaux, il ne se corrige pas ».

À deux reprises, le 30 août et le 5 septembre, il a pris part au blocage de la porte de l'usine, collé des *dazibaos*, attaqué les dirigeants, causé des troubles injustifiés et provoqué des rassemblements. Le 6 septembre, il a de nouveau rassemblé du public pour bloquer la porte de la mairie, bouleversant sérieusement l'ordre du travail dans l'usine et l'ordre social, dérangé le travail administratif et politique des organes du Parti et de l'administration, produisant une influence très « néfaste. »

Nous avons interrogé maître Zhao deux fois, en juillet 2003 et juin 2004. Né en 1955, il est entré à l'usine en 1974 à son retour de la campagne et y a travaillé jusqu'en 2000 ; il a été marchand ambulant en 1999, mais a été obligé de retirer son stand en raison du désordre provoqué par l'occupation de la rue ; il est redevenu marchand ambulant de boissons gazeuses. Plus tard, tombé malade, il a dû cesser de travailler. Son épouse est une *xiagang*. Ils ont une fille, sans travail après avoir obtenu son diplôme de l'école normale de puériculture. Elle garde un stand dans un magasin, sa situation est précaire. Lorsque nous l'avons rencontré, toute la famille vivait des 300 yuans de l'allocation pour les familles à bas revenus.

> « Ce n'est pas moi qui ai organisé la plainte déposée devant le comité du Parti de la municipalité. Tout était spontané de la part des ouvriers. Pourquoi ils font ça ? Parce qu'ils ont toujours dit qu'ils allaient vendre notre terrain. Dans ces circonstances, il (le gouvernement) tarde à résoudre le problème, et que fait-on quand il aura vraiment vendu les terrains ? D'un

> côté, notre vieillesse n'est pas assurée, de l'autre, ce sont des biens de l'État, ça appartient à l'État, ce sont des actifs d'État. Qui provoque des troubles contre toi (le gouvernement) ? Je n'ai pas raison de vouloir dialoguer avec toi ? Je veux manger, je dois manger. Tu (le gouvernement) ne peux pas me donner du travail, tu ne réalises pas les promesses d'une protection minimum des xiagang, cette allocation de base tu ne la donnes pas »

Au cours de cette action collective, les ouvriers ont toujours cru qu'ils pouvaient compter sur le gouvernement pour résoudre leurs problèmes et seulement sur le gouvernement. Même après la répression de leur mouvement, ils ont continué à croire en la justice du gouvernement, à sa volonté de régler les problèmes des gens ordinaires qui n'ont pas de quoi manger. Par conséquent, le dépôt de plainte auprès des autorités supérieures, le blocage des routes, et même l'envoi d'une plainte jusqu'à Pékin reposaient sur cette confiance ferme dans le gouvernement, cette certitude qu'il écouterait les ouvriers et qu'il pourrait protéger leurs intérêts. Dans leur logique d'action, l'adoption de moyens radicaux d'action collective ne représentait pas une opposition au gouvernement, mais visait à se signaler au gouvernement dont ils espéraient attirer l'attention.

En résumé, en même temps que les ouvriers expliquent leurs difficultés, ils évaluent leurs relations avec la société H et le gouvernement, forment leur propre notion de la justice et défendent leur « droit de subsistance ».

Sauver l'usine et protéger la famille : mobilisation politique et action collective

La question qui émerge alors concerne la culture partagée dans cette mobilisation politique. D'après nous, le fondement culturel de l'action ouvrière reste, comme auparavant, l'idéologie socialiste traditionnelle. C'est bien celle-ci qui rend l'action légitime et appropriée.

1. Tradition culturelle socialiste

De nombreuses années d'expérience de travail à l'usine et de vie sous le régime socialiste ont forgé un système de savoirs communs liés à l'expérience productive des entreprises d'État. Lorsque le développement de la réalité va à l'encontre de leurs désirs et de leurs points de vue, non seulement les ouvriers donnent des explications différentes de l'idéologie dominante, mais ils mettent en question la légitimité de cette dernière et entreprennent des actions. La tradition culturelle socialiste a marqué ces ouvriers qui ont travaillé à l'époque de Mao Zedong (époque qui peut être étendue jusqu'aux alentours des années 1980). Lorsque ceux-ci se trouvent placés dans les conditions de l'économie de marché, ils continuent à lier leurs conditions d'existence et le régime de propriété des moyens de production ; ils forgent ainsi des croyances et des points de vue sur la justice, l'équité et l'égalité sociales. Ces croyances et opinions ont un fort contenu idéologique et de conscience de classe. En s'appuyant sur cette tradition culturelle les ouvriers distinguent les situations supportables de celles qu'ils ne peuvent supporter.

2. Idéologiser l'action : la clef de la mobilisation politique

En octobre 1999, le slogan « sauver l'usine et protéger la maison », définit directement l'action des ouvriers de Z comme une action de « la classe ouvrière qui, avec un esprit de maître[2], gère parfaitement les biens détenus par l'usine Z ». Depuis, l'action des ouvriers de l'usine Z est directement associée à la question de la propriété des moyens de production. L'idéologie traditionnelle des entreprises d'État selon laquelle « les ouvriers sont les maîtres des biens de l'usine » est exploitée de manière efficace comme une ressource politique. Les idées de Li Gong, activiste lors des actions collectives de l'usine Z, ont joué un rôle prépondérant dans le mouvement de « sauver l'usine et protéger la maison ». Né en 1942, il a travaillé dans l'usine de 1972 jusqu'à sa retraite en 2004.

> « Je peux dire que j'ai passé toute ma vie dans cette usine. C'est vrai que pour tout le monde c'est pareil, quand tu restes longtemps dans une usine, tu as un certain sentiment envers l'usine, et ce sentiment est… une source fondamentale pour la réforme des entreprises d'État aujourd'hui. Ça fait plusieurs dizaines d'années que je suis ici. J'ai été successivement ouvrier, contremaître, technicien, directeur de service. Le poste le plus élevé que j'ai occupé est celui du directeur-adjoint de l'usine, j'étais en charge de la production et de la technologie ; et puis j'ai aussi été ingénieur général adjoint.

2. « Maître » ici au sens où dans le discours socialiste traditionnel, les ouvriers sont les « maîtres du pays » (*Guojia zhuren).*

Je suis rentré dans le Guangdong (sa province natale) en 1992. J'y suis resté 5 ou 6 ans. J'ai travaillé dans des entreprises étatiques, privées, ou à capitaux étrangers… ce qui se passait dans l'usine (l'usine Z) était organisé par quelques anciens ouvriers, je n'y avais pas participé. Après, un vieux camarade m'a dit… ils sont allés à la mairie, ils sont allés à la mairie pour voir. J'ai répondu pour quoi faire ? Allons voir, ça concerne l'usine, tout le monde devrait être impliqué. Il avait raison. Alors, je suis resté ici, je ne suis plus retourné dans le Guangdong. Ainsi, je me suis laissé impliquer. Je me suis rendu là-bas pour voir, j'ai trouvé que les documents ne respectaient pas les procédures légales. Après, ils ont vu que je participais aussi et il leur manquait des gens éduqués. Ils m'ont donc souvent contacté, ils m'ont demandé d'écrire beaucoup de dossiers d'information à soumettre aux autorités ou pour éduquer les employés. De là, j'ai commencé à me lier aux ouvriers de l'usine. Dès le début de ma participation, j'avais mes idées. "Prêter le serment de reprendre l'usine" devait absolument être notre objectif ultime. On ne pouvait plus faire autrement. On ne pouvait plus juste leur demander d'améliorer un peu les choses. Il était impératif de retrouver tous les biens. On devenait les maîtres chez nous – c'était mon idée. Alors j'ai commencé à transmettre cette idée à tout le monde. Mais, au cours de ce processus, les deux anciens camarades membres du Parti qui conduisaient le mouvement ne partageaient pas mon objectif, alors il y a eu divergence entre nous… Leur objectif consistait seulement à faire respecter l'accord de fusion. Ils avaient des visées à plus court terme… mais petit à petit ils ont accepté mon idée – on devait absolument récupérer l'usine… On la récupérerait pour restaurer notre position de "maître". Si on laisse vendre l'usine, on perd l'usine et on n'aura plus de maison. Tout le monde a fini par trouver que j'avais raison, tous les employés ont accepté cette idée, et se sont unis derrière ce slogan. »

Pour les gens à l'époque de Mao Zedong, l'usine était la « famille », comme une évidence.

Pour Li Gong :

« C'est une usine d'État. Les ouvriers sont les « maîtres du pays », c'est donc une question politique. Puisque vous voulez réformer cette usine étatique, pourquoi vous ne donnez pas la parole aux ouvriers ? c'est une question politique, mais également une question économique. Parce qu'avant, nous, les ouvriers, tenions la première place dans les entreprises d'État. Maintenant, si tu prends toute la plus-value, comment garantir la vie des ouvriers ? Politiquement, il nous faut régler ce problème. »

L'assemblée des représentants du personnel a rédigé un rapport sur

«La véritable histoire et les raisons fondamentales du conflit entre les employés de l'usine Z et le patron de la société qui mène la fusion».

Selon ce rapport :

«Les biens de l'usine Z, personne morale, étaient à l'origine propriété de l'État, c'est-à-dire qu'ils appartenaient au peuple tout entier. Étant une partie du peuple, ses employés ou leurs représentants jouissent, de manière inébranlable, de la position de «maître», et sont donc, au cours de la fusion, responsables de superviser la légitimité du transfert de la propriété des biens. Ceci est clairement énoncé par l'article 16 de la Constitution et l'article 9 de la «Loi sur l'industrie». L'assemblée des représentants du personnel de l'ancienne usine de papier possède suffisamment de pouvoir légal pour demander justice au représentant de la personne morale qu'est l'usine, aux quelques personnes de la société H et à ceux qui substituent le pouvoir à la loi, et qui ont tous, à plusieurs reprises, cherché à tromper les ouvriers. D'où vient ce principe légal qui "autorise la duperie mais interdit de se révolter" ?! En outre, chaque employé est une personne physique, sujet civil indépendant. Comme le stipule les articles de l'«accord de fusion», des relations civiles légales lient les employés avec le fusionneur; ce dernier est débiteur, et chaque employé est créancier. Étant donné le double statut légal – global et individuel – du sujet civil, lorsque nous découvrons que le fusionneur possède de mauvaises intentions, tente de prendre par la duperie les biens, ne remplit pas ses obligations de débiteur, mais au contraire fait du tort aux créanciers, conformément à l'article 114 du Code civil sur la défense de la propriété, nous agissons pour recouvrer la propriété de l'usine et pour garantir que les dommages sur les droits et intérêts légaux ne vont pas continuer à s'accroître, Tout cela est incontestablement légal. Ceci reflète également la nature profonde de la classe ouvrière, la vitalité du système socialiste ainsi que l'avancée de la gouvernance par la loi.»

Le 7 juin 2000, les employés commencent à lancer des actions concrètes pour reprendre les biens de l'usine. L'assemblée des représentants du personnel publie une Déclaration sur les actions pratiques pour annuler la fusion et récupérer l'usine de papier.

Du point de vue des actions des ouvriers de l'usine Z, expliquer leurs conditions d'existence difficiles à travers les rapports de production implique une force de mobilisation politique et de sensibilisation. À ce moment, la logique des exigences des ouvriers avait changé et ne concernait plus seulement l'application de l'accord par la société H : les ouvriers exigeaient de reprendre le pouvoir de décision ; il ne s'agissait plus de quémander un bol de riz à la société H, mais de devenir les « maîtres » de l'usine.

Finalement, sous la pression de l'action des ouvriers, le groupe de travail du gouvernement municipal a joué le rôle de coordinateur et le résultat fut l'annulation de la fusion. L'usine Z,

> « ne redevenant pas propriété étatique, après une réévaluation de ses actifs, en conformité avec les politiques de l'État, comptera ses actifs par rapport au nombre d'employés, afin de fonder une entreprise dont les actions sont détenues par les employés… »

Les ouvriers ne sont pas revenus à leur maison imaginaire – l'entreprise d'État ; toutefois, l'accord de fusion a été proclamé en faillite. Face à la résistance des ouvriers, le fusionneur a été obligé de renoncer à son projet de développement de l'usine Z. M. Wen, qui conseillait le fusionneur, commente ainsi :

> « L'opposition des ouvriers a fait annuler une fusion signée et mise en application depuis un an. Ce genre d'événement ne pourrait pas se produire en Occident, à Canton, ou à Shanghai. Les ouvriers de cette usine ont leurs traditions, leur vision est trop arriérée. »

En effet, une affaire qui « ne pouvait se produire » fut mise en scène dans la ville Z et l'usine Z !

CONCLUSION ET DISCUSSION THÉORIQUE : CONTINUITÉ HISTORIQUE DE LA CULTURE

Cette action collective des ouvriers de l'usine Z montre que l'idéologie maoïste peut servir d'appui pour réussir à mobiliser les ouvriers et pour lutter contre les activités de fusion dans le contexte de l'économie de marché qui sacrifie les intérêts des ouvriers. Ce fait peut être expliqué par la théorie de la transition ou d'autres théories sociologiques, mais nous avons mis l'accent sur les fondements culturels de l'action collective des ouvriers et sur sa continuité historique.

Premièrement, bien que le syndicat et l'assemblée des représentants du personnel semblent être faibles, ils peuvent devenir des ressources organisationnelles essentielles. Deuxièmement, les actions collectives des ouvriers du secteur d'État traditionnel sont différentes de celles observées dans d'autres pays ou d'autres types de régimes de propriété. La différence réside principalement dans la tradition culturelle propre aux ouvriers de ce secteur ; elle fournit une explication de sens commun aux ouvriers sur la situation difficile dans laquelle ils se trouvent dans le contexte de l'économie de marché, et permet une mobilisation collective. L'usine est une « maison », une « communauté de production et de vie », les ouvriers sont idéologiquement les « maîtres » de cette « famille » : ces deux éléments forment le fondement culturel de leur action collective.

La culture de la classe ouvrière produite à l'époque de Mao Zedong mérite une attention particulière, car, dans l'économie de marché, elle a peut devenir la base culturelle de l'union des ouvriers et une ressource importante de la mobilisation politique. Dans son étude sur la formation de la classe ouvrière anglaise, Thompson met l'accent sur la continuité politique et culturelle que la classe ouvrière a su préserver. Il estime que la formation de la classe ouvrière n'est pas seulement un fait de l'histoire économique, mais également un fait de l'histoire politique et culturelle. Les ouvriers sont à la fois objets d'une inculcation d'une croyance religieuse populaire et créateurs d'une nouvelle tradition politique. La classe ouvrière est formée par autrui, elle se forme également elle-même (Thompson, 2001).

Comment, dès lors, expliquer que dans le processus de réforme des entreprises les ouvriers ne se mobilisent pas souvent collectivement ? Certains chercheurs estiment que le manque d'action est dû à l'absence d'organisation des ouvriers, la transformation des entreprises d'État entraînant l'érosion des intérêts des ouvriers, car ces transformations contiennent une série de mesures draconiennes contre les ouvriers : licenciements collectifs, perte des avantages sociaux, détérioration des conditions de travail, etc. Au moment où les ouvriers perdent la protection efficace de l'État, ils deviennent les victimes du marché et d'une gestion dictatoriale parce qu'ils n'ont pas leur propre organisation (Lee, 1999). D'autres chercheurs considèrent que la liberté de l'embauche accordée aux entreprises d'État n'encourage pas la résistance des ouvriers, parce qu'une division est faite entre ouvriers en fonction de l'âge et des compétences techniques, ce qui réduit les licenciés au statut de « hors-jeu », les privant du droit à la parole et de l'idéologie nécessaire pour défendre leurs droits et leurs intérêts (Tong Xin, 2002). D'autres encore estiment que les ouvriers se sont conformés aux réformes, y compris en obéissant, en se retirant et en disant ce qu'ils ont sur le cœur. Ces comportements d'adaptation exprimeraient dans une situation difficile le choix rationnel des ouvriers en tant qu'acteurs rationnels dans une situation difficile (Liu Aiyu, 2003). On en déduit que l'incapacité d'action collective des ouvriers se produit dans le cadre de la logique du marché et que leur force est désagrégée par l'idéologie de l'économie de marché – l'idéologie de la concurrence. La situation de l'usine Z est différente, car dans cette opération de fusion, l'usine a été préservée dans sa forme originale de «*danwei*», ce qui a permis aux ouvriers de maintenir leur «conscience collective» dans leur vie quotidienne. Quand les réformes cherchent à démanteler progressivement la «communauté», par le recours à des moyens tels que les licenciements, les retraites anticipées ou le choix de l'embauche pour bâtir la logique concurrentielle liée à l'économie de marché, il est difficile pour la classe ouvrière de s'unir en un laps de temps très court. Le marché est doté d'une force dévastatrice évidente à l'encontre de la conscience d'appartenance dans les entreprises d'État traditionnelles, mais elle renforce aussi l'attachement des ouvriers à cette communauté. Si la fusion prend en compte les intérêts des ouvriers, la logique concurrentielle du marché peut fonctionner; mais si la fusion est fondée sur la perte des intérêts généraux des ouvriers, elle perd sa légitimité et les ouvriers peuvent se servir de la force de la culture traditionnelle pour réaliser leur union.

En ce sens, si, au cours du processus de réforme des entreprises d'État, le gouvernement a mobilisé une grande quantité de ressources pour réinsérer les ouvriers, c'est parce qu'il est conscient du potentiel de lutte des ouvriers des entreprises d'État traditionnelles. Ce qui signifie qu'une action collective comme celle de l'usine Z, quelle que soit son envergure, possède une portée non négligeable. Elle montre que, au cours des réformes vers le marché caractérisées par l'hégémonie de l'État, se cache encore un espace pour l'action collective des ouvriers. Le pouvoir et la volonté de domination de l'État ne sont pas monolithiques. Dans une lutte entre des intérêts multiples, les objectifs du gouvernement sont eux aussi multiples. Alors quel est l'objectif prioritaire: la réforme ou la stabilité? L'exemple de l'action collective des ouvriers de l'usine Z montre que, face à la perte de leurs intérêts, les ouvriers exploitent le discours de la stabilité sociale avec compétence et sens tactique, et qu'ils modifient en quelque sorte l'itinéraire et la progression des réformes des entreprises d'État. En réalité, l'action collective ouvrière peut exercer une pression sociale considérable. Quand le gouvernement adopte le point de vue des ouvriers des entreprises d'État traditionnelles pour comprendre et examiner leurs intérêts, ces derniers peuvent admettre sa légitimité par leur silence ; dans le cas contraire, la vaste base culturelle et organisationnelle des ouvriers des entreprises d'État traditionnelles formera une force non négligeable.

Il est certain que l'action collective de l'usine Z n'est pas subversive, les ouvriers ayant souligné maintes fois qu'ils ne visaient pas le gouvernement. L'action de résistance des ouvriers de l'usine Z avait un caractère spontané et réactif et possédait des traits particuliers. D'une part, les ouvriers ont pris conscience que la période où les entreprises d'État traditionnelles assuraient leur protection était révolue ; ils se sont servis de cette tradition culturelle pour mettre en cause la légitimité des nouveaux groupes d'intérêts. D'autre part, les exigences des ouvriers suivent la logique du marché, car ils réclament leur droit de propriété sur les « actifs étatiques ». En ce sens, leur action collective possède un caractère spontané, elle contient peut-être de nouvelles formes de lutte entre différents intérêts dans l'économie de marché. Il s'agit peut-être d'une forme embryonnaire de nouveaux types de mouvements sociaux. Si une société civile se met en place en Chine, les forces qui pourront être recherchées et sur lesquelles compter seront plurielles, mais sa propre tradition culturelle, en particulier celle de l'époque de Mao Zedong reste certainement une ressource importante pour construire des forces sociales.

BIBLIOGRAPHIE

BUREAU NATIONAL DES STATISTIQUES (2002) : *Zhongguo tongji zhaiyao (Abrégé des statistiques chinoises)*, Pékin, Guojia tongji chubanshe.

CHEN FENG (2003) : Industrial Restructuring and Workers'Resistance in China, *Modern China*.

LEE CHING KWAN (1999) : From Organized Dependence to Disorganized Despotism : Changing Labor Regimes in Chinese Factories, *China Quarter* vol. 157, n. 3.

LI QIANG (1998) : Guojia nengli yu guojia quanli de beilun (Capacités de l'État et pouvoir d'État), in ZHANG JING (ed.) : *Guojia yu shehui (l'État et la société)*, Hangzhou, Zhejiang renmin chubanshe.

LIU AIYU (2003) : Guoyou qiye zhidu biange guocheng zhong gongren de xingdong xuanze (Choix d'action des ouvriers dans la réforme des entreprises d'État), *Sociological Research* n. 6.

LU XUEYI (ed.) (2002) : *Dangdai zhongguo shehui jieceng yanjiu baogao (Rapport d'étude sur les couches sociales en Chine contemporaine)*, Pékin, Shehui kexue wenxian chubanshe.

MORRIS, A., MULLER, C. (2002) : *Shehui yundong lilun de qianyan lingyu (Les frontières dans la théorie du mouvement social)*, Pékin, Beijing daxue chubanshe.

ROSCIGNO, V., HODSON, R. (2004) : The Organizational and Social Foundations of Worker Resistance, *American Sociological Review* vol. 69.

THOMPSON, E.P. (2001) : *Yingguo gongren jieji de xingcheng (La formation de la classe ouvrière anglaise)*, Nankin, Yilin chubanshe.

TILLY, C. (1978) : *From Mobilization to Revolution*, Reading, Addison-Wesley.

TONG XIN (2002) : Shehui bianqian yu gongren shehui shenfen de chonggou (Mutation sociale et reconstruction de l'identité sociale des ouvriers), *Shehuixue yanjiu (La recherche en sociologie)* n. 6.

WALDER, A. (1986) : *Communist Neo-traditionalism – Work and Authority in Chinese Industry*, Berkeley, University of California Press.

DEUXIÈME PARTIE

Urbanisation, inégalités et mobilisations collectives

Chapitre 6

Les « villages urbains » dans la Chine en mutation : le cas de Yangcheng à Canton[1]

LI PEILIN

INTRODUCTION

Il y a 17 ans, j'ai traduit un ouvrage classique, *La Fin des Paysans*, de Henri Mendras, célèbre sociologue français, spécialiste du monde rural. Si cette traduction publiée en Chine en 1991 a attiré l'attention du monde académique, beaucoup considéraient que sa problématique restait encore très éloignée des réalités de la Chine, grand pays agricole. Depuis sa réédition en 2005, cet ouvrage est devenu incontournable pour qui veut étudier la transformation des campagnes chinoises. En effet le changement fondamental que représente la fin des paysans et des villages a déjà commencé en Chine. Il s'agit, d'un côté, de la disparition des paysans : depuis une vingtaine d'années, plus de 200 millions de paysans sont devenus ouvriers et en raison du système du *hukou*, ils forment un groupe social très important de paysans-ouvriers. Selon une enquête du Bureau national des statistiques réalisée en 2004 dans 31 provinces auprès de 680 000 foyers paysans et de 7 100 villages, près de 120 millions de paysans étaient partis travailler en ville, soit 24 % de la main-d'œuvre rurale. Si on y ajoute les ruraux employés dans les entreprises de bourg et de village, l'ensemble de

1. Ce chapitre reprend pour partie l'article Douchi li de cunzi de yanjiu (Villages urbains dans le Sud de la Chine), *Zhonguo shehuixue, Sociolologie chinoise,* n° 3, 2004.

paysans-ouvriers atteignait 200 millions. Âgés en moyenne de 28 ans, ayant le niveau scolaire du secondaire, ils travaillent principalement dans les secteurs manufacturier, du bâtiment et dans les services (Centre de recherche du Bureau des affaires d'État, 2006).

D'un autre côté, il s'agit de la fin des villages. De 1985 à 2005, les villages ayant une existence administrative ont vu leur nombre dramatiquement réduit de 940617 à 539210. Ce processus s'est particulièrement accéléré ces dernières années, en raison de la rapidité de l'urbanisation et de la fusion des villages, à tel point qu'en 2005 l'on comptait 170047 villages administratifs de moins qu'en 2001, soit en moyenne 116 villages disparaissant chaque jour. Nombre de villages millénaires disparaissent ainsi sans bruit, sans chant funèbre, sans éloge, sans rituel, sans même des adieux. Les seules cérémonies sont celles qui marquent la pose de la première pierre, puis l'inauguration, de l'édification de la civilisation moderne sur les ruines des villages.

Mendras soulignait dans *La Fin des Paysans*, que :

> « Un ou deux milliards de paysans au seuil de la civilisation industrielle ; tel est le problème majeur que le monde actuel pose aux sciences sociales en cette seconde moitié du XXe siècle. Car au siècle dernier, comparée aux progrès accélérés de l'industrie, la lente évolution de l'agriculture pouvait donner l'impression d'une stabilité rassurante et d'un équilibre millénaire. Par contraste avec la fièvre industrielle, la sagesse paysanne paraissait éternelle : la ville et l'industrie attiraient toutes les énergies mais la campagne alimentait toujours les rêves bucoliques de bonheur possible, de sécurité et éternité. Or les règles impitoyables de l'industrialisation et de l'urbanisation brisent l'équilibre existant et transforment l'ensemble de la structure sociale » (Mendras, 1984).

Si, pour l'ensemble de la Chine, cette mutation s'est déroulée sur un temps long, en raison du caractère déséquilibré du développement local, certaines régions plus développées connaissent déjà une accélération de cette mutation. Beaucoup pensaient que ces deux processus – disparition des paysans et disparition des villages – étaient en réalité identiques, à savoir qu'il s'agissait de la désertification rurale, de l'industrialisation et de la transformation du système du *hukou*. Or, dans la réalité, le village, à la fois institution de vie et réseau de relations sociales, connaît une fin plus retardée et difficile que celle des paysans. L'urbanisation n'accompagne pas seulement l'industrialisation, elle présente une trajectoire bien différente.

Problématique et méthodes d'enquête

1. Problématique

Phénomène original lié à l'urbanisation rapide de la Chine, les « villages urbains » (*cheng zhong cun*) offrent une excellente entrée pour étudier la fin des villages en Chine. Ils ont été produits par l'intégration de certains anciens villages dans les villes, au fur et à mesure de l'expansion rapide des espaces urbains. Certains de ces villages se situent même dans les centres-villes. Dans le même temps, en raison des différences entre la ville et la campagne, dans les domaines de la propriété foncière, du *hukou* et de la protection sociale, les villages urbains constituent en fait un « espace flottant » au sein des villes, avec un corps urbain et un cœur rural.

Étant donné les différences culturelles et les différences de développement urbain entre le Nord et le Sud du pays, le « village urbain » est plutôt propre à la Chine du Sud. C'est également la raison pour laquelle nous avons choisi la ville de Canton pour réaliser notre enquête. Dans tout le delta de la rivière des Perles, le phénomène des villages urbains est très présent et fait l'objet d'histoires et de ragots dans la région. Depuis 20 ans, la rapidité du développement de l'industrie et de l'urbanisation dans la région du delta fascinent. On serait tenté d'attribuer directement la naissance des villages urbains à cette expansion exceptionnelle. Or la réalité est plus complexe, il suffit de rappeler que le phénomène des villages urbains ne s'est pratiquement jamais produit au cours du processus d'urbanisation d'autres pays. Ainsi, nous sommes plutôt tentés de le penser comme propre à la Chine. De nombreux chercheurs relient ce phénomène des villages urbains au système du *hukou* mis en œuvre depuis des dizaines d'années et qui sépare la ville et la campagne. Pourtant, ce système est commun à tous les villages chinois ; un autre mécanisme particulier doit donc expliquer le phénomène étudié. Quel est donc finalement ce mécanisme ? Voici ce qui nous passionne dans cette recherche.

Avant de commencer l'enquête, nous nous représentions ce que l'on appelle les villages urbains comme devant exister dans beaucoup de municipalités, dans les zones où la ville et la campagne se confondent. Nous imaginions que les activités des villages étaient essentiellement liées à l'industrie et au commerce, que ces villages formaient une extension naturelle de l'espace urbain. Cette image correspond au « village du Zhejiang » à Pékin, regroupant des migrants d'une même origine géographique, ou au « *Hancunhe* », un village industriel, c'est-à-dire des villages déjà très urbanisés. Cependant, lorsque nous sommes allés enquêter dans les villages urbains de Canton, capitale économique, politique et culturelle de la Chine du Sud, nous avons été profondément surpris malgré nos lectures sur ce sujet. Les villages urbains nous apparaissaient vraiment très éloignés de ce que nous avions imaginé : dans la zone centrale et prospère de la ville, parmi de hauts immeubles en rangs serrés, chaque village urbain ressemble à un « monstre de béton » de 20 mètres de haut et quelques kilomètres de diamètre. La surprise ne s'arrête pas là : ce « monstre de béton » n'a pas été construit par une entreprise ou une collectivité économique, ces bâtiments ont été construit par une des familles qui ont chacune monté leur propre habitation. Cependant, à cause des profits sur les terrains et les locations de logement, ces constructions ont perdu de leur originalité et de leur esthétique, se sont vidées de la signification culturelle que prennent les habitats harmonieux des villages traditionnels (Li Peilin, Wang Chunguang, 1993). Entre des immeubles voisins très analogues, de 7 ou 8 étages, la largeur des rues conserve l'ancien intervalle entre les résidences, soit entre 1,5 mètres et 2 mètres. Cependant, à partir du premier étage, les bâtiments des deux côtés de la rue se rapprochent au-dessus de la rue. Ainsi, chaque espace laissé en plein air est entièrement rempli, formant un paysage que les locaux appellent « immeubles aux visages collés », « immeubles s'embrassant », « une seule ligne de ciel ». La plupart des habitants ont besoin de laisser les lumières allumées dans la journée, et les rues dans ces villages ressemblent à des passages souterrains. Cependant, dans un tel environnement, les villages attirent foule et activités commerciales. Enseignes, épiceries et services animent ces rues étroites et obscures. Les villageois partagent cet espace avec plusieurs dizaines de milliers de locataires venus d'ailleurs pour travailler.

Ces villages dans la ville ressemblent à la fois à des vestiges historiques et des entités nouvelles nées de l'urbanisation rapide. Les histoires de toutes sortes produites dans ces « villages urbains » ont parfois été l'objet de critiques simplistes de la part de médias et de chercheurs. Un chercheur a écrit sur ces villages urbains que :

> « l'aménagement, la construction et la gestion sont totalement désordonnés, les populations migrantes ne cessent d'y croître ; les chambres

à louer des façades intérieures sont non seulement des terrains propices au développement de la prostitution, des jeux illégaux et de la drogue mais encore cachent les familles nombreuses qui enfreignent la politique de l'enfant unique (...) Tout cela contraste fort avec l'écologie, la propreté et le confort de la ville moderne» (Ma Zhongzhu, 2000).

Un journaliste décrit ainsi ces paysans qui ont quitté le travail des champs :

> «Ils n'ont pas besoin de travailler car les primes distribuées par le village ainsi que les loyers suffisent à leur ôter tout souci... Ils deviennent un groupe particulier de la ville – ils fréquentent les lieux publics de la ville, mais n'ont ni les vêtements convenables ni le tempérament approprié. Au contraire, le concept de clan, la croyance dans les esprits et la vénération du Bouddha diffusent dans tout le village. Les villes évoluent, les villages disparaissent au milieu de ces deux tendances, les villageois se dédoublent. Les personnes âgées passent les dernières années qui leur restent devant la table de mahjong ; les adultes peu qualifiés et éliminés par l'industrie de pointe défendent le statu quo, chaque nouvelle politique concernant les villages urbains constituent une menace à leurs conditions d'existence» (Commentaire d'un journaliste en 2000).

Le 6 septembre 2000, la municipalité de Canton a organisé une réunion de travail sur la construction et la gestion de la ville, et a décidé, pour les cinq années suivantes, d'accélérer le processus d'unification de la ville et de la campagne et d'établir un système urbain harmonieux. Une tâche essentielle consiste à achever la transformation des villages urbains dans le centre-ville, à promouvoir la construction d'habitations pour les paysans à l'intérieur de l'agglomération, à proposer des reconversions professionnelles aux paysans sans terre qui n'exercent pas les professions agricoles en milieu urbain, et à mettre en place une meilleure gestion de l'urbanisation (Zheng Yi *et alii*, 2000). Toutefois, par contraste avec cette forme de planification optimiste, lors d'une interview accordée à un journaliste le maire de Canton a fait preuve de prudence et de retenue. Selon lui, la transformation de ces villages urbains

> «prendra très longtemps, nécessitera peut-être une ou de deux générations, mais son accomplissement n'est pas envisageable en l'espace de trois, cinq ou dix ans (Interview avec le maire de Canton, 2000).»

D'un point de vue macrosociologique, l'urbanisation est un passage obligé pour déplacer la main-d'œuvre rurale en surplus, augmenter le revenu des paysans et transformer la structure sociale des villages. De plus, nous avons tendance à croire que l'urbanisation est un processus qui emplit les paysans de joie, de félicité et de rêves. Dès lors, comment expliquer, au cours de cette dernière phase de l'urbanisation, cette fin des villages, ces difficultés dans la mutation d'une civilisation villageoise millénaire ? La question que nous nous posons et à laquelle nous essaierons de répondre dans cet article est la suivante : pourquoi, dans l'histoire mondiale de l'urbanisation, les « villages urbains » sont – ils uniquement apparus dans le delta de la rivière des Perles, la région la plus développée de Chine ? Est-ce un choix rationnel des paysans ou une construction irrationnelle ? Quelles sont les dynamiques ou les fonctions qui permettent la persistance de ces villages urbains ? Par où commencer pour pouvoir transformer ces villages urbains ?

2. Méthodes de recherche

L'objet de cette étude étant un processus – la fin des villages –, l'observation participante est apparue comme la méthode de recherche sociologique la plus appropriée. Une enquête par questionnaire effectuée à un moment donné présente un caractère limité, empêchant l'analyse de cet objet de nature historique qu'est un processus. Même si la méthode du questionnaire a efficacement progressé dans le cadre des recherches sur les trajectoires de vie, les chiffres semblent toujours ne pas rendre compte de la substance et de la vie inhérentes aux processus. Cependant, l'étude des cas produits par l'observation participante risque aussi de s'enfermer dans les particularités de chaque cas au détriment d'une capacité de compréhension plus générale. Peut-être notre objectif est-il trop vaste. Nous ambitionnons d'établir un idéal-type doté d'une force de compréhension plus générale pour rendre compte de la fin des villages en Chine. Cette méthode est bien entendu inspirée par les théories de Max Weber, mais elle présente quelques différences. Comme bon nombre de penseurs allemands, Weber a été profondément marqué par la philosophie spéculative allemande selon laquelle plus une pensée est formalisée, plus elle correspond à la logique des idées, plus elle est susceptible de refléter la nature des choses. Ce qui diffère considérablement de l'approche des faits sociaux du sociologue français E. Durkheim influencé par l'empirisme. Pour E. Durkheim, plus une théorie est prouvée par l'expérience, plus elle se rapproche de la vérité ; face à des réalités complexes et diversifiées, il n'est pas possible d'utiliser la logique philosophique. Pour Weber au contraire, l'essence transcende l'expérience. Ainsi, selon lui, seule la formalisation des actions dotées d'objectifs et de sens peut être analysée. Mais l'idéal-type que nous souhaitons établir n'est pas une architecture abstraite construite par des philosophes, il est doté de chair et de sang, il vient de la vie mais ne saurait cependant être réduit à la vie.

Nous appelons « Yangcheng »[2] cet idéal-type de village en fin de vie dans la région du delta de la rivière des Perles. Si nous nous servons d'un véritable village comme modèle de base pour cet idéal-type, nombreux sont les autres villages qui ont fourni des matériaux. Nous avons extrait les particularités et les histoires les plus représentatives de nos matériaux pour les synthétiser. Toutes ces histoires reposent sur la vérité, elles ne sont pas des inventions, mais nous laissons les détails de côté afin de mieux faire émerger les lignes de force de notre problématique.

En ce qui concerne la chaîne de l'urbanisation des villages depuis les réformes, beaucoup de recherches sociologiques de différents types ont déjà été réalisées. Citons par exemple l'étude de Zhou Daming sur le « village de Nanjing » à Canton ; celle effectuée par Wang Chunguang, Xiang Biao et Wang Hansheng sur le « village du Zhejiang » à Pékin, où se concentrent des paysans migrants et de petits commerçants ; celle effectuée par Zhe Xiaoye sur le « village de Wanfeng » hautement industrialisé et situé dans le sud-est ; celle effectuée par Lu Xueyi sur le village « Xingrenzhuang » au début de l'industrialisation dans le nord ; celle de Wang Mingming sur les villages « Meicun » et « Tangdong » dans le sud de la province développée du Fujian ; celle enfin sur 8 villages de 4 provinces moins développées dont sont originaires de nombreux paysans-ouvriers (*mingong*) (Zhou Daming, 2001 ; Wang Chunguang, 1995 ; Xiang Biao, 1998 ; Wang hansheng *et alii*., 1997 ; Zhe Xiaoye, 1997 ; Lu Xueyi, 2001 ; Huang Ping, 1997). À travers l'établissement d'un idéal-type pour chaque maillon de cette chaîne de l'urbanisation des villages, nous pourrons sur un plan théorique rendre compte de la vie mais aussi de la richesse de l'urbanisation des villages.

Du point de vue de l'objet de cette recherche, l'entrée dans les villages ne présente pas de difficulté majeure en comparaison avec les entreprises, les organismes publics et les organes de quartiers. D'abord,

2. Yangcheng, qui signifie littéralement « ville des chèvres », est un des surnoms de la ville de Canton.

les villages urbains se trouvent au plus bas de la société chinoise. Les chercheurs non issus de ces villages sont en général considérés comme issus des classes supérieures de la société, ou du moins du haut du système, ils sont donc généralement reçus avec respect et sérieux. Ensuite, les villages sont des sociétés de connaissances, il est facile de s'y intégrer en passant par des relations personnelles. Les paysans sont des gens simples, hospitaliers et non méfiants. Contrairement aux entreprises qui portent souvent un regard vigilant et suspicieux. Dans ce deuxième type d'enquêtes, les chercheurs passent souvent pour des voyeurs de la vie privée ou des journalistes avec une caméra cachée cherchant des scandales. Même s'ils passent par un canal officiel, les enquêteurs sont souvent confrontés à un discours passe-partout préparé à l'avance. Troisièmement, dans les villages, il n'y a pas une division claire et marquée entre la vie et la gestion productive, entre la famille et l'espace de travail, entre les territoires privés et publics. Il est relativement facile d'approcher son terrain par le quotidien et ensuite de concentrer son attention sur le domaine essentiel de l'enquête. Enfin, il y a peu de secrets dans les villages. Chaque femme d'un village est un « Sherlock Holmes » local doté d'une forte capacité de décryptage des secrets. Même quand il s'agit de documents écrits, il n'est pas difficile de les emprunter pour les photocopier. Cependant, dès qu'une enquête implique la police, les questions se compliquent. Nous aurions par exemple voulu photocopier les registres du *hukou* et les cartes de résidence temporaire des locataires d'un village, mais, malgré tous nos efforts, nous n'avons pas réussi.

Pour réaliser cette enquête, nous avons pu rentrer dans les villages sans trop de difficultés en passant par des canaux administratifs et des relations personnelles. La première fois, en octobre 2001, nous avons enquêté dans neuf villages urbains de la municipalité de Canton : Shipaicun, Tangxiacun, Yaotaicun, Sanyuanlicun, Tongdecun, Xiancuncun, Yangjicun, Linhecun et Liedecun. Nous avons réalisé des entretiens auprès de fonctionnaires, de cadres du village, et de résidents – à la fois des villageois d'origine et des travailleurs venus d'autres régions. Par la suite, nous avons défini une grille d'entretien directif et avons invité des étudiants à participer aux entretiens après leur avoir donné une formation. La première série d'entretiens a donné lieu à des transcriptions de 400 000 mots pour chacun. Mais nous nous sommes rendus compte que les étudiants étant trop contraints par la grille d'entretien, un certain nombre d'entretiens de bonne qualité abordaient tous les sujets mais manquaient de profondeur. Nous avons alors modifié la grille d'entretien en mettant l'accent sur les « histoires » de la vie quotidienne, orientant l'enquête vers des « histoires de vie ». Ainsi, nous avons obtenu des matériaux de 800 000 mots et élargi notre recherche en nous rendant dans 40 villages urbains. Au cours de la rédaction du présent chapitre, nous sommes retournés plusieurs fois sur le terrain pour obtenir des informations complémentaires.

Selon les statistiques, la ville de Canton compte 139 villages urbains. Les Chinois et les textes officiels emploient « *tiao* » au lieu de « *ge* » comme « spécificatif » pour calculer le nombre total de ces villages urbains, ce qui illustre bien la particularité de leur intégration dans la ville[3]. Ces 139 villages urbains peuvent être divisés selon trois types : premièrement, les villages qui se trouvent dans des zones urbaines prospères et qui n'utilisent plus de terres à des fins agricoles ; deuxièmement, ceux qui se trouvent aux abords de la ville et conservent encore quelques terres consacrées à l'agriculture ; troisièmement, ceux qui sont situés dans les faubourgs plus éloignés, et dont une part importante des terres sont cultivées. Dans cette recherche, nous ne prenons en compte que la première catégorie, car elle présente les caractéristiques les plus saillantes de la fin des villages urbains. Ce type de village, représente à peu près le tiers des 139 villages urbains de Canton.

Le village de Yangcheng devient un « village urbain » : l'impact des bénéfices réalisés sur les terrains et les loyers

Pour comprendre les raisons d'apparition et d'existence des villages urbains, il faut d'abord s'intéresser aux caractéristiques particulières de la dualité ville/village. Si l'on peut parler de l'existence d'une « économie mixte » entre économie du marché et économie de redistribution, alors le « village urbain » peut être considéré comme un quartier qui emprunte à la ville et aux villages ses spécificités. Le mode de vie dans le village de Yangcheng est complètement urbanisé. Les villageois résident tous

3. Le spécificatif « *tiao* » est employé pour quantifier des objets en longeur ; « *ge* » est le spécificatif universel.

en ville voire en centre-ville ; ils ne pratiquent plus, ou pratiquement plus, des activités agricoles ; ils sont tous, ou presque, enregistrés par le système du *hukou* comme citadins. Pourquoi alors faire perdurer les appellations de village et de villageois ? Les aspects cités ci-dessus ne sont-ils pas précisément les critères sur lesquels nous nous appuyons généralement pour reconnaître les villages et les villageois ? Le terme de *mingong* ne s'explique-t-il pas seulement par la possession d'un *hukou* rural ?

Les caractéristiques du village de Yangcheng mettent à jour certains facteurs de distinction entre ville et campagne.

En premier lieu il faut considérer les différences entre régimes de propriété des terres. Selon la loi, les droits de propriété des terrains en ville appartiennent à l'État, alors que dans les campagnes, les terres appartiennent collectivement aux villages. Au cours du processus d'urbanisation, l'État peut exproprier les paysans des terres agricoles, mais pas des terrains sur lesquels sont construits des logements, car ils sont considérés comme des ressources vitales. Par conséquent, jusqu'à aujourd'hui, les terrains sur lesquels sont bâtis les logements individuels ou collectifs des villages urbains incrustés en ville appartiennent toujours collectivement au village. Nous verrons dans la suite de notre analyse l'importance et les répercussions de ces différences de régimes de propriété.

La seconde catégorie de facteurs tient aux différences dans les systèmes de gestion administrative. Selon la loi, les quartiers d'habitation sont gérés par des comités de quartier, organismes représentant le gouvernement local, les frais de gestion étant à la charge du budget du gouvernement. Tandis que dans les villages relevant de la responsabilité des comités villageois, organisations autonomes des villageois, les frais sont à la charge de la vie collective villageoise. Ceci représente un facteur fondamental dans la constitution du « système du village-unité de travail » que nous analyserons dans la suite de ce chapitre.

La troisième catégorie de facteurs tient au statut de villageois, système lié à la fois au régime de propriété de la terre et au système administratif. Les gens sont souvent portés à croire que le système du *hukou* constitue une barrière majeure à l'urbanisation et que la conversion de l'identité des paysans consiste dans la substitution d'un *hukou* urbain à un *hukou* rural. Cependant, si les villageois des villages urbains ont presque tous déjà acquis un *hukou* urbain, en raison de l'expropriation des terrains agricoles par l'État, ils ont conservé leur statut de villageois. Car pour eux, ce dernier statut est beaucoup plus important que le *hukou*. Grâce à leur appartenance villageoise, ils sont acteurs de la puissante économie collective du village, qui leur donne une position économique bien différente de celle des locataires non originaires du village, mais également des citadins ordinaires. De ce fait, ils préfèrent être villageois que citadins.

Le système officiel étant appliqué de manière égale dans le pays tout entier, pourquoi cet ensemble architectural villageois est-il apparu dans le delta de la rivière des Perles avec ces deux caractéristiques majeures : l'extrême densité et l'optimisation de l'exploitation des terrains ? Les paysans ne se sont-ils pas rendus compte que ce genre de monstre, bâti à l'encontre des règles d'habitat humain, est, dès sa naissance, voué à une vie éphémère et à une destruction finale » ? Même du point de vue de l'intérêt économique, pourquoi les paysans ne cherchent-ils pas à rendre leur habitation plus élégante (ce qui permettrait d'augmenter les loyers, comme le font les promoteurs des résidences modernes) ? Est-ce parce que ces villageois ne disposent pas du capital financier des promoteurs ni ne connaissent leur intention ? Face à cette interrogation, les chercheurs sont nombreux à développer leurs analyses à partir des changements du système. Ils l'expliquent par l'immense décalage entre la très grande rapidité de l'expansion urbaine et les transformations d'un système villageois sérieusement arriéré. Ce décalage nourrit les contradictions et conflits entre une rationalité sociale de l'urbanisation et une action individuelle irrationnelle des paysans. Le « village urbain » serait ainsi un produit de ces contradictions et de ces conflits. Nous préférons ici adopter le point de vue de la rationalité des choix individuels pour faire émerger les raisons d'apparition de ces « villages urbains » afin de comprendre leurs difficultés à se transformer.

En s'appuyant sur la rationalité des choix individuels, un ensemble architectural et une forme de système villageois comme Yangcheng apparaissent comme le fruit d'une recherche de maximisation des profits des terrains et des loyers de la part des paysans dans un contexte où les prix des terrains et les loyers croissent très rapidement. Cependant, les paysans sont-ils, ou peuvent-ils être pourvus d'une rationalité économique permettant la recherche d'une maximisation des profits ? C'est depuis longtemps un sujet de vive polémique dans le monde académique. La plupart des sociologues et des anthropologues insistent sur les notions de « petites traditions » et de « savoirs locaux », s'accordent sur le manque de rationalité économique moderne dans la petite paysannerie. Mais on ne peut pas arbitrairement estimer qu'ils sont irrationnels ; la rationalité de la petite paysannerie est autre qu'instrumentale et peut être définie comme une rationalité propre. Chez les paysans riches, il s'agit d'une philosophie de vie qui traduit une autarcie et une attitude du juste milieu (une sorte de sagesse de la modération) dans un contexte de manque d'accumulation de capital et de faible stimulation par les prix. Chez les paysans connaissant des difficultés, éviter les risques représente une « rationalité existentielle » (Geertz, 1973 ; Chayanov, 1986 ; Scott, 1976). Contrairement à la thèse de cette autre rationalité de la petite paysannerie, bon nombre d'économistes et quelques historiens ont exposé et défendu un modèle théorique par la rationalité économique pour comprendre le comportement économique universel des petits paysans. Ils avancent l'idée que leur potentiel n'est pas radicalement différent de celui des investisseurs immobiliers, et qu'ils sont tout à fait capables de se libérer de leur logique existentielle pour choisir la recherche de la maximisation de leurs intérêts à partir du moment où de nouveaux stimulis viennent de l'extérieur (Schultz, 1964 ; Popkin, 1979 ; Huang Zongzhi, 2000). En réalité, du point de vue de l'analyse des processus, ces deux thèses ne sont foncièrement ni conflictuelles ni différentes. Elles n'apparaissent comme différentes et conflictuelles que si nous supposons qu'une mutation importante entraînerait la transition d'une « rationalité existentielle » vers une rationalité économique. Chez les villageois de Yangcheng, dont le village approche de sa fin, cette mutation a eu lieu.

D'après notre enquête, les foyers de Yangcheng possèdent chacun un immeuble d'une superficie au sol d'un peu plus de 70 mètres carrés, soit un terrain de plus d'un *fen*[4]. Ce « miracle du *fen* » créé par les paysans, tient à l'optimisation de l'utilisation du terrain. En construisant des immeubles de 6 ou 8 étages, ils augmentent la superficie de construction jusqu'à atteindre entre 400 et 600 mètres carrés. De plus, l'avancement des façades à partir du premier étage permet d'occuper pleinement l'espace public au-dessus des rues, sans toucher au territoire proprement dit de ces rues. Les villageois habitent généralement au rez-de-chaussée et louent le reste de l'immeuble. La pièce située sur la rue est louée à

4. « *fen* » et « *mu* » sont deux mesures traditionnelles de la superficie. 15 mu = 1 hectare, 100 fen = 1 mu.

une activité commerciale. Les loyers de ces commerces varient considérablement en fonction de leur localisation. Au contraire, les loyers des appartements évoluent en général entre 10 et 15 yuans par mètre carré et par mois, ce qui est très bon marché étant donné l'emplacement de ces immeubles dans le centre-ville. En règle générale, il y a deux appartements par étage. Étant donné que beaucoup de locataires sont des travailleurs migrants célibataires, chaque appartement abrite fréquemment plusieurs personnes en co-location. Nous avons noté un phénomène intéressant dans ces villages urbains : le loyer d'un appartement n'est pas fixe. Si c'est une famille entière qui loue, le loyer est de 600 yuans par mois, mais si quatre célibataires sont en co-location, le loyer s'élève à 800 yuans, soit 200 yuans par personne ; cinq co-locataires se partageront 900 yuans soit 180 yuans par personne ; six co-locataires se partageront 1 000 yuans soit plus de 160 yuans par personne. Cette logique ne continue pas indéfiniment car les villageois ont intégré l'idée d'amortissement. Ils s'en tiennent à un rapport optimal entre le nombre de locataires et la superficie des logements.

L'histoire du village de Yangcheng me rappelle la célèbre théorie du métayer de Zhang Wuchang appliquée à l'Asie. Autrefois, les chercheurs occidentaux s'accordaient à dire qu'un loyer fixe favorisait la maximisation des profits plus qu'un système de commission sur la production agricole, parce qu'un loyer fixe pousse davantage les métayers à travailler et à investir qu'un paiement proportionnel à la production. Zhang Wuchang (2000) a démontré que dans certaines conditions particulières – forte concurrence et offre abondante de main-d'œuvre en raison du manque de terres par rapport au nombre de paysans – le système de revenu fixe se présente comme un contrat favorisant la maximisation de la production. La logique de son argumentation provient d'une histoire simple : si un propriétaire loue un grand terrain à un métayer, il a la garantie d'une commission assez élevée car la gestion d'un vaste terrain promet d'importants bénéfices que le métayer ne veut pas abandonner au profit d'autres activités. Or si le propriétaire ne s'en contente pas et qu'il divise son terrain pour le louer à deux métayers, bien que son pourcentage de commission descende, la réduction de quantité de terrains fait augmenter le taux d'investissement sur une unité de superficie, la croissance de la production totale fera augmenter le revenu total du propriétaire. Cette logique de l'augmentation des revenus du propriétaire par la division du terrain en un nombre croissant de parcelles ne peut durer indéfiniment. À un certain moment, le revenu total du propriétaire atteint son point culminant. Autrement dit, sur une courbe représentant les profits réalisés par le propriétaire en fonction du nombre de parcelles qu'il découpe sur ses terres, il y a un point qui correspond au moment ou ses profits atteignent leur maximum sans menacer l'équilibre de concurrence. Dans certaines régions d'Asie, les réformes foncières fixent le taux de commission à 37,5 % du revenu agricole, proche justement de ce point optimal. Ce sont des succès de la réforme foncière sous impulsion gouvernementale dans certains pays, mais également, en réalité, une sorte de succès du contrat concurrentiel (Zhang Wuchang, 2000).

Il y a une similitude entre l'histoire des locations du village Yangcheng et cette histoire de la location des terres de Zhang Wuchang. En fait, étant donné l'existence d'un prix d'équilibre dans la libre concurrence, sous certaines contraintes institutionnelles et conditions de gestion, il arrive que le taux de bénéfice des terrains urbains baisse et que le loyer disparaisse. En réalité, le loyer ne disparaît jamais complètement, il est compensé par d'autres moyens, ou par le prix de revient fixé par le gouvernement. La construction d'habitations dans les villages urbains n'est pas indépendante des contraintes institutionnelles : la réglementation fixe la hauteur des immeubles à trois étages et demi sous peine d'amende. Mais les villageois construisent tous des bâtiments de six ou huit étages, car l'augmentation des profits issus des loyers dépasse largement le coût des amendes. Lorsque les prix de l'immobilier flambent en ville, ces habitations dispersées de six ou huit étages ne peuvent valoir autant que le prix d'équilibre des revenus des terres. Sachant que les six ou huit étages ont déjà atteint la limite de tolérance fixée par le gouvernement, les paysans ne peuvent faire autrement que d'exploiter au maximum les espaces exploitables pour pouvoir compenser la différence entre les profits sur leur terre et le prix d'équilibre de la concurrence. Voici l'origine fondamentale de l'apparition des monstres architecturaux si denses dans les villages urbains. Il paraît donc logique que, si dans le processus de transformation de ces villages, les villageois ne veulent pas perdre leurs profits sur les loyers, alors que le gouvernement refuse de payer d'énormes indemnisations, le seul moyen d'atteindre ou de se rapprocher du prix d'équilibre du marché des profits sur la terre reste d'augmenter la hauteur des immeubles et par là les profits sur l'espace loué.

DU « VILLAGE-UNITÉ DE TRAVAIL » AU « VILLAGE-ENTREPRISE » : VIE COMMUNE, PROPRIÉTÉ COMMUNE ET PRIMES

Le « système de l'unité de travail (*danwei*) » désigne à l'origine une forme d'organisation des organes étatiques dans le cadre du système de redistribution économique De nombreuses recherches ont déjà été menées sur ce sujet (Walder, 1986 ; Li Hanlin, 1988 ; Lu Feng, 1989 ; Li Peilin *et alii*, 1992 ; Li Hanlin, 1993 ; Li Peilin, Zhang Yi, 2000). Dans ce système de l'unité de travail, les organes d'État, les entreprises d'État et les services publics sont non seulement des unités de travail et de gestion, mais également des unités de vie sociale et de gestion politique. Leurs membres en sont fortement dépendants dans beaucoup de domaines : statut social, emploi, retraite, santé et protection sociale. Dans les villages urbains nous avons découvert un système similaire à cette forme d'organisation : le système du village-unité de travail. Si les villageois n'ont plus de terre cultivable et si beaucoup ne travaillent même plus dans le village, ils conservent des liens de dépendance étroits avec leur village au niveau des relations affectives et sentimentales, de leurs fréquentations sociales… mais aussi sur le plan économique.

Ce système du village-unité de travail est produit d'une part des réseaux de relations sociales formés dans la vie commune du système de gestion du village, et, d'autre part, des primes issues des droits de propriété collectifs sur l'économie collective. Dans ce système, les villages urbains ressemblent à des îlots dans l'océan urbain. La mer est un monde étranger alors que les îlots sont des sociétés où tout le monde se connaît.

La gouvernance des villages a peu de points communs avec celle des quartiers urbains où la compétence du comité du quartier est limitée à un certain nombre de services sociaux tels que l'éducation, la santé, la sécurité, l'eau, l'électricité, les routes, l'environnement et le service militaire, domaines directement gérés par des organes spécialisés. Au contraire, dans les villages, le comité villageois est responsable de tout ce qui relève de la vie villageoise, et le chef du village doit assumer une responsabilité illimitée comme le chef d'une grande famille. Les dépenses de construction et de gestion des comités de quartier sont financées par le budget de État, alors que celles des villages sont prises en charge par la collectivité villageoise. Il y a dans le village de Yangcheng 6 000 villageois et 30 000 travailleurs venus d'autres provinces. Pour gérer la vie communautaire, la collectivité recrute plus de 100 agents de sécurité, une trentaine d'agents de propreté, 15 gérants des marchés, 6 inspecteurs du planning familial, une vingtaine d'éboueurs. À cela s'ajoutent les retraites de plus d'un millier de personnes âgées, les assurances médicales, les allocations hors salaires des enseignants de l'école primaire, l'équipement de cette dernière, la construction des routes et des câbles, la subvention du service militaire et des dons du sang, et enfin les subventions pour l'éducation supérieure. Si les bénéfices annuels nets de l'économie collective atteignent en moyenne les 100 millions de yuans, 12 à 15 % de cette somme sont destinés aux dépenses publiques pour la gestion, les constructions et les services. Ce pourcentage est à peu près le même dans les autres villages urbains. Par exemple dans le village de Shipai, qui compte plus de 9 000 villageois et 40 000 travailleurs venant d'autres régions, les bénéfices nets annuels s'élèvent à plus de 90 millions de yuans. Les recettes fiscales sont de 5 à 8 millions de yuans. Les dépenses pour l'administration courante représentent plusieurs millions de yuans, les services sociaux entraînent plus de dix millions de dépenses. Il reste par conséquent de 40 à 50 millions de bénéfices qui peuvent être distribués aux villageois sous forme de primes. Cette prise en charge de la vie de la communauté par les dirigeants du village entraîne la dépendance des villageois envers l'unité de travail, la *danwei* que constitue le village. Cependant, il existe également une autre raison à cette dépendance, plus profonde : le système des primes est exclusivement réservé aux villageois d'origine et n'est pas ouvert aux autres habitants du village.

Au début, la source principale des revenus collectifs du village de Yangcheng était constituée par des entreprises créées par la collectivité dans des secteurs à forte intensité de main-d'œuvre : filature du coton, brasserie, fabrication de papier, briqueterie, fabrication de thé, travail de la pierre, fabrication de vêtements. Mais, en raison de la hausse du coût de la main-d'œuvre et du prix des terrains, ces industries à fort taux de main-d'œuvre ont connu un déclin, et le village urbain a subi un processus de désindustrialisation. Aujourd'hui, les charges mensuelles de gestion des immeubles sont devenues la principale source de revenus du village. La société coopérative centrale gère l'économie collective du village, et, sous son autorité, des coopératives économiques. Ces dernières disposent d'une comptabilité autonome, et, en ce qui concerne la gestion administrative, elles sont fortement unies avec le comité du village et les groupes villageois. On voit ici la trace de l'ancienne structure des trois niveaux de gestion que formaient la commune populaire, la brigade de production et les équipes de production. Dans les « villages urbains », les communes populaires se sont complètement désintégrées, mais l'héritage de l'organisation en brigades de production et équipes de production a été préservé, constituant la structure organisationnelle à partir de laquelle les paysans se sont réorganisés avec le système des coopératives par actions Les villageois sont à la fois les actionnaires de la « société coopérative centrale » et des « coopératives économiques ».

Ces deux types de coopératives mettent en pratique le système de coopératives par actions, qui diffère à la fois du système des sociétés par actions et du système des entreprises privées. C'est en réalité le produit de l'unification de l'administration et de l'économie d'un village. Dans le système des sociétés par actions, une action représente une voix, tandis que dans celui des coopératives par actions, une personne représente une voix. De plus, dans le système des entreprises privées, les co-investisseurs sont tous des patrons ayant la possibilité de retirer leur capital. Dans les coopératives par actions, les villageois-actionnaires ne possèdent pas vraiment de pouvoir de décision et ne peuvent retirer leur participation. Il y a pourtant un point commun avec les autres systèmes, c'est que la possession des actions permet aux villageois de toucher des primes.

La distribution des actions s'effectue selon deux principes : la distribution selon la résidence – à savoir que tout villageois sans distinction d'âge possède en général cinq actions ; ce sont les « actions par tête ». Le second principe est la distribution fondée sur l'ancienneté : chaque année donne droit à une action appelée action par année. Un villageois ne peut détenir plus de 25 à 30 actions, que ce soit des « actions par tête » ou des « actions par années ». Les actions peuvent faire l'objet de succession, mais ne peuvent être ni cédées, ni remboursées, ni utilisées pour rembourser des dettes. Comme l'essentiel des revenus du village urbain provient de la gestion des immeubles et non plus de l'industrie, les « actions par capital », « les actions techniques » et « les actions par relations »[5] n'y sont pas apparues, comme cela a été le cas dans des villages industriels plus développés.

---

5. Actions distribuées à des personnes qui n'appartiennent pas au village, soit pour entretenir des liens (par exemple on donne à des officiels), soit pour payer en partie une transaction.

Ces dernières années, le village de Yangcheng a connu deux changements organisationnels importants :
– le premier changement concerne le système économique : la société coopérative centrale a été remplacée par un groupe d'entreprises ; ce sont les villageois qui ont choisi ce changement.
– le second changement concerne la gestion administrative du village : un comité de quartier a pris la place du comité villageois. Mais ce dernier arrangement institutionnel est le résultat d'une décision gouvernementale. Ces deux changements s'inscrivent dans deux processus. Le premier a été plus rapide sur le fond que sur la forme, alors que le second connaissait une dynamique inverse, étant plus rapide sur la forme que sur le fond.

Dans la transformation du système économique en 1994 et 1995, afin d'éviter des conflits sur la possession d'actions provoquées par les migrations de villageois et la venue de nouveaux habitants, de clarifier les frontières de la propriété collective et les droits de propriété, le village de Yangcheng, à l'appel des villageois et avec le soutien du gouvernement, a mis en œuvre une réforme du système des droits dc propriété dite « coupé d'un trait de couteau » c'est-à-dire appliquée à tous sur le même mode. À partir de cet instant ont été appliqués les principes suivants : le nombre d'actions ne se multiplie pas avec la naissance ou l'entrée dans le village, il ne réduit pas non plus avec la mort ou le départ du village. Désormais, l'augmentation ou la réduction du capital total de l'économie collective sont déterminées par le nombre d'actions détenues par les actionnaires. La fixation du nombre des actions a permis aux villageois d'accéder à un droit de propriété presque complet. Non seulement chaque actionnaire dispose d'un droit sur les bénéfices, mais il est également autorisé à céder ses actions, les mettre en gage, ou les transmettre par héritage. Le retrait d'actions a lieu cependant sous conditions. Ainsi, le fonctionnement des droits de propriété ne suit plus le système officieux des conventions villageoises, mais applique désormais un système officiel régi par la loi. Sur cette base, il devient logique que ce fonctionnement soit calqué sur le modèle des sociétés anonymes. Cependant, étant donné que cette société anonyme puise l'essentiel de ses revenus dans la gestion des immeubles sans prix de revient, les droits de propriété et les bénéfices possèdent un caractère communautaire fermé. L'introduction de capitaux extérieurs est donc exclue car cela conduirait à la transformation de la structure de propriété et au partage des profits.

Le deuxième changement s'est produit dans le domaine de la gestion administrative. En 2000, pour accélérer l'urbanisation, le gouvernement met en application un projet de renouvellement planifié des villages urbains, exigeant de ces villages la séparation entre l'administration et l'économie. Selon ce projet, l'organisation économique collective doit être gérée comme une société, et les compétences administratives de l'ancien comité villageois doivent désormais être transférées par le comité de quartier. Or, lorsque nous avons mené notre enquête, cette politique n'avait pas encore été concrétisée par des transformations substantielles dans les modes de gestion. Si le village de Yangcheng n'est plus chargé de l'enregistrement de la population migrante, les autres fonctions sociales restent toujours de sa responsabilité. Le groupe n'est qu'un personnage fantôme, car le gouvernement ne semble pas très impatient de dégager les ressources budgétaires nécessaires pour financer les dépenses publiques jusqu'ici à la charge du comité villageois. Le remplacement des villages par des quartiers devait être une transformation institutionnelle fondamentale visant la fin des villages urbains. Elle ne semble pourtant pas avoir abouti à grand-chose.

Le système de l'unité de travail, est confronté aux mêmes défis, que ce soit dans le cadre des villages ou dans celui des entreprises d'État. L'exclusivité des profits et la quête des avantages sociaux renforcent la cohésion interne ; mais dans le même temps, elles limitent la circulation des ressources et alourdissent le coût de la gestion du social. La clé pour transformer le système de la *danwei*, qu'il s'agisse des villages ou des organisations étatiques, ne réside pas dans une quelconque transformation superficielle du système. Elle consiste à trouver les moyens de remplacer ou de faire disparaître les dépenses sociales des *danwei*.

Dans cette transition d'une « *danwei* villageoise » à une « entreprise villageoise » que connaît le village de Yangcheng, si le coût des services sociaux avait vraiment pu être pris en charge par le budget public, il y aurait eu une réelle amélioration de l'efficacité et des bénéfices. Or, dans notre enquête, les cadres du village ne semblent pas avoir manifesté beaucoup d'enthousiasme devant cette perspective. Nous ne savons pas si cela est dû à la perte potentielle de pouvoir administratif ou au fait que le développement de l'économie du village dépende du soutien de ce type de pouvoir.

STRATIFICATION ET TRANSFORMATION DANS LES VILLAGES URBAINS

Quatre facteurs contribuent à la stratification sociale dans le village de Yangcheng : l'identité, la propriété immobilière, le pouvoir organisationnel, le capital et enfin les connaissances et le savoir-faire.

Au niveau de l'identité, avoir ou non le statut de villageois reste décisif. Les revenus des non-villageois proviennent uniquement de leur travail, contrairement aux villageois qui bénéficient de trois sources de revenus : les primes, les loyers et les revenus du travail. Les deux premiers étant souvent largement plus élevés que le troisième, le statut économique des villageois est supérieur non seulement à celui des travailleurs non originaires du village, mais également aux niveaux de salaires des citadins moyens. Beaucoup de villageois ne vivent qu'avec les loyers et les primes, et mènent ainsi une existence oisive, formant une nouvelle couche sociale. Même lorsqu'ils possèdent le local donnant sur la rue, ils le louent à d'autres qui gèrent ainsi un commerce ; les villageois dédaignent ces activités épuisantes qui ne rapportent que des micro-profits. Ils se considèrent comme faisant partie de la couche supérieure du village. Certains villageois riches ont déjà acheté un autre logement dans un environnement plus propre et plus élégant, estimant que le mélange avec les travailleurs venus de l'extérieur est néfaste pour le développement de leurs enfants.

Deuxièmement, la stratification se produit à l'intérieur des villageois sous l'influence d'un pouvoir organisationnel. Si le village de Yangcheng est une société minuscule, son système de gestion possède de nombreux niveaux. La seule société coopérative centrale se compose de différents départements : comptabilité, gestion des immeubles, ressources humaines, administration, conseil juridique. Les coopératives économiques qui en dépendent possèdent également une structure avec plusieurs niveaux. En outre, les personnels chargés des questions de sécurité, de santé, de surveillance des marchés, de planning familial, d'éducation et de retraite, sont également à la charge des villageois, qui disposent ainsi de différentes ressources en pouvoir organisationnel. Ces responsabilités sont très bien rémunérées, assurant par exemple à un dirigeant un salaire annuel de 100000 yuans. L'effet stratifiant du pouvoir organisationnel ne s'arrête pas là. Les détenteurs de pouvoir peuvent mieux valoriser leur propriété foncière et transformer leur épargne en capital actif.

Troisièmement, une différenciation sociale se produit parmi les travailleurs venus de l'extérieur et qui résident dans le village, suivant qu'ils disposent ou non de capital. Les quelques dizaines de milliers de travailleurs vivant dans le village peuvent se répartir en deux catégories. Ceux qui sont dotés d'un capital parce qu'ils exercent une activité dans le commerce ou dans les services, c'est-à-dire ceux qu'on appelle en général les entrepreneurs individuels (*getihu*) ; et ceux qui n'ont pas de capital et qui vivent uniquement grâce aux revenus du travail. Il est nécessaire de souligner que la différence entre ces deux catégories n'est pas aussi marquée qu'on pourrait le penser. Cela s'explique probablement par le fait que les entrepreneurs individuels ne gèrent que de petites affaires, employant souvent des membres de leur famille ; une fois réglés les loyers et les impôts, leur revenu n'est souvent que légèrement supérieur aux niveaux de salaires généralement perçus par les salariés. Nous percevons ici la complexité du secteur tertiaire. Dans le village de Yangcheng, les propriétaires de biens immobiliers et les patrons de petits commerces et services appartiennent tous au secteur tertiaire. Néanmoins, le statut économique et la position sociale de ces deux groupes diffèrent considérablement. Cette différence est parfois plus importante que celle qui sépare l'agriculture et l'industrie. Par ailleurs, nous avons également observé que, dans cette zone économique dynamique, il existe une importante « économie invisible », comme par exemple la location d'appartements, qui reste absente des statistiques du PIB.

Enfin, le dernier facteur de différenciation concerne les salariés, selon qu'ils sont des travailleurs manuels ou possèdent un savoir-faire technique. Les travailleurs se divisent en « cols blancs » et « cols bleus ». Les cols blancs qui résident à Yangcheng sont en général des techniciens, des commerciaux, des enseignants, des médecins, des chauffeurs de taxi, des éditeurs, des journalistes et des petits employés dans les entreprises ; les cols bleus travaillent en général dans les secteurs manufacturiers, du bâtiment, de la restauration, des transports… À ces deux populations, il faut encore ajouter les « cols roses », jeunes femmes travaillant dans les salons de coiffure, et les « cols noirs » qui gagnent leur vie illégalement. Lors de nos enquêtes nous avons remarqué une nouvelle tendance qui se développe depuis quelques années : une part croissante de ces travailleurs n'est plus issue des campagnes, mais peut venir aussi bien de petites que de grandes villes. Se dessinent peut-être les prémices d'un nouveau type de mobilité professionnelle : en effet de plus en plus de personnes quittent des régions et des villes développées ou moins dynamiques pour se rendre dans des villes plus riches. Il est nécessaire de signaler que, dans ce village de Yangcheng, les cols bleus sont principalement issus de la paysannerie alors que les cols blancs sont le plus souvent des citadins.

Nous avons présenté ci-dessus la structure sociale existante du village de Yangcheng, mais celle-ci n'est nullement figée. Sous l'influence des choix rationnels individuels, le processus de stratification ne produit pas une simple reproduction de la structure sociale. Grâce à leur vigoureux esprit d'innovation ou leurs savoir-faire techniques, les petits commerçants et les « cols blancs » bénéficient d'excellentes perspectives d'ascension sociale. Le village de Yangcheng a vu émerger une série d'entrepreneurs ayant réussi. A contrario, la classe supérieure de ceux qui ne vivent que des rentes des loyers se heurte à des difficultés pour trouver un emploi satisfaisant, faute de qualifications suffisantes. L'oisiveté et la tranquillité de la vie ont fait disparaître leur esprit d'innovation et d'entreprise. Par conséquent, ils risquent réellement de connaître une trajectoire sociale descendante. Une partie d'entre eux finiront par devenir de simples gardiens de la civilisation agricole, incapables de transformer leur statut social.

Le réseau de relations sociales : les familles se divisent et la richesse ne dure pas au-delà de trois générations

Un village est une communauté de vie formée de réseaux de relations sociales basés sur les liens du sang, de parenté, claniques et l'origine géographique. Yangcheng ne fait pas exception. Jadis, au cours du processus d'organisation des villages, les gens ont tenté de briser ces réseaux de relations sociales pour leur substituer des liens plus modernes, juridiques et administratifs, ou des formes d'organisation économique. Mais rares ont été les succès. Insérées dans ces réseaux de relations, les structures modernes introduites de l'extérieur ont subi des transformations, discrètes mais profondes. Ainsi, les paysans migrants installés dans les villes, qui sont un peu comme de « nouveaux Hakkas », ont réussi à déplacer leurs réseaux sociaux dans la ville, donnant naissance à des communautés comme le « village Zhejiang » à Pékin. Beaucoup de gens ne parviennent pas à comprendre pourquoi ces réseaux villageois de relations sociales conservent une telle force.

Les modes de vie dans le village de Yangcheng, situé en centre-ville, sont déjà très urbains. Toutefois, l'ancien réseau de relations sociales est toujours actif. La communauté villageoise de Yangcheng se distingue fortement des communautés de quartier et des communautés des unités de travail. En effet, ce village urbain n'est pas une communauté formée par des personnes qui sont étrangères les uns aux autres (comme c'est le cas des communautés de quartiers ou des ensembles résidentiels) ; il ne représente pas non plus une communauté de connaissances basée uniquement sur des liens professionnels (comme les ensembles résidentiels abritant les employés d'une même unité de travail) mais sur des liens de sang, de parenté, claniques et l'origine géographique.

Le village de Yangcheng présente des caractéristiques communes à tous les villages urbains. Dans un ensemble bâti très dense, seuls trois types de bâtiments plus luxueux semblent jouir d'un privilège en termes d'espace qui leur permet de dépasser la logique de la maximisation des loyers. Ce sont les temples des ancêtres, la maternelle/école primaire et le centre d'animation pour les personnes retraitées. Ils existent en tant que symboles de valeurs communes : vénération des ancêtres, respect pour les personnes âgées et amour des enfants. Il y a en général trois à cinq grandes familles dans un village, chacune possédant leur propre temple des ancêtres, dont l'allure reflète le statut du clan au sein du village. Généralement, la répartition du pouvoir doit correspondre à cette structure des clans pour préserver la paix dans la communauté. Les relations claniques semblent largement plus répandues dans les villages du Sud du pays que dans ceux du Nord, probablement parce que les gens accordent une plus grande importance à leurs racines après une migration collective.

Dans le village de Yangcheng, les liens de parenté et matrimoniaux entre les villageois sont complexes. En moyenne, un foyer est lié à 20 autres foyers par des liens de sang ou de parenté. Mais les grandes familles peuvent étendre ces liens avec 50 voire 100 foyers. Ces communautés claniques sont divisées en groupes familiaux. Le clan peut être assimilé à un groupe qui fédère un certain nombre de sociétés, ou encore à une maison mère dont dépendent des filiales. La structure de propriété dans l'organisation économique est sous-tendue par ces réseaux.

La force de cohésion de « la grande famille » villageoise est éminemment liée au caractère fermé de ces réseaux, assurant que la collectivité qui « fabrique le gâteau » est la même que celle qui ensuite « se partage le gâteau ». Autrefois, les sorties et entrées de femmes par le mariage étaient équilibrées, maintenant intacts les intérêts collectifs. Cet équilibre d'un réseau fermé se maintient difficilement depuis les années 1990. Les mariages mixtes villageois et urbains se font de plus en plus nombreux, menaçant les intérêts de l'économie collective qui forme la base du réseau social du village, car l'augmentation du nombre des « mangeurs de gâteau » signifie la diminution de la part de chacun. En conséquence, au milieu des années 1990, les villages urbains ont majoritairement appliqué le système d'actions limitées, quelle que soit la situation matrimoniale.

Un dicton a traversé l'histoire chinoise : « La richesse ne dure pas au-delà de trois générations » (*fu bu guo san dai*). On peut aussi traduire cette expression par « loi du cycle de la prospérité et du déclin des familles ». La signification morale de cette loi est que les fils des familles riches sont pour la plupart des « fils à papa » qui ne font que dépenser sans compter. Cette loi est loin d'être universelle, car l'hypothèse de la reproduction familiale du capital humain est facile à prouver. Il semble plus fiable d'interpréter cette loi par le biais du régime d'héritage. Le système d'héritage des familles traditionnelles se différencie des systèmes européens, mais également de celui du pouvoir impérial. Ce n'est pas le régime de l'aîné qui hérite de l'ensemble des biens, système qui concentre l'argent et le pouvoir sur une seule personne ; mais au contraire un système de séparation des biens familiaux entre les frères vise à répartir la richesse et le pouvoir. La fonction de ce régime se rapproche de l'impôt sur les successions pratiqué dans les pays modernes. C'est une conception de la part de l'État qui ne permet pas à une famille d'étendre sans limite sa puissance car elle risquerait de rivaliser avec le pouvoir impérial ou le pouvoir étatique. La division de la famille à la mort du fondateur des affaires constitue souvent un virage à partir duquel suspicion, conflits et déclin guettent la famille. Nous pouvons souvent observer les effets de cette loi dans l'histoire de la prospérité et du déclin des entreprises familiales. Pour cette raison, pour échapper au risque de déclin, les grandes familles ont toujours préféré ne pas opérer de séparation, car qui dit séparation, dit redistribution des droits de propriété et recomposition des relations sociales.

Yangcheng est en réalité comme une « grande famille », liée par un réseau de relations de sang, de parenté et de filiation. Ce type de réseau social villageois est doté d'une fonction réelle de rassemblement de richesse et de capitaux. Ce système d'actions du village interdit strictement la vente des actions. Les paysans restent dépendants du réseau social du village même après avoir changé d'identité professionnelle, et donc perdu leur statut de paysan ; en effet, dans un contexte nouveau et inconu, ils ont besoin de résister collectivement face aux risques et aux pressions venant de l'extérieur. La force du réseau social dans le village de Yangcheng résulte de l'insistance des villageois à ne pas séparer les biens familiaux afin de maintenir la prospérité acquise. Les villageois s'appuient sur leurs choix rationnels pour faire perdurer le souffle vital de leur « grande famille ».

Conclusion

Dans le passé, les recherches sur l'urbanisation des villages se centraient principalement sur la réforme du système de *hukou*, beaucoup croyaient que la réforme radicale de ce système garantirait le triomphe de l'urbanisation. Cependant, comme nous l'avons vu avec la fin des villages urbains, ce système a eu peu d'influence, et le processus d'urbanisation est loin d'être achevé. La fin des villages impose encore une redéfinition des droits de propriété et une recomposition sociale douloureuse. Si le village de Yangcheng présente des particularités, il annonce des conflits de portée universelle.

Lorsque nous sommes retournés à Yangcheng en 2006, le réaménagement massif prévu n'avait pas eu lieu. D'un côté parce que les coûts étaient trop élevés, de l'autre, parce que le gouvernement craignait d'attiser les conflits sociaux. Cependant la plupart des villageois avaient emménagé dans de hauts immeubles investis par les collectivités villageoises. Celles-ci avaient vendu les appartements aux villageois à des prix de loin moins élevés que le marché. Les anciens appartements des villageois étaient mis en location. L'environnement des rues et des quartiers s'était beaucoup amélioré. Le mode de vie des villageois n'avait pas changé malgré un contexte d'incertitude.

Une société rurale profondément structurée par le sang, la parenté, le sol, la généalogie, les croyances et les coutumes, ne prend pas nécessairement fin avec la désertification rurale ou l'industrialisation. Les fractures et les transformations ne donnent pas lieu non plus à des expériences légères et heureuses. La fin progressive des villages urbains peut être définie comme un processus marqué de conflits et de chocs culturels, fait de désillusions et de contradictions.

BIBLIOGRAPHIE

Bulletin officiel du district Tianhe de Canton (1994) : *Guanyu jinyibu wanshan nongcun gufen hezuozhi de ruogan guiding (Règlements pour améliorer l'actionnariat coopératif rural).*

Bulletin officiel du district Tianhe de Canton (2001) : *Guanyu nongcun gufen hezuo jingji zuzhi de jiben guiding (Règlements de base sur les organisations économiques par actions en zone rurale).*

CAO JINQING (2000) : *Huanghe biande zhongguo : yige xuezhe dui xiangcun shehui de guancha yu sikao (La Chine au bord du fleuve Jaune. Observations et réflexions d'un chercheur sur la société rurale)*, Shanghai, Shanghai wenyi chubanshe.

CHAYANOV, A. (1986) : *The Theory of Peasant Economy*, Madison, University of Wisconsin Press.

CHOW Y. (2000) : *Zhongguo shehui de jieceng yu liudong : yige shequ zhong shishen shenfen de yanjiu (Classes et mobilité dans la société chinoise : étude sur le statut de notable dans un quartier)*, Shanghai, Xuelin chubanshe.

COASE, R. *et alii* (1994) : *Caichan quanli he zhidu bianqian (Droits de propriété et changements institutionnels)*, Shanghai, Shanghai Sanlian shudian.

Documents provenant des villages ou les enquêtes ont été menées en 1988 et 1995, dont plusieurs *Cun hezuo jingji gufenzhi zhangcheng (Chartes d'actionnariat de l'économie collective).*

DUARA, P. (1994) : *Wenhua quanli yu guojia : yijiulingling dao yijiusi'er nian de huabei nongcun (Culture, pouvoir et État : les campagnes dans le nord-est entre 1900 et 1942)*, Nankin, Jiangsu renmin chubanshe.

Équipe de recherche du bureau d'affaires d'État (2006) : *Zhongguo nongmingong diaoyan baogao (Rapport d'enquête sur les paysans-ouvriers en Chine)*, Pékin, Zhongguo yanshi chubanshe.

Équipe de recherche sur les « paysans migrants » (1995) : Zhujiang sanjiaozhou wailai nongmingong zhuangkuang (Situation des paysans migrants dans le delta de la rivière des Perles), *Zhongguo shehui kexue (Sciences sociales en Chine)* n. 4.

FEI XIAOTONG (1985) : *Xiangtu zhongguo (La Chine rurale)*, Pékin, Sanlian shudian.

GEERTZ, C. (1973) : *The Interpretation of Cultures,* New York, Basic Books.

GEERTZ, C. (1999) : *Difangxing zhishi (Savoir local)*, Pékin, Zhongyang bianyi chubanshe.

GUO YUHUA (1996) : Nongcun xiandaihua guocheng zhong de chuantong qinyuan guanxi (Les relations de parenté traditionnelles dans le processus de modernisation de la Chine rurale), *Shehuixue yanjiu (La recherche en sociologie)* n. 6.

HUANG PING (ed.) (1997) : *Xuqiu shengcun : dangdai zhongguo nongcun waichu renkou de shehuixue yanjiu (En quête de survie : Étude sociologique sur la population des paysans migrants en Chine),* Kunming, Yunnan Renmin chubanshe.

HUANG ZONGZHI (2000) : *Changjiang sanjiaozhou xiaonong jiating yu xiangcun fazhan (Foyers de petits paysans dans le delta du Yangtsé et développement rural)*, Pékin, Zhonghua Shuju.

Commentaire d'un journaliste (2000) : Zai chengshi de jiafengzhong liebian (La fission dans les interstices de la ville), *Nanfang doushi bao (Le quotidien de la capitale du sud)* 6 septembre 2000.

Interview du maire de Canton (2000), « Anzhao guihua lingli'erxing gaizao chengzhongcun » (Transformer les villages urbains en conformité avec la planification), *Nanfang doushi bao bao (Le quotidien de la capitale du sud)* 6 septembre 2000.

KE LANJUN, LI HANLIN (eds.) (2001) : *Dushili de cunmin : zhongguo dachengshi de liudong renkou (Villageois dans la ville : la population migrante dans les grandes villes chinoises)*, Pékin, Zhongguo bianyi chubanshe.

LI HANLIN (1988) : *Xunqiu xin de xietiao. Zhongguo chengshi fazhan de shehuixue fenxi. (À la recherche d'une nouvelle harmonie. Analyse sociologique du développement des villes chinoises)*, Pékin, Cehui chubanshe.

(1993) : Zhongguo danwei xianxiang yu chenghsi shequ de zhenghe jizhi (Le phénomène de l'unité de travail et la dynamique d'intégration dans les quartiers urbains), *Shehuixue yanjiu (La recherche en sociologie)* n. 5.

(1996) : Liudong mingong shehui wangluo he shehui diwei (Réseau social des paysans-ouvriers migrants et statut social), *Shehuixue yanjiu (La recherche en sociologie)* n. 4.

LI PEILIN *et alii* (1992) : *Zhuanxing zhongde zhongguo qiye. Guoyou qiye zuzhi chuangxinlun (Entreprises chinoises en transition. Discussion sur la créativité organisationnelle des entreprises d'État)*, Jinan, Shandong Renmin chubanshe.

LI PEILIN, WANG CHUNGUANG (1993) : *Xinshehui jiegou de shengzhangdian. Xiangzhen qiye shehui jiaohuanlun. (Point de développement d'une nouvelle structure sociale. Échanges sociaux dans les entreprises de bourg et de village)*, Jinan, Shandong Renmin chubanshe.

LI PEILIN, ZHANG YI (2000) : *Guoyou qiye shehui chengben fenxi (Analyse du coût social des entreprises d'État)*, Pékin, Shehui kexue wenxian chubanshe.

LIU MENGQIN (2001) : Shipai liudong renkou jujuqu yanjiu. Jian yu beijing zhejiangcun bijiao (Étude de la zone de résidence de la population migrante dans le village de Shipai. Étude comparée avec le village du Zhejiang à Pékin), in KE LANJUN, LI HANLIN, (eds.) : *Dushi lide cunmin. Zhongguo dachengshi de liudong renkou (Villageois dans la ville. La population migrante dans les grandes villes chinoises)*, Pékin, Zhongguo bianyi chubanshe.

LIU PEILIN (1998) : *Gu cunluo. Hexie de renju kongjian (Anciens villages. Espace d'habitation harmonieux),* Shanghai, Shanghai sanlian shudian.

LU FENG (1989) : Danwei : yizhong teshu de shehui zuzhi (*Danwei* : une organisation sociale particulière), *Zhongguo shehui kexue (Sciences sociales en Chine)* n. 1.

LU XUEYI (ed.) (2001) : *Neifa de cunzhuang : Xingrenzhuang (Village spontané : Xingrenzhuang)*, Pékin, Shehui kexue wenxian chubanshe.

MA GUOQING (1999) : *Jia yu zhongguo shehui jiegou (La famille et la structure sociale chinoise)*, Pékin, Wenwu chubanshe.

MA ZHONGZHU (2000) : Gaizao chengzhongcun shi jianshe xiandaihua chengshi de xuyao (Transformer les villages urbains est une nécessité pour la construction de villes modernes), in : *Guangdong jingshen wenming tongxun (Communiqué de presse sur la civilisation spirituelle dans le Guangdong)*, édition spéciale, n. 87-88.

MENDRAS, H. (1984) : *La Fin des Paysans*, Arles, Actes Sud.

OLSON, M. (1996) : *Jiti xingdong de luoji (Logiques de l'action collective)*, Shanghai, Shanghai sanlian shudian.

POLANYI K. (1958) : *The Great Transformation*, Boston, Beacon Press.

POPKIN, S. (1979) : *The Rational Peasant : The Political Economy of rural Society in Vietnam*, Berkeley, University of California Press.

SCHULTZ, T. (1964) : *Transforming Traditional Agriculture*, New Haven, Yale University Press.

SCOTT, J. (1976) : *The Moral Economy of the Peasant : Rebellion and Subsistence in the South-east Asia*, New Haven, Yale University Press.

TANG CAN, FENG XIAOSHUANG (2000) : Henancun liudong mingong de fenhua (Désagrégation des paysans migrants du village du Henan), *Shehuixue yanjiu (La recherche en sociologie)* n. 4.

WALDER, A. (1986) : *Communist Neo-Traditionalism : Work and Authority in Chinese Industry*, Berkeley, University of California Press.

WANG CHUNGUANG (1995) : *Shehui liudong yu shehui chongzu. Jingcheng zhejiangcun yanjiu (Mobilité sociale et reconfiguration sociale. Étude du village du Zhejiang dans la capitale),* Hangzhou, Zhejiang Renmin chubanshe.

WANG HANSHENG *et alii* (1997) : Zhejiangcun : Zhongguo nongmin jinru chengshi de yizhong teshu fangshi (Le village du Zhejiang : un mode particulier d'entrée des paysans dans la ville), *Shehuixue yanjiu (La recherche en sociologie)* n. 1.

WANG HUNING (1991) : *Dangdai Zhongguo cunluo jiazu wenhua (Culture de filiation dans les villages chinois contemporains)*, Shanghai, Shanghai Renmin chubanshe.

WANG MINGMING (1997) : *Cunluo shiye zhongde wenhua yu quanli. Minnan sancun diaocha (Culture et pouvoir dans l'approche rurale. Enquêtes sur trois villages dans le sud du Fujian)*, Pékin, anlian shudian.

WANG XIAOYI (1993) : *Xueyuan yu diyuan (Liens du sang et liens du sol)*, Hangzhou, Zhejiang Renmin chubanshe.

WANG YING (1996) : *Xin jitizhuyi. Xiangcun shehui zaizuzhi (Néo-collectivisme. La réorganisation de la société rurale)*, Pékin, Jingji guanli chubanshe.

WEI ANXIONG (2000) : Jujiao chengzhongcun (Mise au point sur les villages urbains), *Wenming daobao (Journal de la civilisation)* n. 10.

XIANG BIAO (1998) : Shequ hewei ? Dui Beijing liudong renkou jujudi de yanjiu (Que font les quartiers ? Étude des quartiers de populations migrantes), *Shehuixue yanjiu (La recherche en sociologie)* n. 6.

ZHANG JIJIAO (1999) : *Shichanghua zhongde feizhengshi zhidu (Les systèmes officieux dans la marche vers le marché)*, Pékin, Wenwu chubanshe.

ZHANG LETIAN (1998) : *Gaobie lixiang : renmin gongshe whidu yanjiu (Fin d'un idéal : étude sur le système des communes populaires)*, Shanghai, Dongfang chuban zhongxin.

ZHANG WUCHANG (2000) : *Diannong lilun : yingyong yu yazhou de nongye he taiwan de tudi gaige (Théorie du métayer : application à l'agriculture en Asie et aux réformes foncières à Taiwan)*, Pékin, Shangwu yinshuguan.

ZHE XIAOYE (1997) : *Cunzhuang de zaizao : yige chaoji cunzhuang de shehui bianqian (La reinvention d'un village et la transformation sociale d'un village)*, Pékin, Zhongguo shehui kexue chubanshe.

ZHENG YI *et alii* (2000) : Guangzhou gaizao chengzhongcun mubiao queding (Définition des objectifs de la transformation des villages urbains à Canton), *Nanfang doushi bao (Le quotidien de la capitale du sud)* 6 septembre 2000.

ZHOU DAMING (2001) : Chengxiang jiehebu shequ de yanjiu : guangzhou nanjingcun wushinian de bianqian (Étude sur les quartiers à la frontière de la ville et de la campagne : cinquante ans de changements du village de Nanjing à Canton), *Shehuixue yanjiu (La recherche en sociologie)* n. 4.

Chapitre 7

Processus d'émancipation et production d'action individuelle et collective : Étude sur la question paysanne dans l'ouverture et le développement de la nouvelle zone de Pudong dans les années 1990

LI YOUMEI

Au début des années 1990, la nouvelle zone de Pudong, située en milieu rural, a été brusquement et rapidement mise en contact direct avec l'économie la plus moderne. La question paysanne soulevée dans cette zone diffère considérablement de celle apparue au cours du processus de développement économique et d'urbanisation rapide qu'ont connues d'autres zones rurales du pays (le sud du Jiangsu, la région de Wenzhou dans le Zhejiang et le delta de la rivière des Perles) ces vingt dernières années. Elle n'est pas seulement le produit structurel de la collision entre l'ancien et le nouveau système dans le processus de modernisation de la Chinc, mais également le résultat des effets réciproques des actions stratégiques de différents acteurs, que sont le gouvernement, le marché et les paysans dont les terres ont été expropriées. Ces résultats ne s'expliquent pas simplement par un rapport de forces. La présente étude porte sur le cas de la société de développement de la zone de transformation pour l'exportation de Jinqiao à Pudong et sur le bourg de Jinqiao où se situe cette société. À partir d'enquêtes de terrain inspirées de l'anthropologie culturelle et de la méthode d'analyse stratégique en sociologie des organisations, nous tenterons de comprendre la question de l'émancipation des paysans et de leurs difficultés dans ce processus.

Expropriation et processus d'émancipation des paysans

Au fur et à mesure de l'ouverture et du développement de Pudong, les technologies, systèmes d'entreprise, mécanismes de marché et systèmes de connaissance des pays occidentaux développés ne cessent de pénétrer cette zone et entrent en collision avec le système économique et politique local, les modes d'organisation sociale et les systèmes de valeurs culturelles des paysans. Le système économique et social rural tente de s'adapter aux exigences de ce nouvel environnement mais entre constamment en conflit avec la structure socio-économique et les valeurs culturelles locales qui se sont maintenues jusque-là. Si le développement de Pudong a débuté par des réquisitions de terres, les paysans concernés n'ont pas quitté ce lieu. Au contraire, ils ont été largement confrontés aux différents mouvements apparus au cours du développement de Pudong. Les problèmes auxquels les paysans doivent faire face sont à la fois les plus immédiats et les moins visibles. Pour ces paysans, il faut d'abord parvenir à transformer rapidement leurs compétences adaptées au fonctionnement de l'ancien système (le système administratif au service du développement de l'économie collective rurale) en compétences adaptées au fonctionnement du nouveau système (le système administratif au service du développement de l'économie de marché moderne de la nouvelle zone). La question à l'origine de notre travail est celle-ci : désormais privés de la protection de l'ancien système socio-économique, comment les paysans expropriés peuvent-ils trouver, au sein du nouveau système, un espace productif qui leur convienne ? C'est la question de l'émancipation que ce chapitre se propose de décrire et d'analyser.

1. Ouverture et développement de la nouvelle zone de Pudong

Face aux opportunités et aux défis apportés par le déplacement vers la région Asie-pacifique du centre de croissance de l'économie mondiale, le Comité central du Parti communiste et le Conseil des affaires d'État prirent la décision d'ouvrir la zone de Pudong de Shanghai en avril 1990. Puis le XIVe Congrès du Parti a défini clairement la stratégie suivante :

> « Avec l'ouverture et le développement de la zone de Pudong de Shanghai ayant comme forme la "tête du dragon" nous allons développer davantage les villes riveraines du fleuve Yangtsé, faire le plus rapidement possible de Shanghai un centre mondial de l'économie, de la finance et du commerce, et entraîner un nouvel essor de l'économie du delta du Yangtsé et de l'ensemble de la région du bassin du Yangtsé ».

Le sens de cette politique était de faire en sorte que la nouvelle zone de Pudong contribue à l'acquisition par la Chine d'une position offensive dans la concurrence du marché mondial au XXIe siècle. Cette politique annonçait également qu'à Pudong l'ouverture globale de la Chine et la pratique de l'économie de marché socialiste allaient entrer dans une phase d'approfondissement et d'accélération. Par conséquent l'ouverture et le développement de Pudong ne représentaient pas une répétition des expériences d'autres zones économiques spéciales du pays.

Conformément à la décision du Comité central et du Conseil des affaires d'État de faire de Pudong une « locomotive » de l'ouverture et du développement, le comité du Parti et le gouvernement populaire de la municipalité de Shanghai élaborèrent les objectifs de développement suivants pour Pudong : en 2010, doit avoir été construit un certain nombre d'équipements modernes correspondant aux plus hautes exigences internationales : un nouvel aéroport international doté de quatre pistes, un réseau de transport développé comprenant des lignes de métro, des autoroutes, un système de train léger, un port moderne. De plus, Pudong doit être dotée d'une structure industrielle à capacités multiples, ouverte et bénéficiant d'une force de rayonnement, dont le secteur tertiaire de haut niveau doit former le cœur, tout en s'appuyant sur une industrie tournée vers l'extérieur et à haut niveau technologique (Yao Xishang, 1994).

Afin de promouvoir et de garantir le développement de Pudong, le Comité central et le Conseil des affaires d'État décidèrent de politiques préférentielles pour les cinq premières années.

> « En résumé, les politiques préférentielles dont jouissent les quatorze zones de développement économique et technologique sont accordées à Pudong ; celles dont jouissent les cinq zones économiques spéciales sont pour l'essentiel accordées également à Pudong ; de plus, la zone de Pudong dispose de nouvelles politiques dans cinq autres domaines dont ne bénéficient pas les zones de développement et les zones économiques spéciales, à savoir : l'autorisation donnée aux entreprises étrangères d'ouvrir des centres commerciaux et des supermarchés ; l'autorisation accordée aux

capitaux étrangers d'ouvrir des organisations financières telles que banques, sociétés financières et compagnies d'assurance sur l'ensemble du territoire de Shanghai ; l'autorisation donnée à Shanghai, pour favoriser le développement de Pudong, d'ouvrir une Bourse qui pourra discuter et approuver elle-même l'introduction sur le marché boursier d'actions en RMB et d'actions B ; la création de la plus grande zone franche de Chine à Waigaoqiao, qui soit également une zone de libre-échange ; l'élargissement du champ de décision sur les projets concernant Pudong par la municipalité de Shanghai[1]. »

Le gouvernement de la municipalité de Shanghai a également élaboré des politiques incluant des privilèges dans huit domaines accordés aux villes et provinces du delta et du bassin du fleuve Yangtsé participant au développement de Pudong et neuf mesures incitatives pour favoriser le développement de l'industrie de l'information de haute technologie. Outre ces politiques préférentielles, le gouvernement central et la municipalité définirent encore une multiplicité de politiques : encouragement des investissements, constitution d'un centre financier, ouverture commerciale, stimulation de la formation, amélioration technologique, orientation de l'activité, ainsi que des mesures dans le domaine des douanes et de la gestion des terres[2].

La vitesse de développement et d'ouverture de cette zone nouvelle ces dernières années a été impressionnante. Fin 1992, quatre zones de développement de niveau étatique furent successivement fondées (la zone de transformation pour l'exportation de Jinqiao, la zone franche de Waigaoqiao, la zone financière et commerciale de Lujiazui et le parc technologique de Zhangjiang), sur des terres expropriées par anticipation qui couvrent une superficie de 77,49 km^2. Les premiers fruits ont été récoltés dans l'économie et le commerce en 1994, par exemple dans la zone de transformation pour l'exportation de Jinqiao où une industrie de haute technologie a pris forme avec des entreprises opérant dans les secteurs de la communication, de la bio-technologie, de la standardisation internationale de mesures et d'appareils mécaniques et électriques, et de l'information. Parmi les grandes entreprises qui ont investi

1. Bureau de développement de Pudong, Gouvernement populaire de Shanghai et Agence de Pudong du Bureau des ressources humaines de Shanghai : *Pudong xinqu youhui zhengce yu caozuo chengxu (Politiques préférentielles pour Pudong et procédure d'application).*

2. *Ibid.*

dans la zone, on compte une vingtaine de sociétés de renommée internationale ; 39 pays et régions ainsi que 23 collectivités territoriales chinoises (villes, provinces et ministères) ont fondé 1 380 projets dans la zone franche de Waigaoqiao[3].

Ces tendances montrent que l'ouverture et le développement de Pudong prend comme point de départ le secteur tertiaire de haut niveau et les entreprises internationales. Cela représente une mutation de la campagne qui s'urbanise. Mais il s'agit également d'une tentative d'établissement d'un nouveau système économique socialiste chinois. Autrement dit, le point de départ de cette transformation n'est pas la base économique locale existante, la force à l'origine de ces changements n'est pas liée aux forces internes locales. Ces tentatives passent par l'introduction, la participation et l'adaptation des hautes technologies et des modes de gestion les plus en pointe au niveau mondial ; on cherche à déterminer un nouvel itinéraire plus rapide et plus efficace pour l'approfondissement des réformes des systèmes traditionnels de notre pays. Par conséquent, il n'y a pas d'expériences « clé en main » à suivre pour résoudre les problèmes pratiques rencontrés dans l'ouverture et le développement de la nouvelle zone de Pudong.

2. Zones rurales de banlieue au début de l'industrialisation

85 % de la surface totale de la nouvelle zone de Pudong est formée de l'ancien district de Chuansha, une banlieue de Shanghai. Deux bourgs, un bourg du niveau du canton et 26 cantons, une population totale de 563 100 habitants, relevaient de ce district. Les Shanghaïens avaient l'habitude d'appeler les habitants de Chuansha les « *Pudongren* » (« les gens de Pudong ») alors que ces derniers se considéraient comme des Shanghaïens. Avant de disparaître, le district de Chuansha comptait parmi les régions rurales les plus développées du pays. En 1991, le montant des exportations était pour la neuvième année consécutive en tête de toutes les banlieues shanghaïennes, et occupait la deuxième place parmi l'ensemble des districts du pays. En 1992, la valeur totale de la production agricole et industrielle du district dépassait les 10 milliards (dont le PIB industriel 11 milliards). Le PIB par capital dépassait les

3. *Pudong xinqu nianjian 1995 (Statistiques sur la nouvelle zone de Pudong, 1995)*, Pékin : Zhongguo tongji chubanshe, 1996.

mille dollars (à la même époque, ce chiffre atteignait 4742 yuans chez les citadins du delta du Yangtsé et 2726 yuans dans les régions côtières). La même année, son revenu total figurait pour la huitième année consécutive parmi les dix districts ruraux « dieux de richesse », et les impôts payés à l'État occupaient la deuxième place nationale parmi tous les districts ruraux (Cai Laixing, 1995)[4].

Le canton de Jinqiao du district de Chuansha a constitué notre premier terrain de recherche ainsi que le cas que nous analysons dans cet article. Il s'agit d'un canton intégré assez tôt à la nouvelle zone de développement. En 1996, ce canton devient un bourg, ce qui marque son passage du système administratif rural au système administratif urbain. Selon les données concernant l'année 1992, ce canton abritait huit comités villageois et un comité de quartier ; sa superficie totale était de 23 840,25 *mu*, dont une partie importante était constituée de terrains déjà expropriés par la Société de développement de la zone de transformation pour l'exportation de Jinqiao. La main-d'œuvre locale était constituée de 11 079 personnes, dont 83 % exerçaient des professions non agricoles ; dans plus de 95 % des foyers, au moins une personne était employée dans l'industrie ou d'autres activités non agricoles. Avant les expropriations de terres, 70 % des paysans ne vivaient plus de la culture ; la valeur totale de la production agricole et industrielle était de 320,430 millions de yuans, dont 78 % pour la valeur totale de la production industrielle. Les profits industriels représentaient plus de 90 % de tous les profits du canton ; le produit social total du canton était de 317,42 millions de yuans, soit en moyenne 1 303 yuans par habitant et 2 708 yuans par travailleur[5]. Il s'agissait d'un canton aux conditions naturelles supérieures, à la main-d'œuvre abondante, à l'économie industrielle relativement développée, où les habitants menaient une vie relativement aisée.

Le canton de Jinqiao se trouve à 11 km du centre-ville de Shanghai. Quatre types de professions dominaient : paysans, ouvriers dans les entreprises de bourg et de village, cadres de l'administration et des entreprises du niveau du village, et, cadres de l'administration et des

4. Également : *Chuansha nianjian 1993 (Statistiques de Chuansha 1993)* et *Jinqiao xiangzhi (Chroniques de Jinqiao)*. Document fourni par le Bureau de documentation du canton de Jinqiao.

5. Rapport de travail du gouvernement du canton de Jinqiao rédigé par Wu Guoquan en mars 1993.

« entreprises du niveau du bourg ». En ce qui concerne les individus occupant deux professions, deux profils émergeaient – à propos du premier, les revenus étaient principalement issus du travail dans l'industrie et accessoirement agricoles ; à propos du second, les revenus étaient essentiellement agricoles et accessoirement industriels – représentant respectivement 90 % et de 10 % de cette catégorie : les premiers étaient tous des employés des entreprises de bourg et de village ou d'autres entreprises, les seconds étaient essentiellement des personnes âgées. Les revenus de l'industrie occupaient une place importante dans la structure économique des foyers paysans. Selon une paysanne :

> « Je travaillais dans une entreprise gérée par la coopérative. Mon salaire mensuel était de 700 yuans, je possédais également un terrain de trois mu qui nous permettait de produire des céréales et des légumes. Mon mari travaillait dans une administration et bénéficiait d'un salaire stable. En temps ordinaire, son salaire suffisait pour acheter des vêtements, payer les études des enfants et les dépenses quotidiennes. Le mien pouvait être mis de côté à la banque, pour d'autres usages, comme par exemple l'achat d'appareils électroménagers ou la construction d'une maison. »

La structure des revenus de cette famille montre que, si le salaire de son mari n'avait pas été stable, les revenus du travail dans l'usine de cette femme auraient été encore plus importants pour le foyer. En général, les familles paysannes réglaient leurs dépenses quotidiennes avec le revenu issu de l'agriculture et d'autres activités auxiliaires, et les constructions des biens immobiliers avec le revenu de l'usine. Selon le dire de certains paysans :

> « Céréales, légumes et volailles suffisaient non seulement pour la consommation quotidienne de la famille, mais il en restait pour vendre sur le marché, et pour compléter ainsi les dépenses quotidiennes. S'il n'y avait pas cette partie de revenu auxiliaire, le salaire n'aurait pu suffire pour l'accumulation économique de la famille. »

Il ressort ainsi que les revenus du travail industriel et les revenus auxiliaires de l'agriculture sont les deux sources économiques principales des foyers paysans.

Les industries de bourg et de village représentent la principale source des dépenses quotidiennes du canton de Jinqiao dans les domaines économique et social. Selon les documents économiques pour l'année 1992, les 2,33 millions de yuans dépensés par ce canton pour les subventions agricoles, l'éducation et la culture, ainsi que différentes sortes de protection sociale, ont été financés en totalité par les bénéfices de l'industrie. Un cadre du canton se rappelle :

> « Plus de 70 % des dépenses de l'administration civile dépendaient des entreprises de bourg et de village. Les entreprises de bourg et de village devaient soutenir beaucoup d'activités, depuis l'agriculture et le service militaire, jusqu'à l'éducation, la culture, la santé, la sécurité publique, les retraites, l'assistance aux familles pauvres, les transports, les travaux hydrauliques, l'électricité et le bâtiment. »

En ce sens, les fonctions des entreprises rurales dépassaient le domaine économique.

À leur début, à la fin des années 1960, les entreprises de bourg et de village de Jinqiao n'étaient que de petits ateliers. Les cadres locaux de base ont été des organisateurs importants de leur développement et y ont largement contribué. Avant le développement de Pudong, les entreprises de bourg et de village de Jinqiao étaient pour l'essentiel des sous-traitants des entreprises d'État de Shanghai. Étant donné le faible niveau d'éducation et de formation technique de la main-d'œuvre, il n'était possible que de mettre en place des projets à forte intensité de main-d'œuvre, ce qui explique que les produits ne pouvaient aller au-delà des gammes basses et moyennes. Comme le racontent certains dirigeants du canton :

> « À la fin des années 1980, dans les entreprises du village et du canton, le vieillissement des employés, des technologies et des équipements pesaient de plus en plus lourd sur le développement. À l'époque, la majorité des entreprises réalisait peu de profit, voire étaient en déficit. Les capitaux circulaient très lentement, les dettes augmentaient. Le problème de la baisse de la rentabilité était un problème qui se posait dans toutes les entreprises, mais à des degrés différents. »

En fait, ces propos traduisent une interrogation des dirigeants locaux : s'il n'y avait pas eu l'ouverture et le développement de Pudong, quel aurait été le futur de ces entreprises ?

Dans la réalité, les entreprises de bourg et de village étaient confrontées au problème de la réforme du système économique. À cette époque, le mode de gestion traditionnel des entreprises d'État et la configuration du marché domestique avaient déjà commencé à changer, ce qu'on appelait les « petites entreprises d'État » (c'est-à-dire les entreprises de bourg et de village) ne s'étaient pas adaptées. Bien que ces entreprises aient élaboré un programme de management, elles continuaient à reposer sur l'ancien système dans lequel l'administration et l'entreprise n'étaient pas séparées, voire même les dirigeants du Parti et de l'administration nommaient et révoquaient les principaux cadres de l'entreprise, définissaient les principes de répartition, discutaient et ratifiaient les principaux projets et les prêts. D'un certain point de vue, il n'était pas difficile d'en comprendre la raison : si le système administratif de la campagne avait perdu son contrôle sur l'économie collective, sa propre existence aurait été sérieusement remise en cause. De leur côté, en raison de leur manque de capacité d'innovation technologique et de la lenteur de leur adaptation aux changements dans leur environnement, il n'a pas été possible pour les entreprises de bourg et de village d'obtenir des contrats de sous-traitance pour de grandes marques sur le marché, entraînant une baisse continue de leur compétitivité. Ainsi, ces entreprises ont rapidement perdu leurs atouts. En 1992, pendant la grande vague d'investissements dans la zone, de nouvelles entreprises collectives de formes diverses ont été créées dans le canton de Jinqiao grâce à des investissements et des contrats de coopération.

Mais ces nouvelles entreprises manquaient d'expérience, elles avaient des difficultés à saisir la stratégie réelle de leurs partenaires et se trouvaient souvent dans une position passive. Ainsi, les entreprises de bourgs et de village manquaient encore sérieusement de connaissance sur la complexité de la société et de l'économie modernes.

De 1962 à 1978, comme dans toutes les autres campagnes du pays, le travail agricole dans la commune populaire de Jinqiao (forme précédente du canton de Jinqiao) était soumis au système des « trois niveaux de gestion avec à leur base les équipes de production ». L'équipe de production (ou la petite équipe de production) était l'unité comptable de base ; elle se gérait de manière indépendante, était responsable de ses profits et de ses pertes, et assurait la redistribution de manière unifiée. Après la mise en œuvre du « système de forfaits de production avec les familles », les paysans louèrent les terres collectives à des prix forfaitaires et commencèrent à gérer de manière indépendante leurs activités, en étant responsables de leurs profits et pertes. Ils disposaient des droits d'usage et d'usufruit sur les terres, mais n'en étaient pas propriétaires. Ils pouvaient sous-louer les terrains mais pas les vendre. En 1984, avec le démantèlement des communes populaires, la commune de Jinqiao devint un canton avec son administration des villages et des groupes de villageois. Conformément à la Constitution, le gouvernement du canton est l'organe de base du pouvoir d'État, les affaires publiques des villages sont gérées par les comités villageois, la gestion de l'économie collective est à la charge des coopératives de villages. Il n'est pas difficile de percevoir que le changement de politique agraire est contemporain de celui du système administratif à la campagne. Si l'on considère le développement de l'économie collective, celui-ci a commencé à la fin des années 1960 et a été lié aux changements de politique agraire. En dépit du changement d'appellation, le système administratif est toujours bâti sur la base des dizaines d'années d'économie collective. Par conséquent, s'il perdait le contrôle de l'économie collective, le système administratif se heurterait, pour son existence, à des problèmes difficiles à imaginer.

Les données précédentes mettent en évidence que, entre le système de la nouvelle zone de Pudong et celui du district de Chuansha, tant dans le domaine économique que dans le domaine administratif, il n'y a pas eu de transition, et les paysans dont les terres ont été expropriées n'ont pas quitté leur terre. Comme la base économique de Chuansha était à l'origine relativement développée (si l'on compare avec Shenzhen, qui est devenu une zone économique spéciale en 1980, dont la rapidité du développement est impressionnante, et qui, avant son développement, n'était essentiellement qu'une zone de marais incultes et de collines sauvages, habitée seulement par un petit nombre de pêcheurs.), le coût du développement de la nouvelle zone de Pudong a été considérablement plus élevé que celui du développement de Shenzhen. C'est ce qui a fait croire à une partie des entreprises gérées par le bourg de Jinqiao qu'elles allaient bénéficier du rayonnement des grandes industries de cette nouvelle zone ; de même, des paysans se sont dits qu'ils pourraient

> « travailler dans des entreprises étrangères sans partir à l'étranger, toucher des salaires élevés, et vivre comme les citadins ».

Néanmoins, ces paysans n'ont pas réfléchi à la possibilité de concrétiser ces espoirs, ainsi qu'au prix social et culturel qu'il leur faudrait payer pour cela. Leurs connaissances actuelles ne leur permettent toujours pas d'aller si loin et si profondément dans la réflexion.

3. Tensions entre l'ancien et le nouveau système

La mise en œuvre du projet de développement de la nouvelle zone de Pudong a commencé avec la réquisition des terres, suivant deux méthodes différentes : la *préréquisition* (réquisition préalable) et la *réquisition effective*. La préréquisition a pour objectif de répondre aux besoins de réserve de terrains, du contrôle des prix de terrains et de la planification de l'aménagement ; la réquisition effective répond aux besoins du développement à court terme des terrains. La préréquisition n'entraîne pas un changement du droit d'usage et de la nature de l'usage de ces terres, mais les droits de propriété et de gestion, qui étaient collectivement détenus par les paysans, sont transférés à l'État. Dans le canton de Jinqiao, l'indemnité moyenne pour l'expropriation suivait la norme fixée par l'État, c'est-à-dire 2 700 yuans par *mu* (répartie à part égale entre le canton, le village et l'équipe de production). En ce qui concerne les préréquisitions, 30 % des frais d'indemnisation étaient versés aux organisations économiques collectives, les 70 % restant devant être complétés lorsque la réquisition devenait effective, au prix fixé le jour de la préréquisition. La réquisition des terrains se déroule selon la procédure suivante : après la préréquisition, le terrain entre sur le premier marché pour être loué, puis, sur le second marché les droits d'usage des terres sont transférés aux promoteurs immobiliers. Le développement des lots est réalisé par des sociétés de développement à capitaux étatiques (telle que la Société de développement de Jinqiao) ayant bénéficié d'investissements de la part de l'État et de fonds financiers. Ces sociétés obtiennent de l'État de grandes surfaces de terrain sous forme de location, y réalisent des travaux d'infrastructures par l'intermédiaire d'entreprises conjointes ou d'entreprises par actions, puis cèdent les terrains disponibles aux différentes entreprises ayant des projets d'investissement. Cette dernière étape est le transfert de droit d'usage sur le second marché.

À Shanghai, le développement d'un lot de terrain demande des investissements considérables. Le coût d'expropriation est d'environ 150 millions yuans/km^2, celui des travaux d'infrastructures représente encore 150 millions yuans/km^2 (l'infrastructure de base concerne le nivellement des terrains et l'accès aux sept réseaux : eau, électricité, routes, gaz, chauffage, télécommunication, poste.) Ainsi, il est impossible ou irréaliste d'envisager que ces investissements soient réalisés par le budget de l'État ou avec des prêts bancaires. C'est pourquoi la nouvelle zone de Pudong a adopté une méthode spéciale afin d'obtenir des terrains comme capital économique, qui, combiné au capital social permet d'enclencher un cercle vertueux de développement. Le gouvernement cède d'abord les terrains aux sociétés de développement des zones-clefs, puis sont adoptés des modes de financement – investissements financiers, transferts de fonds, transferts des droits sur les terrains, revenus versés à l'État, formant ainsi un circuit de fonds d'État. De cette manière, les droits d'usage sont transférés, les sociétés de développement obtiennent des terrains, mais les collectivités locales n'ont pas à effectuer de dépenses supplémentaires. Les quatre zones-clefs de la nouvelle zone de Pudong ont été développées chacune de façon unifiée par une société de développement, mais les autres terrains ont été exploités par la Société holding du développement foncier de Pudong. Le développement des terrains se présente donc comme une opération sur plusieurs niveaux de multiples combinaisons et de plusieurs pôles. Le premier niveau est constitué des zones clés ; le deuxième niveau de la société holding du développement foncier de Pudong et de nombreuses autres sociétés conjointes de développement ; sur le troisième niveau se trouvent des sociétés de développement qui s'appuient chacune sur un village au sein d'un canton. La zone de transformation pour l'exportation de Jinqiao a été créée en 1990 après approbation par Conseil des affaires d'État, et ses terrains se trouvent majoritairement sur le territoire du canton de Jinqiao. En septembre de la même année, la société de développement de la zone de transformation de Jinqiao a été créée, en tant qu'entreprise d'État du niveau équivalent à une direction ministérielle, prenant en charge le développement des terres, ainsi que la gestion et la coordination de la zone de Jinqiao.

Les réquisitions effectuées par la société de développement modifient les droits de propriété et d'utilisation des terres du canton de Jinqiao, mais elles transforment également l'identité d'un grand nombre de paysans. Comme ils n'ont pas quitté la terre, les paysans espéraient généralement que la zone de transformation attirerait rapidement des entreprises étrangères. C'est qu'en 1993, ils ont constaté que de grandes entreprises étrangères ne cessaient de s'installer dans la zone de développement pour commencer la production mais qu'elles n'embauchaient pas la population locale ; les paysans ont enfin compris que leurs perceptions étaient trop éloignées de la réalité. Ils ont pressenti que le gouvernement pourrait également cesser de se préoccuper de leur insertion professionnelle.

En fait, la société de développement de Jinqiao avait fondé une société de service pour l'emploi en 1991, spécialement chargée de la réinsertion de ces paysans dont les terres avaient été expropriées. Jusqu'en juillet 1997, la société de développement de Jinqiao est parvenue à intégrer 13 841 paysans, dont 3 847 ont été mis à la retraite (50 ans pour les hommes et 45 ans pour les femmes) et 9 643 se sont vus offrir un emploi (dont 700 avaient moins de 25 ans, 1 600 entre 25 et 35 ans et 7 000 entre 35 et 45 ans). 75 % de ces paysans ont été réinsérés en conformité avec la politique de « qui exproprie, réinsère », adoptée par le gouvernement de la municipalité de Shanghai en 1993. Il s'agit d'une politique qui assigne à l'État, ou aux sociétés qui réquisitionnent la terre, la prise en charge de la réinsertion des paysans touchés par ces expropriations. Grâce à cette politique, les paysans expropriés ont été intégrés au personnel d'entreprises d'État ; cependant, ils n'avaient pas de poste et bénéficiaient d'allocations chômage. Pour citer la société de développement de Jinqiao : « les paysans expropriés bénéficient eux aussi du "bol à riz en fer" (*tie wanfan*) ». Cette société n'avait pas d'autre activité que le développement et la location des terrains et des bâtiments, elle ne pouvait donc pas intervenir dans la gestion des entreprises de la zone. Dès le départ, les difficultés de réinsertion de cette main-d'œuvre étaient saillantes : près de 50 % des paysans expropriés âgés de 35 à 45 ans se trouvaient au chômage. De « travailleurs aux terres expropriées » ils sont devenus des « travailleurs aux terres expropriées en attente d'emploi ». En 1996, l'allocation chômage que recevaient ces paysans était de 275 yuans par mois à laquelle s'ajoutaient des prestations sociales : chaque paysan touchait ainsi en réalité 513 yuans par mois (non compris la prise en charge de la moitié des dépenses d'assurance-santé dont bénéficiaient les membres de leur famille). Pour cette seule population, la société de développement de Jinqiao devait verser chaque mois 3,5 millions de yuans, plus 5,6 millions de yuans de participation au financement du fonds de retraite. Ce fardeau financier a fait prendre conscience à la direction de la société que la réinsertion professionnelle des paysans expropriés n'était pas un problème qui pourrait être résolu sur le court terme. Si elle ne brisait pas le système du « bol à riz en fer », la société de développement risquait de sombrer elle-même dans une situation difficile.

Des cadres de l'entreprise de service pour l'emploi se souviennent :

> « au tout début, avec nos supérieurs on se disait qu'avec l'arrivée de tant de grandes entreprises dans la zone de transformation, la réinsertion de cette main-d'œuvre ne poserait aucun problème ! En réalité, ces grandes entreprises suivent le système de l'entreprise moderne, elles reposent sur les hautes technologies. La seule relation que la société de développe-

ment de Jinqiao entretient avec ces entreprises concerne la vente et l'achat des terrains ; ces entreprises ne dépendent pas administrativement de la société de Jinqiao qui n'a donc aucun pouvoir pour s'immiscer dans leurs politiques de recrutement. Ce n'est que lorsque la situation de l'emploi de milliers de ces paysans expropriés est devenue critique, que nous avons réalisé que, depuis le début, nous avions mal préparé cette question. »

Selon l'estimation de quelques dirigeants de la zone, avec l'entrée en service des nouvelles entreprises, de nouvelles capacités devaient progressivement émerger, atténuant ainsi la pression de la réinsertion des paysans expropriés. Cependant, fin 1996, presque 70 entreprises industrielles étaient installées dans la zone de transformation, mais la situation de l'emploi des paysans expropriés ne s'était pas améliorée. Les entrepreneurs comme les paysans n'avaient pas prévu avec efficacité les exigences à l'embauche de la part des entreprises modernes, ni les problèmes d'emploi qui pourraient se poser pour les paysans expropriés. Ce n'est certainement pas parce qu'ils n'avaient pas suffisamment réfléchi mais parce qu'ils avaient trop simplifié les difficultés occasionnées par la transformation de la structure professionnelle à la campagne. Ce n'est pas non plus parce qu'ils avaient manqué d'analyse et de mesure concernant ce problème, mais parce qu'ils n'avaient pas su prévoir avec pertinence les forces sur lesquelles ils pouvaient compter et les ressources qui pouvaient être développées pour régler ce problème. Dans la pratique, lorsque ces paysans expropriés parvenaient à trouver un emploi dans une des grandes entreprises de la zone, il s'agissait toujours d'effectuer les opérations les plus simples ; de plus ils ne parvenaient pas à s'adapter à la gestion stricte de ces grandes entreprises. La situation était inévitablement mauvaise.

En résumé, l'extension continue de la mise en œuvre de la réforme du droit d'utilisation des terrains a produit l'expropriation d'un grand nombre de paysans qui ont toujours, depuis de nombreuses générations, habité à cet endroit ; mais ils connaissent le même sort que dans l'ancien système : ils se heurtent à des difficultés d'emploi faute d'avoir pu se ménager une entrée réelle dans le nouveau système.

4. La question de l'émancipation des paysans expropriés

Depuis le lancement des réformes en 1978, les zones rurales de la Chine littorale ont connu un phénomène d'industrialisation très rapide qui a attiré l'attention de beaucoup de sociologues et d'économistes. Sur la base d'observations et de comparaisons, le milieu académique a présenté successivement deux modèles de voies de développement socio-économique des campagnes : le « modèle du sud du Jiangsu » et le « modèle de Wenzhou ». Avant le développement de Pudong, le modèle d'industrialisation de cette zone rurale était proche du « modèle du sud du Jiangsu », c'est-à-dire que les gens pouvaient tout au plus utiliser des ressources locales pour mener à bien l'industrialisation. Ce modèle tire son origine des entreprises collectives mises en place dans le cadre du système des communes populaires, les capitaux de démarrage provenant de l'accumulation collective des paysans.

Au début du développement de la nouvelle zone de Pudong coexistait dans cette zone au moins trois systèmes : le système de marché symbolisé par les grandes entreprises implantées dans la zone, le système administratif au service du développement de Pudong et enfin le système socio-économique rural original de Pudong. Les deux premiers sont nouveaux par rapport au troisième. Les grandes entreprises soumises au système de marché possèdent leur propre base de fonctionnement (information, haute technologie, logistique, services financiers, etc.), mode d'organisation, style de relations ainsi que leur propre logique socio-économique. Elles ont les caractéristiques des sociétés industrielles développées et des sociétés post-industrielles reliées à l'économie mondiale. De son côté, le système administratif au service du développement de Pudong a plutôt tendance à s'adapter au marché. Mais du point de vue de la pratique concrète, ces trois systèmes possèdent des limites différentes et ont chacun leurs règles de fonctionnement. Parfois, certaines grandes entreprises suivent des logiques de marché différentes selon les moments. Mais nous avons également découvert que, si le droit de décision dans la zone de développement de Pudong relève du nouveau système, dans la pratique l'action organisatrice du processus de développement n'obéit totalement ni à la logique de l'administration d'État ni à celle du marché. Autrement dit, il est possible que les acteurs dépendent des organisations de l'État, ou bien qu'ils se soumettent à la domination de la loi de la concurrence du marché, ou encore, qu'ils soient influencés par la culture historique. Pour les paysans il est très difficile de se représenter cette complexité.

Dans la réalité, le nouveau système est tout à fait déconnecté de l'ancien système qui tend à décliner car ses fonctions ne cessent de s'affaiblir. Fei Xiaotong avait proposé la métaphore de la relation entre la nouvelle « peau » et l'ancienne « peau » qui ne peuvent être ni collées ni greffées. Il se posait dès lors une question au sujet des poils : où vont-ils s'enraciner ? Ainsi, on peut avancer que le développement de Pudong a troublé l'ordre socio-économique original. Suite aux expropriations des terres, les paysans sont passés du statut de « sujet » dans l'ancien système à celui d'« objet » dans le nouveau. Non seulement ils ont perdu la terre, mais ils ont également perdu le soutien et la protection de l'ancien système. Plus grave encore, ils s'intègrent difficilement au nouveau système économique. Fei Xiaotong considérait que ce problème était apparu lorsque les Chinois ruraux, habitués à la vie de la campagne fondée sur l'économie de petite paysannerie, étaient brusquement devenus les citoyens d'une société industrielle moderne. C'est un phénomène produit par la volonté d'une force extérieure de transformer une zone rurale en une métropole internationale en l'espace d'un ou deux ans, processus qui a pris plusieurs siècles pour s'accomplir en Occident. Ainsi, comme le soulignait Fei Xiaotong, dans son développement et son ouverture, la nouvelle zone de Pudong s'est heurtée à un problème difficile à résoudre : comment asseoir un système administratif qui soit conforme aux besoins d'une économie industrielle moderne sur les fondations d'une économie rurale ? L'effacement du district de Chuansha et la promotion du canton de Jinqiao en bourg ne correspondent pas à un simple changement d'appellation de la structure administrative. Il s'agit en réalité de faire accepter par une économie rurale et le système administratif correspondant, un nouveau système administratif qui réponde aux exigences d'une économie industrielle moderne. Fei Xiaotong résume ce type de comportement comme ceci : comment ajouter une peau neuve sur l'ancienne peau ? Il s'agit d'une question cruciale. En réalité, une contradiction est déjà apparue entre les deux peaux ; comment, pendant que l'on demande aux paysans de prendre part au développement de la nouvelle zone, faire en sorte qu'ils puissent également jouir des fruits de cette ouverture et de ce développement ? Pour résoudre ce problème, il faut d'abord trouver les voies par lesquelles les paysans peuvent trouver un espace productif adapté à leur propre travail dans les circonstances actuelles.

Expropriation et stratégies de réinsertion professionnelle

Le problème de l'émancipation des paysans expropriés se résume à leur capacité ou non à s'adapter au manque d'espace productif pour gagner leur vie. Les changements de système dans la société peuvent être considérés comme la transformation et la restructuration des systèmes d'intérêts. Ces changements sont produits par la conjonction des forces des différents acteurs. En ce sens, la question de l'émancipation des paysans expropriés renvoie à un processus complexe dans lequel ces paysans forment un acteur à part entière. Par exemple, dans leur recherche d'une nouvelle issue, les paysans expropriés ont fini par adopter une tactique qui consiste à tourner le dos au nouveau système et réintégrer l'ancien système. Ce type de logique d'action traduit le fait qu'ils ne sont pas de simples « hommes rationnels » ou « hommes moraux », mais qu'ils se sont appuyés sur les connaissances issues de leur expérience pour évaluer les informations issues de l'environnement et ainsi effectuer des choix. Par conséquent, la question des paysans expropriés ne saurait être réduite au produit de l'insuffisante prise en charge par le marché et de la société étatique de développement.

1. Expropriation, réinsertion et le « projet du train »

Pendant les trois premières années du développement de la zone, la société de développement de Jinqiao a appliqué la politique de « qui exproprie, réinsère », au tout début intégrant cette main-d'œuvre de paysans expropriés et en en faisant des employés d'entreprises d'État qui bénéficiaient de la protection sociale. Cependant, cette société était essentiellement engagée dans le développement des terrains, elle n'avait pas d'activité pouvant offrir des emplois et ne pouvait pas non plus contraindre les entreprises installées dans la zone à donner un emploi à ces paysans. De plus, le niveau de formation et de compétence technique de cette main-d'œuvre était très bas, leurs conceptions très traditionnelles : se tourner vers des emplois sur le marché n'était pas aisé pour eux. Par conséquent, beaucoup de paysans expropriés se sont retrouvés au chômage. Au début, ils ne se plaignaient pas de rester chez eux tout en touchant des allocations chômage chaque mois, voire même ne voulaient plus travailler. Or, la société de développement, face à cette charge financière qui s'alourdissait de jour en jour, souhaitait ardemment ne plus prendre en charge la réinsertion des paysans expropriés. Pour cela, la société a expérimenté un certain nombre de politiques d'insertion, comme par exemple créer des ateliers louées aux entreprises de bourg et de village pour développer des activités à forte intensité et offrir ainsi des emplois aux paysans expropriés sous sa responsabilité ; ou encore, fonder des entreprises conjointes avec les gouvernements des bourgs et des villages pour absorber une partie de ces paysans expropriés. Malheureusement, ces tentatives ont toutes fini par échouer et se sont arrêtées.

Les raisons sont multiples. Par exemple, les entreprises de bourg et de village locataires des ateliers embauchaient les travailleurs et appliquaient une grille de salaires très égalitaire ; les dirigeants des « entreprises conjointes » étaient choisis par la société de développement parmi les cadres villageois, et quelques centaines de milliers de yuans leur étaient alloués afin qu'ils créent de nouvelles opportunités d'emploi. Toutefois, ces entreprises n'arrivaient pas à prendre en compte les changements du marché et ne parvenaient pas à monter de bons projets. Ainsi, la plupart d'entre elles ont cessé leur coopération avec la société de développement à cause des loyers d'ateliers trop élevés ou d'intérêts de prêts bancaires trop lourds. La société de développement a perçu ce résultat comme conséquence d'une mauvaise gestion des entreprises de bourg et de village. À l'inverse, pour ces dernières, la société de développement était une entreprise d'État qui possédait la qualité d'un organe administratif, et qui manquait d'expérience dans l'économie de marché. Ainsi, bien qu'elle disposât de ressources de pouvoir en raison de son appartenance au système, elle n'avait pas la capacité de mobiliser les ressources rurales, ce qui était pour eux la raison principale de l'échec.

En réalité, certains dirigeants de la zone nouvelle de Pudong avaient dès 1993 rappelé que le gouvernement devait mettre en œuvre des mesures pour encourager les entreprises de bourg et de village à garder les paysans expropriés. Ils avaient compris dès le début du développement de Pudong que les entreprises de bourg et de village éprouvaient jusqu'à un certain point ce problème des paysans expropriés. Au début de 1995, après avoir mûrement réfléchi sur la fonction des entreprises de bourg et de village, Zhao Qizheng, directeur du comité de gestion de Pudong, proposa le « projet du train ». Il s'agissait de mettre en valeur l'esprit d'initiative des petites zones clefs, des villages et bourgs des alentours pour accélérer la croissance économique et faire de Pudong un « train » dans lequel tout le monde puisse monter. Il s'agissait de renforcer le lien entre la société de développement et les entreprises de bourg et de village, les zones clefs devaient diffuser certains projets vers les villages et bourgs des alentours, des capitaux devaient être versés pour promouvoir la transformation d'un certain nombre d'entreprises de bourg et de village. Tout cela montrait la volonté du gouvernement de la nouvelle zone d'accroître, à travers la société de développement, la capacité des entreprises de bourg et de village à saisir les opportunités, et d'unir leurs efforts avec ceux de la société de développement.

Un an après le démarrage de ce « projet du train », nous avons observé lors de notre enquête dans le bourg de Jinqiao qu'il était loin d'être facile à mettre en œuvre. Pour citer certains cadres d'entreprises de bourg et de village :

> « L'idée derrière ce "projet du train" était bonne, mais la société de développement, en tant que locomotive de ce train, ne pouvait aucunement commander les entreprises étrangères dans la zone de transformation, et au final, on ne savait pas à quels wagons appartenaient les entreprises de bourg et de village. ». « Demander aux entreprises de bourg et de village de monter dans le train, c'était leur demander de s'associer aux grandes industries. Mais la clé de cette combinaison ne réside pas dans les plans de réajustement de l'activité et de croissance annuelle, mais elle se trouve dans un changement de direction des hommes. Il faut voir que la majorité des industries dans la zone sont des entreprises internationales du premier rang qui se trouvent toutes à la pointe dans les conceptions et les modes de management. L'écart avec les entreprises de bourg et de village est trop considérable. »

Ainsi, ce projet n'a pas réussi à faire monter les entreprises de bourg et de village dans ce « train » vers l'entreprise moderne, ni à régler de manière satisfaisante le problème de la réinsertion de la main-d'œuvre des paysans expropriés.

2. Le changement de cap radical des entreprises de bourg et de village

Avant le développement de Jinqiao, les entreprises de bourg et de village semblaient installées pour accueillir la main-d'œuvre en excès. De nombreuses conditions ont favorisé leur développement : par exemple, les cantons et les villages avaient le pouvoir de décision sur l'utilisation des terrains et sur l'accumulation du capital collectif ; l'État appliquait des politiques préférentielles dans les domaines des prêts et de la fiscalité ; le marché était peu exigeant sur la qualité des produits des industries à forte intensité de main-d'œuvre. À cela il faut encore ajouter une économie de pénurie et la lenteur des réformes dans les villes. En 1997, ces conditions avaient pratiquement toutes disparu. À cette époque, l'organisation administrative des huit villages dépendant du bourg de Jinqiao fonctionnait encore, mais seuls deux villages disposaient véritablement de leurs terrains.

> « Parmi les entreprises du niveau du village économiquement fortes, une partie a fermé, certaines ont été louées. Certains directeurs ont investi l'argent gagné après la vente de leur usine dans l'immobilier et d'autres investissements financiers dans d'autres provinces. Cela a entraîné une fuite des capitaux collectifs. L'usine de carton du canton s'étaient heurtée aux banques qui inclinaient à accorder des prêts aux zones urbaines et aux zones de développement, alors que le coût de la main-d'œuvre locale ne cessait d'augmenter. »

Force est de reconnaître que ces entreprises de bourg et de village de Jinqiao manquaient de capacité de réaction face aux changements stratégiques de la nouvelle société et de la nouvelle économie, alors que ces changements exerçaient une influence directe sur leur existence.

En fait, les cadres dirigeants du bourg ont plus ou moins pris conscience des problèmes qui allaient se poser : qui allait assurer le contrôle de l'économie collective une fois que le système villageois aurait changé ? Et quelles seraient les conséquences d'une crise de pouvoir du système traditionnel ? Certains dirigeants de sociétés ont noté finement que :

> « l'économie des villages est formée des richesses produites collectivement par les travailleurs locaux. Avec le démantèlement des villages et des cantons, à qui doit-on confier cette richesse ? à l'État ? »

Il est évident qu'ils appréhendaient d'avoir à perdre leur contrôle sur l'économie collective. Pour préserver ce pouvoir, ils ont réfléchi à nouveau à la voie de développement des entreprises de bourg et de village et proposé de passer d'un système de nature administrative à des entités économiques en formant un réseau autonome, de se servir de la réputation de Jinqiao et de la force des collaborateurs pour développer des entreprises d'une certaine taille tournées vers l'extérieur, de se repositionner sur des marchés plus adaptés. Les problèmes clefs que ces entreprises veulent résoudre maintenant ne sont plus du tout les mêmes : elles ne se contentent plus de produire ; elles ne mettent plus la réinsertion de la main-d'œuvre excédentaire au premier rang de leurs préoccupations. En un certain sens, c'est une nouvelle fondation marquée par l'établissement d'un nouveau mécanisme d'équilibre social : changer les modes de gestion des entreprises de bourg et de village, sortir du vieux système et devenir indépendant, former un espace productif autonome. Les entreprises de bourg et de villages sont, pour une partie des gens, non seulement des unités de travail où l'on touche ses revenus, mais également des outils indispensables pour obtenir d'autres ressources utiles.

3. Nouvel ordre socio-économique et remobilisation des anciens "savoirs locaux"

Dans la société rurale, la terre ne constitue pas seulement un moyen de production et une garantie sociale, mais elle est également la base de la perpétuation d'un clan et des relations sociales. Avec la perte de la terre, cet ordre socio-économique ne peut se maintenir, et les capacités des paysans à gagner leur vie perdent également leur valeur. Dans cette situation, les paysans expropriés ont développé une « peur de l'avenir ». Bien que l'agriculture ne soit pas la seule source de revenus de leurs familles, ils ont peur de « devenir une force de travail qui n'a pas de moyens de production et sans "issue", et que leur vie quotidienne soit décidée par autrui. » Ils ont désormais la conscience de ce qu'ils ont perdu : il ne s'agit pas seulement des terres et des techniques de production, mais également de leur autonomie et leurs ancrages matériels et spirituels.

Par conséquent, au fur et à mesure des échecs successifs des divers projets pour leur réinsertion, les paysans expropriés soulèvent la question suivante : au cours du transfert des droits de propriété et d'usage, où est passée la valeur ajoutée ? Ils ont également souligné que les expropriations de terres sous propriété collective relèvent d'une action gouvernementale, la location des terrains par les sociétés de développement relève d'une action commerciale, alors que les paysans se sont trouvés exclus du marché des terrains. À un moment donné, quand un bruit non vérifié circulait sur le fait que les expropriations aient apporté la fortune aux paysans des zones économiques spéciales du Sud du pays, les paysans expropriés de Pudong ont manifesté le regret d'avoir renoncé si facilement à leur terre. Certains disent :

> « Les expropriations sont avantageuses ou non en fonction de qui contrôle les terrains. Dans les années 1950, les terrains ont été donnés à l'État et gérés par les coopératives, les paysans n'étaient pas inquiets. Aujourd'hui, les terrains sont dans les mains de sociétés de développement, est-ce que ces sociétés peuvent représenter le gouvernement ? le petit peuple ? Les paysans ne sont pas rassurés. »

Visiblement, les paysans craignent que l'État ne contrôle plus les terres, et cesse de s'occuper d'eux. Ils n'ont pas encore établi un rapport de confiance vis-à-vis des acteurs économiques et sentent que le système qui les protégeait ne les couvre plus. Par conséquent, ils réfléchissent, dans un calme sans précédent, et espèrent que le gouvernement sera capable de s'intéresser à la complexité de leur problématique. Leur investissement sur la confiance ne se construit plus en fonction des projets de développement qui leur sont présentés mais des avantages qu'ils peuvent obtenir. D'une certaine façon, les paysans expropriés se trouvent dans un rapport de pouvoir sérieusement asymétrique qui les a poussés à effectuer, consciemment ou inconsciemment, un choix : la remobilisation des savoirs locaux.

Bien que Pudong soit une banlieue de Shanghai et que les paysans qui y résident aient connu des industries de bourg et de village, leur mode de vie quotidienne se caractérise toujours par de forts traits ruraux. Ils ont l'habitude d'associer le sens des événements passés et celui des événements à venir. Le concept de savoirs locaux de Geertz permet d'expliquer cette association : l'ordre de la vie quotidienne locale maintient un univers de sens. On peut dire que les « savoirs locaux » forment la base sur laquelle les paysans de Pudong acceptent les nouveaux savoirs et idées au cours du processus de transformation sociale. Ces paysans de Pudong, dans un nouvel environnement économique et social, utilisent et reproduisent les savoirs locaux pour participer à cet environnement et le modifier. Selon nos observations, confrontés à la complexité du nouvel environnement économique et social, parce qu'ils sont insatisfaits de la mise en œuvre des expropriations des terres, les paysans de Pudong retournent à l'ancien système et cherchent une fois de plus de l'aide auprès du chef de village, tentent d'obtenir des ressources via les relations claniques et les réseaux familiaux. Par exemple, ils demandent aux personnes âgées d'aller faire des « sit-in » devant les immeubles des sociétés de développement sous prétexte que des tombes d'ancêtres ont été excavées. Il en ressort que, face aux risques produits par le nouveau système, les réactions et les imaginaires des paysans expropriés s'appuient sur les savoirs locaux ; ils souhaitent même revenir à leur ancien mode de vie lorsqu'ils possédaient de la terre à cultiver. Ces solutions révèlent le désarroi des paysans mais également leur recours au savoir local. D'un autre côté, la combinaison de l'ancien et du nouveau système n'est pas une tâche facile à accomplir. Au contraire, lorsque l'investissement des paysans expropriés ne reçoit pas de retour équivalent, que leurs actions ne sont pas bien comprises et qu'ils ne trouvent pas de moyen pour s'intégrer au nouveau système, ils retournent à leur tradition. Car c'est là qu'ils retrouvent leur liberté et que leurs savoirs locaux peuvent avoir une utilité.

4. Stratégies et actions individuelles et collectives

La question de l'émancipation des paysans expropriés, en un certain sens, n'est pas simplement un problème de réinsertion professionnelle, mais un problème structurel résultant des stratégies de certains acteurs situés dans différentes positions. Les écarts culturels provoqués par les brusques changements sociaux créent des contraintes qui les empêchent de s'adapter à la mutation sociale réelle. Dans le système d'entreprise moderne et la logique de fonctionnement de la société post-industrielle de l'économie de marché, après que l'ouverture et le développement de Pudong leur ait permis de développer une certaine rationalité, les paysans de la société rurale locale sont réduits en objets à transformer ou à éliminer ; la logique de fonctionnement de la société industrielle locale à laquelle ils sont habitués est niée. En fait, les paysans expropriés sont confrontés à la question « de s'en sortir » pour gagner leur vie. En revanche, le gouvernement de la nouvelle zone de Pudong et les sociétés de développement sont les promoteurs de l'ouverture et du développement de cette zone, ils ne peuvent pas trop se tourner vers l'ancien système, mais ils ne peuvent pas non plus se désintéresser complètement des paysans sans emploi qui dépendent d'eux. Par conséquent, la solution de ce problème de l'émancipation fait partie des problèmes auxquels ils doivent réfléchir. Comment, le gouvernement, les sociétés de développement et les paysans expropriés peuvent-ils régler de façon efficace cette question de la voie de sortie ?

Dans la pratique, les administrations gouvernementales, comme les sociétés de développement, sont incapables d'intervenir sur les conditions de recrutement des grandes entreprises qui suivent l'économie de marché. Afin de se débarrasser au plus tôt des paysans expropriés au chômage, les sociétés de développement ne cessent de tenter d'utiliser leur pouvoir apparent dans le système pour créer des entreprises conjointes avec les entreprises de bourg et de village, et d'inciter certains de ces chômeurs à émigrer. Le gouvernement de la nouvelle zone, quant à lui, essaie de modifier les politiques d'expropriation et les modes d'exploitation des terres ; l'essence de ces tentatives est d'encourager ou d'obliger certaines entreprises à prendre en charge la réinsertion des paysans expropriés à travers des modes d'ingérence administrative ; en effet, le gouvernement ne souhaite pas voir le problème de l'« instabilité sociale » s'accroître. À en juger par les moyens utilisés, le gouvernement et les sociétés de développement, alors qu'ils se présentent comme des acteurs, dépendent toujours du pouvoir administratif. Cependant, lorsque certains de leurs cadres abordent la question des paysans, ils se montrent tantôt désemparés, tantôt confiants. C'est un phénomène très intéressant : incapables de s'immiscer par leur pouvoir administratif dans les affaires des grandes entreprises soumises à la loi du marché, ils semblent pourtant toujours confiants dans l'action administrative.

Quant aux paysans expropriés, ils s'opposent aux acteurs qui tirent profit du développement de Pudong et ne gèrent pas les contradictions sociales. Ils sont également insatisfaits face à l'impuissance des sociétés de développement à régler la question de la réinsertion. Cette insatisfaction s'exprime souvent par les plaintes collectives des personnes âgées contre les sociétés de développement. Représentant leurs enfants, ces personnes âgées se rendent en groupe aux sièges des entreprises de développement pour y déposer leurs plaintes. En réalité, elles utilisent l'« instabilité sociale » pour forcer le gouvernement à résoudre le problème de leurs enfants. La logique sous-jacente est claire pour les paysans expropriés :

> « Les entreprises de bourg et de village se heurtent elles-mêmes à des difficultés existentielles, elles ne peuvent se préoccuper des paysans expropriés. C'est l'État qui a réquisitionné les terrains, alors il se doit s'occuper des paysans. »

Ces paysans tentent d'utiliser leurs propres moyens pour faire pression sur le gouvernement, tout en nourrissant l'espoir de retrouver leur rapport de dépendance de jadis envers le gouvernement, et ainsi de pouvoir échapper aux risques apportés par la nouvelle société industrielle.

Les stratégies de ces différents acteurs montrent que la résolution du problème de la réinsertion des paysans expropriés est aujourd'hui leur objectif commun. Pour autant, chacun s'emploie à trouver un moyen pour faire payer davantage les autres tout en se préservant une marge de négociation et d'échange. Ceci montre que la « dépendance du chemin » est également un choix rationnel des acteurs ; elle montre que derrière l'idée de contradiction entre différentes parties de la société, il existe une sorte de relation de dépendance mutuelle très profonde qui constitue la nouvelle base des relations sociales.

Réflexions sur l'analyse de l'émancipation

Les chercheurs occidentaux auraient peut-être tendance à analyser le problème des paysans expropriés au cours du processus de développement de Pudong en le plaçant dans le cadre de la modernisation, et au final verraient là un problème structurel produit par le passage d'une société traditionnelle vers la modernité. Comme l'a indiqué G. Rozman (1995),

> « toute velléité de combiner consciemment les meilleures choses anciennes et les meilleures choses nouvelles, quelles que soient les bonnes intentions, sera défiée par l'interdépendance extraordinaire entre le modèle moderne et les autres structures sociales ».

Les chercheurs qui prônent la théorie de la modernité pour analyser les problèmes chinois construisent généralement le cadre analytique suivant : choc venant de l'extérieur – réponse locale – processus de modernisation. Les chercheurs chinois, dans leurs réflexions actuelles sur la question des paysans expropriés de Pudong, sont relativement nombreux à se servir de la théorie de la modernité exogène du retard de développement et de la théorie comparative de la modernité.

Selon la théorie de la modernité exogène du retard de développement, l'urbanisation rapide et le processus de développement des zones rurales consistent en fait à introduire très rapidement dans la structure sociale de la campagne traditionnelle l'expérience de la modernisation occidentale et les fruits des sciences et technologies modernes ; ceci résulte généralement d'une maturation plus rapide de la structure économique et du système de valeurs des zones rurales que celui de la structure sociale. Il en résulte que le développement fait apparaître des problèmes qui auraient dû émerger à différentes phases de la modernisation. Ainsi est produit l'« effet négatif du développement tardif » ou les « problèmes de la période de transition ». Ce modèle explicatif concentre son attention sur un processus « choc venant de l'extérieur – réponse locale » et permet de voir qu'au cours du développement rapide de l'économie de marché moderne, les valeurs culturelles et la structure sociale de la Chine rurale traditionnelle continuent à régir et à entraver très profondément la vie des paysans en jouant un rôle central dans la production des problèmes des paysans (Chen Wenke *et alii*, 2000). Une telle optique ignore dans une large mesure la capacité d'action spontanée des paysans dans la modernisation des zones rurales et est inapte à révéler le mécanisme concret de naissance du problème paysan, en privilégiant trop l'analyse de la macro-structure. Elle conduit facilement à une illusion : voir les paysans comme passivement impliqués dans la modernisation et attribuer la cause du problème à leur inadaptation face aux exigences de la modernité, et par là, conclure de façon simpliste que le « problème sérieux est l'éducation des paysans ».

Selon la théorie comparative de la modernité, le développement des zones rurales emporte la société traditionnelle vers une transition à plusieurs niveaux. Ce processus peut être compris comme un ensemble de processus synchrones d'industrialisation dans le domaine économique, de démocratisation dans le domaine politique, d'urbanisation dans le domaine social et de rationalisation des valeurs. Si l'on impose à une société rurale basée sur une économie traditionnelle de se moderniser en fonction des standards d'une société développée, quels seront les défis que les paysans et la société rurale, toujours marqués par la ruralité, auront à relever dans leur comportement ? Par contre, pour une autre partie des chercheurs, ce type d'explication qui présente la modernisation comme une transition dans le sens de la société traditionnelle vers la société moderne, clive la société selon une opposition entre tradition et modernité, souligne le renforcement continu de la modernité de la société et le réajustement de ses mécanismes internes en niant la portée positive des savoirs locaux et de la tradition.

Ces analyses prennent en compte le niveau d'éducation des paysans, la structure socio-économique et le système culturel du monde rural, leurs effets sur le clivage ville/campagne et sur les désordres générés par les changements rapides du système. Ces points de vue conduisent souvent à estimer que la solution des problèmes réside dans l'élévation du niveau d'éducation des paysans ou dans la transformation du système, tout en négligeant d'autres aspects, comme par exemple le fait qu'entre la vieille structure et la nouvelle structure émergente dans le processus de modernisation il n'y ait pas qu'un simple rapport d'« inadaptation » et de « résistance » ; ou encore que les paysans ne soient pas seulement des sujets passifs, mais qu'ils participent pleinement au développement par leurs propres stratégies. Le problème des paysans expropriés de la zone de développement de Pudong n'est pas produit unilatéralement par les paysans et l'ancien système, il est le résultat de productions et reproductions lors des interactions entre les acteurs liés par des relations d'intérêts. Le contexte spécifique chinois n'est nullement étranger à ce résultat. De plus, ce phénomène est souvent caché par la perception d'un choc structurel dans la théorie de la modernisation.

Conclusion

Comme la modernité est multidimensionnelle, chaque science humaine s'intéresse de façon différente au concept de modernité. Mais les approches des changements qui se produisent dans une société dans la période de modernisation ne prennent pas en compte les frontières disciplinaires. En effet, si la théorie de la modernité nous éclaire sur certaines causes de la discordance entre des systèmes superposés à Pudong, elle ne permet pas d'observer les acteurs dans diverses structures systémiques, les stratégies utilisées dans leurs interactions et les modes de pensée sur lesquels s'appuie la mise en œuvre de ces stratégies.

À travers l'analyse présentée dans ce chapitre, on découvre plus ou moins, que, pour résoudre le problème de la réinsertion des paysans expropriés, le gouvernement local, les sociétés de développement, les entreprises conjointes et les paysans expropriés, se comportent tous comme des acteurs rationnels à la poursuite de leurs propres objectifs. Ils extraient des facteurs essentiels dans différents systèmes et structures, tout en les combinant de manière stratégique selon leur propre logique de pensée et modes d'action. Ils tentent de s'influencer mutuellement et utilisent leurs propres moyens pour constituer des relations d'interdépendance et résoudre le problème à leur propre avantage. Par rapport à ces processus, l'industrialisation, l'urbanisation et le perfectionnement de l'économie de marché paraissent tous trop superficiels. Si l'on se contente de ces analyses de la modernité, on ne peut qu'obtenir quelques pistes pour comprendre le problème des paysans expropriés, mais on ne saura pas restituer une structure d'action collective composée par les acteurs et leurs stratégies. C'est précisément cette structure d'action collective qui constitue le mécanisme profond du problème de l'émancipation des paysans expropriés.

Notre analyse montre qu'il y a influence réciproque entre cette structure d'action collective et la structure contextuelle dont elle dépend. Cette structure contextuelle résulte de l'ancien et du nouveau système que nous avons présentés ici, et du système d'action né de leurs interactions. Nous qualifions ce contexte de complexe. Connaître de façon efficace la formation de ce type de structure est primordial pour comprendre avec justesse les modes de fonctionnement de la structure d'action collective en son sein. Mais que ce soit pour dévoiler la structure d'action collective ou pour connaître son contexte, des enquêtes empiriques et des recherches sont indispensables. Toutefois, le point de départ de ces investigations et recherches ne doit pas se limiter aux rôles formels et aux compétences administratives de chacun. Il importe de partir des décisions rationnelles des protagonistes en tant qu'« acteurs libres » comme par exemple, dans la présente étude, les stratégies d'actions du gouvernement local, des sociétés de développement et des paysans expropriés pour résoudre le problème de la voie de sortie des paysans expropriés dans ce contexte complexe.

Prendre la structure d'action collective des acteurs libres comme point de départ de l'analyse n'exclut pas des points de vue issus de la théorie de la modernisation. En fait, ces deux voies d'analyse nécessitent de faire la lumière sur les traits structurels des anciens et nouveaux systèmes. Nous souhaitons insister sur la nécessité, pour comprendre les phénomènes sociaux en profondeur, de dépasser le cadre de pensée constitué par la théorie de la modernisation. Depuis la fin des années 1960, la théorie de la modernisation a été l'objet de nombreuses critiques du fait qu'elle contient de manière implicite la dichotomie tradition/modernité et postule que les régions en retard connaîtront toutes le même itinéraire évolutif dans un sens unique qui les mène vers les systèmes social, économique, politique américain et européen. Selon cette théorie, la tradition et la modernité seraient deux systèmes foncièrement incompatibles ; tous les pays du monde pourraient être classés en sociétés traditionnelle ou moderne ; les caractéristiques communes des pays en avance se propageraient aux pays en retard. Pourtant, nombre de chercheurs, comme Cyril E. Black, soulignent que tradition et modernité ne sont pas deux états qui s'excluent de manière absolue et que dans la tradition de chaque société réside une possibilité de modernité. Ce débat théorique souligne l'insuffisance de la théorie de la modernité mais laisse ouvertes les questions suivantes : finalement quel est le mécanisme d'action sur lequel s'appuie la relation entre la tradition et la modernité ? Dans quelle situation le processus de modernisation se déroule-t-il plus facilement et dans quelles circonstances rencontre-t-il des obstacles ? En fait, ne se servir que d'une analyse structurelle ne saurait suffire pour apporter des réponses plus approfondies.

Lorsque nous considérons la question de l'émancipation des paysans expropriés de Pudong comme un processus d'action collective d'acteurs rationnels sous des contraintes structurelles précises, le sens profond de la modernité, ainsi que les différences entre modernité et tradition, ne deviennent pas seulement une toile de fond pour la recherche, mais également le fil conducteur pour comprendre les actions et stratégies des acteurs. De plus, les interactions concrètes liées aux stratégies entre les acteurs modifient dès lors la structure de départ pour évoluer dans une direction nouvelle. La problématique du présent chapitre présente justement le résultat des discordances entre actions et stratégies individuelles de différents acteurs dans un processus d'action collective de différents acteurs : gouvernement local, sociétés de développement, entreprises conjointes et paysans expropriés. Cette discordance renforce la tension entre l'ancien et le nouveau système et finit par rendre difficile la possibilité de trouver des solutions face à des difficultés inattendues. On voit donc qu'il s'agit du résultat des interactions rationnelles entre plusieurs acteurs. Ces interactions ne correspondent pas seulement à des jeux de pouvoir mais produisent des rapports de pouvoir fondés sur des influences réciproques. Grâce à ce mécanisme de nouvelles règles et ordres sociaux ne cessent de se reproduire.

Bibliographie

BLACK, C. (1996) : *Bijiao xiandaihua (Comparer les modernisations)*, Shanghai, Shanghai yiwen chubanshe.

BYRD, W., LIN QINGSONG (1990) : *China's Rural Industry : Structure, Development and Reform*, Oxford, Oxford University Press.

CAI LAIXING (ed.) (1995) : *Shanghai : chuangjian xi de guoji jingji zhongxin chengshi (Shanghai : créer une nouvelle métropole de l'économie mondiale)*, Shanghai, Shanghai renmin chubanshe.

CHEN WENKE *et alii* (2000) : *Zhongguo nongmin wenti (La question paysanne en Chine)*, Zhengzhou, Henan renmin chubanshe.

CROZIER, M. (1989) : *L'entreprise à l'écoute. Apprendre le management post-industriel*, Paris, Inter Éditions.

EISENSTADT, S. (1966) : *Modernization : Protest and Change*, Englewood Cliffs : Prentice Hall.

FEI XIAOTONG (1992) : *Xingxing zhong xingxing : xiangzhen fazhan lunshu (Propos sur le développement des cantons et des bourgs)*, Yinchuan, Ningxia renmin chubanshe.

GEERTZ, C. (2000) : *Difangxing zhishi : chanshi renleixue lunwenji (Connaissances locales – recueil d'interprétations anthropologiques)*, Pékin, Zhongyang bianyi chubanshe.

GIDDENS, A. (1991) : *Sociology*, Cambridge, Polity Press.

GUO YUHUA (1998) : Nongcun xiandaihua guochengzhong de chuantong qinyuan guanxi (Les relations de parenté dans la modernisation de la Chine rurale), in JIA DEYU (ed.) : *Xiandaihua jincheng zhong de zhongguo nongmin (Paysans chinois dans la marche vers la modernité)*, Nankin, Nanjing renmin chubanshe.

HUANG ZHONGZHI (1986) : *Huabei de xiaonong jingji yu shehui bianqian (Économie de la petite agriculture et transformation sociale dans le Nord-Est)*, Pékin, Zhonghua shuju.

HUANG QIFAN (1995) : *Tan pudong kaifa de zhanlue zhengce jiqi guanli (Sur les stratégies, la politique et la gestion du développement de Pudong)*, Shanghai, Shanghai renmin chubanshe.

LI PEILIN (1998) : Zhongguo xiangcun lide dushi gongye (Industrie urbaine en Chine rurale), in ZHOU XIAOHONG (ed.) : *Xiandaihua jincheng zhongde zhongguo nongmin (Les paysans chinois dans la marche vers la modernité)*, Nankin, Nanjing daxue chubanshe.

LIN NAN (1996) : Difangxing shichang shehuizhuyi : zhongguo nongcun difang fatuan zhuyi zhi shiji yunxing (Le socialisme de marché local : la pratique réelle du corporatisme en Chine rurale), *Guowai shehuixue (Sociologies à l'étranger)* n. 5-6.

NEE, V. (1992) : Organizational Dynamics of Market Transition : Hybrid Forms, Property Rights, and Mixed Economy in China, *Administrative Science Quarterly* vol. 37, n. 1.

PEI XIAOLIN (2003) : Jiti tudi suoyouzhi dui zhongguo jingji zhuangui he nongcun gongyehua de gongxian (Contribution du système de propriété foncière collective à la réforme de l'économie et l'industrialisation dans les campagnes), in HUANG ZONGZHI (ed.) : *Zhongguo xiangcun yanjiu (Recherches sur les campagnes chinoises)*, Pékin, Shangwu yinshuguan.

POLANYI, K. (1958), *The Great Transformation,* Boston, Beacon Press.

QIN HUI, SU WEN (1996) : *Tianyuanshi yu kuangxiangqu (Poème pastoral et musique de fantaisie),* Pékin, Zhongyang bianyi chubanshe.

ROZMAN, G. (1995) : *Zhongguo de xiandaihua (La modernisation de la Chine)*, Nankin, Jiangsu renmin chubanshe.

SHE BIPING (2000) : *Xiandaixing de yiyi yu juxian (Portées et limites de la modernité)*, Shanghai, Shanghai Sanlian Chuju.

SHI YAJIAN (1998) : *Zhongguo nongcun de shichang he shehui jiegou (Marché dans les campagnes chinoises et structure sociale)*, Pékin, Zhongguo shehui kexue chubanshe.

SUN LIPING (1993) : Ziyou huodong kongjian yu ziyou liudong ziyuan (Espace de libre mouvement et ressources en libre circulation), *Shehuixue yanjiu (La recherche en sociologie)* vol. 2.

VON MISES, L. (2001) : *Jingjixue de renshilun wenti (Questions épistémologiques en économie)*, Pékin, Jingji kexue chubanshe.

WANG MINGMING (1998) : Zhongguo minjian chuantong yu xiandaihua : fujian tangdongcun de ge'an yanjiu (Tradition et modernité du folklore chinois – le cas du village Tangdong du Fujian), in JIA DEYU (ed.) : *Xiandaihua jincheng zhong de zhongguo nongmin (Paysans chinois dans leur marche vers la modernité)*, Nankin, Nanjing renmin chubanshe.

YAO XISHANG (ed.) (1994) : *Maixiang ershi'yi shiji de pudong xinqu (La zone nouvelle de Pudong à l'entrée du XXIe siècle)*, Shanghai, Shanghai renmin chubanshe.

Chapitre 8

Vers les droits du citoyen : la défense des droits des propriétaires comme mouvement citoyen dans la Chine contemporaine

SHEN YUAN

INTRODUCTION : DÉVELOPPEMENT DE LA CHINE NOUVELLE ET « PRODUCTION DE LA SOCIÉTÉ »

Observé dans ses grandes lignes et sur la longue durée, le développement de la Chine nouvelle possède un rythme propre[1]. Pendant les trois premières décennies après la fondation de la République populaire de Chine, c'est-à-dire entre 1949 et 1979, a été élaboré avec succès un système totalitaire typique, dont la caractéristique fondamentale était l'appropriation de l'économie et de la société par l'État. En s'appuyant sur ce régime, la Chine nouvelle, dans un contexte de pénurie des ressources après la guerre, a pu établir, en peu de temps, les bases initiales de l'industrialisation et de la modernisation. De 1979 jusqu'à aujourd'hui, le développement de la Chine a traversé une seconde période qui se caractérise par la réforme du système économique, c'est-à-dire la tentative de dégager l'économie de l'emprise de l'État, et la réorganisation de cette économie selon le principe de la régulation par le système des

1. Je sais que lorsqu'on parle du développement de la Chine en termes de « rythme » on peut se voir accuser de développer une approche « téléologique ». Le cours de l'histoire est rempli d'aléas. Mais avec le recul, le développement et les changements qu'a connus la Chine sur la longue durée, une configuration sociétale se laisse saisir malgré les détails aléatoires.

prix. Depuis ces trente dernières années, les réformes ont permis d'édifier le cadre général du système de l'économie de marché et ont donné lieu à une augmentation sans précédent des richesses.

Il est à noter que, depuis deux ou trois ans, l'État a commencé à émettre de nouveaux signaux sur la « société », à l'image des slogans sur « la société harmonieuse » (*hexie shehui*) et « la gestion de la société » (*shehui guanli*). On peut alors penser que le développement de la Chine nouvelle entre dans une nouvelle phase : la société s'émancipe par rapport à l'État, et se réorganise en s'appuyant sur son intention originale comme « mécanisme d'auto-organisation »... Autrement dit, une nouvelle phase s'est ouverte, qui va peut-être nécessiter à nouveau trois décennies, voire plus, pour accomplir la tâche considérable de construction de la société. C'est sur cette base que les relations entre la société, l'État et le marché seront reconstruites et coordonnées. La tâche essentielle de cette troisième phase peut se résumer en une « production de la société ». Il est clair qu'il s'agit d'une tâche complexe et de longue haleine : en plus de sa propre définition, la société est chargée de redéfinir ses relations avec l'État et le marché. Cette tâche historique est d'autant plus difficile à réaliser que le contexte international dans lequel la Chine est de plus en plus profondément impliquée connaît de grands bouleversements : Burawoy a parlé de la « troisième vague de "marchandisation" » qui remporte des victoires rapides et balaie le monde (Burawoy, 2007).

L'histoire offre souvent de surprenantes coïncidences. Presque au début de la première phase du développement du pays, Polanyi avait déjà prédit, avec sa propre originalité, l'arrivée d'une « société de marché ». Selon lui, le marché était à l'origine un domaine de la vie économique intégré dans la société. Cependant, grâce aux efforts de l'État, le marché a débordé du champ économique pour entrer dans, puis dominer, l'ensemble de la vie sociale, transformant la société en une « société de marché » qui s'est caractérisée par l'apparition de trois « marchandises fictives » : la marchandisation de la main-d'œuvre, de la monnaie et de la terre, dont instinctivement on pense que ce ne sont pas des marchandises. Polanyi avait seulement discuté des deux premières « marchandises fictives », pressé de décrire les conséquences catastrophiques de la société de marché, ses tensions destructives entraînant inévitablement une guerre mondiale. Burawoy systématise la thèse de Polanyi en introduisant la dimension temporelle. Si l'on doit parler de la marchandisation, alors ce qui s'est produit au XIXe siècle est bien la marchandisation de la main-d'œuvre, au XXe siècle celle de la monnaie et au XXIe siècle, celle de la terre, de l'environnement, du corps voire encore des connaissances. La troisième vague se distingue des deux premières autour de l'idée que l'alliance entre le pouvoir politique et le capital économique la caractérise ; elle est dotée d'une force de destruction dévastatrice et capable de balayer toutes les digues construites depuis deux siècles au nom des « mouvements d'auto-protection de la société », tels que les droits des travailleurs et les droits sociaux (Burawoy, 2007).

La troisième vague de marchandisation a provoqué un choc considérable sur le monde civilisé avec des conséquences différentes selon les pays. Là où les sociétés sont déjà mûres, la marchandisation se présente comme une pression exercée sur la société ; en revanche, dans les pays en développement comme la Chine, la marchandisation entrave sérieusement la « production de la société ».

Le destin de la sociologie et celui de la société sont interdépendants, elles vivent et meurent ensemble. En tant qu'expression théorique de la société, la sociologie se doit d'assumer les tâches historiques de « défense de la société » et de « production de la société ». Dans le contexte de la Chine, la seconde tâche s'impose à l'évidence comme plus réaliste, mais également plus urgente, car il nous faut d'abord une société pour ensuite pouvoir la défendre. Pour réaliser cette tâche, la sociologie doit jouer, non seulement en théorie mais également en pratique, le rôle d'une « sage-femme », au sens où le pensait Socrate : résister à la double pression de l'État et du capital, envisager une voie réelle pour la production de la société, convertir la théorie en action quand cela est possible, et aider la société à sortir de son cocon et à se développer le plus rapidement possible.

Société civile et droits du citoyen

1. Le concept de société civile

Dans la sociologie actuelle, la « société » désigne d'abord la « société civile ». Bien qu'il existe d'autres concepts tels que celui de « société active » de Polanyi et de « société politique » de Chatterjee, l'importance du concept de « société civile » est incontestable (Shen Yuan, 2007). Bien entendu, cela ne signifie nullement que la sociologie ne peut pas étudier autre chose que la société civile, mais que cette discipline doit prendre comme point d'appui la société civile, l'étudier en profondeur et regarder l'État et le marché à travers ce point de vue (Burawoy, 2007).

Mais qu'est-ce que la « société civile » ?

En réalité, différentes approches définissent la « société civile » de manière différente. Dans la tradition marxiste, ce concept est également ambigu. Marx critiquait la philosophie du droit de Hegel, et avançait la thèse que la société des citoyens détermine l'État, thèse qui s'inscrit dans une logiquc identique à l'École écossaise qui définit le concept de société civil en opposition avec celui d'État (Marx, 1956 ; Swingewood, 1988). Cependant, il est évident que la « société des citoyens » s'appuie essentiellement pour Marx sur les activités économiques réelles et non pas sur la vie sociale proprement dite.

Sous la plume de Gramsci, le concept de société civile connaît deux changements fondamentaux : premièrement, la société civile est en réalité la société elle-même et non plus l'incarnation de l'économie. Pour Gramsci, la société civile est constituée d'une série d'organisations communautaires et de mouvements intimement liés entre eux par des outils de communication modernes ; deuxièmement, d'abord antagoniste la société civile est devenue « un collaborateur » de l'État et établit des relations solides avec lui. Selon Gramsci une caractéristique importante du capitalisme développé est qu'il produit une « société civile » :

> « l'État entretient un lien stable avec la société civile.... L'État n'est qu'un fossé de l'enceinte extérieure soutenu par de puissants bastions et travaux de défense » (Burawoy, 2003).

Ces bastions seraient plus puissants que l'État et définiraient justement la « société civile » dont l'apparition oblige la classe ouvrière à changer sa tactique révolutionnaire : la « guerre de mouvements » fait place à la « guerre de positions ».

Toutefois, dans le développement ultérieur du marxisme, la « société » n'a jamais occupé une place remarquable dans la théorie comme dans la pratique. Infrastructure et superstructure économique, classes et État, idéologie sociale sont les concepts les plus mobilisés par les marxistes pour décrire la vie réelle des individus. Ces concepts ont tous un lien avec la société et ne la définissent pas. Dans la pensée marxiste, ce sont l'économie et l'État qui bénéficient de la pleine lumière, la société perd de son éclat et pâlit, elle n'a pas de statut indépendant.

Il faut attendre la fin du siècle dernier pour que le concept de « société civile » soit à nouveau revalorisé dans la tradition marxiste. Dans la transition de marché des sociétés socialistes, les marxistes contemporains se sont rendus compte de l'importance de ce concept pour comprendre la réalité. Le retour aux théories de la « société » ou de la « société civile » est devenu une tâche essentielle à laquelle les marxistes se sont confrontés. Le « marxisme sociologique » de Burawoy et de Wright Mills offre une illustration des tentatives en ce sens. Selon Burawoy, la renaissance du marxisme ne peut se faire qu'à l'aide de la sociologie, en prêtant suffisamment d'attention à la « société » comme catégorie qui ne se confond ni avec l'économie ni avec l'État ; selon lui, la « société » ou la « société civile » se présente comme suit :

> « … je la définis comme… associations, mouvements et espaces publics en dehors de l'État et de l'économie – y compris partis, syndicats, éducation scolaire, communautés religieuses, presse et toutes sortes d'organisations bénévoles. »

Cette définition ne contredit pas celle de Gramsci, pour qui la « société civile » désigne principalement ces communautés, mouvements et espaces publics. La différence est que Burawoy apparaît comme plus radical que ses précurseurs : pour lui, la « société civile » ne résiste pas seulement à l'État, elle résiste également au marché. La « société civile » se définit et se maintient dans la résistance contre la double invasion du pouvoir d'État et de l'économie de marché.

2. Deux manières de construire la société civile

Dans le contexte de la transition, la tâche fondamentale de la sociologie est de faciliter la naissance de la société civile. Cette tâche peut être résumée comme la « production de la société » (Shen Yuan, 2007). Sans aucun doute, cette production de la société ne saurait être accomplie du jour au lendemain, elle doit passer par un processus à la fois long et complexe qui consiste en l'exploration des différentes voies possibles pour produire la société civile. Les individus interprètent la production de la société civile comme la construction d'organisations sociales. Dans la tradition marxiste, cette vision théoriquement légitime s'inscrit en continuité avec les idées de Gramsci, et peut être qualifiée de « voie classique ». D'innombrables études ont discuté de la situation des organisations non gouvernementales et des organisations à but non lucratif en Chine, aboutissant à une même conclusion : la formation et le développement de ces organisations sociales est le signe de l'essor de la société civile (Deng Zhenglai, 1997 ; Zhang Jing, 1998). À en juger par leur situation réelle, cela reflète un optimisme excessif, qui privilégie trop la forme aux dépens du fond. Certes, depuis les réformes, les ONG et les organisations à but non lucratif ont émergé en grand nombre. En un sens, la naissance de ces espaces entre le marché et l'État peut signifier le développement de la société. Mais comme nous l'avons souligné il y a longtemps, il est primordial d'accorder de l'importance au phénomène d'isomorphisme dans le domaine de la construction des organisations sociales (Shen Yuan, 2007). Depuis plusieurs années, nous pouvons voir un grand nombre d'organisations (et de groupes) qui prennent l'apparence d'organisations non gouvernementales et d'organisations à but non lucratif, mais dont l'essence est en réalité une sorte d'évolution et de déformation du système étatique, dont la fonction est de mobiliser des ressources sur le marché ou sur la scène internationale. Leur apparition en grand nombre exprime moins l'autonomie de la société que la dépendance d'un certain nombre de groupes parasites à l'égard de l'État. Il n'est par conséquent pas étonnant que leur apparition et leur développement n'aient pas profondément transformé la situation.

Cependant, il existe encore une autre façon de développer la société civile. Au lieu de mettre l'accent sur les organisations, on peut se centrer sur l'individu lui-même – c'est-à-dire sur le citoyen et l'éducation aux droits du citoyen. Le citoyen possédant la citoyenneté peut seul être désigné comme tel, et la société civile repose sur des liens autonomes institués entre citoyens. Les droits du citoyen, leur formation et leur production prennent sans doute plusieurs formes. Ils peuvent naître du système, des organisations et de divers mouvements. Cependant, le point de départ de leur production est l'individu, le citoyen comme individu réel. Dans le contexte de la transition sociale chinoise, il s'agit peut-être de modalités plus réalistes et plus importantes pour la croissance de la société civile.

Toutefois, il en découle des difficultés. Les « droits du citoyen » n'ont jamais occupé de place significative dans la tradition théorique marxiste. À ses débuts, Marx avait effleuré cette problématique dans son livre sur *La question juive* en Europe (Marx, 1956). À la fin de sa vie, il avait défini de façon précise les caractéristiques fondamentales des « droits de la bourgeoisie », et la thèse de l'égalité sur la forme et inégalité au fond (Marx, 1963). À part cela, Marx n'a pas fait véritablement de propositions sur les droits des citoyens. Par conséquent, les marxistes ont dû rechercher d'autres ressources théoriques pour pouvoir discuter de cette question. En général, ils se servent de la théorie du sociologue libéral Marshall.

Le très célèbre discours de Marshall à propos des droits du citoyen et des classes sociales est considéré comme la base fondatrice des recherches sur les droits du citoyen en sociologie. Marshall divise ces droits en trois catégories de base : droits civils, droits politiques et droits sociaux. Il établit une correspondance entre ces catégories et les différentes phases du développement de la société moderne, et les considère comme un mécanisme qui traverse toute la structure de classes. Bien que récemment cette perspective ait souvent été remise en cause car trop mécanique, elle fournit malgré tout une piste pour étudier le développement des droits du citoyen (Marshall, 1950). À vrai dire, quand nous introduisons cette vision dans la Chine en transition pour réfléchir à la question de la naissance de la société civile, elle peut nous servir d'appui pour avancer quelques critiques. Tout d'abord, comme la société civile elle-même, les « droits du citoyen » représente une catégorie qui a été absente de l'histoire chinoise. La naissance de ces droits est étroitement liée au mouvement de la Chine vers la société moderne. Ensuite, après la fondation de la Chine nouvelle, ont d'abord été établis des droits sociaux qui ne visaient qu'une partie des citadins et des ruraux, alors que les droits civils et politiques n'étaient pas complètement élaborés (Shafir, 1998). Enfin, après les réformes, la catégorie de droits du citoyen a connu de profonds changements qui se sont manifestés principalement par la montée des droits civils, l'affaiblissement des droits sociaux et une légère extension des droits politiques. Ces évolutions ont eu une portée considérable sur le développement des droits du citoyen et celui de la société civile.

En résumé, deux pistes s'ouvrent à nous pour discuter de la société civile à partir de la tradition marxiste. La première est ce qu'on peut appeler « la voie classique » : ouverte par Gramsci, elle met l'accent sur la portée de la construction des organisations sociales pour la société civile. La seconde peut être appelée la « voie des droits du citoyen » ; elle déborde la tradition marxiste, et tire la leçon de la théorie sociologique des droits des citoyens pour réfléchir sur ces questions, et porte son attention sur l'action individuelle des citoyens et leur alliance. Le propos de cet article est de suivre cette seconde voie, pour discuter de la lutte des habitants pour les droits des citoyens dans la période de transition et du processus de mise en pratique de la construction de la société civile.

3. Trois voies d'accès aux droits du citoyen

Depuis les années 1990, le processus d'urbanisation de la Chine est entré dans une phase d'accélération. Main dans la main, le capital et le pouvoir montent à la tribune pour stimuler l'urbanisation. D'un côté, cela entraîne une accélération du développement des villes, mais d'un autre côté, cela engendre un grand nombre de problèmes économiques et sociaux qui conduisent à des résistances de la part des habitants, urbains comme ruraux. Divers mouvements protestataires se succèdent et composent le paysage de la Chine actuelle. Après observation, ces mouvements de protestation peuvent aisément être divisés en trois catégories selon les acteurs : les résistances menées par les paysans, les travailleurs et la classe moyenne urbaine. Plusieurs analyses sur le contenu de ces luttes révèlent le processus de la construction des droits du citoyen. Dans cette période de transition, les voies qui font accéder aux droits du citoyen peuvent être divisées en trois catégories : les paysans à travers la défense du droit de propriété foncière, les travailleurs à travers la défense du droit du travail et la classe moyenne à travers la défense du droit de propriété (Shen Yuan, 2007). Chaque classe sociale lutte pour ses propres droits du citoyen. En ce sens, nous avançons vers une « ère des droits ».

Ainsi, les classes sociales ou les groupes de base de la Chine, c'est-à-dire les paysans, les travailleurs et la classe moyenne, luttent tous pour des intérêts différents et suivent des voies diverses pour accéder aux droits du citoyen. Une société civile bâtie de cette manière ne peut être unie. Au contraire, elle est faite de fragments très différents. Cette apparence de désordre, et ce manque d'esthétique, sont en fin de compte la réalité même. C'est peut-être ainsi que notre société civile se constitue, par morceaux disjoints.

Le problème est maintenant d'analyser concrètement et séparément ces trois voies. Dans cet article, nous nous penchons sur l'une des trois, à savoir le mouvement de défense du droit de propriété, et décrivons et analysons son sens. Ce mouvement est bien entendu très complexe, et il va sans doute durer longtemps. Mais c'est dans ce processus que les droits du citoyen de la classe moyenne émergent, de même que la société civile à laquelle elle aspire.

La classe des propriétaires : émergence, difficultés et luttes

1. L'émergence de la « classe des propriétaires »

Depuis les années 1990, une des réussites des réformes urbaines est la « réforme du logement ». Les conséquences directes de cette réforme se manifestent dans l'espace urbain par le développement rapide des résidences en dehors des ensembles de logements construits par les unités de travail (*danwei*). À Pékin par exemple, une estimation conservatrice est que jusqu'à maintenant, à l'intérieur du quatrième périphérique, presque 3 200 de ces résidences ont été construites, représentant une superficie totale de 320 millions de m^2 et abritant plus de 20 millions d'habitants (www.sina.com, le 9 octobre 2006 ; Guo Yushan, 2006).

Les habitants de ces résidences ont acheté leur logement avec leurs propres ressources économiques, alors qu'avant les réformes, les logements étaient obtenus par l'unité de travail. Ils peuvent par conséquent être appelés des « propriétaires ». Du point de vue de la stratification sociale, cette classe de « propriétaires », qui semble avoir émergé du jour au lendemain, appartient à la classe moyenne.

Dans le domaine de la stratification sociale, la définition de la classe moyenne est une question difficile. La sociologie tente souvent de s'appuyer sur différentes catégories comme l'emploi, le revenu, le prestige, etc., pour déterminer la position dans la structure sociale des membres de la société, distinguer différentes classes et catégories, mais également pour enquêter sur les conditions et les chances de mobilité sociale. La classe moyenne n'est rien d'autre que cette couche ou niveau intermédiaire entre les classes supérieures et les classes inférieures (Wright,

2004 ; Grunsky, 2005). Dans la société moderne, l'importance de la classe moyenne s'impose comme une évidence. Or, comment définir cette classe moyenne dans la Chine en transition ? Voire même existe-t-il déjà une classe moyenne ? Ces questions restent largement ouvertes. On s'accorde à dire que le seul critère du revenu moyen n'est pas suffisant pour définir la classe moyenne, et qu'au statut économique doit s'ajouter encore l'attitude politique, l'habitus culturel et l'identité sociale (Zhou Xiaohong, 2007). Mais comment mobiliser ces variables et décrire de façon convaincante les traits fondamentaux de cette classe ? Ce travail est loin d'être achevé avec succès.

Il n'est pas dans notre intention de nous attarder sur la définition de la classe moyenne. Nous nous intéressons à la catégorie liée à la « défense des droit des propriétaires », c'est-à-dire « la catégorie des propriétaires », qui n'est sans doute qu'une partie de cette classe moyenne. Pour simplifier, nous empruntons à Szelenyi le terme, qu'il a forgé il y a déjà longtemps, de « classe des propriétaires » (*housing class*) (Szelenyi, 1983). Cependant, la classe des propriétaires de Szelenyi est issue du pouvoir d'un système de redistribution alors que la classe des propriétaires à laquelle nous faisons allusion naît du marché. Pour nous, la conséquence sociale directe de la réforme du logement urbain est l'apparition d'une immense classe de propriétaires. Le mouvement de défense de leurs droits exerce une influence considérable sur la production de la société et plus particulièrement sur la construction de la société civile par la classe moyenne.

2. « La classe moyenne en colère » : les propriétaires étouffés par l'alliance entre l'État et le marché

Dans la tradition culturelle chinoise, l'achat d'un bien immobilier est un événement heureux. La possession de son propre logement est un idéal confucéen. De plus, pour Mencius, celui qui possède un bien pérenne est persévérant. En langage moderne, cela signifie que seuls les habitants possédant des biens immobiliers assurent des bases solides à la société.

Cependant, au moins à Pékin, la « classe des propriétaires » est en train de vivre de profondes souffrances. Dès l'achat ou l'entrée dans le nouvel appartement, les ennuis sans fin commencent. Pendant que les prix de l'immobilier flambent à Pékin, se rapprochant de ceux des grandes métropoles internationales, les propriétaires, qui ont investi les économies de toute une vie, font face à l'oppression de l'alliance entre les promoteurs, les syndics et les autorités locales, et sombrent jusqu'à devenir une « population précaire ». Toutefois, « là où il y a répression, il y a résistance. » On constate que les propriétaires ont finalement dû se lever et lutter pour défendre leurs droits. Face à l'oppression qu'ils subissent, ils sont devenus une « classe moyenne en colère ».

En général, la lutte des propriétaires pour défendre leurs droits naît des conflits contre les promoteurs, les syndics – et en particulier les premiers syndics mis en place à l'ouverture de la résidence – et enfin les organes administratifs locaux. Ces trois types de conflits conduisent la classe des propriétaires à lancer ses propres mouvements de défense de leurs droits, produisant un processus original qui passe par les droits de propriété pour aller vers les droits du citoyen.

Les conflits avec les promoteurs se concentrent principalement dans quatre domaines. Premièrement, les conflits provoqués par les ventes sur plan. Les promoteurs vendent les appartements avant même l'achèvement de la construction, afin d'utiliser les sommes versées par les nouveaux propriétaires pour réaliser l'opération. Souvent cette chaîne de financement se brise et les promoteurs ne peuvent ou ne veulent délivrer les appartements à la date prévue, voire même se déclarent en faillite ; et les acheteurs ne peuvent emménager dans les temps, ou pire, ils perdent tout l'argent investi. Un cas récent concerne l'immeuble XS de la résidence HD ; comme le promoteur s'est aperçu que le prix de la vente sur plan pratiqué il y a deux ans était plus bas que le prix de 2007, il a ostensiblement déchiré les contrats et a voulu rendre les sommes déjà versées par 22 acheteurs afin de pouvoir fixer un nouveau prix pour la vente. Cet acte a bien entendu provoqué la colère et la révolte des propriétaires. Deuxièmement, ont eu lieu des conflits autour de la qualité de la construction et de la superficie des appartements ; les logements délivrés par les promoteurs présentent souvent de nombreux problèmes. Les plus récurrents concernent la mauvaise qualité des travaux de construction, comme des fissures dans les murs, un affaissement du sol ou un béton de mauvaise qualité. Le promoteur du « GD Garden » du district HD avait promis sur la plaquette de vente que les matériaux utilisés pour les fenêtres et les portes seraient tous des matériaux haut de gamme importés d'Australie. Mais les propriétaires ont découvert en emménageant que non seulement les matériaux provenaient d'une usine située dans la banlieue de Pékin, mais que leur qualité était médiocre. Le problème des superficies inférieures à ce qui était prévu est encore plus fréquent. Troisièmement, les équipements collectifs que les promoteurs s'étaient engagés à réaliser sont souvent absents. Ces équipements comprennent en général : un garage, un club, un jardin d'enfant, des espaces plantés et gazonnés. Dans certaines résidences, les promoteurs s'en vont dès que les nouveaux propriétaires ont emménagé, sans se soucier de débarrasser les déchets de la construction, et encore moins de l'aménagement des jardins et des espaces communs. Quatrièmement, les promoteurs tentent souvent de modifier les plans afin d'y construire de nouveaux immeubles dans tous les espaces disponibles. Beaucoup de propriétaires découvrent, peu après leur installation, que les espaces sur lesquels devaient être aménagés des jardins, des garages ou des équipements collectifs, sont à nouveau creusés afin d'y ériger de nouveaux immeubles. En réponse aux interpellations des propriétaires, le moyen le plus utilisé par les promoteurs n'est autre que l'accord du comité de planification pour ces nouvelles constructions. Ces nouvelles opérations accroissent la densité du parc, affectent l'éclairage des appartements et provoquent bien entendu insatisfaction et révolte des propriétaires.

Les syndics sont un produit de la marchandisation des logements. Fin 2006, 2 841 syndics étaient enregistrés à Pékin, employant 200 000 personnes dans ce secteur et réalisant un chiffre d'affaires de 6 milliards de yuans. Les conflits entre les propriétaires et les syndics, en particulier les syndics mis en place à l'ouverture des résidences, prolongent pour partie les différends avec les promoteurs. Les problèmes décrits précédemment apparaissent souvent au cours des conflits avec ces syndics de premier mandat. Ceux-ci sont, sauf rares exceptions, des filiales créées par les promoteurs et commencent à offrir ce type de services dès le premier jour de la vente. Plus de 90 % des propriétaires signent un contrat de service avec le syndic de premier mandat. Lorsque, après avoir emménagé, les propriétaires découvrent des problèmes de qualité, ils n'ont en réalité aucun moyen pour traiter avec le promoteur et ne peuvent se retourner que vers le syndic. Les syndics sont parfois eux-mêmes responsables des conflits, et cela dans quatre domaines. Premièrement, les charges du syndic sont trop élevées. Étant donné que ce sont souvent des sociétés filiales des promoteurs, les charges des syndics sont fixées par les promoteurs eux-mêmes, et généralement à un niveau très élevé.

À cela s'ajoutent encore les déclarations mensongères sur les services fournis. Dans la résidence MLY de l'arrondissement HD, des propriétaires ont réalisé un examen méticuleux des services rendus par le syndic, et ont découvert que celui-ci avait déclaré le fonctionnement de 17 pompes à eau, alors qu'il n'en existait qu'une seule. Deuxièmement, des conflits sont provoqués par la mauvaise qualité du service. Les propriétaires se plaignent souvent d'un contrôle peu strict des entrées, du piètre niveau de la propreté, des dysfonctionnements des ascenseurs, etc. Il arrive même dans certaines résidences que des vols à répétition dans les appartements, voire même des meurtres, soient commis par les gardiens employés par le syndic. Troisièmement, les différends les plus importants concernent les droits de propriété, d'usage et de gestion des espaces et équipements collectifs. Dans une résidence, on se demande à qui appartiennent et comment utiliser les locaux du syndic, les parkings, les routes, les espaces verts, les clubs, caves, halls d'entrée, paliers et locaux de tuyauterie, qui sont utilisés à la fois par les propriétaires et par des non-propriétaires ? Cette question devient de plus en plus brûlante alors que, au moins à Pékin, aucune réponse claire n'a été trouvée. Ce manque de clarté profite aux syndics qui s'emparent des espaces et équipements communs à l'insu des propriétaires. Les tentatives de ces derniers pour reprendre les droits de propriété et d'usage finissent la plupart du temps par échouer. Récemment, dans la résidence MLY les propriétaires, afin de récupérer la propriété sur le local utilisé par le syndic, ont intenté un procès jusqu'au tribunal intermédiaire, procès qu'ils ont perdu. Enfin, quatrièmement, à qui reviennent les bénéfices générés par la location des enseignes et les publicités ? En réalité, si les syndics viennent s'installer dans ces résidences, ce n'est généralement pas seulement pour s'occuper des charges de la résidence qui sont bien trop dérisoires. Ce qui leur rapporte de vrais bénéfices, ce sont les profits réalisés sur la location des locaux commerciaux et des panneaux publicitaires, ainsi que la gestion des équipements collectifs. Gagner de l'argent grâce aux biens des propriétaires est l'objectif essentiel qui explique l'installation d'un grand nombre de ces syndics dans les résidences.

Les conflits entre syndics et propriétaires sont fréquents dans la vie quotidienne. Cependant, le plus grave n'est pas tant l'existence de ces conflits proprement dits mais le recours fréquent à la violence de la part des syndics en réponse aux revendications et protestations des propriétaires. Si bien que l'expression de « violence des syndics » figure aujourd'hui parmi le vocabulaire récurrent des médias. Par exemple, depuis l'emménagement dans la résidence TP, 60 propriétaires ont été victimes de violence physique en quatre ans (Guo Yushan, Li Yuanyuan, 2006). Dans l'affaire de la « cour BST8 » de mai 2007, le syndic a mobilisé une centaine de personnels de sécurité qui se sont rendus coupables de violence contre six propriétaires, dont deux ont été gravement blessés (Xinjingbao, le 28 mai 2007). Il n'existe pas encore de statistiques complètes sur cette « violence des syndics », mais si l'on en juge par les scandales dénoncés continuellement par la presse, ils doivent être nombreux. Les syndics ont également couramment recours à d'autres procédés contre les propriétaires, comme par exemple : injecter de la colle dans la serrure de ceux « qui ne veulent rien entendre » ou boucher les tuyauteries d'eaux usées. Les propriétaires qualifient ces syndics aux comportements agressifs de « cruels intendants ».

Parmi les organes administratifs dont les activités sont en lien avec les résidences, on compte les bureaux, les comités de quartier et les organisations autonomes de résidents qui, en réalité, sont des extensions des pouvoirs locaux – c'est-à-dire des comités de quartier. Les conflits avec ces organismes administratifs locaux ont lieu principalement dans trois domaines. Il s'agit d'abord des problèmes liés à la création des comités de propriétaires. Conformément aux règlements sur la gestion de propriété publiés par le Conseil des affaires d'État, après avoir convoqué une assemblée générale à laquelle participe une proportion limitée de propriétaires, ces derniers ont le droit de constituer un comité de propriétaires et de le faire enregistrer auprès du comité de quartier. Pourtant, si l'on en croit les propriétaires, les comités de quartier ne font pas qu'examiner ces demandes d'enregistrement et trouvent toujours toutes sortes de raisons pour entraver la création de ces comités de propriétaires. L'inaction ou les obstacles de la part de ces organes administratifs est l'une des raisons principales du faible nombre de comités de propriétaires dans les résidences de Pékin. Les chiffres dont nous disposons sont discordants. Selon un centre d'étude gouvernemental, il n'existerait qu'un peu plus de 400 comités parmi les 4 200 parcs résidentiels situés à l'intérieur du sixième périphérique (Lu Shijie, 2007) ; selon un avocat, le chiffre s'élève à 465 (Qin Bing, 2007). Quelle que soit la réalité, ce nombre reste dérisoire par rapport à la quantité des résidences. Le second problème vient du fait que ces organes administratifs locaux se rangent toujours du côté des promoteurs et des syndics lors des conflits, et contre les propriétaires. Une telle configuration n'a rien d'étonnant. Tout le monde le sait, depuis l'essor des résidences à Pékin à partir des années 1990, les gouvernements locaux et les promoteurs ont construit une alliance indestructible. Les promoteurs obtiennent les terrains par le gouvernement local, souhaitant qu'ils construisent de nouvelles résidences comme signe de la réussite de leur gestion. Dans cette relation extrêmement étroite, chacun trouve ce dont il a besoin. Ces agences immobilières ont souvent pour origine une branche du gouvernement local qui s'en est séparée. En outre, une partie des fonctionnaires locaux entretient des relations privées très solides avec les syndics des parcs derrière leur autorité, relations que les syndics tentent de nouer par tous les moyens pour servir divers objectifs. Par conséquent, dès qu'il y a conflit avec un promoteur ou un syndic, ces fonctionnaires savent que c'est le moment pour eux d'agir avec efficacité. De plus, les tribunaux eux-mêmes penchent en faveur des syndics. À titre d'exemple, le tribunal de l'arrondissement CY, à Pékin, a rendu un verdict en octobre 2005, permettant d'utiliser la force, avec envoi de la police judiciaire, pour forcer la porte d'une dizaine de propriétaires de 13 résidences, qui refusaient de payer les charges à leur syndic, car ils étaient insatisfaits des services, et leur avaient intenté un procès. Cette affaire a eu un retentissement considérable dans toute la ville. Les autorités supérieures ont été obligées d'intervenir et de suspendre cette affaire (www.sina.com le 9 novembre 2005). Enfin, les organes administratifs tentent souvent de s'immiscer dans le travail des comités de propriétaires. Par exemple, un comité de quartier de l'arrondissement CY a publié récemment une déclaration déclarant illégal le comité de propriétaires de la résidence « SD Garden » ; il voulait organiser l'élection d'un nouveau comité de propriétaires sous sa direction. Ils négligent totalement le fait que le comité de propriétaires est une organisation autonome légale selon les « règlements de gestion de propriété » et la toute récente « loi relative à la propriété ».

En résumé, la « classe des propriétaires », en raison de l'alliance des promoteurs, syndics et administrations locales pour l'étouffer, s'enlise dans des situations qui portent atteinte à ses droits de propriété, ou, plus grave encore, la privation de ces droits. Quand les propriétaires se sentent poussés à bout, ils se soulèvent et résistent, provoquant des vagues de mouvements de défense des droits.

3. Formes de la défense des droits de propriétaire

Bien que le nombre des résidences soit élevé à Pékin, les mouvements de défense des droits se déroulent tous selon un processus à peu près similaire. Dans une première phase, dès leur installation dans leur appartement, les nouveaux propriétaires sont confrontés à toutes sortes de mauvaises surprises : par exemple la superficie est incorrecte, la construction est de piètre qualité, les services médiocres, etc. Ils réalisent très vite que ces questions sont difficiles à résoudre s'ils agissent seuls. Ils commencent donc à préparer la création d'un comité de propriétaires. Mais quelques incidents changent les mécanismes de leur mobilisation, et les poussent à sortir de chez eux et à s'unir. C'est le cas par exemple de la résidence JX. Un été, une coupure de courant occasionnelle a arrêté l'ensemble des climatisations, conduisant les propriétaires qui ne pouvaient plus supporter la chaleur à sortir de chez eux. À cette occasion, ils ont fait connaissance, ont discuté, ce qui les a conduits à convoquer une assemblée générale des propriétaires et à proposer la création d'un comité de propriétaires.

Les membres élus aux comités de propriétaires sont souvent des propriétaires préoccupés par l'intérêt général et ils possèdent généralement les caractéristiques suivantes : ils sont jeunes, possèdent un haut niveau d'éducation, ils ont un revenu élevé et stable ou ont créé leur propre entreprise, ils possèdent une connaissance générale en droit et maîtrisent Internet. Ils font partie de l'élite de la société. La création d'un comité de propriétaires marque souvent le début de la deuxième phase de la lutte. Ce comité à peine constitué, ses membres discutent des problèmes concernant la construction avec le promoteur, mais surtout, leur première action majeure consiste souvent à tenter de changer de syndic. Un moyen encore plus radical est de chercher à récupérer les « frais de démarrage du syndic », somme que le promoteur a laissée au syndic pour démarrer la gestion mais qui théoriquement doit être gérée par le comité de propriétaires. En règle générale, à partir du moment où le comité de propriétaires émet le souhait de changer de syndic, il entre dans un « état de guerre » avec ce dernier. Le comité souhaite, à travers ce changement, recouvrer les droits qui appartiennent aux propriétaires, baisser les charges, surveiller l'utilisation des fonds par le syndic, contrôler le droit de gestion des équipements collectifs, mais également partager les bénéfices générés par la location des espaces commerciaux et des panneaux publicitaires. Mais le syndic de premier mandat cherche par tous les moyens à empêcher la réalisation de ces objectifs : depuis l'injection de colle dans les serrures des appartements des propriétaires qui sont les plus actifs dans le mouvement jusqu'au recours à la violence pour les « passer à tabac ».

Cependant, il existe une condition préalable au changement de syndic. Au moins en théorie, il faut que le contrat arrive à son terme. Avant cela, quel que soit le mécontentement des propriétaires, il n'est pas possible de changer de syndic. Les propriétaires n'ont donc d'autre solution, comme la plupart des membres de cette société faisant face à une injustice, que de lancer ces formes de résistance : ne plus payer les charges, organiser des actions collectives éphémères, se plaindre auprès des autorités supérieures ou encore intenter un procès. Le refus du paiement des charges est le premier moyen utilisé par les propriétaires dans leur lutte, mais souvent cela conduit les syndics à les traîner devant les tribunaux. Les propriétaires ont des raisons suffisantes et peuvent prouver que les services rendus par le syndic sont décevants, que les charges ne sont pas raisonnables, et que les profits réalisés sur les espaces collectifs ne sont pas moraux. Mais ce sont toujours les propriétaires qui perdent les procès, et doivent payer pour les frais occasionnés par la procédure. Les actions collectives de courte durée apparaissent comme un mode efficace de mobilisation souvent utilisé par la population précaire. Pour attirer l'attention du gouvernement et pour qu'il résolve le problème, cette population précaire est toujours amenée à commettre des actes extrêmes afin de montrer qu'elle fait face à des problèmes qui doivent réellement être résolus le plus vite possible. Après « le passage à tabac » des résidents de la « cour BST8 », les résidents de trois immeubles se sont unis spontanément et ont bloqué à l'extérieur de leur résidence une route menant à Yayuncun pendant deux heures afin de forcer les autorités locales concernées à intervenir dans cette affaire de violence contre des propriétaires. La méthode du dépôt de plaintes auprès des autorités supérieures peut revêtir différentes formes. Après l'éclatement d'un conflit avec le syndic ou l'administration locale, le comité de propriétaires, ou bien les propriétaires radicaux qui soutiennent la lutte, commencent par accrocher des bannières et des slogans dans la résidence, prononcent des discours publics, distribuent des tracts dans le but d'obtenir plus de soutien de la part des autres propriétaires. Ils rédigent ensuite leur lettre de plainte et se rendent à l'administration concernée. Très souvent, les propriétaires s'y rendent en groupe, et portent des t-shirts spécialement confectionnés et imprimés pour la circonstance. Des dizaines de voitures, dont certaines portent des slogans, déferlent et paradent dans la ville. Si ces actions ne durent pas longtemps, elles permettent d'informer la société au moment même de déposer leur plainte de manière officielle.

Le dernier canal de la lutte est le procès. Le comité des propriétaires engage un avocat, ou, parfois, des membres du comité sont eux-mêmes avocats. Ils rédigent leur plainte et poursuivent le syndic devant les tribunaux. Mais, au moins dans l'arrondissement HD, tous les procès menés par des propriétaires contre des syndics, soit ne sont pas traités, soit sont perdus par les plaignants. Les propriétaires n'ont ainsi d'autre choix que de poursuivre leur démarche en déposant une plainte auprès des autorités supérieures. Sur plus de 7 000 affaires traitées par les tribunaux des districts urbains de Pékin ces dernières années, 90 % ont été perdues par les propriétaires (www.house.sohu.com, le 9 octobre 2006). Des exceptions existent malgré la tendance générale, à l'instar de l'affaire ML. En août 2006, après avoir perdu un procès contre le syndic au niveau du tribunal de l'arrondissement HD, le nouveau comité de propriétaires de la résidence ML a fait appel auprès du premier tribunal intermédiaire et l'a emporté. Le fruit de cette victoire est la réduction des charges du syndic de 2,72 yuans par m^2 par an à 1,58 yuans. Ce procès a vivement encouragé les propriétaires en lutte de toute la ville de Pékin, mais a provoqué un mécontentement chez les syndics. Après avoir reçu le verdict, le syndic de HM, à la grande surprise de tous, a brusquement quitté la résidence le 1er août, provoquant des coupures d'eau et d'électricité, le dysfonctionnement des ascenseurs, la non-surveillance des entrées, en provoquant un grand désordre (www.house.sohu.com, le 18 octobre 2006).

En tout état de cause, la défense des droits des propriétaires est un parcours du combattant. Les violations des droits par les promoteurs et les syndics forcent les propriétaires à s'unir pour défendre leurs propres intérêts. L'élection des comités de propriétaires offre à ceux-ci une instance de résistance et une direction. Les conflits pour changer les syndics de premier mandat, donnent presque tous lieu à la constitution d'un comité de propriétaires. Pour se révolter contre les promoteurs et les syndics qui violent leurs droits, mais également les autorités qui prennent parti contre eux, les propriétaires peuvent adopter différents moyens tels que refuser de payer les charges ou intenter un procès devant les tribunaux. Cependant, les plaintes collectives et les procès sont les deux voies de lutte de base. Bien que les échecs se succèdent, les procès continuent et sont de plus en plus visibles. La tendance actuelle voit le nombre des plaintes collectives baisser alors que le nombre de procès a tendance à augmenter (www.house.sohu.com, octobre 2006).

DU DROIT DE PROPRIÉTÉ AUX DROITS DU CITOYEN : LA DÉFENSE DES DROITS DES PROPRIÉTAIRES COMME MOUVEMENT CITOYEN

1. Forme pratique de la définition du droit de propriété

Le cœur de la défense des droits est le droit de propriété des biens immobiliers. Les moyens employés sont le dépôt de plaintes auprès des différents niveaux de l'administration et le procès. Les mouvements de propriétaires se caractérisent par le fait qu'ils s'appuient sur la loi sur les Règlements de la gestion de propriété publiés par le Conseil des affaires d'État et sur la loi relative à la propriété qui toutes deux défendent le droit de propriété.

Discuter de la propriété ne peut se faire qu'en référence à l'économie. Depuis le développement de la nouvelle économie institutionnelle, les droits de propriété sont devenus une catégorie majeure des recherches en économie. Les grands noms dans ce domaine, comme Alchian, Demsetz, North et Barzel, ont tous participé à la discussion de différents points de vue (Pejovich, 1999). En général, les économistes définissent le droit de propriété comme « un droit de choisir l'usage d'un bien économique qui est mis en œuvre par la société de manière coercitive » (Alchian, 1990). Plus concrètement, chez les économistes, le cœur du droit de propriété est constitué des droits de propriété, d'usage et d'usufruit. En ce sens, le droit de propriété peut être interprété comme un ensemble de droits fondés sur la possession.

Depuis les années 1980, le débat est également posé en sociologie. Nee, en s'appuyant sur la logique de fonctionnement réel des entreprises de bourg et de village en Chine, est le premier à avoir proposé de distinguer des formes formelles et non formelles du droit de propriété, mais également à avoir soulevé la question du « savoir social du droit de propriété » (Nee, Su, 1990). Poursuivant cette voie, Liu Shiding a approfondi ces analyses et étudié les trois dimensions du régime de possession et son processus de reconnaissance sociale (Liu Shiding, 2006). Zhou Xueguang ouvre une autre piste. Selon lui, la sociologie se différencie de l'économie du fait qu'elle comprend le droit de propriété non pas comme un ensemble de droits mais comme tissu de relations ; à partir de là il propose le concept de « droit de propriété relationnel » (Zhou Xueguang, 2005). She Xiaoye et Chen Yingying suivent également pour l'essentiel cette perspective. Selon ces chercheurs, le droit de propriété est ainsi un « contrat social » (She Xiaoye, Chen Yingying, 2005).

La défense des droits conduite par les propriétaires offre un nouveau point de vue sur la définition des droits de propriété : le droit de propriété est une pratique. La forme pratique du droit de propriété signifie que le droit de propriété n'est pas seulement le symbole d'un rapport de possession. Dans différentes circonstances concrètes, au cours de multiples activités individuelles se construisent le rapport de propriété et d'autres relations sociales. Par conséquent, le droit de propriété est une pratique, une forme dynamique et un processus de définition circulaire. En ce sens, la forme pratique du droit de propriété renvoie à la théorie du droit de propriété de Barzel, désigne ce droit comme un processus pratique qui implique des relations entre les individus concernés dans divers domaines et nécessite des définitions et redéfinitions constantes (Barzel, 1997). Mais le droit de propriété ne devient pas une fois pour toutes une relation statique dès qu'il est symbolisé par le droit.

Les propriétaires qui participent à la protection de leurs droits se trouvent sur les lieux de la lutte. La « forme pratique du droit de propriété » naît de leur action et non pas de leur réflexion abstraite, ouvrant de nouvelles possibilités pour comprendre la possession réelle des biens ainsi que son fonctionnement. Cependant, pour discuter de cette problématique, il ne suffit pas de se fonder sur l'économie ou sur la sociologie. La « forme pratique du droit de propriété » combine et articule ces deux disciplines : elle contient le concept du droit de propriété au sens économique qui le présente comme un ensemble de droits ; elle s'inscrit aussi dans la sociologie au sujet de l'organisation des propriétaires défendant la propriété en conformité avec la loi. Elle crée ainsi un mécanisme démocratique pour la gouvernance des communautés et établit les fondements de la société civile.

2. Les dimensions spatiale et sociale de la propriété en pratique

La « forme pratique du droit de propriété » montre que, dans la vie réelle, la réalisation de ce droit, c'est-à-dire la possession effective d'un bien, passe obligatoirement par de multiples actions pratiques. La possession, ainsi que les autres droits qui lui sont liés, constituent en réalité un processus de définition et de redéfinition dans la pratique. L'expérience de la défense des droits des propriétaires donne à voir les dimensions spatiale et sociale de ce processus.

La dimension spatiale de la pratique du droit de propriété par les propriétaires se traduit essentiellement par la « territorialisation ».[2] Pour le dire simplement, les propriétaires mettent en scène une série d'actions caractéristiques (en l'occurrence des actions de protestation), construisent et obtiennent le droit de propriété et les autres droits qui y sont liés – droits qui sont uniquement définis en un sens juridique – en marquant leur résidence comme leur territoire. Ceci implique la définition du logement individuel et la définition des équipements collectifs.

L'immobilier est un bien physique dont la possession passe par un dispositif spatial concret. D'un côté, les propriétaires qui accèdent à ces résidences s'engagent dans des différends et une lutte contre les promoteurs et les syndics, au sujet de la superficie, de la qualité et de la vue, ainsi que des divers services. Par ces luttes, ils déterminent et réaffirment leurs droits de propriété sur leur logement avec une patience remarquable, affirment le caractère exclusif et inviolable de leur propriété individuelle et obligent aussi bien les promoteurs que les syndics et les autres propriétaires à admettre cette réalité. D'un autre côté, les propriétaires se battent pour l'accès aux droits de propriété et d'usage des équipements collectifs pour se débarrasser des promoteurs et des syndics et reprendre leurs droits. Ils déclarent publiquement continuellement leur possession et leur droit de contrôle sur ces équipements collectifs, et obtiennent une large reconnaissance de la part de la société. Il s'ensuit

2. Nous devons cette notion à l'inspiration du professeur Xing Youtian du département de géographie de l'Université de Californie, Berkeley. Dans de nombreuses discussions avec ce professeur, nous avons découvert que tout homme connaît un processus de territorialisation de son propre logement. Il marque sa propriété à travers une série d'actions. L'humanité hautement civilisée ne se distingue pas foncièrement du monde animal.

que la pratique de cette lutte est un processus de définition et de redéfinition des droits de propriété, au cours duquel les propriétaires exposent progressivement dans l'espace la possession de leur propre logement et de ces équipements collectifs – montrant qu'il s'agit bien de leur territoire et pas d'autre chose.

S'il faut malgré tout reconnaître une différence entre le logement privé et les équipements communs, celle-ci réside sans doute dans le fait que les droits sur ces derniers ne sont pas individuellement détenus par les propriétaires, mais par le biais de l'organisation des propriétaires, c'est-à-dire par l'assemblée des propriétaires. Ce qui nous amène à examiner la seconde dimension sociale de la forme pratique du droit de propriété.

Si la dimension spatiale de la pratique du droit de propriété se manifeste essentiellement par la « territorialisation », alors sa dimension sociale se manifeste principalement dans l'« organisation », c'est-à-dire dans les organisations sociales créées conformément à la loi par des groupes de propriétaires. Ici, cela ne concerne déjà plus les relations entre l'homme (le propriétaire) et l'objet, mais les relations interindividuelles entre propriétaires, rapports sociaux complexes. Les actions des propriétaires doivent se conformer aux Règlements de la gestion de propriété promulgués en 2003 par le Conseil des affaires d'État remplacés récemment par la loi relative à la propriété. Celle-ci consacre l'article 6 sur les droits de propriété des propriétaires sur les immeubles à la description précise des droits dont jouissent les propriétaires, droits qui incluent non seulement les droits de propriété, d'usage et d'usufruit sur le logement privé ainsi que le droit de gestion sur les parties communes c'est-à-dire les équipements collectifs, mais aussi le droit de constituer une assemblée de propriétaires. Les propriétaires élisent à travers cette assemblée un comité de propriétaires, par lequel les propriétaires mettent en œuvre la gestion de la résidence.

L'assemblée des propriétaires et les droits d'organisation sont donc des droits obtenus dans l'exercice du droit de propriété, ou dit autrement, sont l'incarnation du droit de propriété dans la relation humaine. Lorsqu'un nombre légal de propriétaires est atteint, ils peuvent élire une assemblée des propriétaires qui est l'organisation autonome des propriétaires. Elle assure plusieurs responsabilités dont celle d'élire le comité des propriétaires ou d'en renouveler les membres. Elle rédige une convention de gestion sur les constructions de la résidence et les équipements qui en dépendent, et s'appuie sur le comité des propriétaires élu pour la mettre en œuvre.

La procédure de l'élection est extrêmement complexe. D'abord, conformément aux règlements sur la gestion de propriété, l'assemblée générale ne peut être convoquée qu'avec l'accord des deux tiers des propriétaires. C'est loin d'être un travail facile. À peine installés dans la résidence, les propriétaires ne se connaissent pas. De plus, nombre d'entre eux n'y résident pas en permanence. Il est donc particulièrement difficile de trouver les deux tiers des propriétaires pour participer à l'assemblée. Dans la résidence DXY, les organisateurs ont dû déployer tous les moyens possibles et faire de gros efforts pour trouver les propriétaires, y compris en utilisant l'internet pour trouver la trace de certains propriétaires en Chine (mais également à l'étranger), et satisfaire l'exigence de la loi, tenir l'assemblée générale et élire un comité des propriétaires. La nouvelle loi relative à la propriété fait baisser le seuil : l'assemblée générale peut être convoquée à condition d'avoir la participation d'au moins la moitié des propriétaires. La complexité provient ensuite de l'élection proprement dite. Une série de démarches est nécessaire pour se porter candidat. Chaque participant dispose d'un bulletin de vote et l'élection se déroule selon le principe : un électeur, une voix. Les candidats remportant le plus de voix gagnent l'élection. Il s'agit d'une expérimentation au niveau de la communauté de l'élection démocratique ; elle permet aux propriétaires d'entrer en contact et de se familiariser progressivement avec les règles de base de la politique démocratique.

Les descriptions précédentes montrent que le droit de propriété ne cesse d'être défini dans le processus pratique de la vie quotidienne dans la résidence. Cette pratique des droits de propriété comprend deux dimensions : une dimension spatiale qui s'exprime par la territorialisation, une dimension sociale qui se manifeste par l'organisation. Ces deux dimensions mettent en relief le droit de propriété et forcent sa reconnaissance par les autres acteurs.

3. Du droit de propriété aux droits du citoyen

En définissant leurs droit de propriété à partir de ces deux dimensions, les propriétaires construisent les droits du citoyen dans deux perspectives : la première renvoie aux droits civils ; selon les règlements il s'agit du droit qu'a un citoyen « de posséder des biens et de conclure des contrats valides » ainsi que du droit de « protéger et prôner l'égalité de droit entre un individu et autrui, protéger ce droit en s'appuyant sur les processus légaux ». La seconde perspective est référée aux droits politiques, à savoir le droit de participer à l'exercice du pouvoir politique. Autrement dit, le droit d'élire et celui d'être élu (Marshall, 1950). Bien entendu, en l'occurrence, il s'agit seulement de discuter du droit politique au niveau de la communauté ; quand sont élus les membres d'un comité de propriétaires, il ne s'agit pas encore de l'élection des députés de l'Assemblée nationale populaire. Cependant, ils n'en sont pas moins les deux éléments fondamentaux constitutifs des droits du citoyen présentés par le sociologue Marshall. Et c'est précisément la raison pour laquelle les mouvements de défense des droits des propriétaires sont dans leur nature des mouvements qui construisent les droits du citoyen dans la classe moyenne.

Néanmoins, ces mouvements de défense des droits des propriétaires ne se déploient pas entièrement de la même manière que le présente Marshall. La première différence est que, ces droits civils et ces droits politiques, contrairement à ce que Marshall avait décrit, ne sont pas les produits de deux phases historiques distinctes. Pour Marshall, les droits civils sont nés au XIXe siècle alors que les droits politiques sont des produits du XXe siècle. Alors que dans les mouvements de défense décrits dans notre chapitre, ces deux droits se présentent comme deux faces du droit de propriété forgées dans un même processus. Il y a donc simultanéité entre eux. La seconde différence est que ces droits du citoyen n'ont pas été octroyés par l'État mais sont construits de façon indépendante dans la lutte des propriétaires via la forme pratique des droits de propriété. Par ailleurs, cette lutte se poursuit toujours aujourd'hui et est loin d'être achevée.

Discussion : Alliance inter-résidentielle des propriétaires : vers une société civile de classe moyenne ?

En 2006, 33 comités de propriétaires déposent une demande formelle de création de l'Association des comités de propriétaires de Pékin auprès des autorités compétentes de la municipalité. Cette demande a sans surprise été rejetée, car, avec la politique en vigueur de contrôle strict des organisations non-gouvernementales et des organisations à but non lucratif, il est très difficile d'obtenir l'approbation pour la création de n'importe quelle nouvelle organisation sociale. Cependant, cette demande a eu des résultats importants avec la constitution d'un Comité de demande, c'est-à-dire un comité chargé par les comités de propriétaires de prendre en charge la demande de reconnaissance légale de l'association. Cette organisation se compose des présidents des comités de propriétaires de quatre résidences : GD, JX, XJY et XTD. Ses membres y participent de façon volontaire et bénévole, pendant leur temps libre. N'ayant pas de locaux fixes, les membres de ce comité travaillent dans le bureau du comité de propriétaires de la résidence XJY. L'apparition de cette organisation marque la formation de nouvelles formes d'organisation par les propriétaires à Pékin. Ils traversent les frontières de leur résidence et commencent à s'unir.

En l'espace d'un peu plus d'un an, le Comité de demande a organisé plusieurs actions de grande envergure. Trois méritent d'être mentionnés : en été 2006, plus de 70 comités de propriétaires se sont unis pour soutenir le comité de propriétaires de ML lors du procès intenté pour renvoyer le syndic HM. La victoire du comité de propriétaires à ce procès ne peut bien entendu pas être attribué uniquement au soutien du Comité de demande. Cette unique victoire pour un tel procès à Pékin est le résultat complexe de nombreux facteurs. Mais à cette occasion le Comité de demande a commencé à se faire connaître auprès du public. Deuxièmement, à l'automne 2006, un mouvement de signature citoyenne a été organisé autour du projet de loi relative à la propriété : 160 000 propriétaires ont signé pour soutenir les propositions faites concernant l'article 6. Ce qui mérite une attention particulière est que ce mouvement a attiré la participation de propriétaires d'autres grandes villes comme Canton et Shanghai. Troisièmement, deux séminaires annuels ont eu lieu, organisés au nom du Comité de demande, afin de discuter des problèmes intéressant le plus les propriétaires. Chaque séminaire a attiré des membres des comités de propriétaires d'une centaine de parcs résidentiels. Des scènes de vives discussions ont été particulièrement spectaculaires.

Ces trois actions ont forgé la réputation du Comité de demande, et lui ont permis de bénéficier d'un certain appui de la part des propriétaires pékinois. Le Comité de demande apparaît toujours là où des propriétaires ont besoin d'assistance pour résoudre des problèmes. À titre d'exemple, au début de l'été 2007, peu après l'affaire de violence dans la cour BST8, le directeur C du Comité de demande s'est rapidement rendu sur place pour y réconforter les propriétaires, rendre visite aux blessés et discuter avec les propriétaires des solutions possibles. Autre exemple, en juillet 2007, le comité de propriétaires nouvellement élu de la résidence SD est réprimé par l'alliance entre le gouvernement du district LGY et leur syndic. Les membres du Comité de demande se sont rendus à la résidence. Ils ont aidé le comité de propriétaires à changer le syndic, et ont organisé des réunions avec la participation de membres des milieux académique et des médias.

La plupart des comités de propriétaires des résidences sont impliqués dans les activités organisées par le Comité de demande. Aujourd'hui, la prochaine étape de leur travail se divise en trois parties : promouvoir dans les résidences l'étude de la loi relative à la propriété pour que celle-ci devienne une réelle arme juridique en faveur de la défense des droits des propriétaires ; transformer les séminaires annuels en un Forum des propriétaires, fixer les rendez-vous du forum le dernier dimanche de chaque mois à partir du mois d'août 2007. Les comités doivent participer à ces forums sur une base volontaire et y discuter des affaires liées à la défense des droits des propriétaires. Le forum d'août 2007 a eu pour objet de comparer les règlements de gestion des résidences dans différentes villes comme Pékin, Shanghai, Jinan, et de formuler des amendements pour Pékin ; enfin, troisième tâche future, préparer le terrain pour une enquête par échantillons auprès de toutes les résidences de Pékin afin de clarifier les enjeux et les différends les plus importants auxquels ils sont confrontés, et de préparer des solutions.

À nos yeux, l'union inter-résidentielle des propriétaires marquée par la création du Comité de demande possède une portée considérable. Elle symbolise l'essor rapide de la dimension sociale de la forme pratique des droits de propriété, la croissance rapide de l'espace commun basé sur le droit de propriété privée au sens d'Habermas, et la naissance récente de la société civile de la classe moyenne. Certes, il ne faut pas oublier que la demande d'enregistrement de l'Association des comités de propriétaires de Pékin attend d'être ratifiée et que cela ne se réalisera pas dans un avenir proche. La longue expérience de vie de chaque propriétaire sous ce régime lui apprend qu'une telle ratification sera plus difficile que « la mer à boire ». Cependant, les propriétaires ont fait le premier pas vers leur alliance. Une telle alliance nous permet de voir plus clairement la production de la société civile, la genèse d'une société civile de la classe moyenne qui pousse progressivement à une reconstruction des relations entre l'État, le marché et la société.

BIBLIOGRAPHIE

ALCHIAN, A. (1990) : Chanquan : yige jingdian zhushi (Droits de propriété – un commentaire classique), in *Caichan quanli yu zhidu bianqian : chanquan xuepai yu zhidu xuepai yiwenji (Droits de propriété et changement de système – recueil d'articles de l'école des droits de propriété et de l'école des institutions)*, Shanghai, Shanghai Renmin chubanshe.

BARZEL, Y. (1997) : *Chanquan de jingji fenxi (Analyse économique du droit de propriété)*, Shanghai, Shanghai Sanlian Chubanshe et Shanghai Renmin chubanshe.

BURAWOY, M. (2003) : For A Sociological Marxism : The Complementary Convergence of Antonio Gramsci and Karl Polanyi, *Politics and Society* Vol. 31.

— (2007) : *Gonggong shehuixue (Sociologie publique)*, Pékin, Shehui kexue wenxian chubanshe.

DENG ZHENGLAI (1997) : *Guojia yu shehui : zhongguo shimin shehui yanjiu (l'État et la société : étude de la société civile en Chine)*, Chengdu, Sichuan Renmin chubanshe.

GRAMSCI (1994) : Pre-Prison Writings, Cambridge University Press.

GRUNSKY, D. (2005) : *Shehui fenceng (Stratification sociale)*, Pékin, Huaxia chubanshe.

GUO YUSHAN, LI YUANYUAN (2006) : Beijing wuye baoli shendu diaocha (Enquête sur la violence des syndics à Pékin), *Xinqingnian quanheng (Réflexions d'une nouvelle jeunesse)*.

LIU SHIDING (2006) : Zhanyou zhidu de sange weidu jiqi rending jizhi (Les trois dimensions du régime de propriété et le mécanisme de reconnaissance), *Zhongguo Shehuixue (Sociologie chinoise)* vol. 5.

LU SHIJIE (2007) : Discours au centre de développement de communautés harmonieuses dans le district HD.

MARSHALL, T. (1950), *Citizenship and Social Class*, Londres, Pluto Press.

MARX, K. (1956) : Lun youtairen wenti (Sur le problème des Juifs), in : *Makesi engesi quanji (Œuvres complètes de Marx et d'Engels)*, vol. I, Pékin, Renmin chubanshe.

— (1956) : Heige'er fazhexue pipan (Contribution à la critique de la philosophie du droit de Hegel), in : *Makesi engesi quanji, di yi juan (Œuvres complètes de Marx et d'Engels, vol. 1)*, Pékin, Renmin chubanshe.

— (1963) : Geda gangling pipan (Critique du programme de Gotha), in : *Makesi engesi quanji (Œuvres complètes de Marx et d'Engels)*, vol. 19, Pékin, Renmin chubanshe.

NEE, V., SU SIJIN (1990) : Institutional Change and Economic Growth in China : The View from the Villages, *The Journal of Asian Studies* vol. 49, n. 1.

PEJOVICH, S. (1999) : *Chanquan jingjixue (L'économie des droits de propriété)*, Pékin, Jingji kexue chubanshe.

QIN BING (2007) : Discours au centre de développement de communautés harmonieuses dans le district HD, 2007.

SHAFIR, G. (1998), *The Citizenship Debates*, Minneapolis, University of Minnesota Press.

SHE XIAOYE, CHEN YINGYING (2005) : Chanquan zenyang jieding (Comment délimiter les droits de propriété), *Shehuixue yanjiu (La recherche en sociologie)* n. 4.

SHEN YUAN (2007) : Shehui de shengchan (La production de la société), *Shehui (Société)* n. 2.

SWINGEWOOD, A. (1988) : *Shehuixue sixiang jianli (Courte histoire de la pensée sociologique)*, Pékin, Shehuikexue wenxian chubanshe.

SZELENYI, I. (1983), *Urban Inequalities under State Socialism*, New York, Oxford University Press.

Xinjingbao (Le nouveau quotidien de Pékin), le 28 mai 2007.

WRIGHT, E. (2004) : *Hou gongye shehui zhong de jieji (Classes dans la société post-industrielle)*, Shenyang, Liaoning jiaoyu chubanshe.

www.news.sina.com.cn, le 9 novembre 2005.

www.house.sina.com.cn, le 9 octobre 2006.

ZHANG JING (1998) : *Guojia yu shehui (L'État et la société)*, Hangzhou, Zhejiang Renmin chubanshe.

ZHOU XIAOHONG (2007) : Zhongguo zhongchan jieji : xianshi yihuo huanxiang ? (Classe moyenne en Chine : réalité ou illusion ?), article non publié, *Séminaire de l'Antenne franco-chinoise en sciences sociales*, Université de Tsinghua.

ZHOU XUEGUANG (2005) : Guanxi chanquan : chanquan zhidu de yige shehuixue jieshi (Droit de propriété relationnel : une explication sociologique du système du droit de propriété), *Shehuixue yanjiu (La recherche en sociologie)* n. 2.

TROISIÈME PARTIE

État, gouvernance et société

Chapitre 9

Gouvernance et ritualisation : Forme pratique des relations entre l'État et la société rurale

GUO YUHUA

Le succès de la révolution socialiste chinoise a débuté dans les campagnes. En ce qui concerne la fondation et la consolidation du pouvoir du Parti communiste chinois (PCC), ainsi que sa gouvernance pendant plus d'un demi-siècle, l'attention des chercheurs s'est essentiellement-centrée sur une question importante : comment se sont construits la gouvernance de la société et le discours révolutionnaire ? Après tout, il ne faut pas oublier que le nouveau pouvoir se trouvait face à des campagnes vastes mais en déclin, peuplées de petits paysans qualifiés de misérables, rétrogrades, ignorants, égoïstes et apathiques, une « poignée de sable » (*yi pan san sha*) comme l'avait formulé Sun Yat-Sen. La reconstruction de la société rurale et la transformation de cette vaste paysannerie ont constitué la tâche la plus ardue de la modernisation du pays. Les recherches sur l'État se centrent plus sur les raisons du succès de la mobilisation révolutionnaire. Au contraire, les travaux qui adoptent une approche « par le bas » discutent le plus souvent de la manière dont les paysans « ordinaires » ont cru à l'idéal révolutionnaire et ont été impliqués dans la vie politique. Notre recherche privilégie cette perspective par le bas, tout en essayant d'intégrer à la fois une approche « top-down » et une approche « bottom-up » afin d'explorer la question de la gouvernance des campagnes à partir de la relation État-paysans dans sa forme pratique. Nous tenterons de mettre en lumière comment les rituels d'État en tant que techniques de pouvoir ont été mis en pratique et ont transformé la vie sociale dans les campagnes.

Les documents sur lesquels s'appuie notre recherche proviennent de presque dix ans d'enquêtes anthropologiques de terrain et de collectes de récits de vie effectuées dans le village de Gi[1] dans le nord du Sha'anxi. Nous avons mené des entretiens auprès de plus de 200 personnes donnant lieu à des retranscriptions totales de plus de 1 200 000 de caractères. Outre les récits de villageois, de cadres du Parti du village et de fonctionnaires locaux, nous avons également recueilli le plus grand nombre de matériaux de seconde main, y compris des annales locales, des généalogies, des dossiers personnels, des procès-verbaux de réunions et des journaux.

Rituels, symboles et vie politique

La relation entre l'État et la société civile, ainsi que son histoire, a toujours constitué une question importante en anthropologie et en sociologie. Pour cela nous faisons souvent appel à une série de couples dichotomiques tels que État et société, culture supérieure et culture populaire, modernité et tradition, système officiel et système officieux, etc. L'utilisation de ces concepts aboutit parfois à des visions et des pensées marquées par la dualité ; elles consistent à définir l'État et la société civile comme deux pôles dont la nature et les logiques diffèrent, le premier pôle étant qualifié d'officiel, de légal, de rationnel, de moderne et d'universaliste, le second d'officieux, de ritualisé, de superstitieux, de traditionnel et de particulariste. En réalité, la nature de l'État moderne ne se situe pas simplement à un pôle d'un processus linéaire qui irait de la tradition à la modernité. L'État et l'idéologie sont nés de la société et de la culture locale, et, s'ils ne doivent pas y être réduits, ils y sont liés par une relation inextricable. Fruit du succès de la révolution paysanne, la République populaire de Chine est profondément marquée par la société et la culture paysanne des campagnes. Par conséquent, saisir les relations, dialogues et interactions entre État et société civile, grande

---

1. Le village Gi se trouve dans la région de loess dans le nord du Sha'anxi, ancienne base révolutionnaire. C'est l'un des sites d'enquête du projet de recherche « récits sur la vie sociale rurale dans la seconde moitié du XXe siècle » co-dirigé par Sun Liping et Guo Yuhua. Cela fait dix ans que nous sommes entrés pour la première fois dans ce village en 1997.

tradition et petites traditions, culture supérieure et culture populaire, idéologie dominante et opinion publique, constitue le point de vue le plus important pour comprendre la formation de la société, ses traits culturels ainsi que son évolution.

Dans son ouvrage *Two Dimensional Man*, Cohen a présenté les deux dimensions inséparables que sont les relations de pouvoir et les comportements symboliques. Il note que les symboles et les rituels, souvent perçus comme irrationnels, n'appartiennent pas uniquement aux sociétés primitives, barbares ou traditionnelles ; dans les sociétés civilisées modernes, le pouvoir ne saurait fonctionner sans eux. Rituels et symboles peuvent exprimer l'autorité, mais également la créer et la reproduire (Cohen, 1974). Rituels et symboles, d'une part, et pouvoir, d'autre part, sont interdépendants et entretiennent un rapport réciproque de cause à effet, ce que souvent nous ne percevons pas car nous nous trouvons placés à l'intérieur même de cette relation qui forme une partie de notre vie quotidienne, quelque chose « qui va de soi ».

Dans son analyse du modèle politique de la société traditionnelle de Bali, Geertz a proposé le concept d'« État-théâtre » afin de mettre en exergue une dimension des rapports politiques souvent négligée, c'est-à-dire son caractère d'exposition, de représentation. Il souligne que l'expression de l'État à Bali, autrement dit sa forme symbolique théâtrale, a traversé toute son histoire en se fondant dans la représentation, les cérémonies et la culture balinaise sur une mise en scène de la gouvernance. C'est un État-théâtre dans lequel le roi et le prince sont les initiateurs du spectacle, les moines sont les metteurs en scène, les paysans se distribuent les seconds rôles de techniciens et spectateurs. Les cérémonies grandioses mobilisent des milliers de personnes et nécessitent des richesses considérables. Mais ces spectacles ne servent pas des fins politiques : ils sont en eux-mêmes l'aboutissement de l'action de l'État. Les rituels de la cour sont des éléments moteurs de la politique royale. Les rituels populaires ne sont pas conçus pour appuyer l'action de l'État, mais concrétisent sa présence. Ici, le pouvoir est au service des cérémonies et non l'inverse. Ces représentations de l'État-théâtre ne sont rien d'autre que l'imitation de lui-même. Elles ne relèvent pas de fantasmes, ni de mensonges, ni de la magie, ni non plus de faux-semblants : elles sont leur propre existence (Geertz, 1980). Geertz fait remarquer que les symboles, les rituels et la théâtralisation de l'État représentent une voie vers la mise en œuvre du politique et caractérisent également la vie politique en Occident. Seulement ils ne sont pas pleinement reconnus en tant que tels, mais souvent uniquement considérés par les Occidentaux comme des idéologies, des modes de mobilisation pour la recherche d'intérêts et la réalisation des aspirations au pouvoir. Ainsi, avance Geertz, « la sémiologie de l'État a toujours été silencieuse » (Geertz, 1980).

Kertzer pose dans *Ritual, Politics, and Power* la question suivante : en avons-nous fini avec les rituels dans la vie politique moderne ? La réponse est négative. Il souligne en particulier que les rituels politiques sont importants dans toutes les sociétés car, quel que soit le lieu, les rapports de pouvoir politique s'expriment et prennent des formes symboliques. Il continue en citant Walzer : « L'État est invisible. Il n'est vu qu'à condition d'être personnifié, il n'est aimé qu'à condition d'être symbolisé, il n'est accepté qu'à condition d'être imaginé. » (Kertzer, 1988) L'approche symbolique du monde fait croire aux gens que chacun possède une nationalité comme il possède une identité. C'est en ce sens que Anderson définit l'État comme une « communauté imaginée ». Le pouvoir doit passer par des formes symboliques pour pouvoir s'exprimer, et les pratiques rituelles sont le principal moyen pour diffuser ces mythes politiques. Non seulement les rituels influencent, sur un plan de la connaissance, la définition que les gens se font de la réalité politique, mais ils possèdent également une influence considérable sur leurs sentiments. Les gens tirent une grande satisfaction de leur participation aux rituels politiques. Les gouvernants s'emploient à concevoir et employer des rituels afin de mobiliser les sentiments populaires, soutenir sa légalité, et susciter l'enthousiasme pour leurs politiques. Comme symboles, les rituels sont également essentiels pour les groupes révolutionnaires : la révolution a besoin de provoquer des sentiments violents et de mobiliser la révolte des masses (Kertzer, 1988).

Si l'on applique le modèle fonctionnaliste de Malinowski qui a eu une grande influence, on tend à croire que plus la compréhension de la nature augmente, plus le besoin de rituels se réduit. Les hommes substitueraient la science à la sorcellerie, ils n'auraient plus besoin des rituels pour contrôler le monde qui les entoure, la science emporterait avec elle les mystères des choses de la vie. Bien que certains chercheurs aient conscience de l'importance des rituels politiques dans la société moderne, ils n'accordent leur attention qu'au fait que la valeur et la fonction de ces rituels sont plus anodines que significatives et qu'ils s'adressent plus aux masses qu'aux élites. Cependant, ce qui mobilise le plus les chercheurs qui travaillent sur les rituels n'est plus de répondre à la question de la fonction, mais d'expliciter la logique interne et le sens symbolique des rituels. L'essentiel n'est pas ce que les rituels font pour les hommes, mais ce qu'ils leur disent et comment ils se font comprendre par ceux qui y participent.

Les anthropologues qui font des recherches sur la politique, le pouvoir, les rituels et les symboles nous enseignent que, d'une part, la tradition et la modernité, de l'autre, les symboles rituels et le pouvoir institutionnel, sont des structures duales totalement opposées qui ne favorisent aucunement la compréhension du processus d'évolution de la société de base ni l'influence de l'État sur ce processus. Cette vision et cette méthode possèdent une capacité limitée d'explication de l'existence et du fonctionnement réel de la société.

Le lien entre le rituel et l'existence humaine ne se limite pas aux sociétés traditionnelles. Il n'est pas difficile d'observer à travers des recherches l'existence et l'effet du rituel et du symbole dans la politique et la société modernes. Mais face à notre propre culture, il est fréquent d'être troublé par la question suivante : dans la société villageoise, comment les paysans occupés à nourrir leur famille se sont-ils laissés emporter par le tourbillon de la vie politique de l'État ? Pourquoi ont-ils abandonné leur ancien système de significations culturelles au profit d'une idéologie communiste et d'un discours révolutionnaire qui semblent n'avoir aucun lien avec leur vie quotidienne ? Pour ces paysans chinois, à la fois pragmatiques et pieux, l'inculcation d'idéaux, l'enseignement d'idéologies et l'explication de théories grandioses, ne peuvent recouvrir leurs pratiques sociales. La crainte est une action ritualisée comme méthode pour mettre en pratique le pouvoir par un processus de construction de symboles et d'images. Dans l'histoire de la Chine rurale de ces cinquante dernières années, c'est un processus dans lequel le rituel lie le pouvoir d'État, la vie politique et la vie des paysans ordinaires ; alors que dans la société villageoise chinoise, rituels et symboles sont la clé de voûte pour comprendre la renaissance des traditions et la reconstruction de la culture locale. Analyser les pratiques de gouvernance du communisme à travers les rituels est une recherche expérimentale qui les considère comme dynamiques et non pas comme un système statique. Nous partons des rituels et des symboles pour comprendre l'exercice du pouvoir d'État. Nous offrirons ainsi un point de vue original sur la relation entre la société civile et le pouvoir d'État, ce qui nous aidera à mieux connaître l'état actuel et le processus de la vie rurale et de l'État-nation depuis plus d'un demi-siècle.

Les rituels d'État dans le processus de mise en pratique du pouvoir

Pour comprendre comment la société rurale a été pénétrée et transformée par le pouvoir d'État, nous devons répondre aux questions suivantes : comment l'histoire des communautés villageoises, les parcours des familles et des individus ont partie liée avec la structure et l'évolution de la société, mais également avec le développement historique de l'État-nation ? Comment pouvons-nous comprendre et interpréter le fonctionnement du système à partir des vécus individuels et d'une approche microsociologique de l'histoire populaire ? Comment les paysans ordinaires, habités par les questions du « vivre » et du « traverser les jours », ont-ils pu être rassemblés et s'impliquer dans la vie politique de manière enthousiaste et active ?

Le mouvement (*yundong*) constitue un point d'entrée important pour répondre à ces questions. Pendant ce dernier demi-siècle, les Chinois, mais également le reste du monde, ont vécu des moments historiques originaux. Les mouvements politiques ont été le mécanisme et le canal principal de la fondation et de la consolidation du nouveau pouvoir. Ces mouvements d'envergure variée, vague après vague, remplissent et contrôlent toute la société chinoise. Le mouvement n'équivaut pas à la notion d'événement présente dans les recherches occidentales sur les parcours de vie ; il n'est pas non plus équivalent aux moments importants ou aux fêtes particulières qui attirent tant l'attention des anthropologues. Dans la Chine de ce dernier demi-siècle, le mouvement est devenu un mécanisme habituel de mobilisation et de fonctionnement, il a perdu son caractère d'imprévu, de particulier et d'extraordinaire. À travers ce mécanisme du mouvement, le pouvoir d'État et la force politique pénètrent profondément la vie quotidienne du peuple.

En tant que mécanisme de mobilisation et de fonctionnement social, le mouvement s'appuie sur une diversité de représentations et de formes symboliques, et peut être défini comme un rituel et un symbole étatique. En ce sens, nous pouvons définir le rituel d'État comme suit : mouvement politique (ou révolutionnaire) lancé par les dirigeants les plus hauts de l'État auquel participe le peuple de manière forcée ou spontanée. L'anthropologie sociale considère le rituel et le symbole comme un modèle culturel complexe qui régule le processus social et psychologique de l'action des masses. Comme le montre l'analyse de Geertz citée ci-dessus, c'est justement à travers une certaine forme ritualisée qu'il peut y avoir satisfaction mutuelle et complémentarité entre, d'une part, la motivation et l'humeur et, d'autre part, l'opinion générale sur l'ordre existant. Le rituel en tant que « spectacle culturel » est doté d'un certain caractère de contrainte. Une fois devenu rituel, il devient indiscutablement obligatoire et peut manipuler le sort de l'homme ordinaire. Concrètement, la qualification (ou non) pour la participation et le fait (ou non) de participer forment des signes pour l'identification et la distinction entre les individus, ainsi que pour déterminer l'identité et le statut de classe. Les organisateurs de rituels (c'est-à-dire ici le mouvement) détiennent les ressources matérielles, sociales, économiques et politiques qui conditionnent la participation (ou non) et le mode de participation au mouvement. À certaines époques, les familles paysannes chinoises ont été complètement dépourvues de tout, les ressources d'existence les plus basiques dépendaient de la miséricorde du pouvoir. Il n'est pas difficile de se rendre compte de la puissance gigantesque que produit l'union d'un système économique et d'une politique totalitaires. Un tel pouvoir de domination contenait réellement un droit de vie et de mort.

Nous appelons « spectacle culturel » ce type de rituel pleinement développé afin de mettre en avant l'efficacité des symboles religieux pour produire des croyances chez les hommes. Leur caractère réel, pour citer Geertz, provient d'« humeurs et de motivations » irrationnelles. Ces dernières découlent de la croyance – une problématique ou un discours sacrés ne sont pas des hypothèses vérifiables mais des jugements qui vont de soi (Geertz, 1973).

Nous prendrons des faits historiques du village de Gi pour observer et analyser la mise en scène de rituels d'État dans une communauté villageoise.

1. « Dénonciation des souffrances » et inversion de statut

Comme tous les autres villages chinois, le village de Gi a traversé le mouvement « orageux » de la réforme agraire. Bien que certaines particularités locales aient permis d'adoucir le mouvement, qui ne fut pas aussi violent et cruel que dans d'autres villages, nombreuses ont été les réunions publiques de lutte contre les propriétaires terriens et les redistributions de terres, de maisons et de biens. Les habitants des villages voisins venaient tous assister aux réunions publiques de lutte contre les propriétaires terriens (car les terrains gérés par les propriétaires de Gi dépassaient les frontières du village, voire du district, et dans certains villages voisins la totalité des villageois étaient métayers de propriétaires de Gi). « La dénonciation des souffrances » (*suku*) était une composante essentielle du rituel. Certains villageois ayant vécu la réforme agraire se souviennent que pendant le « mouvement de dénonciation des souffrances », un villageois avait formulé jusqu'à 72 griefs contre les propriétaires terriens. Sous l'impulsion de l'équipe de travail de la réforme agraire, des femmes qui faisaient profil bas ont dû monter en larmes sur la scène pour accuser les propriétaires terriens de les avoir exploitées et persécutées. Il est à remarquer que, des années après, les gens ne se souviennent plus très clairement du contenu des plaintes, mais la forme du rituel et sa force sont restées vives dans leur mémoire. À partir du lancement de la réforme agraire, le rituel de « dénonciation des souffrances » est devenu un mécanisme essentiel pour transformer la conception de l'État chez les paysans ordinaires. La fonction de ce mécanisme consiste à utiliser les techniques inhérentes aux mouvements pour que s'expriment les souffrances quotidiennes des paysans, mais également pour construire un lien entre la notion de classe et les discours plus larges sur l'État et la société afin de transformer les valeurs et les connaissances des paysans sur la société (Guo Yuhua, Sun Liping, 2002).

Dans cette lutte contre les propriétaires terriens, l'événement qui a le plus profondément marqué les esprits a été les coups de fouets donnés à un propriétaire suspendu à un arbre qui avaient pour objectif d'« extraire les trésors » (c'est-à-dire obliger les propriétaires terriens à remettre leurs biens). À l'époque, devant le vieux temple des ancêtres du village de Gi se trouvaient deux cyprès. Le propriétaire était pendu sur l'un des deux. Un villageois, qui était encore un enfant à l'époque, se souvient,

> « des gouttes de sang coulaient, c'était effrayant. Cette scène reste vivante dans ma mémoire jusqu'à ce jour. »

Par la suite, l'un des cyprès est mort, les villageois ont interprété cette situation ainsi :

> « Deux cyprès côte à côte, l'un d'eux a pendu l'homme (son sang ayant servi d'offrande), il a grossi dans la joie ; l'autre, ayant assisté à toute la scène, est mort d'effroi. Les deux arbres étaient de la même taille, l'un d'eux est mort sous le coup de cette lutte ».

L'histoire des cyprès et la scène du « rituel de la lutte » se sont transmises jusqu'à nos jours ; elles témoignent que l'impression et la mémoire laissées par un rituel de terreur sont les plus difficiles à effacer.

Une autre procédure importante du mouvement de réforme agraire s'intitule « abattre la réputation de la classe des propriétaires fonciers » (*da dizhu jieji de weiming*). Un ancien secrétaire du Parti de la milice raconte :

> « Les habitants d'autres villages nous accusaient de protéger les propriétaires fonciers. Mais le gouvernement central avaient dit qu'il ne fallait qu'abattre leur réputation mais pas les tuer ».

Dans le cadre de cette politique, tous les symboles de la culture de la classe des propriétaires terriens du village et du clan Ma ont été détruits le plus possible, y compris les 17 stèles considérées jadis comme un des « huit monuments » du village. Il s'agit des 17 stèles érigées derrière le temple de Guangyu pour chanter les vertus des ancêtres : une stèle pour chacun des ancêtres, c'est-à-dire Ma Jiale, ses cinq fils et onze petits-fils. Placées sur la montagne face à l'eau, et alignées du nord au sud, ces stèles immenses étaient soigneusement sculptées. Elles furent toutes brisées en mille morceaux. Les temples d'autres lignées du clan Ma ainsi que les tablettes de leurs ancêtres ont également été démolis, brûlés ou enterrés dans les cimetières. Les mouvements de destruction des symboles des « classes exploiteuses » atteignirent leur apogée pendant la Révolution culturelle. Les portiques – symboles de la communauté villageoise –, les stèles dans les temples des ancêtres, même les sculptures de lions ou de tambours devant les façades d'habitations privées, figuraient sur la liste des symboles à détruire. Seules deux stèles contre les catastrophes naturelles ont échappé à la destruction grâce à la persévérance et l'habileté des villageois. Ayant survécu jusqu'à aujourd'hui, elles servent de symbole au village. « Abattre la réputation » est en réalité un processus de destruction de l'ensemble du système symbolique existant, mais également d'ouverture d'un espace pour le nouveau système de symbole-pouvoir.

Le mouvement national de « lutte contre l'illettrisme », qui s'est déployé pendant la réforme agraire, présente un autre procédé important de mobilisation et de rééducation des paysans par le nouveau pouvoir politique révolutionnaire. Nourrissant l'idéal grandiose de créer un nouveau monde et de fonder un système de pensée communiste, le Parti communiste devait pourtant faire face à une vaste population paysanne illettrée. Doter les paysans d'un système de pensée complet et d'une capacité de discours révolutionnaire représente un projet considérable. Le mouvement de « lutte contre l'illettrisme » peut être compris comme une mesure de gouvernance adoptée par le nouveau gouvernement en réponse à ces difficultés. Son application revêt encore une fois une forme de rituel. Ce mouvement s'est déployé auprès des paysans « ordinaires » pendant le mouvement de réforme agraire, le village Gi ne faisant pas exception. Un paysan qui à l'époque participait à une classe d'alphabétisation se souvient :

> « Pendant la réforme agraire, les autorités supérieures ont lancé un appel à faire disparaître l'illettrisme. Nous, les jeunes, avons donc rapidement créé une classe, installée dans deux grottes à côté du puits du village. On travaillait le jour et étudiait le soir. Les élèves qui ont le mieux réussi sont devenus des cadres du Parti, certains même des cadres du district. À partir de l'hiver 1947, pendant 4 ou 5 ans, notre classe a formé des talents pour le pays. »

Pendant la mise en place du pouvoir révolutionnaire dans le nord du Sha'anxi avant 1949, région dont fait partie le village de Gi, une pratique courante était d'installer, dans le cadre du mouvement de « lutte contre l'illettrisme », des « postes culturels » dans les villages. Des cadres ou des miliciens tenaient une espèce de poste de sentinelle à l'entrée du village, qui n'accordait le passage qu'à ceux qui réussissaient à lire les mots qu'ils écrivaient. Quelle que soit l'efficacité du mouvement, cette méthode des « postes culturels » a tellement effrayé les femmes illettrées qu'elles n'osaient plus sortir et qu'il leur était devenu impossible de rendre visite à leurs parents. Par une coïncidence singulière, pendant la Révolution culturelle, ces « postes culturels » sont devenus des « postes de citations » : les personnes devaient réciter une parole de Mao pour pouvoir circuler librement. Il ne s'agit certes que d'une réédition du rituel du mouvement de « lutte contre l'illettrisme », mais la généralisation de cette pratique prouve que la ritualisation était le mode le plus efficace pour imprégner les masses d'une pensée ou d'une idéologie.

« Emancipation », « libération », « renversement des statuts sociaux », « renversement du ciel et de la terre », ces termes expriment avec des images vives les phénomènes de transformation fondamentale de l'économie et de la société. Pour différentes classes et couches sociales, cela signifie des changements fondamentaux de leur situation et de leur statut social. Mais ces changements ont semblé s'accomplir du jour au lendemain. Dans une situation normale, au cours du processus d'ascension économique et sociale, la réussite d'une famille ou d'un clan requiert les efforts d'au moins plusieurs années voire plusieurs générations. L'accumulation de la richesse et du prestige ne saurait s'accomplir du jour au lendemain. De même, le dicton « la richesse ne dure pas au-delà de trois générations » (*fu bu guo san dai*) met en évidence que le déclin des familles en raison de l'incompétence des enfants à gérer l'argent est également aussi un processus long. Dans un contexte sans crise importante, il est aisé de faire passer chacun par des rites de passage aux moments stratégiques de la vie. Jeunes filles et garçons, une fois accompli ces rites, deviennent des femmes et des hommes. La vie ne se déroule plus de la même manière. De même, l'« émancipation » se réalise par une série de rituels révolutionnaires sur une période de temps courte, sans progression ni transition.

Un homme âgé, qui fut admis comme membre du PCC puis cadre pendant la réforme agraire, raconte ainsi :

> « Avant la Libération, nous n'avions pas un morceau de terrain. Ni terrain ni arbre. Si nous avions un arbre, ce n'était que la lampe à huile »[2]. Un jour, le Parti et le Président Mao sont arrivés. Les réformes aussi. Tout était distribué, terres et logements. Nous ne comprenions pas tout ce qui se passait dans le pays, mais nous savions clairement qu'ici nos villageois étaient vraiment bénéficiaires de ces mouvements. Dans l'ancienne société (avant la Libération), c'est notre village qui a le mieux profité des bienfaits de Mao. Comment ? Grâce à la distribution des terres et des logements, nous n'avions plus besoin de payer de loyers ; les propriétaires terriens étaient chassés de leurs logements, alors les logements vides ne devaient-ils pas être occupés par nous ? C'était véritablement un retournement ! ».

Au regard de ces mouvements des « plaintes », de l'« émancipation » et de « devenir paysan de la société nouvelle », la réforme agraire a été en elle-même un important « rite de passage ».

2. Économie des mouvements

Des anciens du village de Gi nous disent souvent :

---

2. La lampe est appelée « arbre » dans le langage familier.

> « ce village est rarement resté à l'écart des mouvements, tout ce qui se passait au niveau supérieur, on le trouvait ici. Nous avons d'ailleurs souvent été un village-modèle, d'expérimentation. »

Les mouvements politiques organisaient la vie sociale du village ; même l'agriculture, l'activité la plus importante pour l'existence, n'a pas fait exception.

Des coopératives agricoles des années 1950 à l'économie collective des années 1970, le processus de production du village de Gi se présente comme une « économie de mouvement », c'est-à-dire que le mouvement mobilise et organise le processus de production agricole. Prenons d'abord l'exemple du choix des cultures : les cultures adaptées pour la région sont principalement le millet, le sorgho, le soja, la pomme de terre et d'autres céréales. Dans l'histoire, ces cultures ont toujours été les plus importantes. Cependant,

> « sous le régime de la gestion collective, tout est unifié. Tu dois cultiver ce qu'on te dit de cultiver. À l'époque de la réforme agraire il y avait de la famine. Les autorités supérieures dirigeaient, il fallait planter des céréales, faire des céréales la base de l'agriculture. Par exemple le blé semé l'été : comme l'eau manquait dans cette région montagneuse, sa production était peu importante, et il fallait payer les engrais, mettre de l'argent de côté (pour investir). Par conséquent, ce blé n'était pas une bonne affaire. À l'époque des communes populaires, après un an de production, une fois enlevée la part remise à l'État, il n'y en avait plus assez pour nous-mêmes. En gros, une personne se voyait distribuer environ trois litres, c'est-à-dire une dizaine de livres. Les familles de quatre ou cinq personnes pouvaient avoir au total quelques dizaines de livres. Un décalitre de blés faisait 33 livres, moulu faisait 24 ou 25 livres de farine. Là, la farine était encore blanche. Si on voulait en obtenir 26 livres, la farine n'était plus très blanche. Dans certains foyers, en une année on mangeait une ou deux fois de la farine blanche, ou alors on réservait cela aux parents et aux petits. Les adultes s'en privaient ».

Dans les périodes extrêmes de cette économie de mouvement, le choix des cultures, des modes de production et des quantités sont définis et imposés par le niveau supérieur, sans que ce dernier se soucie que cela convienne à l'environnement local. Pendant la Révolution culturelle, le village de Gi a même cultivé un maïs baptisé « Jiang Qing n° 1 ». Selon la description d'un villageois : « à l'époque il n'y avait de libertés dans les champs ni de liberté de parole. » Depuis la mise en place du « système de responsabilité de la production sous contrat forfaitaire » à la campagne, la culture du blé a connu une diminution jusqu'à disparaître totalement après 1982-1983. Le millet et les haricots noirs ont continué d'être cultivés ; après la distribution des terres aux foyers paysans, de nouvelles cultures économiquement plus rentables ont été ajoutées comme le tournesol et le tabac ; la pomme de terre, à la fois aliment secondaire (important pour la consommation personnelle des paysans) et donnant lieu à un revenu économique (parce qu'elle peut être vendue) a vu sa surface cultivée s'accroître.

Le village Gi a connu plusieurs mouvements liés à la production agricole. On peut citer les mouvements de « chasse aux chiens », de « chasse aux moineaux », des « réservoirs d'eau » et de « plantation dense », ainsi que celui « l'agriculture étudie Dazhai » des années 1960 et 1970 : dans tous les cas, il s'agit d'activités de production réalisées dans le cadre de mouvements. Cette « économie de mouvement » atteint son apogée pendant le Grand Bond en Avant. Un monsieur âgé se souvient avec colère de la « chasse aux chiens pour fertiliser la terre » :

> « Pendant le Grand bond en avant, c'était de la folie. Ils nous demandaient d'un côté de labourer la terre profondément, de la creuser sur une profondeur de plus d'un mètre. De l'autre, il fallait tuer tous les chiens des villages, sans regarder à qui ils appartenaient, on a même tué les chiens de garde. Ils faisaient circuler une fausse idée selon laquelle l'énergie abondante de la viande de chien pouvait faire augmenter la productivité de la terre. Alors, on tuait les chiens, on rendait la peau au propriétaire, on cuisait la viande puis on la laissait pourrir jusqu'à une puanteur insupportable, on creusait la terre jusqu'à un mètre, on y mettait des herbes puis la viande de chien comme engrais. Résultat, toutes les pousses ont pourri de fièvre, complètement foutu. La viande de chien est trop forte, les cultures ne pouvaient que mourir. C'est comme la nourriture des hommes, quand c'est trop riche, ça ne va pas. ».

Un autre cas comparable est la « chasse aux moineaux ». Pendant le Grand bond en avant, les moineaux étaient officiellement classés parmi les « quatre nuisances », et devaient être tués. Dans le village, adultes et enfants devaient tous participer à ce mouvement. Ils se servaient de paniers, de lance-pierres, de filets, de tout ce qui pouvait servir. À chacun était assigné un objectif quantitatif d'oiseaux à abattre, dont la réalisation était contrôlée par le comptage des pattes : « deux pattes représentaient un moineau, les chiffres impairs ne passaient pas ». Ceux qui réussissaient bien étaient félicités.

Lors du mouvement de « l'agriculture étudie Dazhai », pendant la Révolution culturelle, la vague d'aménagement de champs en terrasses et de construction des plaines a atteint le village de Gi situé dans la montagne. Le secrétaire du Parti de l'époque se souvient :

> « Je suis allé une fois à Dazhai, lors d'une visite organisée par le district. J'étais le seul du village. La visite a duré une journée. Nous avons juste parcouru le site, regardé de manière superficielle. Dès le crépuscule, on est reparti. On n'a même pas mangé à Dazhai, on a mangé à Yangquan. Au retour, on s'est mis à aménager des champs en terrasse. Voilà, c'est comme ça qu'on a suivi l'exemple de Dazhai. Ils aménagent des terrasses, nous avons fait de même. Les barrages à Shuiyangou et à Guandaoshan, c'est nous qui les avons construits de nos propres mains. On transportait de la terre charrette par charrette, on construisait les barrages rang après rang. C'est parce que le Président Mao a appelé à développer les retenues d'eau et l'aménagement en terrasses pour avoir des terrains plats favorables aux cultures. Mais en fait, les membres de notre commune n'avaient rien à manger, même pas du maïs. On passait notre temps à crier que la révolution était une bonne cause. Bonne ? À d'autres ! Tu voulais manger du maïs, tu devais en acheter. Par la suite, ce mouvement s'est calmé ».

Certes, cette forme de mobilisation et d'organisation d'une économie de mouvement a été positive pour le futur développement de l'agriculture, comme les champs en terrasses et les barrages qui ont été utilisés par la suite. Mais ceci n'était pas l'objectif principal du mouvement. En général, ces mouvements de production, décidés par les niveaux supérieurs et imposés à la base, ne tenaient pas compte des singularités locales et de leurs effets pratiques. Seules importaient une forme originale et une ambiance majestueuse. Autrement dit, en tant que rituel politique, sa théâtralité primait sur toute autre fonction. Son processus et sa signification symbolique étaient plus importants que son utilité et son efficacité productive. Et ces économies de mouvement, à une époque d'unité nationale, ne se limitaient nullement au village de Gi.

3. Les mouvements en tant que rituels révolutionnaires

Les mouvements, en tant que rituels révolutionnaires, prennent des formes ordonnées et standardisées. Pour que le mouvement soit complet, profond et ne s'affaiblisse pas, certaines techniques de pouvoir sont souvent utilisées, comme les « zones modèles », les « sites expérimentaux », les « pièces de théâtre modèles », les « personnages exemplaires », etc. Dans ce contexte ritualisé, il n'est pas difficile de comprendre comment les mouvements lancés dans différents endroits étaient entièrement semblables. Le village de Gi, ancienne base révolutionnaire, a souvent servi de lieu d'expérimentation et de modèle,

> « ce village est toujours en avance pour les mouvements ».

Le déclenchement, la progression et le résultat d'un mouvement nécessitent tous des personnages-types, parmi lesquels les « activistes » qui sont les modèles d'avant-garde, et les « modèles négatifs », objets de critique.

Pendant notre enquête, notre propriétaire était à l'époque un personnage-modèle, et elle se souvenait parfois de ses expériences et de ses émotions lorsqu'elle était un modèle d'avant-garde :

> « À cette époque j'étais une jeune activiste. Je devais tout le temps assister à des réunions, au bourg, au district, à la municipalité, à la province. Pour aller recevoir des 'prix'ou prononcer des discours. Après les réunions, on me demandait d'organiser des groupes de discussion, tout le monde devait prendre la parole et devait raconter ses impressions, ses réflexions et comment préparer l'avenir. Au retour, je devais encore transmettre aux villageois le contenu des réunions. Pour cela il me fallait prendre des notes, alors que je ne connaissais pas dix caractères. Dans le bourg, on nous a même demandé, à nous les modèles d'avant-garde, d'aller visiter un avion de combat à l'aéroport. Nous sommes montés pour le regarder, nous sommes restés un moment, mais l'avion n'a pas décollé. Quand j'y pense maintenant, c'était stupide !»

Les dirigeants encouragent, les modèles donnent l'exemple, tout le monde s'exprime : c'est la procédure courante des rituels politiques chinois.

> « Ceux qui savent parler doivent parler, les autres doivent aussi parler ».

Car la capacité de parler n'est qu'une question de niveau, alors que le fait de parler ou non est une question d'attitude politique. Tout le monde garde jusqu'à aujourd'hui le souvenir de l'embarras de personnes qui avaient mal exprimé leur résolution, ce qui avait provoqué des rires.

Comme les réunions, l'école politique du soir est un moyen important pour transmettre et inculquer des connaissances pendant le mouvement. Dans les années 1970, il y a eu des écoles politiques du soir au village de Gi pendant environ trois ans. Les jeunes de 16 à 28 ans devaient tous y participer. Le programme d'activités quotidien était chargé, avec en particulier la lecture de journaux, de documents officiels ; puis chacun devait exprimer son point de vue. L'école allait de foyer en foyer chercher les élèves, les absents devaient impérativement demander un congé. Les cours duraient de 19h00 à 21h00 mais se prolongeaient parfois jusqu'à 23h00. Après une journée de travail, les membres de la commune faisaient souvent semblant de lire mais en réalité dormaient. Mais quels que fussent les résultats réels de ces cours, les habitants y ont tout de même appris les discours révolutionnaires comme :

> « être résolu, ne pas avoir peur de se sacrifier, lutter pour la victoire à tout prix », « l'industrie étudie le modèle de Daqing », « l'agriculture étudie le modèle de Dazhai ».

C'est là également qu'ils ont appris des événements et circonstances politiques comme par exemple l'« affaire Lin Biao », ou bien que

> « les responsables du Parti engagés dans la voie capitaliste continuent à s'y engager ».

Jusqu'à aujourd'hui, les anciens élèves de ces classes peuvent parfaitement réciter de nombreux slogans et citations de l'époque.

Les « modèles négatifs », opposés aux « modèles positifs », apparaissaient également quotidiennement dans les rituels politiques. L'objet de la lutte de la réforme agraire était la lutte conte les propriétaires terriens, comme nous avons vu précédemment avec l'histoire du propriétaire pendu et fouetté ; la constitution des communes populaires pendant le Grand bond en avant luttait contre les propriétaires terriens réactionnaires et les éléments rétrogrades ; cette lutte a atteint son apogée pendant la Révolution culturelle, où ont été attaqués « les responsables du Parti engagés dans la voie capitaliste », les anciens classés « éléments malfaisants » (propriétaires terriens, riches paysans, contre-révolutionnaires, éléments droitiers et criminels), mais également de simples villageois ayant le malheur d'avoir commis une erreur ou d'avoir prononcé une parole incorrecte par mégarde. Ce fut le cas du père de notre propriétaire qui a été critiqué lors d'une réunion publique parce qu'il avait élevé deux moutons :

> « À l'époque, l'individu ne pouvait rien faire. À la moindre erreur il fallait aller étudier. Vendre quelques petits pains entraînait une critique ; chaque mois, une partie de la nourriture et du salaire étaient retenus pour les

absences aux cours. Il y avait aussi les réunions de critiques, il y en avait beaucoup ».

La forme de ces réunions de critiques trouve son origine dans la réforme agraire. Pendant les réunions

> « Les dirigeants s'asseyaient sur une estrade, les propriétaires terriens (ou les autres personnes critiquées) restaient debout devant l'estrade » ;

des slogans étaient affichés partout autour du lieu de réunion, le public criait des mots d'ordre, tout cela créait une atmosphère violente. Si les participants aux réunions et aux cours étaient forcés de participer, d'exprimer leur opinion, et de faire des critiques, ces rituels d'humiliation détruisaient les individus aux niveaux physique et moral. Bien entendu, la mobilisation et la critique avaient souvent lieu dans une même réunion, elles constituaient les techniques de pouvoir les plus caractéristiques de la révolution chinoise. Au bout de plusieurs dizaines d'années de luttes, le contrôle des esprits et des personnalités provoquait des souffrances morales.

Pendant la Révolution culturelle, un autre élément important a eu une influence sur la vie politique du village de Gi : les troupes de l'Armée populaire de libération (APL) y étaient stationnées. Sous l'égide du principe le plus élevé de « creuser profond dans la terre, collecter de la nourriture », une équipe de soldats de l'APL construisit des abris antiaériens dans les montagnes des environs. Ces militaires ont pris part aux activités politiques du village par leur soutien aux « gauchistes ». De plus, ils sont devenus des modèles à suivre pour les paysans appelés par Mao à

> « apprendre auprès de l'Armée populaire de libération ».

Par exemple, lorsque Mao donnait de nouvelles directives, l'armée était la première à les connaître grâce à son système d'information, puis à les retransmettre aux membres de la commune populaire. Les militaires bâtissaient un environnement révolutionnaire dans les foyers et les villages, en peignant des portraits du dirigeant suprême, en écrivant des slogans et des paroles révolutionnaires de Mao. Ces symboles révolutionnaires sont nombreux à avoir subsisté jusqu'à aujourd'hui. Les militaires aidaient également à dénoncer et critiquer les propriétaires terriens, à diriger l'entraînement de la milice, à organiser des discussions politiques, etc. Outre leur participation aux travaux et au transport des cailloux et du sable en échange de quelques denrées alimentaires comme de la farine de maïs, les villageois devaient également assister au rituel des « rapports matinaux et nocturnes ». Avec le mouvement « Apprendre auprès de l'Armée populaire de libération », la production et la vie du village ont pris un aspect de gestion semi-militaire : le départ pour le travail aux champs était, tout comme l'entraînement militaire fréquent des milices (à qui était distribuées des armes), appelé par le clairon ; les équipes et les brigades de production ont calqué l'organisation militaire pour devenir des pelotons et des compagnies. Les villageois se souviennent :

> « À l'époque, même les vieux paysans devaient marcher en file tout en chantant pour aller aux champs, rentrer chez eux et participer aux réunions ».

La politisation et la ritualisation de la production et de la vie, ainsi que la mise en scène des mouvements politiques ont modifié, voire même remodelé, le monde spirituel et les conceptions des habitants. La Révolution culturelle a constitué une période d'apogée de ces formes de rituels politiques. Les paysans ont remplacé leurs prosternations et prières aux dieux par les rapports politiques quotidiens matin et soir ; l'image auréolée du président Mao s'est substituée à celle des bouddhas et du roi des dragons ; les formes d'activités que sont les conférences, les séminaires, les réunions de critique, les cours et les écoles politiques du soir, furent nombreuses dans le village de Gi. Selon des villageois :

> « Il y avait entraînement militaire, les dates comportant les chiffres 3, 6 et 9 ; études politiques pour les membres de la Ligue, les dates comportant les chiffres 2, 5 et 8. Impossible d'aller à la foire. Les miliciens tenaient la garde à l'entrée du village, interdisant à tous de sortir. Les gens n'osaient pas se reposer un peu si on leur ordonnait de se mettre au garde-à-vous ».

La domination exercée par le rituel sur l'homme est marquée par le passage de l'obligation à la spontanéité. Ce processus est identique à celui des rituels traditionnels dans la socialisation des individus. Les Chinois, après avoir vécu des dizaines d'années de vie politique, se sont adaptés à ce mode de gouvernance, et ils en sont arrivés à l'oublier, certains ont même pu s'y adapter avec aisance. Aujourd'hui, les gens sont capables d'évoquer cette histoire douloureuse sur un ton léger de plaisanterie. C'est avec nostalgie qu'ils racontent la joie et l'animation des réunions et du travail collectif alors que la « grande marmite » (*da guo fan*) ne pouvait nourrir personne à sa faim. Les mouvements, pour les participants qui n'en étaient pas l'objet, en particulier pour ceux qui, comme les femmes, dans la société traditionnelle étaient exclues de la vie publique, ressemblaient parfois à une espèce de « foire révolutionnaire », susceptible de produire une ambiance festive, d'élargir les réseaux de relations sociales, mais aussi dotés d'une fonction ludique. Nous pouvons voir que la mobilisation et l'organisation du peuple à travers les rituels politiques possédaient une puissance coercitive impressionnante.

Cette puissance est pleine de violence mentale, elle détruit l'humain. Mais elle est apte à habituer progressivement les gens et à se penser heureux.

Logique de vie et logique des mouvements

L'histoire du village de Gi montre que, dans la société moderne, après l'établissement du système socialiste, les rituels traditionnels ne peuvent être restaurés. Simplement, les rituels comme techniques d'existence ont cédé la place aux rituels comme techniques de pouvoir. Cette substitution se passe sous l'étendard du remplacement de ce qui est féodal, arriéré, traditionnel et superstitieux par ce qui est révolutionnaire, à l'avant-garde, moderne et civilisé. La ritualisation de la politique d'État diffuse dans la vie quotidienne des paysans, changeant ainsi leur mode de vie et le paysage culturel de la société rurale. Le processus de transformation du dernier demi-siècle se traduit en trois substitutions : les rituels d'État se substituent aux rituels claniques et communautaires ; l'idéologie révolutionnaire et le discours des mouvements se substituent aux connaissances locales ; et enfin la vénération des dirigeants se substitue à celle des dieux et de l'empereur. Après les réformes économiques, l'interaction entre l'État et la société civile donne lieu à un certain retrait du pouvoir d'État et à la reconstruction de la logique de la vie sociale rurale. C'est seulement en connaissant les effets réciproques entre les deux systèmes de significations de la vie populaire et du pouvoir d'État, la conscience de l'image de l'État par les paysans, qu'il est possible de comprendre et d'expliquer la réalité et le contenu culturel de la vie sociale et de son évolution. L'effet des rituels politiques sur la société rurale témoigne de la logique de gouvernance de la civilisation communiste dont les subtilités permettent d'appréhender les perspectives de changement des mentalités des paysans et de leur existence sociale.

1. Techniques d'existence et techniques de pouvoir

Les rituels traditionnels et leur renaissance mettent en scène les processus d'interaction, de variation et d'aller-retour entre la société civile et le pouvoir d'État ces dernières dizaines d'années. Les rituels populaires existent principalement en tant que techniques d'existence et de survie (bien entendu, au sein des groupes, les rituels signifient des relations humaines complexes, ainsi que des rapports de pouvoir et d'autorité) actives dans tous les moments de la vie rurale, dans les activités de production et d'échange, dans les modes de vie et les systèmes de valeurs.

Dans le village de Gi, les temples, les dieux et les activités rituelles sont tous en rapport avec l'existence des individus[3]. Lorsqu'ils prient la pluie, les gens se prosternent devant le roi des dragons en murmurant des prières ; ils ne se ménagent aucun effort pour faire défiler ce dieu dans le village en le portant sur leurs épaules. Lorsque la pluie tombe, ils se mettent à genoux, émus à en pleurer pendant des heures. À ce moment précis, ils pensent aux récoltes de l'année, qui vont leur permettre de bien vêtir et nourrir leur famille. Chaque procédure et chaque geste sont exécutés avec parcimonie ; toutes les règles et tous les tabous sont strictement respectés. Par exemple, lorsque les hommes portent le roi des dragons sur leurs épaules, il est interdit aux femmes de regarder le dieu et à tout le village de faire la lessive dans la rivière. Personne ne peut assumer la responsabilité d'offenser le dieu et de ne pas avoir de pluie. Dans cette campagne toujours à court de médicaments et manquant de médecins, les divinités à qui on attribue la vertu de chasser la maladie et d'apporter la santé jouissent également d'un statut imposant. Le boddhisattva et le dieu des médicaments, en charge de cette fonction, bénéficient de l'adoration populaire, la vie et la santé ne pouvant être

3. On compte les temples du roi des dragons, des boddhisattvas, du vieux bouddha, du dieu des médicaments. Ayant tous subi des destructions, ils ont été restaurés après les réformes.

assurées que par la science et les esprits saints ensemble. En ce sens, les croyances populaires et les activités rituelles autour des différents temples sont des techniques d'existence.

Au niveau de l'État, les mouvements politiques sont des rituels visant l'exécution ou l'expérimentation du pouvoir. Le but est d'inculquer un système de pensée, de promouvoir un mode d'action, d'apprendre un discours révolutionnaire et de former une nouvelle génération de paysans socialistes. Cet ensemble de techniques de pouvoir est le moyen principal pour l'État de pénétrer la société rurale.

Du point de vue d'une analyse fonctionnaliste, si l'on compare les deux types de rites, on constate que les rituels comme techniques d'existence possèdent souvent une fonction d'intégration et d'harmonisation sociale ; tandis que les rituels comme techniques de pouvoir ont pour principale fonction de fonder et de démontrer le pouvoir et l'autorité, de distinguer la révolution et la réaction, l'avant-garde et l'arrière-garde pour diviser. Prenons l'exemple du problème fréquent à la campagne des « haines privées réglées par des moyens publics » (*gong bao si chou*) : les rancunes des individus ne cessent de s'accumuler et de monter en intensité à l'issue de chaque rituel politique, finissant ainsi par devenir des haines héréditaires. Au cours de ce processus, il y a inversion entre les logiques publiques et privées, entre les logiques révolutionnaires et humaines ; de plus, ces haines deviennent un des mobiles pour participer à la politique. Ces haines sont également des force motrices des mouvements, car une fois déclenchés, les mouvements s'auto-alimentent pour durer. Selon les villageois, les mouvements produisent des persécutions des uns envers les autres. Un mouvement commence, une personne en persécute une seconde, et au prochain mouvement les rôles s'inversent. À l'origine, tout le monde est membre d'un même village, il y bien a quelques contradictions, mais ce ne sont que des bagatelles. Le passage des mouvements transforment ces contradictions en luttes de classe « à mort », et ces haines ne peuvent être réglées avec la prochaine génération.

Au cours des dernières décennies, la vie des villageois de Gi ne s'est jamais détachée des activités de rituels. Simplement, les rituels étatiques se sont substitués aux rituels populaires, ou, dit autrement, ils se sont transformés en passant de techniques d'existence à des techniques de pouvoir.

2. La transformation des rituels : processus naturel et processus de pouvoir

La suppression des communes populaires à la campagne et la mise en place du « système de responsabilité à l'égard de la production sous contrat forfaitaire », représentent deux changements historiques qui ont entraîné une transformation du pouvoir d'État dans la société rurale. Certains décrivent cette tendance comme un affaiblissement ou un retrait de l'État. À ce sujet, les habitants de Gi disent souvent que

> « les coopératives agricoles se sont écroulées ».

Pour eux, ce changement est issu d'un démantèlement structurel imposé par une sorte de force extérieure. Aujourd'hui, les paysans sont nombreux à reconstruire les temples, à reconstituer les généalogies, à restaurer divers rites et croyances traditionnelles. Ce phénomène est perçu comme une reconnaissance de la culture traditionnelle dans un environnement économique et politique assoupli. Cependant, les paysans ayant été baptisés par le communisme ont peu de choses en commun avec les paysans traditionnels. La force contraignante de l'État a transformé la vie quotidienne et a produit la réécriture de la vie spirituelle des gens. Il s'agit peut-être d'un passage de l'obligation à la spontanéité. Il n'est pas difficile de relever dans les comportements, les façons d'être et les discours de la population des traces de la vie politique des périodes précédentes.

Le rituel populaire et le rituel d'État ne suivent pas la même procédure ni la même logique. Le premier respecte une logique de vie ; le second une logique de révolution et de combat. Les rituels populaires ne sont, bien entendu, pas figés après leur création, ils connaissent également développement et déclin. Le Temple du tigre noir par exemple, construit à Gi au début des années 1990, a connu une période de forte fréquentation, grâce à la réputation d'un « valet de dieu » capable de guérir les maladies. Chaque année, le 15e jour du septième mois du calendrier lunaire, avait lieu la fête du temple, de nombreuses personnes de Gi ou d'autres villages s'y précipitaient pour brûler de l'encens et faire des voeux. Chaque année les aumônes données au temple représentaient plusieurs milliers de yuans, constituant un fonds relativement abondant pour les travaux de restauration du temple, l'exécution de statues des dieux et l'organisation de spectacles. Il y avait même un responsable du temple spécialement chargé de ces « événements ». Mais en 1996, après la mort du « valet de dieu », la fréquentation décline progressivement : les aumônes ont disparu avec les malades. Les villageois expliquent ce changement ainsi :

> « Le temps de visite du dieu chez les hommes pour les soigner est limité. Son valet est mort et le dieu est parti. »

Par un coup du sort, au moment du Nouvel an chinois, le temple a été incendié sans origine connue, brûlant tablettes, tables, portes et fenêtres, révélant le déclin du temple qui n'était plus le même que celui que nous avions vu six mois plus tôt. Dans le même temps, le succès des prières de pluie en 1995 et 1997 a fait venir des villageois au Temple du roi des dragons et à celui du boddhisattva. À les en croire : une prière, une pluie. De plus, la pluie se limite essentiellement au territoire du village de Gi. La croyance que « le roi des dragon est extrêmement efficace » se répand dans les régions alentour. Chaque année, autour du 15ᵉ jour du 5ᵉ mois du calendrier lunaire, le spectacle pour le dieu devient une affaire importante pour tout le village de Gi, mais les participants sont nombreux à venir d'autres districts. Durant trois jours, le rituel comprend un « théâtre des dieux », un « accomplissement des voeux » et un « sacrifice ». En raison du déclin de l'autre temple, la fête de celui-ci a changé de date et se tient à présent le 15ᵉ jour du 7ᵉ mois, soit le même jour que le « spectacle de pluie » pour le roi des dragons. Ce qui est encore plus intéressant, c'est que la charge du soin des malades a aussi été transférée du tigre noir au boddhisattva. Lors de la fête du boddhisattva le 8ᵉ jour du 4ᵉ mois du calendrier lunaire, les gens viennent consulter et chercher des médicaments, et font porter à leurs nourrissons la un porte-bonheur. Autrefois, cela ne relevait pas de la responsabilité du boddhisattva, mais comme il pouvait également « sauver l'homme avec de la pluie », il a vu ses responsabilités s'étendre progressivement. Toutes ces transformations ont eu lieu sur un temps très court, mais ces mouvements de croissance et de déclin ont fondamentalement suivi leur propre logique, sans l'intervention de forces extérieures. On peut appeler cela un processus « naturel ». Au contraire, les transformations apportées à la société et la culture villageoise par l'État par le biais de rituels politiques sont le résultat de forces externes, d'un processus de pouvoir. Les temples, les statues, les portiques, les temples des ancêtres et les tablettes détruits par les mouvements politiques offrent une image de ce processus. L'apprentissage, l'acceptation et l'habitude progressive des rituels révolutionnaires par les villageois sont également le fruit de ce processus. Même aujourd'hui, dans un environnement économique et politique relativement détendu, la réhabilitation des temples et des rites ne peut se libérer totalement des contraintes institutionnelles. À titre d'exemple, il y avait un temple des déesses des naissances au village Gi[4] ; il se situait dans l'espace public le plus important au milieu du village, vénérant les deux déesses dont l'une apporte et l'autre fait naître des bébés ; chaque année, la fête pour ces déesses était très animée, et était en particulier la fête la plus joyeuse des femmes qui avaient peu d'occasions de se réunir. D'autres temples dans les montagnes autour de Gi ont été restaurés ou reconstruits, mais une telle restauration du temple des deux déesses n'est pas possible, car la politique de l'enfant unique a complètement bloqué cette possibilité.

Cette recherche a pris pour objet les rituels d'État afin de comprendre la relation entre l'État et la société civile à des moments historiques donnés. Nous constatons que les rituels n'appartiennent pas au passé et à la société pré-moderne, l'exercice du pouvoir moderne ne saurait se faire sans rituels. L'histoire chinoise du dernier demi-siècle est une histoire de mouvements et de rituels. Depuis que les réformes économiques ont ouvert une nouvelle ère dans notre société qui, jour après jour, fait ses adieux à la tradition pour entrer dans la modernité, le mouvement, mécanisme de mobilisation et de gouvernance sociale n'a pas cessé d'exister. La société chinoise, en ville comme à la campagne, ne s'est pas encore défaite des rituels. Aujourd'hui, les stratégies de gouvernance de la société rurale, telles que les mouvements de « village de petite aisance », « village civilisé », « mouvement d'éducation du nouveau socialisme », « construction d'une civilisation spirituelle », « construction de la nouvelle campagne »…. s'inscrivent dans une continuité des mécanismes ritualisés de gestion de la société. Qui plus est, la conscience de mouvement ne s'est pas effacée chez les Chinois. Les activités rituelles de la société moderne et de la vie politique ne sont pas des légendes lointaines ; la base culturelle qui place les uns « sur les charrettes du mouvement », et les autres « sous les roues de ces charrettes », n'a nullement disparu.

4. Construit il y a longtemps, ce temple fut complètement démoli pendant la Révolution culturelle. Il n'a jamais été reconstruit.

À travers la politisation de la vie économique, la ritualisation de la vie quotidienne et l'utilisation pratique des symboles, l'État transforme et reconstruit la société de base. Il réussit dans le même temps à présenter la force et l'image de l'État sous un jour complexe dans la vie des campagnes ou dans le rapport au monde des simples paysans. L'analyse de cette particularité nous aide à comprendre les relations complexes et entremêlées entre l'État et la société. L'existence et la vie sociale des paysans révélées par notre travail de terrain nous permet d'exposer le double paradoxe de l'État : si l'État s'emploie à gouverner et à gérer la campagne afin de l'intégrer comme base et composante de l'État-nation moderne, ces efforts passent par la destruction de l'ancienne structure sociale et du système symbolique de la société rurale. Bien que ce processus ait permis à l'État d'imprégner la vie quotidienne des paysans, il a échoué à installer un nouveau système de structures et de significations susceptibles de se substituer à l'ancien et à instaurer un nouvel ordre harmonieux dans la société rurale. De plus, l'État n'a cessé d'occuper les campagnes par des idéologies de progrès, de civilisation, de modernité, de socialisme, voire même d'avant-garde, essayant ainsi de se substituer à la conscience paysanne traditionnelle, arriérée, conservatrice, féodale et superstitieuse. Pourtant, au cours de ces tentatives, l'État s'est souvent enfoncé dans la « forêt des symboles » traditionnels : en effet, l'État a également besoin de contenus et de formes symboliques et ritualisées pour construire sa propre structure de pouvoir et son système de symboles. L'histoire des mécanismes sociaux de la Chine du dernier demi-siècle – les mouvements – confirme ce point de vue avec force. Bien sûr, ce mécanisme ne se limite pas à la campagne. Sur ce point, la frontière séparant État et société se brouille, de même que la frontière entre l'idéologie dominante et les connaissances locales. L'emploi des ressources locales traditionnelles par le pouvoir signifie l'utilisation de modes symboliques et de formes de rituels universels et durables, que cette utilisation soit ou non spontanée.

BIBLIOGRAPHIE

Fufengzhai mashi jiazuzhi (Généalogie du clan Ma à Fufengzhai), édité à Fufengzhai en 1997.

Bureau d'étude de l'histoire du Parti du district Mizhi (1990), *Jiefang zhanzheng shiqi mizhixian tudi gaige yundong (Réformes agraires à Mizhi pendant la période de guerre de libération).*

Comité d'enquête du travail rural à Yan'an (1980), *Mizhixian yangjiagou diaocha (Enquête à Yangjiagou du district Mizhi)*, Pékin, Renmin chubanshe.

Comité de rédaction des annales du district (1993), *Mizhi xianzhi (Annales du district Mizhi)*, Xi'an, Sha'anxi renmin chubanshe.

AHERN, E. (1981) : *Chinese Ritual and Politics*, Cambridge, Cambridge University Press.

BENEDICT, A. (1983), *The Imagined Community,* Londres, Verso.

BLOCH, M. (1974) : Symbols, Song, Dance and Features of Articulation : Is Religion an Extreme Form of Traditional Authority, *European Journal of Sociology* vol. 15.

CHAN, A., MADSEN, R., UNGER, J. (1984) : *Chen Village : the Recent History of a Peasant Community in Mao's China.* Berkeley, University of California Press.

COHEN, A. (1974) : *Two-Dimensional Man ? an Essay on the Anthropology of Power and Symbolism in Complex Society.* Berkeley, University of California Press.

COHEN, M. (1993) : Cultural and Political Inventions in Modern China : The Case of the Chinese "Peasant", *Daedalus* vol. 122.

DOUGLAS, M. (1966) : *Purity and Danger,* Londres, Routledge.

DURKHEIM, E. (1915) : *The Elementary Forms of Religious Life,* Londres, Allen & Unwin.

FALLERS, L. (1974) : *The Social Anthropology of the Nation-State.* Chicago, Aldine.

FEUCHTWANG, S. (1993) : Historical Metaphor : A Study of Symbolic Representation and Recognition of Authority, *Man* Vol. 28.

— (1992) *The Imperial Metaphor : Popular Religion in China.* Londres, Routledge.

FOSTER, R. (1991) : Making National Cultures in the Global Ecumene, *Annual Review of Anthropology* vol. 20.

GEERTZ, C. (1973) : *The Interpretation of Cultures*, New York, Basic Books.

— (1980) : *Negara : The Theatre State in Nineteenth-Century Bali*, Princeton, Princeton University Press.

GIDDENS, A. (1985) : *The Nation-State and Violence,* Cambridge, Polity Press.

GUO YUHUA, SUN LIPING (2002) : Suku : yizhong nongmin guojia guannian xingcheng de zhongjie jizhi (Le mouvement de dénonciation des souffrances : un mécanisme intermédiaire de production de la notion d'État chez les paysans), *Zhongguo xueshu (Recherche académique en Chine)* n. 4.

KERTZER, D. (1988) : *Ritual, Politics, and Power*, New Haven, Yale University Press.

LEACH, E. (1966) : Ritualization in man in relation to conceptual and social development, in HUXLEY, J. (ed.) : *A Discussion on Retualization of Behaviour in Animal and Man,* Londres, Philosophical Transactions of the Royal Society of London, ser. B : Biological sciences, n. 772, vol. 251.

MADSEN, R. (1984) : *Morality and Power in a Chinese Village*, Berkeley, University of California Press.

MALINOWSKI, B. (1925) : Magic Science and Religion, in NEEDHAM, J. (ed.) : *Science Religion and Reality*, New York, Macmillan.

— (1987) : *Wenhua lun (Théorie de la culture),* Pékin, Zhongguo minjian wenyi chubanshe.

RAWSKI, E. (1986) : The Ma Landlords of Yang-chia-kou in Late Ch'ing and Republican China, in EBREY, P., WATSON, J. (eds.) : *Kinship Organization in Late Imperial China, 1000-1940*, Berkeley, University of California Press.

REDFIELD, R. (1956) : *Peasant Society and Its Culture*, Chicago, The University of Chicago Press.

SCOTT, J. (1990) : *Domination and the Arts of Resistance*, New Haven, Yale University Press.

TURNER, V. (1967) : *The Forest of Symbols,* Ithaca, Cornell University Press.

— (1969) : *The Ritual Process*, Chicago, Aldine.

WANG MINGMING (1997) : *Shequ de licheng (Histoire des quartiers),* Tianjin, Tianjin renmin chubanshe.

— (1997) : *Cunluo shiye zhongde wenhua yu quanli (Culture et pouvoir dans la vision rurale),* Pékin, Sanlian shudian.

WATSON, J. (1985) : Standardizing the Gods : The Promotion of T'ien Hou (Empress of Heaven) Along the South China Coast, 960-1960, JOHNSON, D. *et alii* (eds.) : *Popular Culture in Late Imperial* China, Berkeley, University of California Press.

WOLF, A. (ed.) (1974), *Religion and Ritual in Chinese Society*, Stanford, Stanford University Press.

Chapitre 10

Dynamique des clans, affaiblissement de la ritualité et renforcement de l'évènementialité : étude de cas sur l'évolution des clans villageois dans le Nord-Est de la Chine

TANG JUN

PROBLÉMATIQUE DE LA RECHERCHE

1. Construction de la problématique

Les clans constituent les unités structurelles à la base de la société chinoise traditionnelle : pour l'État, ils forment un modèle de système de gouvernance politique ; pour le peuple, ils constituent une sorte de vaste organisation de la vie quotidienne. Ainsi, des dynasties des Yin et des Zhou jusqu'à la République de Chine, si le pouvoir des clans a fluctué, le clan comme forme d'organisation a traversé plus de trois millénaires.

La fondation de la République de la Chine populaire en 1949 marque l'instauration d'un système social inédit. Fondé sur le patriarcat, le système clanique sert les groupes dominants traditionnels de l'État et va donc à l'encontre de l'idéologie du socialisme classique. Par conséquent, son espace d'existence a été laminé. Même si l'État n'a pas eu recours à la force pour détruire directement la structure organisationnelle des clans traditionnels, il a néanmoins réussi à prendre le contrôle direct de la société rurale à travers un système de gestion administrative hautement centralisé par lequel il a pu éliminer le système d'autorité clanique. À l'aide de la réforme agraire et du mouvement de collectivisation, les structures matérielles dont dépendaient les organisations claniques pour leur survie ont été démantelées. Ont également été éliminés les symboles des clans évoquant les généalogies ; les drapeaux et les inscriptions ont été détruits lors de mouvements culturels visant à mettre fin à l'ancien système et instaurer le nouveau. Ainsi, « les clans ne remplissent plus leur rôle dominant comme noyau de la vie communautaire dans les campagnes » (Yang, 1959), et l'organisation des clans s'est effritée jusqu'à disparaître.

Pour autant, comme l'ont remarqué de nombreux chercheurs, la forme de résidence traditionnelle, par regroupement des membres d'un même clan, n'a pas été totalement éliminée, même après 1949. Au contraire, la limitation stricte de la liberté de circulation des paysans a renforcé ce mode de regroupement résidentiel dans les campagnes (Li Shoujing, Qiu Xin, 1994). Ainsi, la superposition entre la parenté – à la fois liens du sang et liens matrimoniaux – et la proximité géographique créent un lien étroit entre personnes portant le même nom. Les idées comme les activités des membres de la communauté villageoise ne peuvent pas ne pas être fortement marquées par le clan. En réalité, après les mouvements politiques et les réformes économiques qui se sont succédées, les individus ne peuvent assurer leur sécurité qu'en s'appuyant sur la protection des réseaux relationnels traditionnels, et notamment les réseaux claniques (Zhao Litao, 1999). Il est facile de constater que les membres des communautés villageoises éprouvent un fort sentiment d'appartenance à l'égard de leur clan. Ils perçoivent les activités ou événements qui, dépassant le cadre de la famille rapprochée, sont propres à entraîner des conséquences de portée considérable sur leur clan. Il est par conséquent pertinent d'avancer que c'est le clan en tant qu'organisation formelle qui a dépéri après 1949. Comme organisation informelle, le clan continue de soutenir ses membres et à se développer en s'appuyant sur leurs actions conscientes et rationnelles. Ce phénomène se manifeste par l'expansion de la capacité d'influence et de domination de certains clans au sein de communautés villageoises. Il se fonde sur l'affichage des valeurs claniques, la consolidation structurelle de l'organisation communautaire et l'accumulation des intérêts réels de ces clans. Cette situation qui s'observe dans le Nord de la Chine existait non seulement pendant la période de 1949 à 1979, mais également après 1979. Il faut noter qu'après 1979 le développement des clans a été marqué par des différences nettes entre le Nord et le Sud : la croissance des clans villageois du Sud se présente typiquement sous la forme d'organisations formelles, alors que dans le Nord elle se manifeste sous forme d'organisations informelles.

Les clans villageois de la Chine du Nord depuis 1949, possèdent une spécificité importante : il ne s'agit pas uniquement d'une sorte d'organisation statique soutenue par des rites et des règles mais d'un point de jonction où se rencontrent des dynamiques événementielles et des mobilisations. L'existence et le développement des clans ont été marqués par un affaiblissement de la ritualité et un renforcement de l'événementialité dans le déploiement de leurs actions. Pour un clan traditionnel, les rites communs, les règles institutionnalisées, comme par exemple les offrandes aux ancêtres, le recueillement sur les tombes ancestrales, ou encore le *chihu*, réunion familiale autour d'un repas une fois par an à l'occasion de la fête des morts (*qingming*), sont des procédés essentiels permettant de confirmer sa structure, maintenir ses normes, marquer ses frontières et enfin devenir légitime. En ce sens, nous appelons « ritualité » le fait que le clan manifeste l'expression de sa propre existence par le biais de rites communs. Cependant, comme nous l'avons mentionné, après la fondation de la Chine nouvelle, le clan en tant qu'organisation formelle a disparu avec les transformations de son environnement social et humain, mais également naturel. Les organes de pouvoir, les biens communs et les règles écrites liés à l'organisation des clans ont également disparu. L'affaiblissement de la ritualité clanique s'est imposé comme une tendance irréversible. Cependant, cette disparition des clans comme organisations formelles ne résulte pas de choix autonomes de leurs membres, mais des modifications de leur environnement global, aussi bien dans les domaines politiques, économiques, culturels qu'écologiques. Par conséquent, sous l'effet d'une conscience de clan étroitement liée à des relations familiales d'une grande vitalité, les membres du clan profitent des événements qui surviennent, voire qu'ils provoquent, pour aider au développement du clan comme organisation informelle et assurer une protection de leurs intérêts personnels. Dans le clan que nous étudions, les événements imprévus comprennent les transferts de populations, les combats à main armée, le système de gestion des terres agricoles par les familles, etc. Par le déploiement de leurs actions rationnelles, les membres du clan exercent un rôle crucial dans la confirmation de la structure, l'expression des normes, la clarification des frontières et surtout l'accumulation des intérêts. Nous appelons ainsi l'« événementialité » du clan sa capacité à élargir ses intérêts propres à travers les événements dans la vie quotidienne. Après 1979, la mise en œuvre des réformes économiques a permis de confirmer les intérêts personnels et familiaux des paysans dans de nombreux domaines. L'événementialité s'impose alors chaque jour un peu plus, renforçant le caractère rationnel du développement du clan comme organisation informelle.

2. Procédure de la recherche cadre de recherche et objet d'investigation

a) Cadre de la recherche

Une analyse des recherches effectuées sur les clans par des chercheurs chinois et des sinologues occidentaux révèle que leur cadre d'analyse est généralement construit autour d'une pensée fonctionnaliste ou structuro-fonctionnaliste. Il est incontestable que, dans les études qui ont pris pour objet l'organisation traditionnelle des clans dans le sud de la Chine, y compris Taiwan, recourir à ce type de cadre de recherche est légitime et a donné des résultats fructueux (Chen Lisong, 1995 ; Lin Yaohua, 1990 ; Qian Hang, Xie Weiyang, 1995 ; Wang Huning, 1991 ; Baker, 1968 ; Cohen, 1970 ; Freedman, 1966 ; Potter, 1970 ; Pasternak, 1972). Mais nos travaux tentent de combler une lacune des précédentes recherches en prenant pour objet le caractère communautaire de clans qui ne sont pas des organisations formelles. Comme ces derniers sont rarement dotés d'une morphologie structurelle formelle aboutie et de fonctions externes complètes, un cadre théorique fonctionnaliste ou structuro-fonctionnaliste n'est donc pas applicable. Ceci nous incite à opter pour un cadre fondé sur l'action rationnelle. Nous focaliserons toute notre attention sur le contenu et le processus des interactions que les membres, réunis par une conscience et une appartenance clanique commune, déploient en réponse à leur environnement. Et, nous souhaitons éclairer, d'une part, les objectifs et leurs principes, et d'autre part les mécanismes et les spécificités de la mobilisation et de la reproduction des ressources par les membres du clan.

Cette recherche s'appuie sur les actions sociales pour étudier la forme et le développement des clans dans les villages du Nord du pays au cours du processus de transformation de la société chinoise contemporaine. Une telle analyse ne peut être déployée avec efficacité que si elle est située dans un contexte villageois concret. Par conséquent, cette recherche met l'accent sur les communautés villageoises et les clans. Nous avons choisi de recourir à une étude de cas classique, avec des entretiens aussi détaillés et complets que possible avec des villageois, nous avons pu étudier un village typique et la croissance des clans en son sein. Le choix d'une étude de cas signifie renoncer à la généralisation des conclusions. Ceci limite sans doute le caractère général de cette recherche mais lui confère une plus grande profondeur. En outre, cette étude peut servir d'objet de comparaison et de référence pour des recherches ultérieures ; la valeur et la portée de telles comparaisons ont depuis longtemps été confirmées par de nombreux chercheurs (Babbie, 1987 ; Fei Xiaotong, 1990).

b) Objet de l'enquête

Les matériaux de cette étude proviennent essentiellement d'une enquête de terrain menée dans le village de Xiaji du district P dans la province du Hebei ; ils ont été complétés par une autre enquête de terrain menée dans le village de Jin du district D dans le Shanxi. La première enquête a démarré en 1996, son objet était le village de Xiaji et le clan Yun. Ce clan a pour ancêtre commun le prénommé Taiyi qui résidait dans le village. Nous avons pris comme point de départ la situation et la forme des clans dans un contexte social ordinaire. La seconde enquête commencée en 2002 avait pour objet était le clan Mi dans le village de Jin. L'analyse portait sur la situation et la forme des clans dans le contexte de la transformation de système entraînée par la mise en œuvre du système d'autonomie des villageois. Ensuite, les résultats de ces deux enquêtes ont été comparés. Ainsi, grâce à la confrontation entre ces deux ensembles de données, mais également avec d'autres recherches, nous avons pu étudier la logique d'existence et d'action des clans dans les villages du Nord de la Chine (Tang Jun, Chen Chao, 2007). Le présent chapitre met l'accent sur le travail de terrain mené dans le village de Xiaji pour présenter la forme et le développement des clans.

Le village de Xiaji a été bâti pour accueillir les populations déplacées à la suite de la construction d'un barrage. Au moment de leur transfert, les villageois ont gravé une stèle pour commémorer l'événement et y ont inscrit les noms de famille des habitants nouvellement installés. Ainsi, nous pouvons lire sur cette stèle que le nom Yun est le plus cité, regroupant plus de 36 % des foyers du village. Teng et Zha occupent la deuxième et la troisième position, avec respectivement 16 % et 12 % des foyers. Les autres noms sont de moindre importance. Du point de vue de sa part dans l'ensemble des foyers, le clan Yun jouit donc d'une supériorité évidente dès la construction du village. Parmi les cadres les plus haut placés, le secrétaire de cellule se nomme Zha X, le chef de la brigade de production Yuan XZ, le secrétaire adjoint de la cellule, le chef adjoint de la brigade de production, l'agent de la sécurité publique et le chef de la milice portent tous le nom de famille Yun. Le chef politique de la première équipe de production se nomme Teng CG, et le chef de l'équipe de production Yun MF ; ces deux postes sont occupés dans les autres équipes de production par : Zha SW et Yun QZ dans la deuxième équipe, Teng LS et Yun SF dans la troisième. En apparence, les membres du clan Yun n'occupent pas de position majeure au sein des postes les plus importants de l'équipe de direction. Toutefois, ils occupent la moitié des six positions importantes que sont les chefs politiques et les dirigeants des équipes de production. Le clan Yun a donc su se bâtir une base pour le contrôle du pouvoir dans la communauté villageoise. Si on prend en compte le fait que des liens familiaux ont par la suite été noués entre Zha X et le clan Yun, cette configuration du pouvoir est très favorable au clan Yun. Grâce à l'arbre généalogique que nous a montré Yun G (Yun QH) (frère cadet de Yun E (Yun QS), on constate que, non seulement toute la lignée de Yuanyi du clan Yun a émigré dans ce nouveau village, mais encore que les six cadres du village en exercice à l'époque (en 1996) entretiennent entre eux des liens de parenté très étroits. En fait, une étude complète des 40 ans d'histoire du village de Xiaji montre que le clan Yun a, depuis le départ, occupé une position supérieure dans la structure de pouvoir du village.

Dans les pages qui suivent, nous observerons en détail l'apparition du clan au cours de ce mouvement de population, notamment l'évolution respective de la ritualité et de l'événementialité ainsi que leur portée au regard de l'existence et du développement du clan.

Pression de l'idéologie et effacement de la ritualité

Le village de Ji occupe un territoire carré d'environ 7 *li* [NDT : un *li* équivaut à un demi kilomètre] de côté. En 1949, un total de 426 foyers (soit 1 878 personnes) y résidaient, et cultivaient 8 000 *mu* de terres, soit une moyenne d'environ 4,3 *mu* par personne. La terre fertile et le développement de l'irrigation permettaient deux moissons de céréales par an, avec une productivité de 800 livres par *mu*. Le village remettait chaque année 2 millions de livres de céréales à l'État. En raison de la construction du réservoir H en 1958, les habitants ont été contraints de déménager collectivement en 1959 vers un village nouvellement construit à trois *li* au Sud-Ouest de l'ancien site (les villageois déplacés ont ensuite nommé leur ancien village Zhongji). Cette année-là, chaque villageois détenait encore en moyenne un peu plus de 2 *mu* et le village a versé à l'État 1,08 millions de livres de céréales.

Depuis la fondation du village de Ji, Teng était le nom de famille le plus répandu, Yun occupait la deuxième place. Comme lieux des activités des clans et symboles de leur existence, les temples des ancêtres des deux grands clans des Yun et des Teng, les *da'an* qu'ils abritaient[1] tout comme les tombes des ancêtres, ont été préservés jusqu'après 1949. Toutefois, il est important de relever un fait significatif : après 1949 les gens ont perdu le souvenir très précis et complet des rituels à pratiquer autour de ces temples et tombeaux ; par contre, ils restaient davantage marqués par le *chihu*, à l'origine lié aux cérémonies menées sur la tombe des ancêtres. Il s'agit dans les deux cas, la cérémonie et le *chihu*, de rituels communs et publics du clan. Cependant, le *chihu* possédait un caractère plus informel que les rites accomplis dans les temples et sur les tombes ; après 1949 il a été plus fréquemment pratiqué que ces derniers et a provoqué plus de répercussions.

Jusqu'aux alentours de 1949, les Yun avaient conservé l'usage des rituels, à date fixe au temple des ancêtres et aux tombeaux. Bien qu'ils se tiennent à des occasions différentes, il s'agit toujours de rituels de sacrifice aux ancêtres de même nature, collectifs et régis par des règles.

1. Le *da'an* est une généalogie rédigée sur une toile qui enregistre les noms et les liens entre les membres masculins d'un clan.

Le jour où l'ensemble du clan se rendait au temple était généralement le Nouvel an chinois. Ce jour-là, le *da'an*, préservé et enroulé, était déployé devant cette généalogie face à laquelle les membres du clan se prosternaient selon un rituel précis. Les cérémonies devant les tombeaux des ancêtres se déroulaient deux fois par an, lors de la fête des morts et au premier jour du dixième mois lunaire. Durant ces rituels, la préséance entre les principaux acteurs des rites et entre les membres du clan était scrupuleusement respectée. Les frontières démarquant le clan du monde extérieur ainsi que les relations entre membres du clan étaient clairement signifiées (Chen Lisong, 1995). Le respect des dates et le faste montraient qu'un clan était soudé, mettait en évidence son niveau de richesse, et révélait le prestige dont il jouissait par rapport aux autres clans au sein de la communauté villageoise.

Après 1949, l'État instaure de nouvelles normes basées sur le système politique et économique de la nouvelle démocratie. À travers les organismes administratifs de base institués dans les villages – c'est-à-dire, d'une part, le Bureau du village[2] et, d'autre part, les taxes agricoles mises en place avant 1953, puis le système du monopole sur l'achat et la vente des céréales instauré à partir de 1953 –, l'État parvient à prendre le contrôle des deux principales ressources : le pouvoir de gestion et les ressources excédentaires (c'est-à-dire les ressources qui ne sont pas essentielles à la vie et la production des habitants). Il parvient ainsi à supprimer dans les organisations claniques les fondations de leurs fonctions politiques et économiques, comme la conciliation, le secours, l'assistance et la gestion de la production. Cette politique a précipité le déclin des organisations claniques et la disparition des institutions, titres et activités – comme par exemple les conseils de clan, conseils des patriarches, les chefs de clans, les chefs de famille, la fonction d'arbitrage, les châtiments – qui entraient en contradiction, voire en opposition, avec les nouvelles normes institutionnelles de l'État. Dans ce contexte social, les rites qui exprimaient les privilèges des membres masculins d'un clan et soulignaient les liens du sang liés au système patriarcal dépérirent naturellement en raison de la politique et de l'économie mais également de l'idéologie portée par la nouvelle démocratie. Bien entendu, l'État ne pouvait pas

2. En 1958, le Bureau du village est devenu le comité de gestion de la brigade de production.

détruire directement tout ce qui était lié aux clans. Certaines coutumes claniques, tolérées par le nouveau système étatique, ont donc pu survivre. C'est le cas du principe éthique « respecter les parents, vénérer les personnes âgées, protéger les petits » perpétué car il repose sur des fondements communs avec la morale familiale promue par la nouvelle démocratie. Ainsi, les rites claniques qui se déployaient sous l'autorité de ces coutumes – par exemple les visites aux parents lors du nouvel an et les repas familiaux – étaient des institutions qui possédaient toujours une légitimité qui se conjuguait à la légitimité coutumière pour assurer ainsi la continuité du rite *chihu*.

Ce que l'on appelle le *chihu* consiste en une réunion familiale autour d'un repas une fois par an à l'occasion de la fête des morts et organisée à tour de rôle par les foyers qui composent le clan. Les membres du clan des Yun financent cette fête par la vente des quelques arbres coupés sur le tombeau des ancêtres. À l'exception des foyers qui résident trop loin, tous les membres du clan, hommes et femmes, peuvent participer. Généralement, le premier jour est réservé aux hommes et le deuxième jour aux femmes. La préséance entre les différentes générations est strictement respectée, et le déploiement de faste n'est pas excessif. « Chacun avait droit à deux 'fruits frits' » résume ce dont les anciens se souviennent avec précision aujourd'hui. Le *chihu*, simple repas pris en commun par des personnes de différents sexes et âges liées par le sang ou des alliances, est néanmoins le moyen d'expression de l'identification et de l'importance accordées au clan d'appartenance. Par leur participation à ce repas, les membres du clan renforcent leur identification et consolident leurs sentiments d'appartenance. Ce rite a subsisté jusqu'en 1958 et la construction du barrage a entraîné la perte des lieux de réunion et des moyens financiers, mettant fin à l'organisation de *chihu*.

Avec le passage des commémorations des ancêtres au *chihu*, les gens ont assisté à la substitution d'un rite clanique formel par un rite clanique informel. La signification profonde de ce changement est la suivante : sous la pression de l'environnement social, le clan en tant qu'organisation formelle se tourne vers le clan originel fondé sur le groupe de parenté ; à cette occasion, l'organisation formelle cède la place à une organisation informelle. Une telle transformation de la forme structurelle exige nécessairement un changement correspondant des procédés qui maintiennent cette forme. L'échange de sentiments et la consolidation de l'identification en constituent sans aucun doute des éléments importants. En ce qui concerne l'échange de sentiments entre membres du clan, non seulement le *chihu* n'est pas moins efficace que les cérémonies de commémoration des ancêtres, mais se conforme mieux à l'idéologie de la nouvelle démocratie, qui promeut dans les relations entre les individus des principes tels que l'égalité entre hommes et femmes, le respect des anciens et l'amour des jeunes, le respect mutuel et la démocratie. Par ailleurs, le *chihu* se passe toujours dans une ambiance plus légère et plus paisible. Au contraire, les commémorations des ancêtres s'écartent beaucoup des principes régissant les relations individuelles mis en avant par le nouveau régime. Malgré leur solennité et leur ambiance mystérieuse, il n'est pas étonnant que les commémorations aient fini par être remplacées par d'autres pratiques. Dans cette évolution se dessine une sagesse de vie : le rite clanique informel du *chihu* répond à la fois aux exigences des coutumes claniques ancestrales tout en se conformant aux normes du système étatique.

Finalement, le *chihu* a pourtant disparu. Certes, les changements dans l'environnement naturel ont certainement contribué à cette disparition, mais le passage excessivement rapide de la nouvelle démocratie au socialisme après le milieu des années 1950 (Bo Yibo, 1991) a eu un effet encore plus profond sur les comportements claniques. Par le biais de la radio, de l'organisation de groupes d'étude et l'envoi d'équipes de propagande, les idées collectivistes, socialistes et communistes étroitement liées à la transformation socialiste de l'agriculture se sont diffusées dans tous les villages, formant une pression idéologique plus forte qu'auparavant. Dans ce contexte, lorsque les significations symboliques du groupe clanique ne peuvent plus coïncider avec ses intérêts réels, et plus particulièrement lorsqu'elles entrent en conflit avec l'idéologie promue avec insistance par l'État, les individus ne peuvent que mettre l'accent sur la défense de leurs intérêts réels. Par ailleurs, le clan luimême sa conscience, sa structure et ses intérêts, ne sont pas uniquement préservés par les rites, ils le sont aussi par les pratiques quotidiennes (Zhao Litao, 1999). Celles-ci englobent des activités quotidiennes comme les visites ordinaires entre parents, mais également la fabrication et l'instrumentalisation des événements importants concernant le village dans les domaines écologiques, politiques et économiques, qui maintiennent de manière particulièrement efficace le développement du clan. Effectivement, en camouflant les actions des clans sous une apparence d'actions non claniques, elles perpétuent efficacement la conscience du clan et la reproduction de ses intérêts.

Conflits d'intérêts entre différents groupes et renforcement de l'évènementialité des clans

Comme nous l'avons présenté plus haut, dans le vieux village de Ji, Teng était le premier nom de famille, Yun n'était que le second. Conformément à ce type de structure, les Teng jouissaient de plus de prestige que les Yun : avant 1949, les Teng étaient plus riches que les Yun, et étaient capables de réunir un *chihu* par an alors qu'il fallait généralement deux ans aux Yun pour pouvoir organiser un *chihu* ; après 1949, les Teng disposaient de plus de pouvoir que les Yun au sein du village, et le pouvoir de certains cadres Teng attisait le mécontentement des Yun. Ceux des Yun qui avaient, ou estimaient avoir, des aptitudes politiques et économiques, guettaient les opportunités pouvant leur permettre d'accumuler des intérêts ou d'étendre leur influence. Un certain nombre d'événements dans la vie communautaire du village ont fourni des opportunités aux membres du clan Yun pour briser cet ordre établi. Le premier de ces événements a été le déménagement collectif entraîné par la construction du barrage.

Les travaux du barrage H, commencés en 1958, permettaient la constitution d'un très grand réservoir couvrant 89,2 milliers de *mu*. Ce projet a eu pour conséquence la formation de deux sortes de villages, les villages fondés sur l'ancien site et les villages de déplacés, à l'instar des villages de Zhongji et de Xiaji formés lors du déménagement des habitants du village Ji. La zone inondée était une région de production céréalière du district P qui, grâce à une irrigation aisée et des terres fertiles, produisait deux récoltes par an et garantissait une certaine prospérité aux habitants. Au contraire, les lieux désignés pour la réinstallation des paysans déplacés se trouvaient à la périphérie de l'ancien village, et n'étaient « que des endroits rejetés de l'ancien village, des terres de mauvaise qualité, infertiles et sèches, offrant de mauvaises conditions de transport et d'irrigation et qui n'assuraient que de mauvaises conditions de vie[3] ». À cela s'ajoutaient les incertitudes concernant le déménagement. La tentation était forte de rester plutôt que de partir.

---

3. D'après le « Rapport de la cellule du Parti du village de Zhongji concernant le problème des revenus de l'usine J ».

A l'époque, le village de Ji comptait douze équipes de production. Selon le plan décidé par le gouvernement local, trois équipes avec un total de 480 personnes devaient déménager. Le principe était celui de l'inscription volontaire, complétée par un tirage au sort en cas d'insuffisance des candidats. Au niveau de la brigade, le chef Teng FS, le secrétaire de cellule du Parti Zha X, le chef de cellule de la Ligue Yun E, le comptable de la brigade Yun G, Yuan XZ (qui selon Yun G n'était pas encore cadre de la brigade) et d'autres se sont portés volontaires pour déménager. Les cadres d'une nouvelle brigade ont été choisis parmi ces volontaires : Zha X est devenu le secrétaire de cellule du Parti, Yuan XZ chef de la brigade, Yun E a été nommé à la fois vice-secrétaire de cellule, chef adjoint de la brigade et chef de la milice, Yun G comptable. Mais au niveau du petit groupe, l'inscription collective a été difficile, seul le chef de la deuxième équipe Yun MF était d'accord pour déménager au nom de son équipe. Le tirage au sort a décidé que la cinquième et la sixième équipe partiraient également. Ainsi, les anciennes deuxième, cinquième et sixième équipes sont devenues après le déménagement les première, deuxième et troisième équipes de production du nouveau village de Xiaji.

En réalité, que ce soit la deuxième équipe qui s'était portée volontaire ou les deux autres équipes qui avaient été tirées au sort, le transfert n'était pas totalement collectif. Le choix concret des personnes appelées à déménager a pris en compte certaines exigences, comme de ne séparer ni les pères de leurs fils, ni les frères. Comme l'explique par exemple le sexagénaire Yun RQ, les gens préféraient rester en famille et rester ensemble. Les membres des clans se sont consciemment rassemblés, non pas uniquement parce qu'ils attachaient une grande attention à la famille, mais surtout en fonction d'une réflexion pratique quant à la force et la sécurité que procure la famille. Ce sentiment se retrouvait aussi bien chez les Teng que chez les Yun. Teng YQ, personnage au pouvoir réel dans le village de Ji, était à l'origine un membre de la deuxième équipe Mais, quand son chef Yun MF, a porté l'équipe volontaire pour le départ, il a choisi de rester dans l'ancien village. Les trois frères Yun D, Yun E et Yun F, leurs parents étant décédés, ont décidé de déménager ensemble. Un tel remaniement a eu pour conséquence l'augmentation du poids des Teng dans l'ancien village et une certaine domination des Yun dans le nouveau village. Les structures claniques se sont ainsi renforcées.

Nous avons mentionné précédemment que les perspectives après le déménagement étaient marquées par une grande incertitude. Pourquoi alors certaines personnes ont-elles volontairement fait le choix de partir ? Pour Yun MF, qui a été à la tête de l'organisation du départ volontaire de toute son équipe, le changement des conditions matérielles d'existence était certainement une raison. Comme le raconte Yun M, le chef d'équipe Yun MF cherchait juste « à avoir un peu de terres et à pouvoir se nourrir », c'est-à-dire à « trouver son chemin dans la vie ». Une question persiste cependant : pourquoi n'y a-t-il eu qu'un chef du clan Yun, chef d'une équipe de production composée majoritairement de membres de ce clan, à s'être porté volontaire pour déménager et « trouver son chemin dans la vie » ? Par ailleurs, les cadres qui, à l'image de Yun E et de Yun G, se sont inscrits en grand nombre pour le transfert, l'ont-ils fait uniquement dans le but d'« avoir un peu de terres et de pouvoir se nourrir » ? D'autant qu'il y avait peu de terres au village de Xiaji, et qu'une bagarre armée s'est justement produite en raison d'une dispute avec un village voisin au sujet des terres. Il était donc difficile de prévoir s'ils pourraient manger à leur faim. En réalité, Yun E était plutôt préoccupé par un calcul personnel qu'il ne pouvait formuler ouvertement : le clan Teng était très puissant dans le village de Ji, et les autres petits clans, particulièrement le clan des Yun aux membres ambitieux et compétents, en dépit de l'oppression subie, ne pouvaient rivaliser avec le clan Teng. « Aller ailleurs pour devenir son propre patron » (*ling li shan tou*) est devenu leur principal désir. À travers leurs raisons de se déplacer les membres du clan Yun exprimaient leur mécontentement contre le pouvoir des Teng et leur volonté d'utiliser ce déménagement pour leur propre développement. Le pouvoir arbitraire des cadres Teng, l'utilisation du mouvement de réforme agraire pour instrumentaliser leur position officielle afin de régler les conflits personnels (*gong bao si chou*), leur responsabilité dans la perte de belles opportunités de développement du village avaient provoqué ce mécontentement.

La synthèse de ces analyses et descriptions montre que la construction du barrage H a provoqué d'intenses bouleversements de l'environnement naturel et social des habitants du village de Ji. Afin de s'émanciper du pouvoir et de la pression exercés par le clan le plus important – les Teng – un certain nombre de cadres Yun se sont portés volontaires pour organiser l'émigration de toute une brigade. Au cours du processus de planification et de réalisation du transfert, que ce soit pour la formulation des normes ou pour l'exploitation de ressources, toutes ces actions ont été marquées par la négociation, la concertation et la coordination.

La coopération élémentaire entre les membres du clan Yun est marquée par le partage de valeurs, préalable essentiel à l'efficacité de cette coopération. Si l'on considère la situation concrète, à l'issue du déménagement préparé de façon minutieuse, tant les biens collectifs du clan Yun que la proportion des membres de ce clan parmi les habitants et le nombre des postes de responsabilité qu'ils occupent, ont très fortement augmenté par rapport à la situation qui prévalait dans l'ancien village. Les 480 habitants du village de Xiaji possèdent la même quantité de biens collectifs que les 1 582 habitants du village de Zhongji, ce qui signifie qu'en moyenne chaque habitant de Xiaji dispose de 3,3 fois plus de biens collectifs que chaque habitant de Zhongji. Cette croissance du nombre de biens collectifs par habitant a sans aucun doute été une des raisons pour laquelle les membres du clan Yun (y compris certains des membres qui portent un autre nom de famille) choisirent dès l'origine le transfert ; cette situation a également certainement raffermi leur foi dans le développement du nouveau village et renforcé leur sentiment d'appartenance et d'identification au clan, élargissant l'influence de celui-ci. En outre, après leur déménagement, les Yun ne représentent plus le deuxième nom de famille comme dans l'ancien village (avec 40 % de la population) mais sont devenus le premier nom du nouveau village avec plus d'un tiers des foyers. Ceci a naturellement renforcé la cohésion interne du clan et son pouvoir de domination à l'extérieur. Enfin, la proportion des cadres appartenant au clan Yun (plus de la moitié des cadres aux niveaux de la brigade et des équipes de production) est largement supérieure à la part de ce clan dans le nombre de foyers (plus d'un tiers). En outre, aussi bien le secrétaire de la cellule du Parti Zha X que le chef de la brigade Qi XZ, en raison du faible nombre de membres de leur clan et de l'insuffisance de leurs ressources, ont vu leur capacité d'action se restreindre, que ce soit pour défendre leurs droits et intérêts ou limiter ceux du clan Yun. Dans cette configuration du pouvoir, les élites Yun ont enfin trouvé un espace d'action où se déployer. En réalité, c'est la structure de pouvoir au profit des Yun, déterminée par le déménagement collectif, qui s'est reproduite et convertie en une structure de pouvoir au sein du nouveau village où la prédominance des Yun était réalisée. En se servant de cet événement qu'a été la construction du barrage, sous l'apparence d'une action communautaire, les membres du clan Yun se sont appuyés sur la coopération serrée au sein du clan pour accomplir avec succès une émigration bien planifiée et visant un objectif précis. Ce déménagement signifie, en un sens, la formation d'un nouveau clan, ou tout au moins un tournant dans le processus de développement du clan. En même temps qu'il se débarrassait de la domination des Teng dans l'ancien village, le clan Yun posait les bases humaines, matérielles et de pouvoir indispensables à son futur développement.

Force est de constater que, pour les membres du clan Yun, le déménagement collectif n'a pas été un événement unique dont ils ont profité pour déployer une action rationnelle. Les conflits avec un autre clan ne sont pas non plus le seul motif à l'origine de cet événement. Dans le monde réel entre clans, entre clans et communautés, entre clans et État, il y a toujours un déséquilibre des intérêts et, de ce fait, des tensions. Nous pouvons observer dans le village de Xiaji, des différends avec les villages voisins concernant les terres, des conflits politiques contre le clan Bao dans les mouvements de la Révolution culturelle, puis des désaccords apparus avec les réformes économiques pour la gestion forfaitaire d'une usine à responsabilité autonome et l'obtention de prêts d'État. Toutes ces tensions montrent que les Yun ont fait plusieurs actions rationnelles pour augmenter le prestige du clan, protéger leur autorité et accumuler des bénéfices réels. Le déclenchement de ces types d'actions collectives par les Yun du village de Xiaji révèle que dans un contexte de mutations politiques et économiques violentes, lorsque les individus se heurtent à des difficultés pour maîtriser leur sort, ils ont besoin de s'appuyer sur le réseau clanique qui est celui dont ils sont le plus familier et dans lequel ils ont le plus confiance. Pour les individus, le clan ne représente pas seulement une histoire, une appartenance, une morale et des devoirs qui répondent de façon pleinement satisfaisante à leurs besoins (Qian Hang, 1993) ; le clan forme également la base sur laquelle ils peuvent bâtir une structure de confiance et un canal important pour avoir accès aux ressources (Guo Yuhua, 1994, Wang Sibin, 1987). Les élites du clan, tel Yun E, qui possèdent des compétences spécifiques, de l'expérience, et nourrissent de grandes ambitions, saisissent habilement, voire créent des événements dont ils peuvent tirer profit, rassemblent et utilisent consciemment la force du clan, déploient des actions de coopération, de conflit, de compromis ou de concurrence avec des objectifs et des plans précis. Ces élites créent ainsi des opportunités pour l'accomplissement de soi tout en accroissant les intérêts du clan. De plus, les membres ordinaires comme Yun RQ, qui manquent de qualifications particulières et de relations, doivent s'appuyer sur la protection du clan ; lorsqu'ils apportent au clan leur fidélité et leur participation, ils se transforment en une force de base capable d'agir sous l'égide des élites, contribuant ainsi à la croissance du clan. Les élites comme les membres ordinaires entretiennent une relation d'interdépendance avec le clan auquel ils appartiennent. Pendant qu'ils se servent du clan pour faire face à la pression venant de groupes extérieurs, ils accroissent en retour les intérêts du clan. Ainsi, les actions collectives déployées rationnellement par le clan en réponse aux tensions nées des intérêts contradictoires entre différents groupes, marquent de manière évidente l'événementialité du clan.

Conclusion : les effets de l'évolution des clans

Après 1949, la réduction de la ritualité et le renforcement de l'événementialité reflètent les changements structurels et fonctionnels des clans liés à leurs actions dans le Nord de la Chine, mais traduisent aussi leur capacité à produire du sens. Toutefois, ces deux notions de « ritualité » et d'« événementialité » rendent compte de deux caractéristiques des clans mais ne doivent pas apparaître comme traduisant les ruptures entre différents clans dans la société réelle. Ces notions nous permettent d'examiner les particularités des clans selon un continuum dont la ritualité et l'événementialité forment les deux pôles. Autrement dit, tout clan possède à un certain niveau ces deux caractéristiques. En particulier, pendant toute la longue histoire précédant 1949, ces deux caractéristiques ont joué un rôle considérable dans la vie des clans mais aussi dans la vie communautaire. L'affaiblissement de l'une de ces deux caractéristiques et la croissance de l'autre ont été beaucoup plus manifestes après 1949. Par conséquent, la ritualité tout comme l'événementialité correspondent à ce que Weber appelait un idéal-type. En rendant compte de la complexité des clans, ritualité et événementialité contribuent à faire connaître et comprendre le processus de leur développement dans les campagnes du nord de la Chine.

Entre 1949 et 1979, les clans organisés de manière formelle ont disparu en silence, conséquence directe de l'intervention générale de la force étatique dans la société rurale. Mais la solidarité des liens du sang et le regroupement par familles restent la base fondamentale de l'existence des groupes claniques, les liens du sang ne pouvant être détruits et le regroupement par familles ayant été accidentellement renforcé. Dans la mesure où les paysans n'ont d'autres ressources d'existence exploitables que le réseau de parenté, le clan est réapparu et s'est redéployé dans leur existence sous un nouveau visage, celui du clan comme organisation informelle. Ayant abandonné les marques, titres et biens comme, par exemple, le conseil du clan, le conseil des patriarches, le chef de clan, le chef de famille, les terres du clan et le temple des ancêtres, le clan est devenu une organisation informelle qui n'est plus menacé d'élimination. Ceci est le résultat de l'équilibre atteint par les paysans entre les besoins de contrôle de la société par l'État et les nécessités de leur vie réelle. Conformément au changement structurel que représente le passage de l'organisation formelle à l'organisation informelle, les exigences des individus envers les fonctions du clan ont également changé. Ils ne se servent plus de rituels communs régis par des règles pour affirmer des objectifs transcendants comme la piété filiale ou le renforcement de l'identification. Ceci ne signifie pas que, de leur côté, les clans d'organisation formelle ne visaient que des objectifs transcendants, que leurs membres se désintéressaient des questions matérielles et se satisfaisaient des *chihu* ; simplement, pour les clans formels, les gains utilitaires avaient beaucoup moins de sens que les objectifs transcendants. Il en est autrement pour le clan d'organisation informelle : sa forme même répond aux besoins d'accumulation de pouvoir et d'intérêts des individus. La stratégie de déménagement collectif du clan Yun, qui s'est servi de la construction du barrage, représente précisément ce type d'objectifs plus concrets et utilitaires.

Les changements structurels et fonctionnels survenus dans les clans de la Chine du Nord après 1949 témoignent de la rationalisation de la croissance des clans dans les villages. Afin de manifester à l'extérieur l'existence du clan, les individus se servent des rites. Stimulés par la force de la tradition, ils ne procèdent pas à un calcul conscient, comme par exemple pour la « commémoration des ancêtres » ou les « *chihu* », dont les dates, les participants et le déroulement sont prescrits par la coutume Les rites eux-mêmes sont dépourvus d'utilité immédiate, mais sont souvent liés à des objectifs transcendants et par conséquent non utilitaires. Ils imprègnent toutes les unités sociales comme les groupes, les organisations, les communautés voire même la société dans son ensemble. Les actions concernées sont d'ordre clanique et respectent des règles, leurs procédures et effets sont prévisibles. Au contraire, lorsque les individus se servent des événements de la vie pour étendre les intérêts du clan, il s'agit d'une instrumentalisation rationnelle, procédant d'un calcul minutieux. Dans le langage ordinaire, les termes avec la racine «*shi*» (événement) sont nombreux: «*shuoshi*» (parler des événements), «*shengshi*», «*zishi*», «*naoshi*» (provoquer des événements) voire «*wushishengfei*» (faire des problèmes à quelqu'un) possèdent généralement un sens péjoratif, et rendent plus saillant le principe utilitaire que contiennent les actions collectives à visée instrumentale. D'un côté, les gens se servent des événements en tant que tels afin d'atteindre des buts spécifiques. D'un autre côté, ils souhaitent provoquer et utiliser ces incidents lorsque les routines ne permettent pas d'atteindre ces objectifs utilitaires et non transcendants qui entrent nécessairement en tension avec ceux d'autres groupes et organisations sociales. Ainsi, les Yun utilisent le déménagement pour «aller ailleurs et pour devenir leur propre patron», et, en conséquence, les autres clans présents dans le nouveau village continuent à subir la pression du plus grand clan. De plus, l'État veut assurer un contrôle total sur les campagnes, et ne saurait tolérer que la force d'un groupe fondé sur des liens familiaux puisse s'étendre sans limites dans les domaines politiques, économiques et culturels. Évidemment, pour le clan, ces objectifs ne peuvent être atteints que par des modes non routiniers, le plus fréquent étant de provoquer et d'utiliser des événements comme par exemple le déplacement que nous avons présenté dans cet article; les clans font tout pour que leurs actions apparaissent légales et légitimes. Les actions des clans naissent et meurent avec l'événement, la régularité des rites familiaux est remplacée par l'improvisation. Bien que les individus visent un objectif précis au début de l'événement, en fin de compte cet objectif ne cesse d'osciller entre une zone claire et une zone sombre, entre la légalité et l'illégalité, entre la légitimité et l'illégitimité; le processus et le résultat sont fortement imprévisibles. Autrement dit, si des valeurs et intérêts identiques au sein du clan peuvent assurément conduire à des actions identiques, la croissance du clan dépend encore du caractère opportun des objectifs et de la justesse des modes d'action, mais également de l'utilisation concrète des normes et des ressources. À travers cet événement de vie qu'est le transfert, le clan Yun adopte un comportement de coopération.

Il n'est pas difficile de voir que l'installation collective des Yun dans le nouveau village par le transfert – c'est l'objectif – a été rendue possible grâce au principe de régulation commune des foyers de la lignée – c'est une norme – et aux liens et sentiments qui lient les membres du clan de façon solidaire – c'est une ressource. À partir de là, la recherche permanente d'une sorte d'équilibre dans la tension entre les normes de la société et celles de l'État représente une stratégie efficace déployée par l'action du clan afin de promouvoir sa croissance selon un principe instrumental. L'acteur ne suit totalement ni les coutumes, ni la loi, il recherche le compromis et le juste milieu entre les deux afin que sa propre action soit légitime dans ces deux domaines. Ceci confirme une expression souvent répétée par les Chinois : « la réussite dépend des efforts des hommes » (*shi zai ren wei*).

Il est nécessaire de noter que l'événementialité ne s'observe pas seulement dans les communautés claniques. La fabrication et l'utilisation d'évènements possède une longue histoire et a joué un très grand rôle dans la société chinoise. Depuis des événements de la vie courante tels que les funérailles jusqu'aux événements politiques plus larges comme la Révolution culturelle, nous pouvons constater que les individus ont constamment cherché à se servir de ces événements pour atteindre leurs propres objectifs, car ils manquaient de canaux parfaitement normalisés et institutionnalisés permettant à tous les groupes et toutes les catégories de la société d'exprimer et d'atteindre leurs objectifs utilitaires. Ce phénomène existe encore aujourd'hui, la fréquence des événements pouvant en apporter la preuve. Si l'événementialité des clans trouve son origine dans la fréquence d'événements au sein du système social, ne doit-on pas poser en même temps qu'elle est également un facteur qui contribue à l'explosion de ces événements ?

Bien entendu, la nature des événements dont le clan peut se servir varie selon les conditions sociales aux différentes étapes de l'histoire. Par conséquent les fonctions des actions déployées par le clan ne sont pas identiques. De ce fait, le contenu et la portée du développement des clans diffèrent. Mais ces actions « sont fondées sur la légitimité de leur but et sur une estimation des ressources exploitables ; elles visent un objectif précis et essaient de prévoir les résultats possibles » (Su Guoxun, 1988). Elles relèvent donc d'actions rationnelles de type instrumental. Outre la croissance des effectifs ou « recomposition des foyers », ces actions expriment l'importance des valeurs, la consolidation de la structure, l'augmentation du prestige et de l'autorité, et l'accumulation d'intérêts réels. L'expansion de l'influence et de la domination de certains clans dans la vie sociale d'un village devient alors le résultat de l'action intersubjective des hommes.

Le développement rationnel d'un clan peut satisfaire entièrement les besoins essentiels de ses membres comme l'historicité, l'appartenance, l'éthique et la responsabilité (Qian Hang, 1993) ; il confère à la vie collective des membres un sens positif. Cependant, lorsque ce développement rationnel atteint le moment où un clan puissant monopolise les capitaux économique et de pouvoir de la communauté, une double conséquence sociale commence à émerger : d'une part, à un moment donné, cette domination d'un clan contribue à accroître la capacité économique et à augmenter l'efficacité administrative, et par conséquent, à stimuler le développement de la communauté villageoise ; d'autre part, elle retarde la transition des modes de vie de la communauté villageoise vers la concurrence équitable sur le plan économique et la gouvernance démocratique sur lc plan politique, affaiblissant ainsi la solidarité de la communauté et sa résistance envers l'extérieur, compromettant au final son développement équilibré. C'est un problème qui doit être pris en compte dans les discussions sur l'intégration des individus dans le système.

En réalité, la portée de cette évolution des caractéristiques des clans ne se limite pas à la rationalisation de leur croissance mais témoigne également de l'existence de nouvelles idées et actions du clan, que nous appelons ici le néo-clanisme. Comparé au clanisme traditionnel assis sur une organisation formelle, le néo-clanisme, qui repose sur une organisation informelle, se distingue du modèle formel dans de nombreux domaines, comme l'idéologie, les modèles de relations et les mode d'organisation. La transition du clanisme vers le néo-clanisme est à la fois le contenu et la conséquence de la transition de la ritualité vers l'événementialité.

La fin des années 1970 marque le point de départ de la politique de réforme économique. Le passage de la commune populaire au système de gestion forfaitaire par les foyers représente non seulement une transition du mode d'organisation économique, mais également du mode de gouvernance politique. Par rapport à l'époque des communes populaires, la force de coercition de l'État s'est partiellement retirée des campagnes. Le contrôle de l'État sur la société rurale s'est transformé, passant de direct à indirect, de rigide à souple (Tang Jun, Chen Wuqin, Hou Hongrui, 2004). C'est dans ce contexte que les clans d'organisation formelle ont débuté une « renaissance » dans les provinces du Sud, du Sud-Est et du centre du pays : Guangdong, Fujian, Zhejiang, Jiangxi, Hunan et Hubei (Mao Shaojun, 1991 ; Qian Hang, Xie Weiyang, 1995 ; Wang Yijie, Yun Yayu, 2001). Bien que dans le Nord, ce soit plutôt l'organisation informelle des clans qui se soit maintenue, l'existence dominante des clans, qu'ils soient formels ou informels, est une réalité sociale indiscutable dans tout le pays. La « loi de la République populaire de Chine sur l'organisation des comités villageois », en vigueur depuis le 1er juin 1988, offre un espace et des moyens institutionnels pour la participation sociale, et surtout politique, des paysans. La liberté du vote et les liens de parenté consolident une base de confiance qui rend possible l'expansion des clans dans le contexte de l'autonomie des villageois (Liu Liangqun, 2003 ; Zhou Yi, 2003 ; Tang Jun, Chen Chao, 2007). Concrètement, les élections des comités villageois constituent une nouvelle scène événementielle, ils ont clairement pour fonction de représenter et mobiliser les clans.

Il faut ajouter cependant que, même si l'État a reconnu aux organisations claniques une position légale dans le processus de gestion sociale locale, la forme de manifestation concrète et les mécanismes de fonctionnement des clans peuvent avoir des caractéristiques très différentes en fonction des lieux et des époques. Notre discussion sur le parcours et les mécanismes des clans devait donc se situer dans un espace-temps limité, et nécessitait la prise en compte de l'écologie politique, économique et culturelle du village étudié. Cette étude représente une raison majeure et une occasion précieuse d'articuler, aujourd'hui et demain, les recherches sur les clans et sur la gouvernance des campagnes.

Bibliographie

BABBIE, E. (1987) : *Shehui yanjiu fangfa (Les methods de recherche sur la société)*, Chengdu, Sichuan Renmin chubanshe.

BAKER, H. (1968) : *À Chinese Lineage Village : Sheung Shui*, Londres, Frank Cass & Co.

BENTHAM, J (1982) : *An Introduction to The Principles of Morals and Legislation*, Londres, Methuen.

BO YIBO (1991) : *Ruogan zhongda juece yu shijian de huigu, di yi juan (Rétrospective sur certaines décisions et événements majeurs, vol 1)*, Pékin, Zhonggong zhongyang dangxiao chubanshe.

CHEN LISONG (1995) : *Yijiusijiu qian chaozhou zhongzu cunluo shequ de yanjiu (Étude de villages claniques de Chaozhou avant 1949)*, Shanghai, Shanghai Guji chubanshe.

COHEN, M. (1970) : Developmental Process in the Chinese Domestic Group, in FREEDMAN, M. (ed.) : *Family and Kinship in Chinese Society*, Stanford : Stanford University Press.

DUARA, P. (1985) : *Wenhua quanli yu guojia : yijiulingling dao yijiusi'er nian de huabei nongcun (Culture, pouvoir et l'État : les campagnes dans le nord-est entre 1900 et 1942)*, Nankin, Jiangsu renmin chubanshe.

FEI XIAOTONG (1990) : *Chengxiang yu bianqu fazhan de sikao (Réflexions sur le développement dans les villes, campagnes et régions reculées)*, Tianjin, Tianjin Renmin chubanshe.

FENG ERKANG (1994) : *Zhongguo zongzu shehui (Société clanique en Chine)*, Hangzhou, Zhejiang Renmin chubanshe.

FREEDMAN, M. (1966) : *Chinese Lineage and Society : Fukien and Kwangtung*, Londres, The Athlone Press.

GUO YUHUA (1994) : Nongcun xiandaihua guocheng zhong de chuantong qingyuan guanxi (Relations de parenté traditionnelles dans le processus de modernisation dans les campagnes), *Shehuixue yanjiu (La recherche en sociologie)* n. 6.

LI SHOUJING, QIU XIN (eds.) (1994) : *Zhongguo nongcun jicang shehui zuzhi jixi yanjiu (Recherche sur le système des organisations sociales de base en Chine rurale)*, Pékin, Zhongguo nongye chubanshe.

LIN YAOHUA (1990) : *Jinyi – Zhongguo jiazu zhidu de shehuixue yanjiu (Ailes d'or – étude sociologique sur le système des clans en Chine)*, Pékin, Sanlian shudian xiangang youxian gongsi.

LIU LIANGQUN (2003) : Zhongzu dui xiangcun shequ gonggong quanli de yinxiang yu zuoyong – cong jiangxi shen XJ xian sishi ge cun de diaocha kan zongzu yu cunji gonggong quanli de guocheng he hudong (Influence et rôle des clans dans le pouvoir public des communautés rurales. Construction des clans et du pouvoir public et leurs interactions à travers l'enquête sur 40 villages dans le district de XJ du Jiangxi), in HUANG ZONGZHI (ed.) : *Zhongguo xiangcun yanjiu (Recherches sur les campagnes chinoises)*, Pékin, Shangwu yinshuguan.

MAO SHAOJUN (1991) : Nongcun zongzu sheli manyan de xianzhuang yu yuanying fenxi (Analyse de l'état actuel et des origines de l'expansion du pouvoir des clans dans les campagnes), *Zhejiang shehui kexue (Sciences sociales du Zhejiang)* n° 2.

PASTERNAK, B., (1972) : *Kinship and Community in Two Chinese Villages*, Stanford, Stanford University Press.

POTTER, J., (1970) : Land and Lineage in Traditional China, in FREEDMAN, M. (ed.) : *Family and Kinship in Chinese Society*, Stanford : Stanford University Press.

QIAN HANG (1993) : Xiandaihua yu hanren zongzu wenti (La modernisation et la question des clans chez les Han), *Shanghai Shehui kexueyuan xueshu jikan (Revue trimestrielle de l'Académie des sciences sociales de Shanghai)* n. 3.

— et XIE WEIYANG (1995) : *Cuantong yu zhuanxing : Jianxi taihe nongcun zongzu xingtai – Yixiang shehui renlei xue de yanjiu (Tradition et transition : morphologie des clans dans la campagne de Taihe du Jiangxi – une étude anthropo-sociologique)*, Shanghai, Shanghai Shehui kexueyuan chubanshe.

SU GUOXUN (1988) : *Lixinghua jiqi xianri – Weibo sixiang yinlun (Rationalisation et ses limites – introduction des pensées wébériennes)*, Shanghai, Shanghai Renmin chubanshe.

TANG JUN (1996) : Dangdai zhongguo nongcun jiazu fuxing de beijing (Contexte de la renaissance des familles claniques en Chine rurale), *Shehuixue yanjiu (La recherche en sociologie)*, n. 2.

— (2001), *Zhifu yu yanmian – Dangdai huabei cunluo jiazu de shengzhang licheng (Hibernation et perpétuation. Parcours des familles claniques dans les villages du nord de la Chine aujourd'hui)*. Pékin, Zhongguo Shehui kexue chubanshe.

— et CHEN WUQING, HOU HONGRUI (2004) : Dui cunmin zizhi zhidu xia jiazu wenti de lilun fansi (Réflexion théorique critique sur la problématique des clans sous le système d'autonomie des villageois), *Shehuixue yanjiu (La recherche en sociologie)*, n. 3.

— et CHEN CHAO (2007) : *Cunmin sizhi beijing xia cunluo jiazu de shengcun yu huodou (Survie et actions des clans villageois dans le contexte de l'autonomie des villageois)*, Cunmin sizhi hou de jiazu wenti yanjiu, Jiaoyubu (Rapport du projet Recherche sur la problématique des clans après l'acquisition d'autonomie des villageois, commandé par le Ministère de l'Education).

WANG HUNING (1991) : *Dangdai zhongguo cunluo jiazu wenhua – Dui zhongguo shehui xiandai hua de yixiang kansuo (Culture clanique dans les villages chinois contemporains – découverte sur la modernisation sociale de la Chine)*, Shanghai Renmin chubanshe.

WANG SIBIN (1987) : Jingji tizhi gaige dui nongcun shehui guanxi de yinxiang (Influences des réformes économiques sur les relations sociales en zone rurale), *Beijing daxue xuebao (Journal de l'université de Pékin)*, n. 3.

WANG YIJIE, YUAN YAYU (2001) : Dui jianguo yilai wo guo xiangcun jiazu de tantao (Discussion sur les clans ruraux depuis la fondation de la Chine nouvelle), *Kaifang shidai* (*Open Times*), n. 11.

XU YANGJIE (1992) : *Zhongguo jiazu zhidushi (Histoire du régime clanique en Chine)*, Pékin, Renmin chubanshe.

XIAO TANGBIAO (2001) : Zhongzu yu cunzhi cunxuanju guanxi yanjiu (Étude du rapport entre clans, gouvernance des villages et élections villageoises), *Jiangxi Shehui kexue* (*Sciences sociales du Jiangsu)* n. 9.

XU LANGGUANG (1990) : *Zhongzu zhongxing julebu (Clans, noms et clubs)*, Pékin, Huaxia Chubanshe.

YANG, C.K., (1959) : *The Chinese Family in the Communist Revolution, in Chinese Communist Society : the Family and the Village*, Cambridge : the Massachusetts Institute of Technology Press.

ZHAO LITAO (1999) : Jiazu yu cunzhuang zhengzhi : yijiuwuling dao yijiuqiling nian (Clans et politique villageoise : 1950-1970), *Ershiyi shiji (XXeme siècle)*, n. 10.

ZHOU YI (2003) : Cunzhuang de jiazu zhengzhi : quanwei liyi yu zhixu – Huaxi cun ge'an yanjiu (Politique clanique dans les villages : pouvoir, intérêt et ordre. Étude de cas du village Huaxi), in HUANG ZONGZHI (ed.) : *Zhongguo xiangcun yanjiu (Recherches sur les campagnes chinoises)*, Pékin, Shangwu yinshuguan.

Chapitre 11

Évolution politique et justification des normes de légitimité dans le discours social

ZHANG JING

Cette recherche a été réalisée à partir de matériaux sur trois affaires criminelles qui ont eu lieu en Chine au cours des trente dernières années afin d'identifier les jugements produits par les discours sociaux contemporains sur les actes incriminés, proposer une analyse des critères et des principes utilisés par ces discours publics et explorer les transformations de la logique de légitimation. Dans cet article, nous mettrons en lumière les signes d'une évolution de la logique de jugement par le discours public. Auparavant, quand il s'agissait de se prononcer sur la nature criminelle d'un acte, la position politique, l'idéologie et les attitudes quotidiennes de la personne incriminée étaient définies comme critères centraux. Progressivement ces critères se sont affaiblis, perdant leur statut principal au profit de la logique de distinction économique et sociale qui a pris de plus en plus d'importance. Ceci témoigne d'une évolution de l'acception de la justification des normes de légitimité par les membres de la société : si, hier, les preuves de culpabilité acceptées par les individus étaient référées aux seuls principes idéologiques, aujourd'hui elles le sont en référence aux principes d'égalité sociale et de justice du système. Ce phénomène révèle également la production progressive de valeurs d'égalité sociale et de justice définies et partagées par les membres de la société, distinctes de l'orthodoxie idéologique. Cette évolution relève du développement de la citoyenneté, comme du développement d'une société civile, mais sans emprunter la forme d'« organisation civile ». Or le milieu académique considère généralement comme témoin de la société civile l'existence d'organisations. Mais, dans le contexte des institutions chinoises, la production de valeurs sociales communes légitimées peut servir d'analyseur pour observer la forme spécifique du développement d'une société civile.

Problématique

Le développement économique et les mutations sociales de la Chine ont largement mobilisé l'attention de chercheurs. Mais contrairement à l'orientation générale de la transformation économique qui fait consensus, les controverses sont nombreuses dans le milieu académique concernant la transition sociale. La question au cœur de ces polémiques est de savoir si la transformation de la société chinoise rend compte du développement d'une société civile. Les réponses divergent. L'origine du débat réside dans la manière dont ces positions sont justifiées. Il est intéressant de constater que tous les participants à ce débat s'emploient à convaincre en s'appuyant sur les organisations. Il est clair qu'ils en partagent la définition et les critères d'analyse : c'est-à-dire qu'ils se basent sur l'existence, ou non, d'organisations sociales indépendantes afin de montrer qu'une société civile se développe, ou non, en Chine. Ce type d'approche a exercé une grande influence sur de nombreuses disciplines. Dans les milieux académiques étrangers et chinois, le développement des organisations est généralement accepté comme critère d'analyse pour mesurer le niveau de développement de la société civile. Par exemple, les historiens se centrent sur le développement des organisations sociales populaires – groupes de notables ruraux, associations commerciales dans les villes, rassemblements autour des marchés. Ils tentent de prouver qu'il existe en Chine un espace public organisé avec ses activités, également appelé « troisième espace » (Huang, 1993). Les politologues mettent en avant la croissance des forces sociales et de leurs formes d'organisation – développement de la participation sociale et du vote – afin d'en éclairer la progression (White, 1993 ; He Baogang, 1997 ; Howell, 2004). Quant aux sociologues, ils observent l'organisation des liens sociaux, en particulier les sous-organisations regroupant des intérêts communs – le développement de communautés civiles et d'organisations à but non lucratif – afin de mettre en lumière leur rôle, qui diffère de celui des organisations officielles, dans la construction de la société civile (Nee, 1996 ; Whyte, 1992 ; Cai Xiaoli, 2006). Toutes ces problématiques de recherche suivent le même modèle fondé sur le raisonnement suivant : le développement des organisations sociales, l'établissement de leur autonomie et l'expansion de la société civile. Ainsi, l'essentiel du travail des chercheurs consiste à observer si les alliances sociales passées et actuelles sont « organisées » et si elles possèdent des fonctions indépendantes de l'État. Ce paradigme est dominant, voire même représente l'unique outil d'analyse, jusque dans les rapports annuels de la Banque mondiale. Ainsi, ce paradigme est utilisé comme unique critère, et fait de la croissance quantitative des organisations populaires (non lucratives) la preuve principale du développement de la société civile dans un pays. Il importe cependant de souligner que les conclusions sur la Chine à l'aide de ce paradigme sont contestables.

De nombreuses recherches ont montré que, s'il existe en Chine une tradition d'organisations sociales non officielles assez importantes, celles-ci sont dépourvues d'autonomie et de valeurs propres. Par exemple, Kong Feili a indiqué que les communautés citadines et les groupes de notables, généralement considérés comme l'expression d'un équilibre avec la puissance de l'État, n'ont cependant, dans toute l'histoire du pays, jamais défié le pouvoir officiel. Qui plus est, leur rapport avec le système officiel était le plus souvent une relation de coopération et non pas d'équilibre. Ceci indique que le rôle fondamental des groupes de notables dans les campagnes était de servir de pont entre l'État et la société (Kuhn, 1994). Traditionnellement, la réalisation des principales tâches des gouvernements locaux, comme la collecte des taxes, reposait souvent sur des canaux populaires informels. Par conséquent, les groupes de notables faisaient partie des gouvernements locaux informels, le pouvoir local se situait et se répartissait de manière informelle entre les deux groupes formés d'un côté par les mandarins (le gouvernement) et de l'autre par les notables (le gouvernement informel) (Qu Tongzu, 2003). De nombreuses organisations locales revêtant une apparence d'organisations sociales subordonnées ont été créées en s'appuyant sur des relations sociales spécifiques ; elles pouvaient donc difficilement forger des valeurs communes. Il est par conséquent impossible de les définir comme des organisations sociales ayant véritablement une portée commune (Zhang Jing, 2003). Les travaux de Dorothy J. Solinger sur les villes chinoises contemporaines ont montré que l'objectif des groupes d'entrepreneurs et des chambres de commerce n'était pas de défendre leur autonomie, de conserver une distance et des frontières claires avec le système officiel, mais de fusionner avec celui-ci en vue de maximiser leurs intérêts communs. Grâce à leurs relations avec le pouvoir officiel, les communautés de commerçants ont accès à des opportunités de marché, des politiques préférentielles et des autorisations de financement, pendant que les fonctionnaires tirent des revenus économiques de cette aide qu'ils apportent aux entrepreneurs (Solinger, 1993). Cette structure relationnelle si particulière est appelée par Wank un « système communiste commercialisé » (Wank, 2001). Les recherches sur la circulation des fonds dans les organisations à but non lucratif montrent que la majorité des organisations non-gouvernementales (ONG) sont créées entièrement, ou en partie, par le système officiel. Leur fonctionnement – incluant leurs objectifs, leurs principes, leur structure et leurs règlements – ne présente aucune différence notable avec celui des organisations officielles (Kang Xiaoguang, 2001). Il est évident qu'une telle structure ne peut être interprétée à partir des couples « pouvoir/marché » et « État/société ».

Ces contestations et conclusions soulèvent des questions complexes.

Notre recherche montre que, bien que les structures définies ailleurs comme des organisations sociales soient également apparues en Chine, leur nature, leurs actions et leurs fonctions ne possèdent pas les caractéristiques que l'on reconnaît à la société civile – c'est-à-dire des fonctions publiques, une indépendance et une contribution à la croissance de la société civile. Nous en déduisons que, dans différentes configurations institutionnelles, les mêmes organisations sociales peuvent remplir des fonctions différentes. Ainsi, en Chine par exemple, si ce que l'on appelle des organisations sociales existent, il est nécessaire de procéder à un examen minutieux du contenu de leurs activités et des objectifs de leurs actions pour pouvoir définir leur rôle réel dans la constitution d'une société civile.

Sur le plan des outils d'analyse, cette particularité confronte les chercheurs à un défi : étant donné les spécificités des organisations chinoises et de la structure sociale du pays, la seule approche par les organisations peut difficilement apporter des solutions satisfaisantes à la problématique de la société civile. Ce point soulève la question du degré de sensibilité de cet indicateur des organisations (Mutz, Benda, Meng Lingqi, 2006). Cet indicateur peut-il refléter efficacement et dans sa totalité le développement de la société civile en Chine ? Dans une telle société, le développement des organisations peut-il servir de preuve valable d'existence d'une société civile ? L'utilisation d'un critère unique permet-elle de mesurer précisément le développement de la société civile en Chine ?

Si l'on va plus loin dans la réflexion, le développement de la société civile en Chine, ainsi que son observation, doit-il suivre la norme d'autres sociétés ? Ou peut-il se produire sous une forme « anormale » ? Si tel est le cas, outre l'indicateur des organisations, d'autres développements sociaux en Chine ont-ils des conséquences sur la société civile ? Quels sont les faits reflétant cette évolution ? D'autres critères plus sensibles peuvent-ils nous aider pour l'observation et l'interprétation ? Quels critères peuvent nous permettre de saisir les indices d'un tel développement profond de la société et refléter avec précision la conscience de la société civile et la diversité des comportements ?

Hypothèses et méthodologie

Nous souhaitons proposer un autre critère d'analyse – la justification des normes de légitimité dans les discours sociaux – afin de mieux comprendre l'évolution de la société chinoise et notamment la réalité du développement de la société civile. La raison a été évoquée plus haut : étant donné le contexte chinois, l'emploi de l'unique critère des organisations comporte le risque d'erreur d'interprétation et, de plus, représente un faible outil de mesure du changement. Toutefois, si nous abandonnons le critère habituel des organisations pour nous intéresser aux membres de la société eux-mêmes – leurs opinions, attitudes, discours et activités – et analysons les logiques de jugement que les gens ordinaires développent sur les affaires publiques, certaines mutations sociales majeures devraient émerger plus aisément. C'est pourquoi nous tenterons, en nous fondant sur des discours sociaux, d'étudier les jugements que la population porte sur des actes criminels et interprèterons les logiques qu'elle adopte lorsqu'elle légitime (ou non) de tels actes. C'est ce que nous appelons la « justification de la légitimité ».

L'adoption de cet outil d'analyse est fondée sur les hypothèses suivantes :

1. Lorsqu'il produit un jugement, le discours social est susceptible de refléter la logique de justification des membres sociaux envers autrui et envers des actes sociaux ; de plus, il est fondé sur une certaine conception de la justice sociale. La conception de la justice largement partagée par les membres de la société peut non seulement refléter l'idéologie et les valeurs de la société, mais également exercer une influence sur l'adoption des règles institutionnelles par les individus et leur soumission à l'ordre établi. Le discours social est par conséquent un moyen pertinent pour repérer les indices du développement de la citoyenneté, que sont le partage, la reconnaissance, l'intéressement et la participation. Ces indices sont de même nature que le développement de la société civile.

2. L'importance de ce point s'explique par le lien entre l'adhésion sociale et le changement de système. La théorie du changement de système a déjà montré que, bien qu'ils soient imperceptibles, les changements de normes de légitimité peuvent entraîner une attente de nouveaux comportements et une adhésion à de nouvelles règles, aboutir ainsi à des changements de système. La raison en est que l'adhésion sociale peut construire l'ordre et l'autorité dans la société. Une adhésion largement subjective – accord des gens sur ce qui est légitime – conduit à un changement des comportements (et des règles).

Les développements les plus récents de la recherche sur les changements de système ont déjà montré que les transformations sociales et leur institutionnalisation s'accomplissent généralement en quatre phases successives :
- Apparition de nouveaux (et différents) comportements.
- Adoption de ces nouveaux comportements par des individus précurseurs.
- Énonciation des normes de légitimité, de règles et de nouveaux comportements.
- Adhésion sociale et diffusion ; établissement des nouvelles règles parmi les membres de la société.

La troisième phase forme le maillon central de ce processus : l'énonciation des normes de légitimité, de nouveaux comportements et de leurs règles. Les membres de la société estiment ce qui est bon et mal, expliquent pourquoi cela est bien ou mal, en avançant des principes sans jugement. Si les arguments impliquent des valeurs communes, ils influencent le public et par là reflètent, produisent une adhésion encore plus large. De plus en plus de gens se comporteront et jugeront autrui à partir de nouvelles justifications. Par conséquent, l'exposé sur la justification des normes de légitimité est le point clef de la production de nouvelles règles (Rao, Monin, Durand, 2003).

3. La justification des normes de légitimité peut nous aider à observer comment les règles institutionnelles sont légitimées (ou non). Le degré de proximité ou de distance entre les justifications de la légitimité que défend la société d'une part, et l'idéologie officielle et les principes de base des textes de loi d'autre part, nous aident à cerner des tendances sociales cachées, leur nature et leur sens.

L'outil d'analyse que constitue la justification des normes de légitimité éclaire les phénomènes d'adhésion sociale et accorde une grande attention aux évolutions que connaissent les idées partagées par les membres de la société. Il représente ainsi un outil plus précis et sensible pour observer la citoyenneté. Il n'est pas soumis à un contexte organisationnel spécifique. Toute pratique conforme aux principes de la société civile – attitudes, actions et habitudes – devient importante. L'adoption de cette approche permet de déceler un plus grand nombre de signes du développement de la société civile : la conscience citoyenne, les idées de justice sociale, les raisons et fondements de la légitimation de certains comportements par les membres de la société… Cet outil permet d'évaluer la société civile en portant l'attention sur les croyances publiques, la morale et les valeurs que possèdent les gens ordinaires. Par rapport au critère des organisations son avantage est qu'il permet d'apporter plus facilement des solutions aux problèmes difficiles. Par exemple, quels sont les critères et les logiques de construction sociale des actes corrects ? Existe-t-il des principes déterminés qui sont le plus souvent utilisés ? Comment la société définit-elle ces principes ? Comment les discours sociaux participent à cette définition ? Quels sont les nouveaux principes que les membres de la société sont en train d'accepter comme étant de nouvelles valeurs ? Quels sont les différents principes sur lesquels se fondent l'ancienne et la nouvelle définition ? Y a-t-il eu des changements dans ce domaine ? Que signifient ces changements ? Ces questions nous aident à dévoiler la tendance des changements qui se dissimule au plus profond de la société.

Il est clair que les questions soulevées par cette approche diffèrent de celles de l'analyse par les organisations. En effet, nous pensons que les transformations que connaissent les organisations sont le résultat de ces adhésions de la part des membres de la société. L'évolution des principe d'adhésion joue un rôle crucial d'incitation : la diffusion d'un principe de légitimité incite les membres de la société à abandonner l'ancienne définition dominante et à adopter le nouveau principe ainsi que les nouvelles règles institutionnelles. Si la société civile signifie l'apparition dans la société d'une série de valeurs, principes, organisations et règles, et leur institutionnalisation progressive, alors un changement dans la justification des normes de légitimité des discours sociaux révèle une conscience citoyenne de l'adhésion et du partage d'idées entre les membres de la société. Au contraire, en nous centrant uniquement sur les organisations, nous risquons de négliger ces mutations fondamentales : en effet, une structure qui porte le même nom qu'une organisation de la société civile pourrait exercer une influence dans des domaines qui n'ont strictement rien à voir avec la citoyenneté.

Notre recherche utilise la méthode qualitative d'étude comparative de cas, privilégiant la description des principales tendances des changements, et non la mesure de leur représentativité. Ce dernier travail nécessiterait de réaliser également des recherches quantitatives. La comparaison des cas concrets s'organise autour de deux concepts : les « frontières symboliques » et les « ordres de justification ». Le premier concept renvoie aux critères utilisés par les individus pour dessiner les frontières et classer les groupes, comme par exemple, distinguer « nous » et « eux », ou pour établir des groupes (les bons, les mauvais, les amis, les ennemis, les riches, les pauvres, les dominants, les précaires...), afin de pouvoir distinguer et catégoriser. Le second concept se réfère à la manière dont les principes de la justification sont ordonnés, et pose en particulier deux questions : comment différents principes deviennent dominants ? comment évolue cette hiérarchie des principes ?

Ces deux concepts sont nés de développements récents de l'analyse sociologique. Nous sommes d'accord avec Michèle Lamont (2005) pour dire que chaque ethnie/nation connaît des parcours historiques et institutionnels particuliers, de sorte que leurs membres utilisent plus facilement certains outils spécifiques. Différentes ethnies/nations peuvent avoir recours à différents outils pour construire et évaluer l'univers qui les entoure (Lamont, Thévenot, 2005). Cependant, la vertu de ces deux concepts permet de traiter de problématiques générales : ils facilitent l'observation et la mesure de différentes situations sociales, et leur comparaison. De plus, ces concepts peuvent résoudre des problèmes singuliers, et permettent en particulier d'étudier les critères et les ordres de justification des classements entre groupes que manipule une société donnée.

A l'aide du concept de « frontières symboliques », nous étudierons les critères appliqués par le discours social pour distinguer une identité, ici celle du « criminel ». Nous observerons les critères mis en œuvre pour dessiner une ligne de démarcation entre les « bons » et les « mauvais » (et classer les individus en différents groupes), et les critères utilisés pour distinguer l'identité spécifique des personnes impliquées dans des affaires criminelles. Nous regarderons les éventuelles évolutions de ces critères dans les trois cas étudiés. En nous appuyant sur le concept d'ordre de la justification, nous mettrons l'accent sur la fréquence des différentes justifications utilisées, afin de faire émerger la primauté de certains principes. Nous souhaitons découvrir des principes importants auxquels les gens adhèrent et mettre en lumière ceux qui tiennent une place dominante.

En résumé, en nous appuyant sur cette méthode, nous nous concentrerons sur trois points essentiels : premièrement, la détermination des frontières symboliques : quels critères sont employés par les gens pour qualifier des actes de criminels ? Deuxièmement, les ordres de justification : quels sont les arguments les plus couramment utilisés pour juger de la culpabilité ? Comment sont-ils hiérarchisés ? Troisièmement, l'évolution des ordres de justification : sur la période que nous couvrons (30 ans), quelles évolutions ont connu ces critères, arguments et ordres ? Que signifient ces changements ?

Trois cas d'affaires pénales et discours social

1. L'Affaire Wang Ping : la justification par le comportement politique

En 1968, un inconnu mendie devant la gare routière de Linfu dans l'Anhui. Un groupe d'habitants locaux l'interroge sur le lieu d'origine et les raisons de sa présence. Il s'exclame : « Je suis révolutionnaire. » Les gens restent incrédules : « Si tu es révolutionnaire, pourquoi ne pas retourner chez toi faire la révolution et participer à la production ? Pourquoi venir ici pour "faire la manche" ? » Parmi les locaux se trouve Wang Ping qui affirme que l'inconnu est le chef d'une organisation criminelle locale. Il va dans la cantine de la gare prendre un bâton gros comme une tasse à thé et frappe violemment les jambes de l'inconnu jusqu'à ce que celui-ci tombe à terre. Beaucoup de gens participent à cette bastonnade. La scène attire une centaine de badauds, et il devient difficile pour les voyageurs de pénétrer dans la gare. Au bout d'un moment, le directeur de la gare leur ordonne de ne pas rester rassemblés ainsi. Mais l'inconnu ne respire déjà plus. Certains proposent de l'enterrer, et Wang Ping soulève le corps et l'enterre dans un cimetière.

Par la suite, une enquête dévoile l'identité de la victime qui portait le nom de famille Chen. Il avait fait son service militaire, avait été promu chef d'escouade puis chef de peloton et avait accompli des exploits militaires. La confirmation de cette identité révolutionnaire change radicalement la nature de l'acte de Wang Ping (Wang Guoqin, 2005). L'affaire sort de l'indifférence pour devenir localement la célèbre affaire de l'« enterrement d'un vivant ». Le 27 août, détenu par la police, Wang Ping se défend en disant qu'il croyait que la victime était le chef de l'organisation des « cinq lacs et quatre mers » qui avait mis le feu à plusieurs centaines de tonnes d'herbe appartenant à l'usine de papier d'État Dongfang.

Peu après, une discussion sur la culpabilité de Wang Ping a lieu avec la population de Linfu. Les comités de quartier Yongjian, Yuejin, Zhongxing, les groupes de production Dagong, Huashu, la coopérative de service, le comité révolutionnaire Jianzhu, le groupe d'études de la station d'approvisionnement, etc., convoquent plusieurs réunions de dénonciation et d'analyse. Le commissariat local, le comité révolutionnaire et le service de défense du peuple mènent de nombreux entretiens, prennent connaissance de l'opinion publique et enregistrent dix neuf procès-verbaux d'entretiens. Sur la base de cette vaste enquête, le commissariat prononce : « Wang Ping est un élément dégénéré qui refuse de se corriger malgré de nombreux avertissements, et qui produit une influence néfaste sur la société. Pour éduquer l'intéressé et défendre la sécurité publique, nous demandons un châtiment, conformément à la loi. »

La lecture des procès-verbaux fait émerger les principaux titres d'accusation :

L'accusé a toujours eu une conduite politique médiocre

Il « transgresse les règlements de production ; ne participe pas aux séances d'étude politique organisées par son unité de travail ; trouble le recrutement militaire ; enfreint la loi matrimoniale ; loge des personnes de provenance inconnue ; lie des relations avec des éléments impropres ; ne déclare pas son hukou ; ne demande pas de congé lorsqu'il s'absente ; exerce la vente privée de cigarettes en espérant en tirer des profits importants ; il mène une vie aisée et mange toujours de la viande, il peut à tout moment sortir une liasse de billets de 5 yuans de sa bourse ; il a déclaré qu'il allait tuer le cadre révolutionnaire Liu, a injurié publiquement le cadre municipal Lu, en disant qu'ils étaient "plus cruels que des bandits" ; il est hostile au gouvernement populaire et insatisfait des politiques du Parti. Dans ses discours il attaque constamment la ligne politique, le Grand bond en avant et les communes populaires. »

La victime avait réalisé des exploits militaires et était un paysan pauvre :

« La victime venait d'une famille de paysans pauvres, il avait rejoint l'Armée de la huitième route. Il avait lutté contre les orgueilleux fascistes japonais, participé à la guerre de Corée et combattu les impérialistes américains armés jusqu'aux dents. Il avait accompli de grands exploits militaires ; c'était un bon camarade qui avait rendu de nombreux services à l'État et au peuple. » Les masses demandent « l'exécution de Wang Ping, parce que la victime était un paysan pauvre… »

L'acte de Wang Ping avait une visée politique

« L'ignoble objectif politique de Wang Ping était de renverser la dictature du prolétariat et de réaliser le rêve de restauration du capitalisme (…), de faciliter la libération des ennemis de classe et de comploter. Il a fourni des armes empoisonnées afin de diffamer la Révolution culturelle et faciliter la propagande contre-révolutionnaire de ses maîtres, tenté en vain de calomnier l'influence mondiale et la portée historique de la Révolution culturelle. » « Par le meurtre il a cherché à atteindre son unique objectif : instaurer le chaos. » L'acte de Wang Ping « est anarchiste et porte atteinte au système socialiste de notre pays... S'il n'est pas exécuté, il doit être condamné à perpétuité. »

L'affaire Wang Ping relève d'une question de lutte des classes

« Wang Ping n'est pas un assassin ordinaire. C'est un assassin contre-révolutionnaire. Il appartient à la troupe des impérialistes-révisionnistes-contre-révolutionnaires. C'est notre ennemi le plus farouche. » Dans l'annexe de l'affaire, on trouve trente sept « avis du peuple » datés du 5 septembre 1970. Beaucoup ont été rédigés sur de petits morceaux de papiers, des feuilles de cahiers d'exercices, des bouts de paquets de cigarettes ou d'emballage de nourriture, voire de papier toilette. Ces avis sont remplis de slogans comme « N'oublions jamais la lutte des classes », « Exigeons avec force l'exécution par balle immédiate de Wang Ping ! » « A bas l'assassin Wang Ping, renforçons la dictature du prolétariat ! »

Les conséquences sociales nuisibles de l'acte de Wang Ping

« L'assassinat de Wang Ping a fait surgir de mauvaises habitudes à Linfu. Les bagarres, les jeux d'argent, la spéculation, les actes répréhensibles ne cessent d'augmenter. Les paysans ne s'investissent plus dans les labours de printemps, ils ne s'intéressent qu'aux affaires entre hommes et femmes. Vieux et enfants ne sont pas bien nourris, ne dorment pas tranquilles. Cela affecte gravement la Révolution culturelle et l'ordre social souffre d'atteintes sans précédent depuis la fondation de la Chine nouvelle. »

Dans cette affaire criminelle des années 1960, la majorité des avis des masses met en avant la justification que l'accusé est un criminel et se fonde sur le critère du positionnement politique. Leur logique repose sur la conduite politique constante de l'accusé, conclut sur ses positions erronées, afin de le classer dans la catégorie des ennemis politiques. À cela s'ajoutent les informations sur l'identité d'« homme bon, ayant accompli des exploits » de la victime qui ont conduit les masses à l'identifier comme un « soldat révolutionnaire ayant rendu de grands services ». À partir de ces données on a déduit le caractère « politique » du motif, de la nature et des conséquences sociales de l'acte criminel de Wang Ping. En particulier, les discours prononcés par l'accusé contre le régime au cours de ses activités sociales ont constitué, pour les masses, le principal argument pour juger de sa position politique. En même temps, ce dernier point est considéré comme directement lié à cette affaire. Les critères de base dont les gens usent pour distinguer les bons des méchants (frontières entre groupes), sont l'attitude et la conduite politiques quotidiennes vis-à-vis du régime.

2. L'Affaire Jiang Aizhen : la justification de l'indignation par la raison

En 1979, Jiang Aizhen, une jeune femme d'un détachement de construction dans le Xinjiang, est l'objet de rumeurs l'accusant de « mauvais comportements avec les hommes ». Son unité de travail organise une série de réunions au cours desquelles elle se voit incitée à ne pas continuer à entretenir de telles relations incorrectes. Dazibaos et caricatures sont affichés sur les murs, des qualificatifs obscènes sont utilisés. Ces activités empêchent les gens de s'approcher d'elle et la laissent dans l'injustice et la solitude, ce qui entraîne chez elle une perte de lucidité. Mais l'on juge qu'elle ne fait que feindre. Jiang Aizhen demande à plusieurs reprises aux niveaux supérieurs à ce qu'une enquête à son sujet soit organisée et que les personnes qui propagent ces rumeurs soient punies afin qu'elle puisse être blanchie. En vain. Dans ces circonstances, elle tire sur trois personnes, dont un cadre du détachement, et les tue. Elle est par la suite condamnée à mort pour « meurtres contre-révolutionnaires ». Les trois victimes sont classées comme « martyrs révolutionnaires ». L'unité de travail organise des funérailles solennelles, offre des couronnes mortuaires, puis certains membres du personnel concernés par cette affaire sont rapidement mutés ou promus. Peu après, le tribunal du niveau supérieur reçoit de nombreuses lettres des masses qui exigent une révision du verdict. Certains articles de journaux commencent également à douter de la justice dans cette affaire, impulsant un vaste débat au sein de l'opinion.

Dans leurs lettres, les masses estiment que si Jiang a commis un meurtre, elle ne méritait pas la peine capitale. Les raisons de leur opinion sont les suivantes :

Jiang Aizhen avait des idées politiques progressistes.

Elle « avait un comportement honnête, sérieux, réservé et n'avait pas l'air de commettre des actes répréhensibles. Elle participait activement au travail et avait des idées politiques progressistes. Elle avait été admise à la Ligue de la jeunesse communiste en 1973, et au Parti en 1976. La même année, elle avait été élue membre du comité de cellule du Parti et secrétaire de cellule de la Ligue. » De plus, « dans cette affaire, Jiang avait vainement cherché le soutien des dirigeants et du Parti, rédigé une plainte et en avait appelé au directeur du détachement », mais en vain.

Il ne lui restait que le meurtre pour punir les auteurs de la rumeur.

« Faute de retour des autorités concernant sa plainte, sans autre solution, elle n'a commis les meurtres qu'après avoir été violemment blessée. » « Sa propre responsabilité mise à part, il ne faut pas ignorer les trois facteurs suivants : premièrement, Li et Xie étaient effectivement les auteurs des rumeurs ; deuxièmement, Yang avait de facto violé la loi en convoquant des réunions de critique au nom du Parti, en collant des affiches, en provoquant des mouvements politiques et en créant une commission spéciale, dans le but de forcer Jiang à se confesser publiquement ; troisièmement, certains dirigeants du détachement étaient partiaux et avaient un comportement bureaucratique. »

Victime de ces tourments, Jiang a agi par indignation et non par vengeance.

« Elle était victime de violations de sa liberté personnelle, et était tourmentée par ses accusateurs. Par exemple, son unité de travail l'avait convoquée une dizaine de fois pour discuter, l'obligeant à écrire des autocritiques. Son groupe avait également organisé des assemblées de dénonciation et exigeait qu'elle avoue ses fautes ; l'unité de travail lui avait imposé des examens gynécologiques ». Son unité de travail avait rédigé des rapports « au nom des masses » destinés au comité du Parti du niveau supérieur mais avait également influencé l'opinion publique et exercé des pressions psychologiques ; les enfants l'insultaient dans la rue. « Ces persécutions ont provoqué chez elle une indignation extrême, lui faisant perdre le contrôle de ses actes. Sans cela, elle ne serait pas allée jusqu'à tuer. »

La révolte de Jiang était une cause juste.

Étant donné l'injustice qu'elle subissait, sa lutte était perçue comme juste et suscitait l'admiration. Dans tout le pays, des milliers d'ouvriers, de paysans, de cadres, d'étudiants et de soldats de l'Armée Populaire de Libération ont écrit aux autorités judiciaires afin de demander une peine allégée. « Cela exprime la voix, le souhait et le sentiment du peuple. » Trois compagnies hongkongaises ont organisé un mouvement de pétition dans la région de Kowloon à Hongkong afin de réclamer qu'elle « garde la vie sauve ». Pendant cinq mois, d'octobre 1979 à mars 1980, des magazines ont reçu 15 000 lettres. Le tribunal de Shihezi a reçu 833 courriers en provenance de différentes provinces et de l'étranger, signés d'individus ou de collectifs. Des gens envoyaient de l'argent et des objets, demandaient Jiang en mariage, la reconnaissaient comme leur fille, ou encore proposaient de devenir gratuitement son avocat. Pendant sa détention en prison, des lettres de consolation lui ont été envoyées par les masses. Celles-ci estimaient que si le crime de Jiang méritait bien une punition en vertu des lois, Jiang n'était pas un élément contre-révolutionnaire ; elles exprimaient le souhait d'une peine allégée et que, simultanément, soit ouverte une enquête contre les auteurs de la rumeur. Avant le procès en appel, la cour avait déjà ouvert mille auditions publiques, mais au moment du procès en appel, de nombreuses personnes venues de partout ont demandé à être entendues. Il existait également une opinion contraire qui estimait que ceux qui la persécutaient étaient coupables, mais que cette culpabilité ne méritait pas la mort, et que par conséquent, l'élévation de Jiang au rang d'héroïne représenterait une violation de la justice. Cependant ces voix étaient faiblement entendues.

Bien que les trois victimes aient été des « cadres révolutionnaires », les commentaires publics sur cette affaire dans les années 1980 utilisaient très peu ces expressions de « révolutionnaire » ou de « contre-révolutionnaire » pour distinguer les identités des personnes impliquées. Au contraire, les commentaires se référaient au critère suivant : est-ce une « personne bonne » ? Est-elle « bonne » envers autrui ? L'unité de travail de Jiang Aizhen a tenté de recourir au critère politique, mais le discours social ne l'a pas accepté. Au contraire, les commentaires dans la presse estimaient que les manières de procéder d'une partie des dirigeants de l'unité de travail avaient porté atteinte à la réputation de Jiang, conduisant au drame ; il n'était donc pas correct d'utiliser les discours révolutionnaires ou contre-révolutionnaires comme titres d'accusation. Dans ce débat sur la culpabilité de Jiang, l'opinion publique plaçait le principe de justice contre les persécutions avant le principe « le meurtre appelle la mort ». Cette logique reposait certes sur une comparaison entre l'accusée et les victimes, il ne s'agissait plus de comparer les statuts et les positions politiques mais les comportements de chacun. Les individus estimaient que la légitimité du meurtre de Jiang était construite à partir des torts commis contre elle par les trois personnes tuées. Il faut noter que, dans cette logique, la conduite politique de Jiang au quotidien a joué un rôle limité. La signification politique ne reposait déjà plus sur le positionnement politique de Jiang, mais sur le fait de savoir si elle possédait des idées progressistes et si elle avait aidé les autres en prison. Un tel changement indique que les gens avaient déplacé leur jugement de positions politiques vers le comportement réel (donc relativement moins politisé) : la personne est-elle honnête et aide-t-elle les autres ?

3. L'Affaire Wang Binyu : la justification par le système social

En 2005, Wang Binyu, paysan-ouvrier originaire du Gansu, réclame à maintes reprises à son patron l'année de salaire que celui-ci lui doit, à chaque fois sans résultat. Au contraire il est systématiquement injurié et chassé. Un jour, armé d'un couteau, il pénètre par effraction chez son patron et demande à nouveau son salaire, mais une dispute violente éclate. Wang tue quatre personnes et en blesse grièvement une cinquième. La cour le condamne à la peine capitale. Cette affaire suscite un vaste débat public sur internet. Des sondages d'opinion menés en ligne donnent à voir que la plupart des internautes sont opposés à ce verdict.

Êtes-vous d'avis que Wang Binyu mérite la peine de mort ?
Le meurtre d'un innocent mérite bien sûr cette peine. . . . . 6,4 %
Malgré ma compassion, il ne peut que payer de sa vie. . . . . . . 18,4 %
La peine devrait être réduite au regard des circonstances. . . . . . 44 %
Wang se révolte contre l'injustice, c'est un héros. . . . . 38,4 %
Je ne sais pas. . . . . 0,8 %

Les opinions contre la peine capitale dans cette affaire reposent sur les arguments suivants :

Wang Binyu fait partie de la population précaire.

« Ils sont tous des victimes innocentes. Exploités longuement et violemment par les catégories supérieures et les “grands”, ils sombrent dans des abîmes de désespoir. Le système social qu'ils côtoient ne leur manifeste qu'une indifférence glaciale, ils ignorent leur misère qui les accable toujours un peu plus, ce qui les pousse dans un désespoir extrême. »

Wang Binyu a été privé de ses droits légaux.

« Il sont exploités par les dominants et les “grands”, et le système actuel ne leur accorde aucun droit de résistance légitime. Ils recherchent des modes légaux et légitimes pour résister, mais à force d'échecs, ils sont poussés à bout et choisissent des modes non légaux et non légitimes, ce qui mérite certainement compréhension et compassion. » « La revendication de Wang Binyu est rationnelle. Il s'est d'abord tourné vers le contremaître, le bureau du travail et le tribunal, sans prononcer de paroles de colère, mais il ne lui est plus rien resté d'autre que de placer un couteau sur le cou de quelqu'un. » « L'affaire de Wang est comme un miroir qui reflète les regrettables insuffisances en ce qui concerne la protection des droits légaux des paysans-ouvriers (*mingong*). » « Les intérêts des paysans-ouvriers sont sans cesse bafoués, reflétant une perte de leurs droits. »

Les pouvoirs publics n'ont pas su défendre efficacement la justice.

Les dispositifs actuels de règlement des différends ne protègent pas suffisamment cette catégorie sociale à laquelle appartient Wang Binyu, catégorie qui n'a aucun moyen d'assistance. En l'absence d'une telle assistance par l'État, malgré la gravité du crime, celui-ci est partiellement attribuable à la responsabilité de la société ou de l'État. « Pourquoi incombe-t-il seulement au faible d'assumer les conséquences négatives ? Est-il juste d'accuser uniquement l'un des protagonistes lorsque les exclus acculés dans une impasse recourent à la violence et à des actes “irrationnels” ? » (...) « Ces conséquences ou ces coûts doivent être à la charge de tous les citoyens y compris les dominants. » Les gens comme Wang Binyu qui ne peuvent bénéficier d'un secours efficace à temps, et qui de plus sont victimes d'atteintes à la loi (car le non paiement des salaires est une infraction), ne doivent pas assumer l'entière responsabilité des actes de vengeance exécutés dans ces circonstances.

« L'interdiction de châtiments privés et d'actes de vengeance par la justice moderne possède une condition préalable : les pouvoirs publics sont en mesure de mettre en œuvre efficacement la justice et l'égalité. Si cette condition n'est pas remplie, ou subit des attaques, les châtiments privés et les actes de vengeance sont légitimes. »

Les juristes : respecter la procédure malgré le manque de justice

Il est important de constater que l'avis des professions juridiques diffère de celui de l'opinion publique. Les juristes estiment que « les reportages dans la presse ne doivent pas interférer avec un jugement indépendant, il s'agit là d'une règle d'or dans un État fondé sur la loi. » Ils rappellent ainsi aux médias que : « Il faut être vigilant et ne pas laisser s'amplifier une telle affaire, et veiller à ce que les émotions concernant les problèmes sociaux ne dépassent pas des limites professionnelles strictes, au risque de mettre en danger le socle de la loi. » Certains professionnels du droit s'interrogent : « L'ingérence de l'opinion publique dans un procès en justice n'enfreint-elle pas la procédure ? »

L'opinion des internautes sur l'acte de Wang Binyu se construit autour de deux logiques. D'une part, la population précaire subit de la part des dominants oppression et injustice. L'acte de Wang est lié à cette situation sociale. D'autre part, les canaux d'assistance publique étant entravés, si la société se montre incapable de punir efficacement les actes illégaux (comme le non-versement des salaires), les Wang recourront à des moyens extrêmes pour se faire justice. Dans ces discussions sur l'acte de Wang, ces deux logiques le dépassent et cherchent à désigner des facteurs plus généraux : la situation où se trouve le groupe social dont il fait partie et la capacité d'assistance du système social. Les opinions des internautes pointent du doigt les obstacles au règlement des problèmes d'« injustice » par le système social, qui ont fait que Wang n'avait d'autre choix que le recours à des moyens extrêmes pour régler lui-même le problème.

« Lui, ses frères et sœurs de misère mènent une vie plus pitoyable que les bêtes, mais il n'a pas pensé à voler ou à braquer » ; « Pourquoi Wang Binyu est-il si désespéré ? Pourquoi ces paysans-ouvriers qu'il représente sont-ils si désespérés ? C'est simple : son adversaire est extrêmement puissant. Un contremaître est comme un dictateur qui décide seul s'il donne le salaire ou non. Pourquoi Wang ne peut-il rien faire contre cela ? Parce qu'il est trop faible, trop précaire… le nœud du problème est l'absence d'une expression organisée, l'absence de canaux d'expression institutionnels. Par exemple Wang Binyu se tourne vers la justice, mais la cour met longtemps avant d'examiner son dossier ; il se tourne ensuite vers le Bureau du travail, mais il ne peut lui venir en aide car il est débordé. Est-ce que Wang peut se tourner vers quelqu'un d'autre ? Non, il n'y a personne d'autre. Alors, il ne lui reste plus que l'autodéfense. Or ce canal n'est pas forcément efficace, et il conduit facilement au crime. »

La logique à la base de ces discussions est l'identification de la position du groupe auquel appartient Wang. Une telle position ne repose pas sur l'attitude politique ou le comportement général de l'intéressé, mais sur la situation du groupe social – situation économique (les biens), sociale (le statut) et politique (les droits légaux). Cette position du discours public condamne le système actuel pour n'être pas équitable envers certains groupes. Ces nouveaux critères de jugement adoptés par les individus mettent en avant la généralisation de certaines valeurs : l'égalité sociale et la justice du système. En mettant en œuvre ces principes, le discours social analyse les actes des personnes concernées en se plaçant sur le plan des groupes et des systèmes, estimant que l'apparition de comportements individuels radicaux est une conséquence inévitable de l'inégalité et de l'injustice auxquels sont soumis les groupes sociaux en question.

Cette logique renforce encore une fois une expérience qui était tombée dans l'oubli – la politisation des affaires pénales comme cela avait été le cas de l'affaire Wang Ping dans les années 1960. Cependant apparaissent des critères différents : la position politique cède la place au statut social et à l'égalité dans le système. Les gens commencent d'abord par procéder à un classement des personnes concernées par une affaire, afin de situer les intéressés au sein de catégories, mettant en exergue les difficultés et les privilèges, les brimades, les humiliations ; ils redirigent l'acte criminel : ils ne regardent pas si l'attitude politique de l'intéressé est conforme à l'idéologie dominante, ils préfèrent saisir le fait que Wang et son groupe font partie des laissés-pour-compte du système, et que, face à une situation d'injustice qui n'est ni rectifiée, ni traitée efficacement, de tels individus commettent progressivement des actes violents. Dans cette affaire Wang Binyu, le discours social n'est plus centré sur le caractère progressiste, ni les idées politiques de l'intéressé, mais sur son appartenance à un groupe occupant une certaine position économique et politique : on regarde si l'intéressé respecte la loi, si la procédure respecte les règlements, et s'il a été traité de façon juste. On constate d'ailleurs sur Internet des divergences d'opinions selon les groupes. Les professions juridiques s'intéressent à l'indépendance de la justice. Mais le critère de justice qu'ils mobilisent se réfère au respect absolu de la procédure judiciaire et à la non-ingérence des médias et des masses dans le verdict. Le grand public se focalise au contraire sur les inégalités entre les catégories sociales et l'efficacité de l'assistance du système. Ces éléments révèlent ainsi que le discours de l'opinion est plus politisé et radicalisé que celui des professions juridiques. En outre, si on le compare à ce qu'il était dans les deux cas précédents, le discours social est traversé par de profondes divergences. Les individus ne parlent plus à l'unisson, ils adoptent des critères différenciés : les uns insistent sur la rationalité et les procédures, les autres sur la précarité et la capacité de protection du système.

ÉVOLUTION DE LA JUSTIFICATIONS DES NORMES DE LÉGITIMITÉ

Ces trois affaires qui se sont succédées sur une trentaine d'années sont riches d'informations concernant les discours sociaux à différentes époques. Certains éléments ont connu une continuité, d'autres ont connu de évolutions nouvelles. Nous pouvons dégager les changements suivants :

1. Justification de légitimité et marquage des frontières symboliques

Un acte est-il criminel ? Qu'est-ce que la culpabilité ? Pourquoi y-a-t'il délit ? Les principales justifications du discours social ont connu l'évolution suivante : elles sont passées de la position politique à l'attitude politique, puis à la catégorie sociale ; la définition des frontières entre groupes s'est déplacée, d'une dichotomie ennemi/nous à l'opposition bons/mauvais, pour arriver à celle de pauvres/riches. Enfin, les critères se sont d'abord appuyés sur l'adhésion à l'idéologie dominante, puis sur un certain progressisme des idées et enfin le respect de la loi et l'aide proposée aux autres au quotidien, pour en arriver enfin au statut socio-économique (y-a-t'il égalité de traitement et les droits sont-ils efficacement protégés par le système ?). Une comparaison des trois affaires révèle les critères dominants dans chaque cas : la position politique occupe une place prépondérante dans la justification de la culpabilité dans la première affaire, mais s'affaiblit dans la seconde et disparaît pratiquement complètement dans la troisième où le discours social définit une « personne bonne » en fonction du respect de la loi. La tendance que l'on peut observer est donc la suivante : en ce qui concerne la légitimation des actes, le discours public renonce peu à peu à la logique de position politique ; progressivement l'attitude idéologique et les opinions politiques sont de moins en moins mobilisées dans la construction de la preuve. Autrement dit, l'évaluation de la légitimité des actes ne repose plus sur la position politique, qui n'occupe donc plus une position dominante.

2. Transformations de la logique de politisation

Ces changements de principes ne signifient toutefois pas que la logique de politisation a été abandonnée par le discours social, mais qu'elle a connu des modifications. Par exemple, dans l'affaire Wang Ping, la logique de politisation n'est pas différente de l'orthodoxie idéologique de l'époque. Dans le cas de Jiang Aizhen, l'accent est mis sur le comportement quotidien, la recherche de progrès social (recherche admise par le système) ; c'est pourquoi l'appartenance aux organisations d'avant-garde, comme la Ligue et le Parti, montrent que cette femme a des idées progressistes. Enfin, le discours social autour de l'affaire Wang Binyu se distingue nettement d'un discours idéologique orthodoxe, il se construit sur le reproche de l'inégalité et l'injustice infligées à Wang ; les principes d'égalité sociale et de justice du système apparaissent de plus en plus comme principes de base.

Sans aucun doute, il s'agit toujours d'une logique de politisation. Elle assigne une responsabilité au système en matière d'inégalité et d'injustice et relie les actes au système social, politique, économique et judiciaire. Ce lien est toujours concrètement construit suivant une même procédure : tout d'abord l'identité de la personne concernée est définie puis la frontière symbolique (entre les groupes) est déterminée, enfin les raisons des actes de la personne sont comprises en fonction de la situation dans laquelle se trouve son groupe d'appartenance. La tendance est claire : en ce qui concerne le jugement de l'acte et du système, le discours social tente d'utiliser ses propres principes et sa propre logique de légitimation, distincte de l'orthodoxie. Mais cette logique demeure hautement politisée. C'est le contenu de cette politisation qui a changé : il s'agissait auparavant de l'attitude et de la position politique, ensuite de la position du groupe et de la justice du système. Le discours social n'a ainsi pas modifié sa tendance : mettre en lien les actes criminels avec l'idéologie de l'État voire avec le système social et trouver dans ce lien les raisons des actes. Le discours social interprète les actes de violence entre individus comme un problème produit par le système, comme une révolte individuelle résultant des préjudices infligés aux individus, de l'inégalité entre catégories et des injustices du système social.

Une telle compréhension possède une tendance à la radicalisation politique en refusant de considérer les affaires pénales ordinaires, par exemple les crimes, comme des menaces à la sécurité publique. Dans les affaires que nous avons présentées, le discours social analyse le meurtre comme une rébellion et un défi visant un groupe social ou lié à une injustice sociale.

3. Diversification des critères et ordre

Le discours social a récemment intégré le critère des revenus économiques en établissant une opposition entre bénéficiaires et victimes d'une part, entre riches et pauvres d'autre part. De plus, face à différents groupes, il adopte différentes hypothèses de légitimité des actes. Le discours social accorde plus de sympathie aux individus et aux groupes occupant une position sociale relativement inférieure, disposant de peu de ressources, dont les droits sont peu protégés ; il accorde au contraire peu de légitimité aux individus et groupes occupant une position supérieure dans la société. Si on se réfère aux situations antérieures, cela montre une diversification des critères de légitimité : nous sommes passés d'un seul principe de justification de légitimité (l'attitude, la position politique) à différents principes de justification de légitimité (respect de la loi, égalité sociale, justice du système) ; d'un argument unique pour tous les actes, nous sommes passés à une diversité d'arguments qui varie en fonction des groupes et des identités sociales.

Ce point reflète l'affaiblissement de l'argument idéologique dominant et sa transformation en une pluralité des valeurs et des positions. Le principe d'inégalité des positions est progressivement devenu le principal argument dans l'ordre du discours social. De leur côté, les professionnels attachent beaucoup d'importance au principe de procédure, lequel occupe une place peu importante dans l'ordre du discours social. Lentement, mais progressivement, le discours social et le discours des professionnels marquent leurs différences par rapport à l'orthodoxie. Le système actuel peut-il incarner l'égalité et protéger efficacement les droits des plus faibles ? Cette question se place désormais au cœur des débats sur le devoir de responsabilité.

4. Formes de discussion et participation active

La participation au débat public a également connu une évolution, passant d'une forme organisée à une forme individuelle. L'unanimité, le recueil passif des opinions, la participation à la mobilisation, les réunions collectives, l'éducation, ont progressivement laissé la place à une participation active, une expression volontaire, différentes formes de prise de parole (par internet) qui proposent un jugement sur les affaires et espèrent influencer le verdict. Cependant, comme auparavant, l'opinion estime devoir influencer la justice, et souvent la société fait pression sur le verdict. De telles pressions ont été de plus en plus nombreuses et influentes lors d'affaires pénales récentes, montrant que le discours social intervient dans la définition de ce qu'est la justice et que les membres de la société commencent à y prendre part au lieu d'attendre et d'accepter passivement cette définition.

Tendances

Du point de vue de la transformation sociale, que reflètent ces changements ?

En premier lieu, un tournant en ce qui concerne l'adhésion des membres de la société : leurs motifs sont passés d'une position/attitude politique unique à l'acceptation d'une diversité de principes : respect de la loi, soutien de la procédure, égalité sociale et justice du système. L'égalité sociale et la capacité du système à protéger les droits de citoyens s'imposent de plus en plus comme des principes primordiaux. Le discours social s'écarte peu à peu de l'orthodoxie et maintient soigneusement cette distance en réinterprétant la justice et redéfinissant les actes légitimes.

En second lieu, par le biais de débats sociaux animés, les individus tentent d'affirmer leurs propres positions et valeurs indépendantes, leur propre définition de la justice qu'ils s'emploient ensuite à faire partager aux autres membres de la société. L'intérêt mutuel, le partage et la conscience d'une dépendance entre les membres de la société se renforcent au travers des débats et discussions. Les individus cherchent un soutien et des adhésions collectives. Cela montre que la société construit des valeurs individuelles et encourage le partage d'arguments. Les gens participent de plus en plus à la définition d'objectifs communs.

Troisièmement, les caractéristiques de la société politisée se perpétuent, voire se renforcent, mais d'une nouvelle manière : dans le discours social les affaires judiciaires et les systèmes économiques, sociaux et politiques sont pensées comme liées entre elles. La logique de radicalisation politique reste la même, les motifs des actes délictueux apparaissent politiques ou économiques.

Enfin, le partage et la différenciation des valeurs sociales se développent en même temps. D'un côté, le discours social laisse apparaître un consensus sur l'égalité des droits et la justice du système ; de l'autre, la hiérarchie entre un certain nombre de valeurs est source de discordances entre les membres la société. Cette discordance accompagne la croissance des différences de statut entre les groupes sociaux, annonce une intensification des divergences sociales et l'apparition d'une culture de discours social porté vers l'extrémisme et la radicalité.

Conclusion : Le public, l'individu et la citoyenneté

La description de cette évolution correspond-elle au développement du principe de citoyenneté : qui fait partie de la société civile ? Les sociologues du politique s'accordent à dire que la formation de l'ordre social reste liée à la construction des relations de domination. Dans l'histoire des hommes, la domination civique et la domination autoritaire sont les deux formes fondamentales qui ont émergé.

Au commencement, la majorité des individus étaient exclus de la domination civique, la société subissait la domination autoritaire du clan, de l'ethnie ou du souverain. Aujourd'hui, la domination n'est pas produite par une mobilisation de l'opinion publique, mais par un pouvoir illimité et reconnu par une certaine tradition. La domination autoritaire n'est pas un pouvoir public, elle n'est pas le fait d'un ensemble d'individus représentant la communauté, on ne trouve pas de mécanismes de différenciation ni de lien entre le collectif et l'individuel. Autrement dit, le pouvoir public et les droits individuels sont déconnectés, tout comme le sont la formation du pouvoir public et la protection des droits et intérêts individuels. L'individu ne participe ni à la définition ni au contrôle du pouvoir public, et il ne s'intéresse pas à son utilisation.

La domination civique doit être basée sur les besoins des individus et l'acceptation des règles qui régissent l'espace public. Les membres de la société exposent leurs besoins par le biais de débats publics, posent des principes de base, les utilisent pour évaluer la légitimité des actes et favoriser le partage de valeurs. Ce processus a lieu en même temps que le développement de la citoyenneté. En effet, si les individus ne sont pas aussi des citoyens qui s'intéressent, participent, partagent et définissent leurs droits et principes d'action, alors il n'y a pas moyen de construire de liens de domination, ni d'exercer la protection envers soi-même.

Nous avons observé cette évolution dans les discours publics des trois cas présentés. Les réactions de la société à l'égard de ces affaires pénales sont riches de sens puisqu'elles traduisent les relations entre individu et société : elles reposent toutes sur une réflexion sur la différenciation et le lien social, à savoir droit des individus et pouvoir public, faute des individus et faute publique, responsabilité individuelle et responsabilité publique. Si l'égalité et la justice sont définies comme la possession par tout citoyen de droits fondamentaux protégés, alors toute violation ou manque de protection sont perçues comme inacceptables. Une première conception de l'espace public émerge ainsi. Évidemment, il doit être partagé de façon égalitaire et n'appartient pas à un groupe donné ; il ne peut pas non plus être défini seulement par une catégorie d'individus. L'espace public est ouvert, proche, défini en commun et lié aux intérêts de tous. Si un certain nombre de droits sont monopolisés par une certaine catégorie, il y a inégalité et injustice.

Le partage égalitaire est le contenu de la citoyenneté, ce qui signifie au préalable partage et responsabilité de l'espace public par tous les membres de la société. Il dépend en particulier de la différenciation entre le public et le privé, et de la différenciation entre l'individu et le citoyen. Il dépend également de la reconnaissance, de la défense et de l'accord de chacun sur ce qui est public. La citoyenneté signifie que les membres de la société sont des citoyens, ont la conscience et la capacité de rechercher la civilité, la solidarité et d'accéder à l'autonomie. Cette citoyenneté définit la base de toute évolution, elle est source de production des relations publiques, des principes publics, de conscience publique, de gouvernance publique, de capacité de construction publique et responsabilité publique. Les signes de l'évolution des logiques de légitimation dans les discours sociaux que nous avons analysés, malgré leur lenteur, traduisent néanmoins le développement d'une conscience publique et d'une compétence citoyenne en Chine.

Bibliographie

BIAN YANJIE, SUN LIPING, LU HANLONG (eds.) (2002) : *Shichang zhuanxing yu shehui fenceng : meiguo shehui xuezhe fenxi zhongguo (Transition de marché et stratification sociale : comment les sociologues américains analysent la Chine)*, Pékin, Sanlian shuju.

CAI XIAOLI (2006) : Zhongguo xiangcun de gonggongpin tigong : liandai tuanti de zuoyong (Fourniture de biens publiques dans les campagnes chinoises : le rôle des groupes de solidarité), *Jingji shehui tizhi bijiao (Étude comparative des systèmes socio-économiques)* n. 2.

HE BAOGANG (1997) : *The Democratic Implications of Civil Society in China*, Hampshire, Macmillan Press.

HOWELL, J. (ed) (2004) : *Governance in China*, Oxford, Rowman & Littlefield.

HUANG, P. (1993) : Between Informal Mediation and Formal Adjudication : The Third Realm of Qing Civil Justice, *Modern China* vol. 19, n. 2.

— (2005) : *Zhongguo de xiandai siwei fangshi (Mode de pensées contemporain de la Chine)*, Conférence prononcée à l'Université du Peuple de Chine en septembre 2005.

KANG XIAOGUANG (2001) : *NGO fupin xingwei yanjiu (Étude sur l'action des ONG de lutte contre la pauvreté)*, Pékin, Zhongguo jingji chubanshe.

KUHN, P. (1994) : *Civil Society and Constitutional Development*, communication non publiée.

LAMONT, M., THEVENOT, L. (eds.) (2005) : *Bijiao wenhua shehuixue de zaisikao (Nouvelles réflexions de la sociologie culturelle comparative)*, Pékin, Zhonghua Shuju.

MCINTYRE, L. (1994) : *Law in the Sociological Enterprise*, Boulder, Westview Press.

MUTZ, G., BENDA, N., MENG LINGQI (2006) : *Zhongguo gongmin shehui tigang (Grandes lignes de la société civile en Chine)*, Centre de recherche sur la société civile, Université de Technologies Appliquées de Munich.

NEE, V. (1996) : The Emergence of a Market Society : Changing Mechanisms of Stratification in China, *American Journal of Sociology* vol. 101.

QU TONGZU, FAN ZHONGXIN, YAN FENG (2003) : *Qingdai difang zhengfu (Les gouvernements locaux sous la dynastie des Qing)*, Pékin, Falü chubanshe.

RANKIN, M. (1986) : *Elite Activism and Political Transformation in China : Zhejiang Province, 1865-1911*, Stanford, Stanford University Press.

RAO, H., MONIN, P., DURAND, R. (2003) : Institutional Change in Tocque Ville : Nouvelle Cuisine as an Identity Movement in French Gastronomy, *American Journal of Sociology* vol. 108, n. 4.

SKOCPOL, T. (1999) : Advocates without Members : The Recent Transformation of American Civic Life», in SKOCPOL, T., FIORINA, M. (eds.) : *Civic Engagement in American Democracy*, New York, Brookings Institution Press.

— (2003) : *Diminished Democracy : from Membership to Management in American Civic Life*, Norman, University of Oklahoma Press.

SOLINGER, D. (1993) : Urban Entrepreneurs and the State : the Merger of State and Society, in SOLINGER, D. : *China's Transition from Socialism : State Legacies and Market Reform 1980-1990*, Armonk, M.E. Sharpe.

— (2005) : From Master to Marginal in Post-Socialist China : The Once-proletariat as New Excluded Entrepreneur, in GU XUEBIN, LI MINGKUN (eds.) : *Huaren shehuizhong de shehui paichi yu bianyuanxing (Exclusion sociale et marginalité dans les sociétés d'origine chinoise)*, Hongkong, Hongkong Technology University.

WANG GUOQIN (2005) : *Yishi xingtai de huayu shijian : dui wangping yijiujiuliu yijiuqiyi guixun dang'an de kaocha (Pratique discursive de l'idéologie – examen du dossier de Wang Ping, 1966-1971)*, mémoire de maîtrise, Université du Peuple de Chine.

WANK, D. (2001) : *Commodifying Communism : Business, Trust and Politics in a Chinese City*, Cambridge, Cambridge University Press.

WHITE, G. (1993) : Prospects for Civil Society in China : A Case Study of Xiaoshan City, *Australian Journal of Chinese Affairs* n. 29.

WHYTE, M. (1992) : Urban China : A Civil Society in the Making ? in ROSENBAUM, A. : *State and Society in China : the Consequences of Reform,* Boulder, Westview Press.

YU XIAOHONG (2002) : *Sifa qunzhonghua : gongchandang jiangxi shiqi de sifa shijian (La massification de la justice. Pratique judiciaire à l'époque du Jiangxi communiste)*, mémoire de maîtrise, Université du Peuple de Chine.

ZHANG JING (2003) : Jieji zhengzhi yu danwei zhengzhi (Politique de classes et politique de l'unité de travail), *Kaifang shidai (Open Times)* n. 2.

QUATRIÈME PARTIE

Modes de production de la connaissance sociologique en Chine

Chapitre 12

Rétrospective et réflexion sur l'enquête sociologique en Chine depuis 1980

CHEN YINGYING

Depuis la restauration de la sociologie en Chine en 1979, face aux changements considérables de la société chinoise, les chercheurs ont mené un grand nombre d'enquêtes sociales minutieuses et approfondies. Ils ont tenté, à l'aide de ces enquêtes, d'explorer les faits sociaux en cette période de transition sociale, afin d'analyser les mécanismes de fonctionnement de la société, voire même de participer à sa construction. Ces enquêtes ont obtenu des résultats féconds, et ont largement contribué à l'accumulation de travaux scientifiques depuis la restauration de la sociologie ; de plus, elles constituent une composante majeure de l'expérience chinoise dans cette discipline. Cet article propose d'effectuer une rétrospective sur l'enquête sociale au cours de ces vingt dernières années, de mener une réflexion critique sur son parcours, et d'en discuter ses particularités, ses problèmes et ses tendances dans le cadre du développement de la Chine.

La tradition de recherche : produire de la connaissance par la pratique et réaliser « l'enquête sociale »

L'enquête sociale est la méthode de recherche la plus utilisée en sociologie, mais sa définition ne fait pas l'objet d'un consensus. Le volume sur la sociologie de la Grande encyclopédie chinoise définit l'« enquête sociale » en distinguant un sens large et un sens étroit. Le premier désigne une activité et une méthode permettant de comprendre sur le terrain certains phénomènes sociaux ; le second se réfère à des techniques de collecte et d'analyse de données dans les approches méthodologiques. Le mot anglais *survey*, signifie « regarder d'en haut », « dominer du regard », et comprend le sens d'observer, de mesurer, d'évaluer, etc. Ce terme spécialisé de la sociologie est principalement employé pour désigner les enquêtes statistiques quantitatives. Un certain nombre de chercheurs pensent que le terme chinois « *shehui diaocha* » (enquête sociale), traduction littérale de *social survey*, doit être utilisé pour désigner les enquêtes statistiques quantitatives. C'est la raison pour laquelle certains appellent « recherche par enquête » toutes les méthodes quantitatives et « recherche de terrain » les méthodes qualitatives (Feng Xiaotian, 2001). Or le travail sur le terrain est indispensable même pour une enquête quantitative. Avant l'adoption générale des méthodes statistiques en Chine, les expressions « enquêtes sociales » et « recherches par enquête » étaient largement utilisées dans la langue chinoise, englobant souvent les enquêtes sociologiques de terrain et les enquêtes typiques de « dissection de moineau » *(jiepou maque*, (type d'étude développé à l'époque de Mao) effectuées par les autorités gouvernementales et le Parti. Par conséquent, beaucoup de sociologues parlent d'« enquête sociale » en référence aux deux méthodes d'enquête quantitative et qualitative (Grande encyclopédie chinoise, volume sociologie, 1991). Par ailleurs, certains identifient recherches qualitatives à recherches théoriques et recherches quantitatives à recherches empiriques. La réduction du terme « enquête sociale » aux enquêtes quantitatives a peut-être renforcé ce malentendu. Ces raisons nous conduisent à considérer l'enquête sociale comme une des méthodes de recherche en sociologie qui consiste à collecter sur le terrain des données quantitatives ou qualitatives de première main pour rendre compte ou expliquer des faits sociaux.

Une telle définition de l'enquête sociale s'explique aussi par la tradition académique de la sociologie chinoise qui lui accorde une grande attention. Elle comprend non seulement les enquêtes quantitatives dans le « mouvement d'enquêtes sociales » mais aussi et surtout les recherches qualitatives comparatives sur des communautés que les chercheurs de l'École de Yanjing ont conduites à travers diverses méthodes, telles que l'entretien et l'observation participante. Dans cette tradition, le qualitatif et le quantitatif ne s'excluent nullement. Au contraire, leur combinaison a été un horizon continuellement visé par les enquêtes sociales en Chine.

Malgré les péripéties qu'a connues la sociologie chinoise, les efforts de plusieurs générations ont permis de forger une tradition académique originale de production de savoir par la pratique. À l'occasion du vingtième anniversaire de la fondation du département de sociologie de l'Académie des sciences sociales de Chine, Fei Xiaotong rappelait :

> « notre discipline n'est pas un savoir imaginaire, c'est une science. La science naît de la pratique. Il faut partir de la pratique pour atteindre le savoir, il faut "rechercher le savoir par la pratique" (Cong shi qiu zhi). (...) Nos enquêtes ne sauraient s'éloigner de la pratique » (Fei Xiaotong, 2000).

Depuis presque un siècle, la sociologie chinoise a produit une tradition qui s'attache à suivre de près la réalité chinoise et à s'appuyer sur des enquêtes sociales ; tradition qui s'est poursuivie jusqu'à aujourd'hui. Les enquêtes sociales étroitement liées à la réalité fournissent des matériaux détaillés et exacts pour observer, analyser et étudier de façon minutieuse la société chinoise, et constituent une assise solide pour la construction de théories sociologiques. Cependant, la question qui se pose à ce stade est de savoir comment « partir de la pratique » ? Autrement dit, quelle méthode devons-nous emprunter pour connaître la réalité chinoise ? Le plus gros problème auquel a été confrontée la sociologie chinoise restaurée après 30 ans d'interruption a été la pénurie de chercheurs bien formés. Un programme permettant d'assurer la tâche fondamentale de former des chercheurs qui connaissent les théories de la sociologie et maîtrisent les méthodes d'enquête a donc été discuté. Bien que, dans les premiers temps après sa restauration, le marxisme et les théories sociologiques occidentales aient été objets de controverses, un consensus a eu lieu sur le fait que les méthodes de la sociologie occidentale formaient un savoir que les chercheurs chinois pouvaient et devaient apprendre et maîtriser. Hu Qiaomu, à l'époque Président de l'Académie des sciences sociales, soulignait :

> « Notre défi immédiat, c'est que nous sommes trop peu familiers avec la diversité des méthodes développées dans la seconde moitié du XXe siècle... Il nous faut maîtriser les données accumulées par la sociologie moderne ainsi que les méthodes qu'elle a employées » (Institut de sociologie de l'Académie des sciences sociales, 1981).

Pour former des chercheurs au plus vite, l'Association chinoise de sociologie et le département de sociologie de l'Académie des sciences sociales ont organisé à Pékin deux sessions de cours de sociologie, en 1980 et 1981, formant ainsi des chercheurs et des enseignants spécialisés dans cette discipline. À l'exception de quelques spécialistes chinois, les formateurs de ces deux sessions étaient principalement des sociologues américains de grande renommée. Le milieu sociologique américain des années 1980 étant encore dominé par la tradition positiviste et les méthodes quantitatives de la sociologie américaine ont représenté essentiellement la majorité des méthodes enseignées pendant ces cours. Les méthodes quantitatives, telles que l'« enquête par échantillon » et l'analyse statistique, y ont été présentées de façon complète et approfondie. Nombre de stagiaires de ces deux sessions de cours sont devenus par la suite des piliers de la sociologie chinoise, aussi bien dans la recherche que dans l'enseignement, ce qui a par la suite largement contribué au penchant quantitatif dominant de la sociologie chinoise. Toutefois, après sa restauration, la sociologie chinoise n'a pas intégralement accepté la tradition quantitativiste américaine. Parallèlement à cet apprentissage des méthodes statistiques quantitatives, une grande importance a été accordée aux méthodes comparatives des communautés qui privilégient des enquêtes qualitatives, méthodes forgées par des générations plus anciennes. Fei Xiaotong, sociologue de la génération précédente, a également fourni un enseignement complet des méthodes d'enquête qualitative par ses cours et ses travaux. Il n'est pas exagéré de qualifier cet enseignement de « main dans la main » ; en effet, outre les cours magistraux, beaucoup de jeunes chercheurs et d'étudiants ont reçu des directions concrètes au cours de travaux de recherche de terrain, qui leur ont permis d'acquérir une compréhension systématique de la tradition de recherche sur les communautés et de rapidement devenir des enquêteurs qualitatifs. De plus, la méthode d'enquête de cas typique de « dissection de moineau », encouragée et préconisée par le Parti depuis très longtemps, et incarnée par les enquêtes à la campagne menées par Mao Zedong, a également influencé l'enquête qualitative après la restauration de la sociologie.

Au moment de sa recréation, les jeunes chercheurs formés aux méthodes sociologiques étaient nombreux à préférer les enquêtes quantitatives qu'ils estimaient comme seules méthodes scientifiques. D'autres chercheurs ayant eu des expériences antérieures différentes pensaient au contraire que la méthode traditionnelle d'enquête de cas typiques était la plus efficace pour comprendre la société chinoise. Un quart de siècle plus tard, est-ce l'enquête qualitative ou l'enquête quantitative qui occupe la place dominante dans la sociologie chinoise ? Les points de vue diffèrent selon les chercheurs en fonction de leurs expériences antérieures. Certains chercheurs étrangers vont jusqu'à estimer que la sociologie chinoise produit peu de recherches quantitatives. Ceci est dû pour partie à une méconnaissance de la situation chinoise, mais reflète le fait que les études quantitatives de la sociologie chinoise n'ont pas encore exercé une grande influence au niveau international. Selon l'enquête de Feng Xiaotian de 2000, 60 % de toutes les recherches empiriques menées en Chine ont eu recours à la méthode du questionnaire, notamment dans les départements de sociologie des universités où ce taux atteint 72 % (Feng Xiaotian, 2001). Il y a eu des tentatives pour évaluer la part des méthodes quantitatives et qualitatives dans la recherche empirique, en se fondant sur les recherches publiées dans les revues de prestige comme *La recherche sociologique* et *Les Sciences sociales en Chine*. Cependant, l'influence de nombreux autres facteurs intervenant dans la publication d'articles rend difficile l'évaluation de l'importance des deux méthodes dans la recherche et l'estimation des tendances futures. Si l'on considère les articles publiés, bien que l'importance de chacune des méthodes varie selon les années, il n'est pas possible d'affirmer que l'une domine l'autre. Nous avons autrefois tenté de réaliser un tel recensement en nous fondant sur les projets de recherche. Mais l'origine des financements étant de plus en plus large, il est difficile d'avoir accès à des données exhaustives. Au fond, il est juste de dire que les enquêtes quantitatives et qualitatives forment les deux traditions de l'enquête sociale en Chine. Depuis la restauration de cette discipline, débats et critiques sur ces deux méthodes n'ont cessé de se faire entendre. Bien qu'il existe des polémiques sur les qualités et les défauts des deux méthodes, cela n'implique nullement que dans les cercles académiques l'une exclue l'autre. Beaucoup de chercheurs soulignent, face à la réalité chinoise, l'importance de la complémentarité des deux approches et tentent de trouver un mode d'articulation entre elles. C'est dans ce contexte que les enquêtes sociales se sont développées à partir de 1980.

« Enregistrer et analyser » la transition sociale et les changements sociaux

Se fonder sur la réalité chinoise, privilégier la recherche empirique et les enquêtes de terrain, forment les traditions académiques majeures de la sociologie chinoise depuis un siècle. Après le rétablissement de la sociologie en 1979, en dépit de la pénurie de spécialistes, de documents et d'outils de recherche, les sociologues ont rapidement centré leur attention sur des recherches étudiant les problèmes réels de la Chine ainsi que la transition et les mutations sociales. Dans les premières années suivant la restauration de la sociologie, Fei Xiaotong a plusieurs fois rappelé aux chercheurs et aux étudiants l'importance de noter et d'analyser le processus de transition qui fait passer la Chine d'une société rurale traditionnelle à une société moderne. Fei Xiaotong et les autres sociologues de la génération précédente soulignent le lien étroit entre la sociologie et la réalité sociale de la Chine, présentant la sociologie chinoise comme « une sociologie nourrie de la réalité, au service de la construction du socialisme » (Fei Xiaotong, 1994). Dans les années 1980, Fei Xiaotong et Lei Jieqiong ont ouvert la voie en dirigeant deux enquêtes : l'une sur les problèmes des bourgs et des petites villes et l'autre sur le mariage et la famille dans cinq villes. Pendant les vingt ans qui ont suivi, les chercheurs ont réalisé un très grand nombre d'enquêtes sur le terrain. Les recherches mentionnées plus haut incluent des enquêtes quantitatives par questionnaire et des enquêtes qualitatives basées sur des études de cas et des entretiens. Nous ne pouvons ici présenter dans cet article de manière exhaustive les enquêtes quantitatives menées depuis la restauration de la sociologie, et discuter des problèmes qu'ils ont posés[1].

Depuis la restauration de la sociologie, les chercheurs chinois de cette discipline ont réalisé un très grand nombre d'enquêtes sociales quantitatives, enquêtes très variées. Ont été menées des enquêtes à caractère local et des enquêtes à l'échelle nationale. En ce qui concerne la méthode des échantillons, il y a des enquêtes avec échantillons probabilistes et d'autres avec échantillons non probabilistes. En ce qui concerne la dimension temporelle, les enquêtes longitudinales coexistent avec les enquêtes transversales. Les sujets abordés sont tout aussi variés : ils

1. En raison du nombre de signes auquel nous sommes limités dans cet article.

peuvent concerner aussi bien les représentations des individus à un niveau microsociologique que des structures macrosociologiques. Il serait difficile de présenter de manière exhaustive l'ensemble des enquêtes réalisées. Nous allons présenter un certain nombre de recherches quantitatives significatives menées depuis les années 1980 dans divers domaines.

1. Enquête sur le mariage et la famille

Pour nombre de chercheurs, il n'est pas exagéré d'insister sur l'importance de la famille dans la société chinoise. Par conséquent, les recherches sur la structure des foyers et l'institution familiale constituent l'une des problématiques auxquelles les chercheurs ont accordé le plus d'attention. Du point de vue des enquêtes quantitatives, les recherches dans ce domaine sont celles qui mettent le plus l'accent sur la standardisation, la continuité et l'accumulation des données.

Lorsque l'on discute des enquêtes quantitatives, il est impossible de ne pas mentionner l'enquête sur le «désir d'enfant des jeunes Chinois», qui est sans aucun doute la première enquête quantitative réalisée après le rétablissement de la sociologie. Menée à Pékin et au Sichuan, cette enquête a été commandée par l'UNESCO et mise en œuvre par le département de sociologie de l'Académie des sciences sociales de Chine. Les chercheurs ont avancé des hypothèses sur la base des données disponibles à l'époque et ont construit un programme d'enquête Au lieu de reproduire les questionnaires des enquêtes occidentales de même type, ils ont d'abord mené des entretiens auprès de jeunes Pékinois exerçant une cinquantaine de professions différentes, puis, sur cette base, ont conçu le questionnaire. Celui-ci abordait la structure familiale, la forme de foyer idéal et le nombre idéal d'enfants. Les personnes participant à l'enquête étaient des jeunes ayant entre 15 et 30 ans. Dans le contexte social de l'époque, l'enquête a été réalisée à partir d'un mode de construction d'échantillons par professions et par unités de travail, de la sélection d'un total de 7000 personnes appartenant à 16 unités de travail. Il s'agit de la première enquête sociale menée depuis la restauration de la sociologie. En la considérant aujourd'hui, du fait des restrictions dues aux conditions de l'époque, elle posait des problèmes, depuis la conception jusqu'à la mise en œuvre. Cependant, il faut noter l'effort de standardisation de la part des chercheurs. Dans la note qu'il a rédigée, Zhang Ziyi, sociologue plus âgé ayant participé à cette enquête, après avoir pointé les insuffisances du questionnaire, souligne que :

> « Globalement, cette enquête a été une réussite… Nous avons l'intention de laisser partir les jeunes dans l'aventure, de les laisser autonomes dans leur travail. Cela leur permettra de mûrir plus rapidement » (Zhang Zhiyi *et alii*, 1982).

Voici probablement la portée principale de cette enquête.

En 1982, sous la direction de Lei Jieqiong, une « recherche sur la famille dans cinq villes chinoises » était réalisée en collaboration avec le département de sociologie de l'Académie des sciences sociales de Chine, l'Institut d'économie de Pékin, les départements de sociologie des Académies des sciences sociales de Tianjin, de Shanghai et du Sichuan, l'Université de Fudan, l'École professionnelle de sécurité publique du Jiangsu et le Centre de recherche en sciences sociales de la municipalité de Chengdu. En 1983, cette recherche est devenue un projet prioritaire de recherche en sociologie dans le cadre du sixième plan quinquennal. Dans cette recherche ont été choisies cinq villes de différentes régions : Pékin, Tianjin, Shanghai, Nankin et Chengdu, pour y effectuer une enquête par questionnaire auprès de 5 057 femmes mariées et 4 385 foyers. L'enquête a abordé le choix du conjoint, les relations familiales, la consommation, la naissance des enfants, la vieillesse, la structure familiale et les cycles de vie d'une famille. La recherche a adopté une méthode d'échantillonnage par groupes déterminés : dans chaque ville un ou deux comités de quartier représentatifs ont été sélectionnés, et chaque comité de quartier a proposé un groupe de 400 à 500 femmes mariées. Pour la première fois, l'ordinateur a été utilisé pour traiter et analyser les données de l'enquête quantitative, ce qui a permis de fournir de précieux matériaux et d'accumuler des données pour les recherches ultérieures (Équipe de recherche sur la famille dans cinq villes, 1985).

En 1994, en continuité avec ce programme de recherche, l'Académie des sciences sociales de Chine a organisé de nouveau une enquête sur le mariage et la famille dans sept villes. La direction scientifique a cette fois encore été assurée par Lei Jieqiong. Et les participants appartenaient aux institutions de recherche suivantes : le département de sociologie de l'Académie des sciences sociales de Chine, le département de sociologie de l'Université de Pékin, les départements de sociologie des Académies des sciences sociales de Shanghai et du Sichuan, le Centre de recherche en sociologie et démographie de l'Académie des sciences sociales du Guangdong, le Centre de recherche sur la situation nationale de l'Académie des sciences sociales du Gansu, et le Centre de recherche en sciences sociales de la municipalité de Harbin. L'enquête s'est déroulée dans sept villes : Pékin, Shanghai, Nankin, Canton, Harbin, Chengdu et Lanzhou. Par rapport à l'enquête précédente, la ville de Tianjin a été remplacée par celle de Canton, Lanzhou et Harbin, dans le but d'obtenir une répartition géographique plus homogène de l'échantillon. Les femmes mariées et leurs maris constituaient l'objet de cette recherche dont le contenu est resté pratiquement le même. Par contre, la composition des échantillons a connu des changements relativement importants, en adoptant la méthode des échantillonnages stratifiés. Dans chaque ville, 800 foyers ont ainsi été étudiés, permettant d'obtenir un échantillon total de 5 664 personnes (Sheng Chonglin, Yang Shanhua, 1995).

Parallèlement, des enquêtes relativement systématiques ont été réalisées concernant les familles paysannes. Sur la base de l'enquête menée dans les cinq villes, deux projets ont été successivement menés sur le mariage et la famille dans les campagnes. En 1986, le département de sociologie de l'Académie des sciences sociales de Chine a dirigé une enquête sur le mariage et la famille à la campagne dans 14 provinces et municipalités, soit Shanghai, Tianjin, le Heilongjiang, le Jilin, le Hebei, le Shandong, le Jiangsu, le Zhejiang, l'Anhui, le Fujian, le Hubei, le Sichuan, le Guizhou et le Guangxi. Des chercheurs et des professeurs d'académies des sciences sociales et d'universités de ces régions ont participé à cette collaboration à grande échelle. En plus des questions posées dans les enquêtes déjà mentionnées, le questionnaire a également porté sur la production familiale et la question de la main-d'œuvre familiale dans les campagnes. L'enquête a adopté la méthode des échantillonnages stratifiés avec probabilité proportionnelle à la taille. 7 258 foyers ont été interrogés. En 1987, l'Université de Pékin a conduit une étude sur « l'évolution du mariage et de la famille en zone rurale depuis les réformes économiques ». Sur la base du niveau de développement économique, 14 districts de Pékin, de Shanghai, du Sichuan, du Heilongjiang, du Henan et du Guangdong ont été sélectionnés, et 2 799 foyers ont répondu au questionnaire (Lei Jieqiong, 1988).

Par la suite, la sociologie chinoise a réalisé un grand nombre d'enquêtes à plus petite échelle sur la famille. Elles ont fourni des données abondantes et détaillées, qui ont permis aux chercheurs de rédiger de nombreux articles et ouvrages concernant la structure familiale en ville et à la campagne ainsi que leur évolution, les relations familiales, la situation économique et les revenus des familles, l'institution matrimoniale et familiale. Ces travaux ont fait avancer la recherche sur le mariage et la famille. Lorsque ces recherches ont été lancées, l'enquête sociale quantitative avait été interrompue pendant 30 ans et restait une « page blanche ». Les enquêtes à grande échelle impliquant de larges collaborations que nous venons de présenter ont relevé le niveau des enquêtes quantitatives, et ont contribué à former un nouveau noyau de chercheurs qui connaissent les méthodes quantitatives. Les techniques de conception des questionnaires et d'échantillonnage sont excellentes, et leur niveau se rapproche progressivement du niveau international. Une autre portée de ces recherches concerne l'enregistrement de données sur l'évolution du mariage et de la famille depuis les réformes, qui a permis de constituer, malgré certaines difficultés, un corpus de données sur plusieurs années précieux pour la recherche ultérieure. Mettre l'accent sur l'accumulation scientifique est une forte tradition dans ce domaine, les chercheurs se sont efforcés de réaliser des enquêtes transversales pour pouvoir saisir les évolutions et les tendances en ce qui concerne le mariage et la famille. Ainsi, lors de la préparation des enquêtes, une grande importance est accordée à la relation et à la comparaison avec les recherches précédentes. Par exemple, les enquêtes successives sur les villes apportent de précieux enseignements sur l'évolution de la structure familiale depuis une vingtaine d'années. Ce type d'enquête quantitative se poursuit encore aujourd'hui notamment dans le département de sociologie de l'Académie des sciences sociales de Chine qui a lancé en 2006 une enquête sur les cinq villes dans laquelle les chercheurs sont revenus enquêter auprès des mêmes comités de quartier. Cette étude est actuellement encore en cours.

2. Enquêtes sur les classes et les catégories sociales

Une autre question brûlante de la sociologie chinoise est celle des classes et des catégories sociales. En 1988, le département de sociologie de l'Académie des sciences sociales de Chine organisait avec des chercheurs de Pékin, de Shanghai, du Liaoning, du Hebei, du Shandong et du Guizhou un groupe de recherche intitulé « recherche sur les classes et les catégories de la société chinoise », afin de mener une enquête par échantillons dans les villes et les campagnes de six provinces et municipalités autonomes au sujet de la stratification et de la mobilité sociale. 4 658 foyers citadins et 4 723 foyers ruraux ont répondu au questionnaire qui incluait les problématiques suivantes : structure professionnelle, prestige professionnel, mobilité intragénérationnelle et mobilité intergénérationnelle. Il s'agit du premier projet de recherche mené sur ces thèmes de la stratification sociale et de la mobilité depuis le rétablissement de la sociologie chinoise. Il est regrettable qu'en raison de circonstances politiques et de divergences au sein du groupe de chercheurs, cette enquête n'ait pu être menée à son terme. Hormis quelques articles rédigés avec les données recueillies, il n'a pas été possible de présenter un rapport de synthèse et les données obtenues n'ont pu être pleinement utilisées. Dans les années 1990, les enquêtes sur la situation nationale, dont nous parlerons dans les pages suivantes, ont également inclus la stratification sociale, ainsi que des questions concernant la mobilité professionnelle et la mobilité intergénérationnelle. Par ailleurs, nombre d'établissements de recherche et d'enseignement supérieur ont réalisé des enquêtes sur ce thème, auxquelles il faut ajouter les projets de coopération sino-étrangers menés également sur ces questions.

En 1999, sous la direction de Lu Xueyi, le groupe de travail sur le changement de la structure sociale de l'Académie des sciences sociales de Chine, commençait une vaste enquête sur la stratification et la mobilité. Ce projet s'est accompli en deux phases. Dans la première phase, qui jouait le rôle de recherche exploratoire, les chercheurs ont d'abord distribué 11 000 questionnaires et ont interviewé presque mille personnes sur 11 sites : la ville de Shenzhen au Guangdong, la ville de Hefei dans l'Anhui, la ville de Hanchuan dans le Hubei, le district de Zhenning dans le Guizhou, la ville de Wuxi dans le Jiangsu, le district de Qidu de la ville de Wujiang dans le Jiangsu, la ville de Haicheng dans le Liaoning, la ville de Fuqing dans le Fujian, l'usine pétrochimique Yanshan à Pékin, l'usine automobile n° 1 de Changchun dans le Jilin et l'Université Nankai à Tianjin. La seconde phase a été lancée sur cette base en 2001, avec un travail d'échantillonnage aléatoire réalisé au niveau national avec la méthode des échantillons stratifiés composites. Parmi 3 300 unités du niveau du district, ont été sélectionnés 408 comités de quartier et comités villageois dans 73 municipalités (districts et arrondissements), composant un échantillon de

6 240 résidants permanents âgés de 16 à 70 ans. Le questionnaire incluait les thèmes suivants : revenu, éducation, parcours professionnel, prestige professionnel, catégorie sociale à laquelle l'enquêté s'identifie, etc. (Lu Xueyi, 2004)

En plus des enquêtes générales sur l'évolution de la structure sociale, de nombreux chercheurs utilisent la méthode d'enquête quantitative pour étudier des catégories sociales spécifiques. C'est le cas par exemple de Zhou Xiaohong qui a dirigé une enquête sur l'évolution sociale de la Chine et le développement de la classe moyenne, réalisée par questionnaire téléphonique dans les villes de Pékin, Shanghai, Canton, Nankin et Wuhan. La recherche a été menée à bien grâce au système d'entretien téléphonique du département de sociologie de l'Université de Nankin. Un échantillon de 3 038 personnes a été constitué par la technique de génération aléatoire de numéros de téléphone par un ordinateur. Le questionnaire comportait 79 questions concernant, outre le contexte social des foyers, les problématiques en relation avec la classe moyenne et son développement en Chine : identité sociale, comportements de consommation, loisirs, fréquentations sociales, transmission éducative et culturelle, goûts culturels, participation politique et usage des médias, etc. En complément, des entretiens individuels ont été réalisés auprès d'une centaine d'individus de cette classe moyenne dans les cinq villes ainsi qu'à Suzhou et à Shenzhen (Zhou Xiaohong, 2005).

Dans le contexte de transition sociale, l'évolution de la structure sociale fait l'objet d'une attention particulière de la part du milieu académique chinois. De plus, les recherches sur la stratification et la mobilité sociale représentent des domaines dans lesquels l'utilisation des méthodes quantitatives atteint une certaine maturité. Ces dernières années, les chercheurs chinois ont réalisé de nombreuses enquêtes sur ce thème avec d'excellents résultats. Il n'est pas possible de les présenter une par une dans ce chapitre. Il faut souligner que, dans ces recherches, la méthode des entretiens a été également utilisée en parallèle à la méthode du questionnaire. Il s'agit d'un premier pas vers la combinaison des méthodes qualitatives et quantitatives. Cependant, le partage des données des enquêtes sociales n'est pas encore réalisé en Chine, les héritages et leçons tirées d'enquêtes différentes ne sont pas clairs, de nombreuses enquêtes manquent de liens organiques entre elles. Nous de disposons donc pas encore de données permettant des comparaisons entre des enquêtes réalisées à différents moments et dans des lieux différents.

3. Enquêtes sociales générales

Beaucoup d'enquêtes sociales générales ont été menées. Elles se consacrent à une large palette de problématiques sociales, réalisent des enquêtes par questionnaire de manière régulière, continue et standardisée. Les thèmes de base nécessaires à l'enquête sociale apparaissent dans chaque sondage, mais les thèmes dominants sont fluctuants et réapparaissent après un certain temps. L'objectif est d'avoir une vision immédiate de la société actuelle et d'accumuler des données à différents moments afin d'étudier les évolutions et les tendances.

La première tentative depuis la restauration de la sociologie en Chine est celle de l'« enquête sur mille foyers citadins à Tianjin ». En 1983, le département de sociologie de l'Académie des sciences sociales de Tianjin collaborait avec la mairie de Tianjin pour mener une enquête sociologique dans 9 districts de la ville. Par la méthode des échantillons par proportion de profession, mille ménages de différents types, résidant dans 36 quartiers des 9 districts, composaient l'échantillon de cette enquête. Le questionnaire abordait une grande variété de sujets : situation des membres de la famille, situation matrimoniale et familiale, consommation de la famille, relations familiales, profession, tâches ménagères et leur partage, temps libre et loisirs, éducation, environnement du logement, attitude envers le travail, évaluation du travail du gouvernement et attitudes sociales, etc. De 1983 à 1993, cette enquête menée sur dix années a accumulé des matériaux de base pour les recherches sociologiques et a fourni des éléments pour la définition de politiques locales (Wang Hui, 1995).

Pour la situation du pays en mutation, l'Académie des sciences sociales de Chine a planifié une enquête de grande envergure intitulée « enquête sur l'économie et la société de cent districts et municipalités ». Organisée par le département de sociologie de l'Académie des sciences sociales de Chine, une enquête générale a été réalisée entre 1988 et 1999 dans 119 districts et villes des 31 provinces. L'objectif principal était de connaître les évolutions politiques, sociales, économiques et culturelles depuis 1949, et plus particulièrement depuis les réformes. Chaque site dans lequel l'enquête était menée devait soumettre un rapport pour composer au final une « collection des enquêtes sur la situation du pays » comportant cent volumes. Les onze ans d'enquêtes se sont accomplis en quatre phases. Au début, les études typiques et l'analyse de la documentation étaient les méthodes principales, complétées par des questionnaires dont chaque site décidait de la nécessité. La deuxième phase a commencé en 1990. Cette fois-ci, les chercheurs ont ressenti, pour une enquête de contexte national de cette envergure, le besoin de données quantitatives disponibles pour des comparaisons inter-régionales. Ils ont alors eu recours à un questionnaire unique pour tous les échantillons. Afin de réaliser une enquête sur la situation du pays, une partie du questionnaire embrassait un champ très large comprenant la situation matrimoniale et familiale, la démographie et la natalité, l'emploi et la mobilité, les revenus et la consommation, les relations sociales et la participation politique, etc. Certains des paramètres sont objectifs, comme la population du foyer, la profession, le revenu, etc. ; d'autres sont plus subjectifs, comme le degré de satisfaction de l'enquêté par rapport à sa vie, ses attentes professionnelles, etc. L'enquête a adopté la méthode des échantillonnages combinant probabilité proportionnelle à la taille (PPT) et échantillonnage systématique. Chaque site constituait de manière aléatoire un échantillon de 300 à 500 personnes. Étant donné que le questionnaire unique n'a été mis en place qu'à partir de cette seconde phase, et que le niveau des chercheurs participant à cette étude était hétérogène, certains sites se sont heurtés à de nombreux problèmes et les enquêtes n'ont pas abouti. Au final, 82 sites ont pu terminer cette enquête avec succès, soit 70 % des sites. Lorsque nous avons participé à cette enquête, notre objectif était, outre de garantir la normalisation de l'enquête, d'établir un système d'indices de mesure des statuts sociaux efficaces et adaptés au contexte chinois. Dans ce système d'indices une série de paramètres visaient à déterminer de façon précise la position sociale de chaque individu – le *hukou*, le lieu de travail, la profession, le secteur d'activité, le régime de propriété de l'unité de travail, la hiérarchie et le pouvoir à l'intérieur de l'unité de travail, les modalités d'emploi. Durant ces onze années d'enquête, nous n'avons cessé d'apporter des perfectionnements à ce système d'indices, afin de l'adapter au mieux à la réalité chinoise (Shen Chonglin *et alii*, 1998 ; 2000 ; 2001).

Après cette enquête sur la situation du pays, en 1995, le département de sociologie de l'Académie des sciences sociales de Chine a réalisé une nouvelle enquête sociale synthétique sur la Chine intitulée « enquête sur les évolutions sociales dans les régions côtières développées de Chine ». Le projet avait pour objet d'essayer de vérifier des problématiques à différents moments avec parfois des questions différentes. Par des analyses comparatives des données de différentes époques, la recherche tentait de saisir la trajectoire des évolutions de la société dans ces régions côtières développées, et ainsi de prévoir l'orientation du développement de la société chinoise. La méthode d'enquête sociale générale permet d'accumuler des données sur la durée qui peuvent être comparées. De plus, la recherche a adopté une méthode comparative interculturelle qui permet quant à elle des comparaisons spatiales maximales. Le projet de recherche et les indices de mesure ont autant que possible été maintenus identiques à ceux des recherches précédentes (que ce soient les enquêtes chinoises sur la situation du pays ou des enquêtes menée l'étranger sur des sujets équivalents). Les thèmes abordés incluaient la situation générale de la population, le travail et la profession, la situation matrimoniale et familiale etc. Par la méthode des échantillonnages combinant probabilité proportionnelle à la taille (PPT) et échantillonnage systématique, 6 villes ont été sélectionnées parmi les 14 villes côtières et les 4 zones économiques spéciales : Dalian, Shanghai, Canton, Yantai, Ningbo et Beihai. En tout, 3 013 adultes entre 20-65 ans ont constitué les échantillons. En 2000, l'enquête s'est élargie pour devenir l'« enquête sur les évolutions sociales en Chine », intégrant la comparaison entre l'Est et l'Ouest du pays. Mais ont été conservées les villes de Dalian, Shanghai et Canton, auxquelles ont été ajoutées les villes que sont Nanning, Chengdu et Canton Cette recherche est encore en cours (Shen Chonglin *et alii*, 2005).

Depuis 2002, le département de sociologie de l'Université du Peuple coopère avec le Centre d'enquête et de recherche de l'Université des sciences et des technologies de Hongkong pour mener une enquête sociale à grande échelle sur l'ensemble du pays, intitulée « Enquête sociale générale, 2003 ». Dans 2 801 districts urbains et ruraux de 22 provinces, quatre régions autonomes et quatre villes relevant directement de l'autorité centrale, la méthode des échantillonnages avec probabilité proportionnelle à la taille a été adoptée pour sélectionner 5 900 citadins (appartenant à 559 comités de quartier de 262 quartiers dans 92 districts), qui ont répondu en face à face au questionnaire. 5 894 questionnaires ont réellement été recueillis. Les principaux thèmes traités par cette enquête étaient : la structure sociale, la mobilité professionnelle, les changements de *hukou*, le réseau social, le parcours scolaire, l'attitude et l'identité sociales, l'évaluation de l'environnement, etc. Cette enquête s'est achevée en décembre 2004, et les données sont désormais disponibles sur internet. Par la suite, le département de sociologie de l'Université du Peuple a réalisé deux autres enquêtes en 2004 et 2005, élargissant la recherche à la population rurale. Les résultats de ces deux enquêtes ne sont pas encore publiés[2]. Il convient de remarquer que, soutenue par l'idée du partage des données, une banque de données des enquêtes sociales du département de sociologie de l'Université du Peuple est désormais ouverte à tous depuis 2005. Les données de première main de l'enquête sociale générale de 2003 seront également accessibles bientôt. Cela constituera la première banque de données d'enquête sociale générale gratuite et librement accessible. Cette initiative aura un effet important sur l'utilisation efficace et l'approfondissement des données, la promotion de l'ouverture de la recherche scientifique et le partage des données.

Des recherches similaires incluent les enquêtes réalisées chaque année par l'équipe d'analyse et de prévisions de la situation sociale en Chine, et publiées sous la forme des *Livres bleus sur la société* par le département de sociologie de l'Académie des sciences sociales de Chine. Depuis 1998, le *Livre bleu* réalise presque chaque année des enquêtes sur les attitudes sociales et la structure sociale ; ces recherches sont menées par des organisations différentes et les enquêtes manquent de continuité dans les contenus. En 2006, le département de sociologie a tenté de les transformer en une enquête sur la situation du pays tout entier, englobant des thèmes comme la situation familiale, l'emploi individuel, l'évaluation de différents problèmes sociaux et l'attitude sociale. L'échantillonnage stratifié a permis de collecter un échantillon de 7 061 personnes.

Les enquêtes sociales générales sont confrontées aux mêmes difficultés que les recherches sur la stratification et la mobilité sociale : le manque d'échanges et le bas niveau du partage de données. À l'étranger, les recherches similaires réalisées à cette échelle sont généralement accompagnées de coopérations intra et inter-disciplinaires qui augmentent la qualité des enquêtes. Les échanges sur les recherches et le partage des données permettent d'éviter le gaspillage de ressources causé par les répétitions. La coopération et la répartition du travail entre différents organismes peuvent optimiser l'utilisation des ressources et augmenter le niveau des enquêtes. Il s'agit d'une tâche urgente pour le milieu sociologique chinois.

2. Voir le site : http://www.chinagss.org

Normalisation et localisation : réflexions critiques sur les enquêtes sociales quantitatives en Chine depuis 1980

Cette présentation montre que la méthode d'enquête quantitative est à l'heure actuelle la méthode dominante en sociologie. Que peut-on tirer comme expériences et leçons d'une réflexion critique sur l'enquête quantitative depuis 1980 ? Comment combiner l'enquête quantitative née en Occident et la réalité chinoise, question qui préoccupe les sociologues chinois. C'est avec ce sentiment de perplexité que nous avons traversé un quart de siècle. Aujourd'hui, l'effort se poursuit pour « rendre chinoise » l'enquête sociale et ses méthodes. Dans les sciences sociales, la question de la normalisation et de la localisation a été débattue à plusieurs reprises, et les méthodes sociologiques et l'enquête sociale ne font pas exception. En ce qui concerne l'enquête sociale, certains perçoivent la normalisation comme copie des méthodes occidentales ; d'autres opposent la localisation comme allant à l'encontre de la disciplinarisation et de la scientifisation, posent la question sous forme d'antagonisme entre la normalisation et la localisation. En fait, ces deux notions se situent sur deux niveaux différents et ne sont pas situées à deux pôles opposés. Elles se présentent comme deux conditions de base pour garantir la qualité de l'enquête sociale. Poser la question en termes antagonistes est souvent le résultat d'un malentendu sur ces deux notions. Toutefois, la normalisation et la localisation n'en forment pas moins deux problèmes majeurs auxquels l'enquête sociale en Chine fait face. Depuis les années 1980, l'enquête sociale en Chine a graduellement pris le chemin de la normalisation et de la localisation ; les chercheurs ont fourni un effort considérable pour cela et obtenu des progrès relativement importants. Bien entendu, il subsiste de nombreuses difficultés aussi bien en ce qui concerne la normalisation que la localisation. Nous souhaitons présenter quelques réflexions tirées de nos propres expériences sur le parcours accompli et les problèmes auxquels nous faisons face.

Il est nécessaire de reconnaître que la méthode et la technique ne sont pas les seuls problèmes auxquels l'enquête quantitative en Chine fait face. Le premier problème est celui de la construction théorique. Certains chercheurs formulent de vives critiques à l'encontre de la recherche empirique dans la sociologie chinoise, estimant qu'une grande partie de la recherche sociologique est comme « un arbre sans racines, de l'eau sans source ». Ces recherches ne « parlent pas toutes seules », elles ne sont pas déconnectées de la réalité, mais au contraire se lient entre elles et dialoguent avec l'international (Ying Xing *et alii*, 2006). L'origine de ce problème tient à la faiblesse d'une construction théorique située, et d'une pensée sociologique affirmée. L'enquête, qu'elle soit quantitative ou qualitative, doit toujours avoir un point de départ théorique et un objectif théorique. Or les enquêtes, quantitatives et qualitatives menées en Chine depuis les années 1980 n'ont jamais été claires sur cette question. Bien entendu, ce manque d'attrait de la part de la recherche empirique pour la théorie existe également dans la recherche empirique occidentale, mais ce problème se manifeste de manière particulièrement aigue en Chine.

Le problème de la méthode d'enquête quantitative commence par celui de la conception de la recherche. Une règle de base de la normalisation de la conception de l'enquête est de choisir une méthode qui s'accorde à l'objectif de la recherche ; échantillonnage et conception du questionnaire ne peuvent s'éloigner du but de la recherche. Nous constatons souvent dans la pratique l'adoption de méthodes qualitatives pour vérifier une théorie existante, ou encore des velléités de découvrir des faits sociaux complexes à l'aide de quelques variables simples sans enquête préalable complète. Ce sont des erreurs que nous avons commises nous-mêmes. Un choix erroné de méthode d'enquête dans la phase initiale de conception de la recherche est souvent à l'origine de l'échec d'une enquête. Poussés par la quête de la « norme », certains pensent que seules les enquêtes de grands échantillons à l'échelle nationale peuvent répondre à des standards et être reconnues par le milieu académique. En réalité, il n'y a pas de lien entre les normes de l'enquête et la taille des échantillons. La Chine est un grand pays avec de gigantesques écarts entre villes et campagnes et entre les régions. Des chercheurs étrangers s'interrogent : « Les conclusions d'une enquête réalisée dans une ville ou un village peuvent-elles être généralisées à toute la Chine continentale ? » (Bian Yanjie *et alii*, 2001) Nous nous demandons nous-mêmes souvent si nous pouvons discuter de différences régionales complexes à l'aide d'un échantillon national composé d'une vingtaine ou d'une trentaine de cas tirés de chaque ville. Par conséquent, quand les deux conditions ne peuvent être satisfaites en même temps, nous devons faire le choix douloureux entre une généralisation et la recherche des différences. Il est sans aucun doute nécessaire de mener des enquêtes d'envergure nationale pour proposer une vision de la Chine toute entière, mais il faut éviter à tout prix de rechercher avec avidité la perfection. Face à la complexité de la réalité chinoise, il est sans doute plus pressant et plus important de découvrir, de décrire et d'expliquer l'hétérogénéité de la société à travers des enquêtes.

Ensuite vient le problème de la mesure dans l'enquête quantitative. Au début de la restauration de la sociologie, les enquêtes copiaient souvent des échelles ayant été utilisées avec succès dans des enquêtes en Occident. Cependant, en raison de différences de contexte culturel et de système social, de nombreux problèmes sont apparus dans l'utilisation de ces échelles. Certains chercheurs parlent d'« inadaptation aux conditions locales » de ces échelles de mesure occidentales, ce à quoi nous adhérons. Il existe une quantité considérable de mesures qui ne sont pas standardisées dans les enquêtes. Une erreur souvent commise est de considérer l'expérience et la connaissance subjectives des faits sociaux par l'enquêté comme la réalité sociale elle-même. Par exemple, des chercheurs ont posé la question suivante : « Estimez-vous que votre emploi est stable ? », puis n'ont utilisé que cet indice pour mesurer la stabilité de l'emploi et discuter des facteurs qui l'influencent. Dans une large mesure, les enquêtes quantitatives ne peuvent reproduire les faits sociaux. Comme la recherche qualitative, les enquêtes quantitatives présentent généralement l'expérience et les connaissances d'un enquêté sur les faits sociaux. Ce point ne doit pas être négligé. Une échelle de mesure standardisée doit s'accorder à la situation réelle et clarifier le sens et les dimensions des concepts. Un facteur majeur de l'inefficacité de la mesure est la préparation théorique insuffisante. Ce n'est qu'avec un contexte théorique clair que l'on peut savoir ce qu'il convient de mesurer. De plus, seule une échelle de mesure efficace permet de vérifier que ce qui a été mesuré est bien ce que l'on souhaitait mesurer. La question du niveau de fiabilité et d'efficacité des outils de mesure doit être confirmée avant l'enquête. Comment ainsi proposer une échelle de mesure normalisée et correspondant au contexte local ? Il faut pour cela renforcer la recherche sur la mesure elle-même, accroître la maîtrise théorique et l'imagination des chercheurs. Certains ont une vision trop simplifiée de l'enquête quantitative, ils estiment que ses techniques ne demandent pas de recherches spécialisées : il n'y aurait besoin que d'un questionnaire pour mener l'enquête et collecter les données. Le travail de définition en amont est un travail hautement complexe, non seulement chaque chercheur doit y réfléchir mais encore des recherches spécialisées sont nécessaires dans ce domaine.

L'enquête quantitative doit également faire face à des difficultés lors du processus de mise en œuvre. Depuis la restauration de l'enquête sociale, les techniques d'échantillonnage ne cessent de se perfectionner, et de nouvelles questions ne cessent d'apparaître concernant les échantillons. Avec l'intensification de la mobilité démographique et professionnelle, il est souvent difficile de disposer de données sur lesquelles baser l'échantillonnage. Il est facile d'imaginer le désarroi du chercheur face à un cadre d'échantillonnage désordonné, Comment intégrer la mobilité géographique dans le cadre de l'échantillonnage ? Il s'agit là d'une difficulté à laquelle nous faisons souvent face. Les recherches sur de nouvelles techniques d'échantillonnage et d'analyse des données pourraient probablement aider à résoudre ce problème. Parmi les difficultés lors de la réalisation des enquêtes, il faut encore mentionner le manque de bons systèmes d'enquête et d'enquêteurs qualifiés, le besoin de renforcer la conscience de la protection de la vie privée chez les enquêteurs.

Enfin, nous ne pouvons passer sous silence la question des échanges, des collaborations et du partage des données. Depuis la restauration de la sociologie et les réformes économiques, un grand nombre d'enquêtes sur les évolutions sociales ont été menées et beaucoup de données précieuses ont été accumulées. Cependant, beaucoup de ces enquêtes sont réalisées de manière dispersée, les échanges et collaborations entre chercheurs sont rares et les données sont préservées par les organisations ou les individus. Dans le même temps, les modes de traitement des données et des enquêtes ne sont pas suffisamment normalisées, elles se prêtent difficilement à un partage ou à des comparaisons. Les chercheurs et les étudiants doivent collecter des matériaux pour chacune de leurs enquêtes, gaspillant des ressources humaines et financières. De plus, une partie des matériaux des enquêtes est perdue. Lorsque l'on étudie les évolutions sociales, les données collectées pour réaliser ces enquêtes de grande envergure sont des matériaux extrêmement importants, et qui nécessitent souvent des dépenses importantes, financières et humaines ; un chercheur ne peut y parvenir seul. Réaliser des analyses diachroniques nécessite un grand nombre de matériaux historiques. De plus, le partage des données contribue également à identifier des problèmes dans les enquêtes et à améliorer ainsi le niveau de la recherche. Par conséquent, les chercheurs doivent accorder une plus grande importance à la promotion de la coopération entre chercheurs et au partage des données. Le département de sociologie de l'Université du Peuple a déjà commencé une première tentative d'ouverture d'un stock de données issues des enquêtes sociales en Chine, et il serait souhaitable que plus de chercheurs participent à cette coopération.

Bibliographie

Comité de rédaction de la Grande encyclopédie chinoise, (1991) : *Zhongguo dabaikequanshu shehuixuejuan (La Grande encyclopédie chinoise, volume sociologie)*, Pékin, Dabaikequanshu chubanshe.

Équipe d'enquête sur les familles rurales en Chine (1993) : *Dangdai zhongguo nongcun jiating (La famille rurale en Chine contemporaine)*, Pékin, Shehui kexue wenxian chubanshe.

Équipe de recherche sur la famille dans cinq villes (1985) : *Zhongguo chengshi jiating : wu chengshi jiating diaocha baogao ji ziliao huibian (Famille urbaines chinoises – rapport d'enquête sur cinq villes et recueil de données),* Jinan, Shandong Renmin chubanshe.

Institut de sociologie de l'Académie des sciences sociales (1981) : *Shehuixue tongxun (Lettre d'information sur la sociologie)* n. 1.

BIAN YANJIE, TU ZHAOQING, SU YAOCHANG (2001) : *Huaren shehui de diaocha yanjiu : fangfa yu faxian (Enquête sur les sociétés de Chinois d'outre-mer – méthodes et découvertes)*, Hongkong, Oxford University Press.

FANG CHANGCHUN (2006) : Cong fangfalun dao zhongguo shijian : diaocha yanjiu de juxianxing fenxi (De la méthodologie à la pratique chinoise : analyse des limites de la recherche par enquête), *Huazhong shifan daxue xuebao (Journal de l'École normale de la Chine centrale)* n. 3.

FEI XIAOTONG (1994) : Luetan zhongguo de shehuixue (Sur la sociologie en Chine), *Shehuixue yanjiu (La recherche sociologique)* n. 1.

— (2000) : Congshi qiuzhi (Rechercher le savoir par la pratique), *Shehuixue yanjiu (La recherche en sociologie)* n. 4.

FENG XIAOTIAN (2001) : Shehuixue fangfa ershinian (Vingt ans de méthodologie en sociologie), *Shehuixue yanjiu (La recherche en sociologie)* n. 1.

— (2001) : *Shehuixue yanjiu fangfa (Les méthodes de la recherche en sociologie)*, Pékin, Zhongguo renmin daxue chubanshe.

LEI JIEQIONG (ed.) (1988) : *Gaige yilai zhongguo nongcun hunyin jiating de xinbianhua (Nouveaux changements dans la famille et le mariage en Chine rurale depuis les réformes)*, Pékin, Beijing daxue chubanshe.

LI DONGSHAN, SHEN CHONGLIN (eds.) (1991) : *Zhongguo chengshi jiating – wuchengshi jiating diaocha shuangbianliang he sanbianliang ziliao huibian (Familles urbaines chinoises – recueil de données des enquêtes à deux variables et à trois variables dans cinq villes)*, Pékin, Zhongguo shehui kexue wenxian chubanshe.

LU XUEYI (ed.) (2002) : *Dangdai zhongguo shehui jieceng yanjiu baogao (Rapport de recherche sur les classes sociales en Chine contemporaine)*, Pékin, Shehui kexue wenxian chubanshe.

— (2004) : *Dangdai zhongguo shehui liudong (Mobilité sociale en Chine contemporaine)*, Pékin, Shehui kexue wenxian chubanshe.

SHEN CHONGLIN, YANG SHANHUA (1995) : *Dangdai zhongguo chengshi jiating yanjiu – zhongguo qichengshi hunyin jiating diaocha baogao he ziliaoji (Recherche sur la famille dans les villes chinoises – rapport d'enquête sur la situation matrimoniale et familiale dans sept villes et recueil de données)*, Pékin, Zhongguo shehui kexue wenxian chubanshe.

SHEN CHONGLIN *et alii* (1998) : *Baixianshi guoqing diaocha di'erpi diaochadian diaocha baogao yu ziliao huibian (Rapport et recueil de données de l'enquête des sites de deuxième phase de l'étude sur le contexte national dans cent districts et villes)*, Pékin, Dabaikequanshu chubanshe.

— (2000) : *Baixianshi guoqing diaocha disanpi diaochadian diaocha baogao yu ziliao huibian (Rapport et recueil de données de l'enquête des sites de troisième phase de l'étude sur le contexte national dans cent districts et villes)*, Pékin, Dabaikequanshu chubanshe.

— (2001) : *Baixianshi guoqing diaocha disipi diaochadian diaocha baogao yu ziliao huibian (Rapport et recueil de données de l'enquête des sites de quatrième phase de l'étude sur le contexte national dans cent districts et villes)*, Pékin, Dabaikequanshu chubanshe.

— (2005) : *Zhongguo yanhai fada diqu shehui bianqian diaocha (Enquête sur les évolutions sociales dans les régions côtières développées de Chine)*, Pékin, Zhongguo shehui kexue wenxian chubanshe.

WANG HUI (ed.) (1995) : *Tianjinshi qianhu chengshi jumin hujuan diaocha (Enquête sur mille foyers citadins à Tianjin)*, Tianjin, Tianjin Shehui kexue wenxian chubanshe.

YING XING, WU FEI, ZHAO XIAOLI, SHEN YUAN (2006) : Chongxin renshi zhongguo shehuixue de sixiang chuantong (Redécouvrir les pensées traditionnelles de la sociologie chinoise), *Shehuixue yanjiu (La recherche en sociologie)* n. 4.

ZHANG ZIYI *et alii* (1982) : *Zhongguo qingnian de shengyu yiyuan (Désir d'enfant chez les jeunes Chinois)*, Tianjin, Tianjin Renmin chubanshe.

ZHOU XIAOHONG (2005) : *Zhongguo zhongchan jieji diaocha (Enquête sur la classe moyenne chinoise)*, Pékin, Shehui kexue wenxian chubanshe.

Chapitre 13

La trajectoire du développement de l'anthropologie en Chine : de la sécularisation en Europe et en Chine

LUO HONGGUANG

INTRODUCTION

De nombreuses figures de proue en sciences humaines se sont intéressées aux lois de l'évolution et à leurs trajectoires à partir de points de vue différents : matériel, des idées, des structures, des institutions et de la société. Un certain nombre d'ouvrages ont compté parmi lesquels : *La société archaïque* de H. Morgan, *L'origine de la famille, de la propriété privée et de l'État* de Engels, *Sociologie et anthropologie* de M. Mauss, *La division du travail social* de Durkheim, Narody Avstralii i Okeanii [Peoples of Australia and Oceania] de S.A. Tokarev et S.P. Tolstov, *Totem et tabou* de Freud ainsi que *La pensée sauvage* de Lévi-Strauss. Qu'ils analysent la civilisation à partir des forces productives ou de la distribution du travail, ces chercheurs partent tous de la problématique qui se fonde sur le rôle déterminant des ressources productives. Lorsqu'ils abordent les progrès de l'organisation sociale ou de la distribution du travail ils se réfèrent aussi aux capacités de mobilisation et de structuration des ressources symboliques. Dans ces courants de pensée les capacités de production sont pensées comme ayant largement contribué à assurer à l'homme sa supériorité et son pouvoir de domination sur la nature.

Parmi tous les êtres vivants, seul l'homme est parvenu à assurer un contrôle quasi-absolu de ses moyens de subsistance. Toutes les grandes époques de progrès de l'espèce humaine s'accompagnet d'une augmentation des ressources. Cependant, si vraies soient-elles, comment ces affirmations peuvent-elles être mises en rapport avec la civilisation ? Les théories de l'évolution des sociétés fournissent une réponse : celle de la « supériorité du plus fort » qui paraît être une logique évidente de la politique du plus fort. Quant à Lévi-Strauss et Freud, ils ont choisi une autre piste en interprétant l'évolution de l'homme à la lumière du lien entre structure et conscience. À la différence de ces théories occidentales dominantes, la pensée confucianiste, en ce qui concerne l'évolution dans un sens culturel, n'a jamais cessé de prendre en compte l'homme dans sa vie.

Comme d'autres civilisations, la Chine possède une très longue histoire, et le confucianisme y a exercé une influence depuis très longtemps. La pensée confucianiste place l'homme directement au cœur de son système de pensée. Le confucianisme est exclusivement une pensée de l'éducation imprégnée d'idées doctrinales accentuant l'importance de la hiérarchie, comme par exemple le pouvoir du souverain, du mari et du père par rapport aux sujets, à la femme et au fils. C'est aussi un système de pensée qui n'a pas pour préalable la compréhension d'autrui. Ces deux caractéristiques signifient que, dans le confucianisme, l'expérience de vie de chaque homme suit une trajectoire linéaire. La civilisation y est interprétée comme le fruit d'un processus éducatif, l'homme « civilisé » est tout à fait distinct de l'homme « biologique ». Dans cette logique, l'homme « non éduqué » apparaît comme appartenant à une autre espèce, celle des « sauvages ». La culture confucéenne se fonde sur une représentation des groupes sociaux répartis sur des cercles concentriques autour d'un centre ; les groupes dits éloignés du centre sont qualifiés d'exclus : *man* du sud, *di* du Nord, *jue* de l'Ouest et *wo* de l'Est – *man, di, jue* et *wo* sont des synonymes signifiant « sauvages ». Cette particularité s'est pleinement exprimée tout au long de l'histoire de Chine. L'ethnocentrisme n'est pas propre à la Chine. Mais un système de pensée comme le confucianisme, qui a su réunir l'homme, l'éthique et l'action et qui a incarné un système de pensée dans la vie quotidienne, n'est pas une religion mais la dépasse, n'est pas une science mais la dépasse. Cependant, malgré la richesse des recherches et des pratiques sur l'homme, l'anthropologie n'est pas née en Chine, l'anthropologie est née dans ce qu'on appelle les « études orientales » à partir du point de vue occidental, ouvrant une fenêtre permettant aux Occidentaux de comprendre l'Orient, mais fenêtre quelque peu teintée de préjugés. Ces études orientales ont également été source d'obstacles empêchant les Chinois de mieux comprendre les Européens et les Américains.

DU FAIT BIOLOGIQUE AU FAIT SOCIOLOGIQUE

Étant donné que l'anthropologie a été introduite par l'Occident relativement tardivement, son développement en Chine ne saurait être libre des influences de l'anthropologie occidentale qui s'est développée plus tôt. Nous décrirons les phases de ce processus dans cette partie.

1. De l'évolution biologique à l'évolutionnisme social

Depuis longtemps, une pensée d'origine européenne domine l'anthropologie, c'est le darwinisme, à savoir la théorie de l'évolution des sociétés. Sous l'influence de l'Anglais T. H. Huxley, de l'Allemand E. H. Haeckel et du Russe K. A. Timilyazev, la théorie de l'évolution des espèces a été largement adoptée et appliquée dans les recherches sur les sociétés, agissant particulièrement sur l'approche de la religion. Illustrant le processus physiologique de la naissance à la mort sous la forme d'une ligne droite, ces chercheurs estiment que l'évolution de la société se construit sur le même modèle que le milieu biologique, à savoir qu'avec le temps, elle connaît également la naissance, le développement et le déclin. Ce type de trajectoire se présente comme un processus historique linéaire. Grâce à la découverte des lois de l'hérédité par des chercheurs tels que J. Mendel après 1930, le développement de la théorie de l'hérédité collective a davantage renforcé l'argument selon lequel la théorie évolutionniste est une science humaine et sociale. On peut citer par exemple *Évolution and Ethics* de Huxley, publié en 1898, qui est communément reconnu comme un classique parmi les théoriciens du darwinisme. Selon cette pensée, les faits biologiques et les faits sociaux se ressemblent par leur développement linéaire, car tous deux sont régis par la politique du « plus fort mange le plus faible », d'où l'introduction de l'évolutionnisme biologique par les chercheurs en sciences sociales.

Dans les mythes sur l'évolution des sociétés, l'antagonisme le plus évident a toujours été celui dont la force idéologique vient de son inscription dans la réalité sociale : l'antagonisme entre les dominés et les dominants est gravé dans le processus de travail. La compétition pour l'existence devient le fait social universel, « le plus fort mange le plus faible ». Théoriquement, elle se traduit par une vision du monde égocentrée opposant le sauvage et le civilisé ; le conflit entre les « forts » et les

« faibles » traverse l'ensemble de cette pensée. De cette base idéologique découle une réflexion d'inspiration fonctionnaliste qui se fonde sur l'analyse des différences sociales et de la division du travail. Une société ayant accompli différenciation et division sociale forme un système de relations, composé d'individus sachant que l'individu ne saurait exister en dehors de l'ensemble.

Lorsque Yan Fu a traduit *Évolution and Ethics* de Huxley, il a ajouté un grand nombre de notes pour présenter et commenter les différences culturelles entre la Chine et l'Occident. Il y a apporté une présentation complète de la trajectoire historique que la théorie de l'évolution a suivie, d'abord comme science dure, pour ensuite pénétrer le monde des sciences humaines et la philosophie. Il considère que l'évolution est une loi universelle qui respecte le principe de la « sélection naturelle » et fonde là-dessus ses observations de la crise de la société et de la nation chinoises. Une fois publié, cet ouvrage a eu un grand succès dans le pays entier, mettant à la mode des expressions telles que « la survie du plus apte », « la sélection naturelle » et « s'adapter pour subsister ». Cet ouvrage exprime la théorie de l'évolution historique, met l'accent sur le développement et le progrès social, offrant une base de réflexion théorique pour produire des réformes politiques et influençant largement les milieux intellectuels. Lorsque Liang Qichao monte sur le devant de la scène politique, il prône de toutes ses forces une nouvelle École historique au niveau méthodologique en commençant par réécrire l'histoire de la Chine en se fondant sur les annales occidentales. Ensuite, sur le plan du contenu, il essaie d'établir une correspondance entre les événements historiques orientaux et les inventions, les réformes et les mouvements majeurs dans l'histoire occidentale, afin d'exposer les tendances de l'évolution de la culture des sociétés orientales. Quant à Cai Yuanpei, qui, en 1926, introduit pour la première fois en Chine l'« ethnologie », il se donne également pour objectif de « décrire les différentes ethnies à partir des formes de leurs vies matérielles et de leurs comportements pour ensuite les comparer », d'analyser les origines des ressemblances et des divergences, les phases de l'évolution ainsi que leur ordre (Cai Yuanpei, 1926). L'auteur appelle cela la « première sécularisation » dans le sens où la recherche y est destinée à des usages pratiques[1]. Cette première tentative de sécu-

1. La « sécularisation » signifie ici la mise en pratique de toutes les grandes théories. Elle représente le mouvement inverse de celui des théories qui sont induites à partir de la dimension empirique.

larisation correspond à une époque où les individus commencent à croire que « demain sera meilleur qu'aujourd'hui ».

Qu'est-ce que le progrès ou l'évolution ? Quels en sont les critères matériels et idéologiques ? En chinois classique, le mot « culture » (*wenhua*), apparu à la fin des Royaumes combattants, combine deux caractères signifiant le savoir littéraire (*wen*) et l'éducation (*hua*). Après les Han occidentaux, « *wenhua* » désigne un homme ayant ces deux qualités en opposition à celui qui ne dispose que d'« habileté militaire » (*wugong*) (Zhuang Kongshao, 2002). Être « civilisé » est directement en relation avec un niveau d'éducation. Autrement dit, ceux qui n'ont pas cette éducation sont des « barbares » (*yemanren*) qui vivent à une « époque barbare ». Pour Morgan, la différence entre les « époques barbares » et les « époques civilisées » reflète le niveau des forces productives. En Chine, la culture, c'est-à-dire l'éducation, satisfait justement cette distinction entre ces deux époques.

Le confucianisme peut aussi être considéré comme une pensée de l'évolution qui préfère la dimension spirituelle à la dimension matérielle, c'est-à-dire une tradition du perfectionnement de soi. Ainsi, il n'est pas une pensée linéaire dont le principe serait le niveau de développement matériel ; au contraire, il s'agit d'une conscience sans cesse reproduite, structurée et ritualisée dans les comportements quotidiens, et qui ressemble à la structure de conscience apparue dans la logique d'analyse de Lévi-Strauss : les comportements et les paroles expriment une relation interpersonnelle clairement distincte (symbole) sans qu'il y ait des erreurs (tabou). Dans la pensée confucéenne, le progrès de l'homme consiste à remplir tout au long de la vie des devoirs, progrès en étroit rapport avec la conscience, qui s'accroît avec l'âge, et dont le temps est limité par la durée de la vie. D'autres pratiques comme la vénération des ancêtres ou les rituels d'État sont, quant à eux, transmises aux générations suivantes à travers des rites institutionnalisés. Les principes de fidélité, de piété filiale et de loyauté sont également des tabous du confucianisme. Il en ressort dès lors que, dans la pensée confucéenne, la civilisation et l'évolution ne sont pas définies à partir de la production matérielle. La civilisation se réalise dans un processus de « déni de soi et observation des bienséances » (*ke ji fu li*) où l'on ne cesse de se perfectionner soi-même pour atteindre un certain niveau d'éducation. Dans ce même processus d'éducation, différents individus, ont une intelligence petite ou grande, atteignent des niveaux de perfectionnement plus ou moins élevés. Plus on monte dans l'échelle de la noblesse, plus on a tendance à être considéré comme bien éduqué. Il est par conséquent souvent attribué aux plus grands détenteurs de pouvoir la capacité d'atteindre un niveau suprême du perfectionnement de soi. Certains ont même été déifiés au point de devenir charismatiques. Dans une telle perspective qui place le moi au centre, ceux qui se trouvent en dehors de cette civilisation sont perçus comme des barbares.

Après que la théorie de l'évolution des sociétés a été introduite en Chine, les Chinois ont adopté l'idée de « faire en sorte que ce qui est étranger serve la Chine », et « que si les techniques sont occidentales, l'âme reste chinoise ». Hu Shi commenta ainsi cette attitude : si la Chine a adopté la science et la démocratie de l'Occident, elle ne souhaitait toutefois pas l'arrivée du christianisme ; les notions de science et de démocratie auxquelles les Chinois réfléchissaient étaient totalement pragmatiques[2], radicalement différentes de celles utilisées en Occident (Cohen, 1984).

2. La théorie des étapes du développement social selon Marx

Comme le définit le *Manifeste du parti communiste*, le stade le plus élevé du développement des sociétés humaines est la réalisation du communisme. Lorsque ce moment sera arrivé, les ressources matérielles seront extrêmement abondantes, le travail sera une sorte d'action consciente et non une aliénation, et il n'y aura plus d'exploitation. Influencé par la théorie de l'évolution des sociétés, Marx explique les différences entre les sociétés par différentes étapes de leur développement. Selon lui, les différences de niveau des forces productives sont à l'origine des divergences dans les modes de production et les rapports de classes. Le développement des sociétés peut être divisé en étapes successives : la « société primitive », la « société esclavagiste », la « société féodale », la « société capitaliste » et la « société socialiste ». Le mode de production asiatique, considéré comme ne pouvant permettre la naissance du capitalisme, est également pensé à partir des couples

2. Se réfère au pragmatisme de John Dewey. Créateur de la théorie d'instruments conceptuels, ce chercheur américain est le fondateur du courant progressiste basé sur le naturalisme.

occidental/oriental, traditionnel/avancé. Au début du XXe siècle, le milieu intellectuel chinois commence à intégrer les pensées marxistes de France, de Russie et du Japon, qui leur fournissent les arguments théoriques pour que la Chine puisse se débarrasser de l'oppression.

Certaines notions marxistes vont alors être transférées dans le contexte chinois. Par exemple, prenant en compte le contexte chinois de l'époque, les premiers révolutionnaires chinois ont remplacé la notion de « capitalistes occidentaux » par celle de « propriétaires terriens » comme objets de la révolution. Par conséquent, dans tous les villages chinois personne ne pouvait éluder le problème suivant : comment la notion de « propriétaire terrien », notion qui n'était pas vraiment fondamentale dans la pensée classique marxiste, a-t-elle été contextualisée au cours de la mise en œuvre du mouvement révolutionnaire chinois ? Peut-être la question peut-elle être inversée : pourquoi les dirigeants révolutionnaires ont-ils choisi dans le marxisme classique la notion de « propriétaires terriens » au lieu de celle de « capitalistes » ? Ce genre de questionnement ressemble à la critique que les anthropologues adressent au fonctionnalisme sur la définition des symboles : non pas comment les symboles eux-mêmes agissent sur l'homme, mais comment le rapport entre l'homme et un symbole est source de réflexion. Bien entendu, ce type de pensée peut donner des principes directeurs qui guident les actions des hommes et traverse tout le processus de la construction de l'ordre social. Après de longues années de mouvements révolutionnaires, ce terme de « propriétaire terrien » nous paraît si familier qu'il n'est nul besoin de l'interroger. La découverte et l'approfondissement de cette notion, les luttes internes au Parti communiste chinois au début de la période révolutionnaire (par exemple la lutte au sein du Parti entre Mao Zedong et le courant « déviationniste de gauche » incarné par Wang Ming) donnent un fil conducteur très clair : si les premiers révolutionnaires chinois qui préconisaient la « théorie des étapes de développement des sociétés » ont compris et appliqué les problématiques des classiques marxistes, ils n'étaient néanmoins pas dogmatiques (Luo Hongguang, 2000).

Ce point invalide l'idée dominante selon laquelle l'histoire moderne de la Chine serait une histoire passive qui ne se résumerait qu'à une série de réactions passives face au choc de l'Occident. Pendant tout un siècle, cette idée que l'histoire moderne de la Chine ne se réduirait qu'à une réaction face au choc de l'Occident a influencé le milieu académique chinois (sociologie, économie, histoire...). Selon ce point de vue, la force motrice de la Chine moderne ne viendrait pas de la Chine mais de l'extérieur. Toute l'histoire moderne de la Chine ne serait qu'un processus historique passif. Or, le problème originel de la Chine n'était autre que celui de la propriété foncière : « que les laboureurs possèdent tous leur champs » était une idée largement répandue dans la société paysanne chinoise. Dans ce type d'environnement social, le concept politique « représenter l'intérêt de la majorité » représente un choix fondamental du Parti communiste : l'objet de la Révolution ne vise pas les capitalistes mais les propriétaires terriens, afin de miner les bases économiques de la société originelle. Dans les classiques de Marx, Mao Zedong a découvert non pas les « capitalistes », mais les « propriétaires terriens » ; sa problématique n'était pas celle de la révolution occidentale, mais celle d'une lutte politique distincte de la révolution industrielle, et qui devait se dérouler dans les conditions internes de la Chine.

Dans son ouvrage *L'éthique protestante et l'esprit du capitalisme*, Max Weber avançait l'idée que le capitalisme ne pouvait qu'être le produit d'un Occident ayant des habitudes religieuses particulières, et non celui des sociétés orientales ou islamiques. La pensée confucianiste possède une morale manifestement anti-capitaliste. Ce qui prouve par la négative l'idée que la Chine ne se situe pas sur la trajectoire du développement des sociétés étudiées par Marx. Le marxisme, après la révolution violente en ex-URSS, s'est développé en Chine autour de la question : « pourquoi la lutte contre les propriétaires terriens occupe-t-elle une telle place dans la révolution chinoise moderne ? ». Les prolétaires, dépourvus de propriété, peuvent-ils être identifiés aux paysans sans terre ou aux paysans captifs d'un système de propriété foncière ? En tant que force de travail dans la société rurale, les paysans sont-ils exploités ? L'analyse de ces processus permet de trouver des éléments de réflexion pour comprendre certaines questions de base concernant le processus de construction de l'État-Nation en Chine. Objectivement, cela renforce le schéma que l'accumulation industrielle, base de l'économie capitaliste, et la « seconde sécularisation », participent à construire de nouveaux systèmes et leurs étapes en montrant que les Chinois doivent résoudre eux-mêmes leurs propres problèmes de partage égalitaire de la terre. D'un point de vue méthodologique, la théorie de Marx de l'« analyse de l'exploitation entre les classes » a sans aucun doute aggravé volontairement la situation. Elle apporte un point de vue théorique occidental pour découvrir la nature fondamentalement exploiteuse des propriétaires terriens en Chine.

3. La troisième sécularisation : formation de la « grande famille socialiste »

Durant le processus de construction de l'État socialiste en Chine, une pratique se distingue de celles qui caractérisent les autres pays socialistes : sous l'influence de l'ex-URSS, au milieu du siècle dernier, les ethnologues, sociologues et anthropologues chinois, puis les cadres des minorités nationales de cette époque, guidés par la pensée de Mao, s'appuyèrent sur les théories de Morgan et de Staline au sujet de la question des « nationalités ». Ils entreprirent un gigantesque travail d'identification des différentes minorités nationales. Dans l'étude de chaque minorité nationale ils examinèrent l'histoire, la politique, la religion, l'économie, la structure organisationnelle, la langue etc. Cette grande armée se lança dans cette affaire en raison des besoins de la construction de l'État-Nation à cette époque. L'intention de départ de cette identification des minorités nationales était de bâtir une « grande famille socialiste » ; ceci signifiait que les détenteurs du pouvoir politique commençaient par clarifier qui en étaient les membres et qui s'unissaient avec qui. En s'attribuant le pouvoir sur la parole, la nationalité dominante a commencé par appliquer le point de vue de la théorie de l'évolution des sociétés afin de définir les différentes étapes de développement des autres nationalités. Ce processus est né de la rencontre entre le point de vue ethnocentrique de la nationalité d'origine et celui de l'évolution des sociétés. Un postulat sous-jacent ici était que, bien que les populations étudiées aient toutes leur histoire, possédaient des croyances religieuses et des moeurs et règles différentes, elles finiraient toutes par devenir membres de la « grande famille socialiste », et suivraient la trajectoire de l'évolution des sociétés, passant d'une étape inférieure à une étape supérieure pour arriver toutes à une même destination.

Les réflexions suivantes découlent de l'analyse de la relation entre les distinctions opérées entre minorités nationales et la façon dont ces minorités se perçoivent.

1. Deux courants peuvent être distingués dans l'anthropologie chinoise. En raison des spécificités de leur formation, les anthropologues du courant fonctionnaliste mettent souvent l'accent sur le rôle de la structure sociale et des fonctions sociales dans leurs recherches en négligeant la dimension historique ; leur approche partielle a posé des problèmes de compréhension. D'autres anthropologues mobilisent l'approche diachronique ; mais si on prend trop en compte la perspective historique l'analyse des structures et des fonctions sociales s'en trouve modifiée, il faut donc éviter de lui donner une importance trop forte (Wang Jianmin, 1997).

2. La théorie de l'évolution des sociétés, soit renvoie au discours dominant, soit constitue le fondement théorique dans l'identification des minorités nationales. Dans cette théorie on voit que l'évolution signifie la croissance des ressources humaines, matérielles et financières et ne garantit pas le maintien des cultures des minorités nationales.

3. Faute d'avoir su suffisamment respecter les désirs des minorités nationales, face aux sociétés de tradition orale et aux minorités sans annales historiques, il a été fréquent d'aborder rétrospectivement leur histoire sociale selon le seul critère du niveau de leurs forces productives.

4. L'identification d'une minorité nationale signifie également la reconnaissance du caractère orthodoxe de son indépendance et son droit à une protection institutionnalisée.

5. Une fois l'identification réalisée, il importe de souligner la diversité culturelle tout en confirmant la nécessité d'« un pays », d'« intérêts nationaux » et de « communauté imaginaire ».

Nous avons jusque-là retracé la problématique du contexte idéologique du développement de l'anthropologie chinoise. À partir des registres intellectuel, scientifique et politique on peut définir les caractéristiques principales de la trajectoire du développement de l'anthropologie chinoise. Les vingt premières années du XXe siècle ont été la période d'introduction de l'anthropologie occidentale en Chine. Des années 1930 aux années 1940, cette jeune discipline connaît un premier développement. De 1949 à 1958, deux types d'enquêtes sur le terrain ont été menées sur les « minorités nationales » dans tout le pays : en premier lieu l'identification des minorités ethniques, puis l'étude sur leurs sociétés. Après avoir survécu aux péripéties de la Révolution culturelle, l'anthropologie chinoise s'est développée de façon saine jusqu'à nos jours. Mais il y a trop peu d'anthropologues qui ont suivi une formation régulière et nombreux sont les étudiants qui ignorent cette discipline. Voici probablement une spécificité du milieu académique chinois d'aujourd'hui.

Relativisme méthodologique et relativisme idéologique

Pendant les trente ans de réformes économiques, le gouvernement chinois a appliqué la politique de construction du « socialisme aux caractéristiques chinoises » pour arriver à la « phase primaire du socialisme » où se trouve le pays aujourd'hui. On peut voir que la théorie des étapes du développement des sociétés est apparue productrice de relativisme méthodologique et idéologique. Pendant leurs recherches sur l'homme et la culture, les anthropologues chinois ont été confrontés aux questions de conscience et d'action collective.

1. L'histoire de la Chine moderne est une histoire d'humiliation par les puissances occidentales. C'est une histoire de dévastation. Les changements qui ont suivi ne traduisaient qu'une réaction forcée par le colonialisme occidental. Ce préjugé de « la réaction de la Chine contre l'impact de l'Occident » n'a pas permis pas de voir la réelle force motrice de l'histoire de ce pays : une force originelle aspirant à construire un État-Nation.

2. Ce point est lié au précédent. Confrontés à leurs difficultés, les Chinois devaient trouver un angle d'attaque pour s'observer de l'intérieur. Yan Fu adopte le concept d'« étude de groupe » pour traduire le terme sociologie. Pour les besoins de la sociologie, on tente de découvrir ou de construire une conscience collective susceptible de réveiller et de déployer les énergies afin de construire un nouvel État-Nation. Peu après, Sun Yat-sen, confronté au même problème, a décrit les Chinois comme une « poignée de sable » (*yi pan san sha*).

3. Yan Fu et Sun Yat-sen ont néanmoins résolu de siniser les questions occidentales. Cependant, à l'époque de Mao Zedong, a été adopté un chemin nettement différent de celui des marxistes précédents avec la réforme agraire et la stratégie d'« assiéger la ville par les campagnes ».

Ces souvenirs historiques ont profondément marqué les anthropologues chinois. Il m'a été indispensable de mentionner les points de vue controversés dans la discipline et pour mon propos : le darwinisme social, la théorie marxiste des étapes de développement des sociétés, l'anthropologie structurale de Lévi-Strauss, l'approche des structures par les relations symboliques dans la perspective historique de Sahlins. Puis en raison d'une définition différente de la culture, l'engouement pour la nouvelle théorie de l'évolution de l'École de Chicago a produit une critique de l'évolution culturelle. Selon cette École, au cours du temps, la matière et la culture connaissent toutes les deux inévitablement des changements. Les théoriciens de l'évolution culturelle considèrent que ces changements sont des « progrès » ; les tenants d'une nouvelle théorie de l'évolution les présentent comme une « régression ». Mais dans le matérialisme culturel, le matériel et le culturel connaissent des évolutions parallèles.

Je pose alors la question de savoir si les changements matériels (que ce soit des progrès ou des régressions) entraînent-ils de manière sûre des changements culturels ? Si la culture est un processus de « construction du savoir » et si les savoirs ne cessent de s'enrichir, le travail d'accumulation des connaissances ne peut consister à effacer les traditions et à interrompre l'accumulation de savoirs au fur et à mesure de l'évolution matérielle. Par exemple, la pensée de Confucius est toujours présente grâce à la valeur que chaque génération lui a accordée (Luo Hongguang, 2000). Mais quelle est sa place dans toute la structure du savoir ? Certains établissent une analogie entre ce phénomène et celui des « langues mortes ». Autre exemple, nous ne pouvons pas non plus éviter d'évoquer le phénomène des pieds bandés des femmes pour étudier la morale éthique de la société de l'époque, nous ne pouvons pas non plus empêcher certains de l'utiliser pour justifier le progrès de la société moderne. Un dernier exemple : aujourd'hui, selon les nouvelles théories de l'évolution, la prise de conscience de la protection de l'environnement serait liée à la question des déchets produits dans les sociétés civilisées. Chez M. Sahlins (1972), la définition des « déchets de civilisation » est largement un produit des études comparatives. Elle est créée notamment sur la base de recherches dans les sociétés dites « fermées » et non encore « civilisées ». Mais, les critiques venant des médias chinois à l'égard des DVD pornographiques renvoient moins à une guerre fondée sur la conscience du droit d'auteur qu'à la version chinoise de « déchet de civilisation » fondée sur la morale traditionnelle chinoise.

La confusion entre le matériel et le culturel produit une vision de l'histoire plus en termes de ruptures que de continuités. Que ce soient des études comparatives ou celles qui sont centrées sur la reproduction des traditions, les anthropologues ont introduit la dimension historique dans le processus de recherche. Strictement parlant, la société, tout comme l'histoire, est un processus et non une petite histoire émouvante limitée sur un laps de temps et d'espace (car les tenants de cette opinion s'obstinent à croire qu'on ne peut produire de sens qu'en fixant la société en mouvement dans un espace-temps limité). C'est la critique que les structuralistes adressent aux fonctionnalistes. Car le fonctionnalisme associe l'épuisement des ressources matérielles au progrès de la culture, comme si la nouvelle histoire ne pouvait commencer sans que l'ancienne ne soit terminée. En réalité, les anthropologues ont oublié de considérer la loi qui veut que ces deux forces s'influencent mutuellement.

Le point de vue synchronique exclut le point de vue diachronique : Lévi-Strauss ne partageait pas le point de vue sur l'Histoire en termes d'hégémonie intellectuelle – très en vogue à l'époque dans le monde entier – et qui prenait les autochtones pour des « sauvages ». Mais sa vision historique, qui pose problème, se fonde sur une pensée dichotomique qui classe des savoirs comme le « cru/cuit », le « cultivé/non cultivé », « pensée scientifique/pensée sauvage » à partir de laquelle il a produit le concept de synchronie.

Diversité et dialogue dans l'anthropologie chinoise : le thème de la civilisation

Traditionnellement, l'anthropologie et l'ethnologie sont extrêmement liées aux contextes géographique et historique des objets de recherche. S'y ajoute leur diversité, il n'est donc pas étonnant de voir apparaître une multitude de courants à l'intérieur de cette discipline. En Chine, l'histoire a séparé les anthropologues en deux courants principaux : le Nord et le Sud.

> « L'école du Sud est représentée par l'Academia Sinica, et elle a des relations très solides avec l'École historique ; le Nord, principalement avec l'Université Yanjing, est fortement influencée par le fonctionnalisme » (Tang Meijun, 1976).

Cette École historique chinoise reste la plus influente en ethnologie chinoise du fait qu'elle combine les théories de l'évolution et ses méthodologies, et d'autres courants. Il convient de souligner que cette école n'est pas le produit d'un transfert du courant d'histoire culturelle de l'ethnologie américaine. Il ne s'agit pas non plus uniquement d'une méthode d'histoire qui décrit et classe les matériaux sur les minorités ; elle accorde également une grande importance aux documents et aux archives d'histoire de la Chine pour apporter des réponses à des questions difficiles de l'histoire culturelle de la nation chinoise (Wang Jianmin, 1997).

Depuis les années 1980, les théories et les recherches de l'anthropologie chinoise se développent dans une grande diversité que l'on doit aux étudiants chinois ayant étudié à l'étranger. Inscrits dans cette discipline, ils choisissent leur pays d'accueil selon leurs compétences et intérêts et partent pour l'Allemagne, la France, les États-Unis ou le Japon. Ce phénomène distingue la Chine de Taiwan, de Hongkong et de la Corée qui, sous l'influence de vieux systèmes de pensée, ne reconnaissent que les diplômes anglo-saxons. Si l'attitude des autres pays asiatiques assure l'homogénéité des savoirs, elle refuse objectivement la diversité culturelle, transformant l'idée du dialogue en un simple mot d'ordre.

La diversification des recherches en anthropologie chinoise apparaît comme une autre caractéristique des années 1980. De la théorie à la pratique, des comportements dans les discothèques au consumérisme dans le processus de mondialisation, les sujets de recherche couvrent tous les champs des sciences humaines et sociales. Ce contexte produit de riches connaissances empiriques et favorisent les dialogues entre chercheurs dans un espace partagé où les anthropologues chinois peuvent ainsi contribuer au développement de l'anthropologie internationale et d'autres disciplines. Les anthropologues commencent à produire une pensée critique sur le développement linéaire de la Modernité, le progrès social représenté par la croissance économique, la tendance à l'américanisation de la globalisation. Après le 4 mai 1919, la Chine a accepté des pensées scientifiques et démocratiques. Dans la longue période qui a suivi elle s'est placée dans une position intermédiaire dans les relations internationales et les chercheurs chinois ont commencé à sortir du pays pour entrer en dialogue avec leurs homologues étrangers. Ainsi, le développement de la critique culturelle et de l'auto-critique appartient à l'éthique scientifique de ces chercheurs. C'est une nouveauté par rapport aux chercheurs de la tradition confucéenne. Les recherches anthropologiques chinoises commencent à mûrir.

BIBLIOGRAPHIE

CAI YUANPEI (1926) : Shuo minzuxue (Discours sur l'ethnologie), *Yiban (Ordinaire)* vol. 1.

CHEN QINAN (1988) : Chuantong jiazu zhidu yu qiye zuzhi (Institution familiale traditionnelle et organization des entreprises), in YANG GUOSHU, ZENG SHIQIANG (eds.) : *Zhongguoren de guanli guannian (La vision de la gestion des Chinois)*, Taipei, Guiguan tushu gongsi.

COHEN, P. (1984) : *Discovering History in China*, New York, Columbia University Press.

DUARA, P. (1988) : *Culture, Power, and the State – Rural North China, 1900-1942.* Stanford, Stanford University Press.

ESHERICK, J. (1998) : Revolution in a Feudal Fortress : Yangjiagou, Mizhi County, Shaanxi, 1937-1948, *Modern China* vol. 24, n. 4.

GUO YUHUA (ed.) (2000) : *Yishi yu shehui bianqian (Rituels et mutations sociales)*, Pékin, Sheke wenxian chubanshe.

LUO HONGGUANG (1997) : Quanli yu quanwei (Pouvoir et autorité), in WANG MINGMING,

MARX, K. (1975) : *Zibenlun (Capital)* vol.2 et 3, Pékin, Renmin chubanshe.

MORGAN, L. (1995) : *Gudai shehui (Société archaïque)*, Pékin, Shangwu yinshuguan.

SAHLINS, M. (1972) : *Stone age of economics, Routledge*, London and New York.

TANG MEIJUN (1976) : Renleixue zai zhongguo (L'anthropologie en Chine), *Renlei yu wenhua (L'homme et la culture)* vol. 7.

TENG, S. et FAIRBANK, J. (1954) : *China's Response to the West : A Documentary Survey, 1839-1923*, Cambridge, Harvard University Press.

WANG ERMIN (1977) : *Zhongguo jindai sixiang shilun (Histoire de la pensée chinoise moderne)*, Taipei, Huashi chubanshe.

WANG JIANMIN (1997) : *Zhongguo minzuxueshi (Histoire de l'ethnologie chinoise)*, Kunming, Yunnan jiaoyu chubanshe.

WANG MINGMING (ed.) (2007), *Zhongguo renleixue pinglun, di er ji (Revue critique de l'anthropologie chinoise, vol. 2)*, Pékin, Shijie dushu chubanshe.

WANG SIFU : *Xiangtu shehui de zhixu gongzheng yu quanwei (Ordre, justice et autorité dans la société rurale)*, Pékin, Zhongguo zhengfa daxue chubanshe.

— (2000) : *Budengjia jiaohuan : weirao caifu de laodong yu xiaofei (Échanges inégaux : travail et consommation autour de la richesse),* Hangzhou, Zhejiang renmin chubanshe.

ZHANG WENTIAN (1980) : *Mizhixian yangjiagou diaocha (Enquête sur Yangjiagou dans le disctrict de Mizhi)*, Pékin, Renmin chubanshe.

ZHUANG KONGSHAO (ed.) (2002) : *Renleixue tonglun* (*Présentation générale de l'anthropologie)*, Taiyuan, Shanxi jiaoyu chubanshe.

Chapitre 14

Relation et identité : Approche du processus psycho-social de la formation du « nous » chez les Chinois

YANG YIYIN

Les Chinois se comparent souvent, ou se laissent comparer, à « une poignée de sable » (*yi pan san sha*), manquant de conscience collective et d'esprit collectif (Jin Yaoji, 1992 ; Sun Longji, 2004 ; Liang Shuming, 1987 ; Fei Xiaotong, 1985). Au contraire, psychosociologues et anthropologues occidentaux empruntent souvent le terme de collectiviste pour décrire la relation sociale des Asiatiques, et plus particulièrement celle des Chinois (Chui Chi-Yue *et alii*, 2006 ; Triandis, 1989). Du point de vue psychosociologique, cette question relève du rapport entre le groupe et l'individu. Formulée autrement, la question est la suivante : quel est le rapport psychologique qu'un individu entretient avec le groupe et comment ce rapport est-il établi ? Ainsi, comment les Chinois traitent-ils de leur rapport avec le groupe ? Que signifie pour eux la notion de « nous » ? Le processus cognitif de ce « nous » est-il différent de celui qui se déploie en Occident ? Si tel est le cas, comment la psychologie sociale explique-t-elle ces différences ?

En psychologie sociale, les recherches sur le rapport entre l'individu et le groupe s'appuient sur deux types d'approches : la première s'intéresse au système de valeurs que l'on trouve dans une culture, une société ou chez un individu ; la seconde se concentre sur les processus psychosociaux.

La première a été largement mise en valeur, depuis les années 1980, avec la montée de l'interculturel, de la psychologie culturelle et de la psychologie locale. Les chercheurs ont été de plus en plus nombreux à espérer dévoiler la manière dont les gens traitent de leur rapport individu/groupe dans différents contextes sociaux, historiques et culturels. Ces travaux ont permis à la psychosociologie culturelle de développer des cadres théoriques et explicatifs. Une des recherches les plus remarquées, ayant fait l'objet de polémiques, est celle de Hofstede et de son cadre théorique « individualisme/ collectivisme » (Hofstede, 1980 ; Yang Guoshu, 1993a ; Yang Yiyin, 1998), qu'il a proposé à l'issue d'une recherche sur le rapport au travail (Triandis, 1994). Un progrès encore plus conséquent est le recours à la méta-analyse développée à partir d'une réflexion critique globale sur ce cadre, qui contient de nouvelles alternatives (Oyserman, 2002).

La seconde perspective prolonge les recherches traditionnelles sur le « moi », cherchant à expliquer le rapport individu/groupe par les caractères socio-culturels de la notion de « moi ». Par exemple, les thèses sur « le moi collectif » (Breckler, Greenwald, 1986), « le moi indépendant » et « le moi interdépendant » (Markus, Kitayama, 1991) sont devenues les cadres théoriques de nombreuses recherches (Yang Yiyin, 1998).

Le présent chapitre commence par un rappel des trois paradigmes de recherche en psychologie sociale, et propose une analyse des postulats théoriques de la psychologie sociale occidentale reflétés par les deux approches précédentes. Nous essaierons ensuite de mettre en perspective le processus socio-psychologique du rapport individu/groupe chez les Chinois en nous appuyant sur l'analyse de trois types de matériaux empiriques. Nous terminerons par un bilan du « nous » chinois et de ses caractéristiques afin de proposer un modèle théorique.

Trois paradigmes de recherche pour comprendre les comportements sociaux en psychologie sociale

Tout paradigme de recherche est soutenu par une méta-théorie. Celle de la psychologie sociale éclaire le postulat permettant sa construction disciplinaire et théorique. Considéré comme allant de soi, ce postulat est rarement mis en cause. Mais c'est bien là une source de confusion.

Admise parmi les sciences sociales depuis le début du siècle dernier, la psychologie sociale a été dominée par la méthodologie expérimentale. Par conséquent, elle a toujours été rangée comme une science qui étudie les comportements sociaux des êtres humains. Son objet n'est pas l'explication des questions ou des situations particulières, mais l'explication des comportements humains ordinaires. Les principaux objets de cette discipline sont le moi (ego), les autres, « nous » et « eux » – ainsi que leurs rapports – moi-ego (rapport interpersonnel), groupe-moi (rapport entre l'individu et le groupe), groupe-groupe (rapport intergroupes), autrui-nous, moi-eux. Les deux derniers rapports ont toujours lieu à travers un intermédiaire (cf. figure 1).

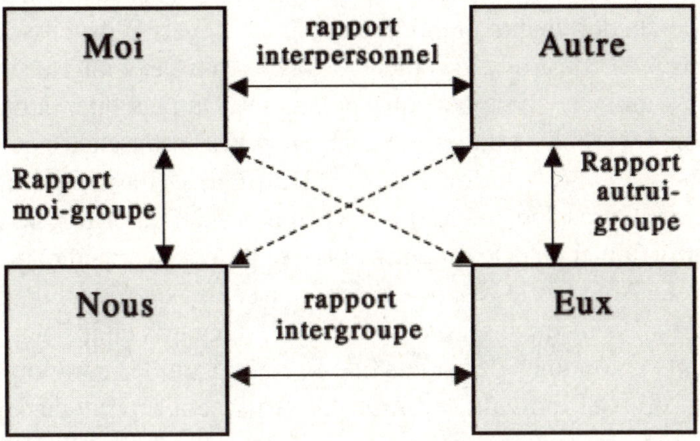

Figure 1 – Les notions et les rapports fondamentaux de la psychologie sociale.

À partir de l'éclairage de différentes méta-théories, plusieurs angles d'attaque sont envisageables pour étudier ces rapports, ainsi que l'attention qu'on y accorde. Trois paradigmes structurent aujourd'hui les recherches en psychologie sociale.

1. Paradigme centré sur l'individu

Depuis la fin de la Seconde Guerre mondiale, l'Amérique du Nord occupe une place prépondérante grâce à ses contributions exceptionnelles dans cette discipline. Le courant nord-américain est progressivement devenu le paradigme dominant au niveau mondial. Le postulat méthodologique de ce courant est l'individualisme, appelé également individualisme méthodologique (Popper, 1987). C'est un concept largement utilisé dans les sciences sociales occidentales, y compris par la psychologie sociale, si bien que sa portée philosophique, historique, politique (ainsi qu'idéologique) et sociologique est considérée comme allant de soi. Il est facile de repérer ce postulat dans les théories nord-américaines. Le célèbre psychosociologue Allport définit ainsi la psychologie sociale :

> « elle consiste à essayer de comprendre et d'expliquer comment les pensées, sentiments et comportements des individus, sont influencés par la présence imaginaire, implicite ou explicite des autres » (Allport, 1985).

Cette définition est acceptée comme la plus académique, influente et pérenne (Jin Shenghua, 2005). Soutenue par ce consensus, la psychologie sociale dominante prend pour point de départ la psychologie des individus pour construire le contenu de la discipline et s'intéresse notamment au « moi » et au rapport interpersonnel. On peut citer, à titre d'illustration, les problématiques suivantes : la prise de conscience du « moi » et de l'« Autre » (cognition sociale) ; l'influence d'autrui (attitude et changement, pression du groupe et soumission à l'autorité) ; la relation avec autrui (aimer ou détester autrui, blesser ou aider, coopérer ou concurrencer) etc. Autrui et le groupe existent non seulement en dehors de l'individu, mais peuvent aussi prendre des rôles négatifs en influençant les jugements autonomes des sujets et en provoquant des comportements déviants. Ainsi, l'individu ne forme pas seulement le point de départ de la psychologie sociale, mais également le point de départ de la logique du comportement social, tandis qu'autrui, le groupe et la culture définissent le contexte et les conditions du psychisme individuel. De telles approches cherchent à étudier et à révéler les mécanismes de l'individu face au groupe. D'où la critique d'une « psychologie sociale sans société » (Parker, 1992). Sur le plan méthodologique, la psychologie sociale expérimentale est dominante, les réactions des individus dans les conditions du laboratoire sont analysées comme liées à des comportements normaux. Ici, l'individualisme méthodologique se cache derrière le positivisme ; ses apports à la philosophie, l'histoire, la politique (y compris l'idéologie) et aux théories sociales n'en sont pas moins importants.

À partir des années 1970, au fur et à mesure du développement de la psychologie culturelle, les recherches ont de plus en plus dévoilé le sens culturel caché des phénomènes. Les découvertes de cette discipline cessent de se penser comme relevant de l'humanité universelle. Dans ce contexte, de nombreux domaines ont été objet de nouvelles études, tels que la notion du « moi », la cognition sociale et notamment l'attribution, la communication, l'attitude et le changement, les valeurs, le comportement social, le leadership, etc. La méthode de recherche interculturelle, c'est-à-dire de cultures comparées, a bénéficié d'une attention croissante (Fiske *et alii*, 1998). Dans le même temps, les méthodes expérimentales sont rediscutées (Jost, Kruglanski, 2002) et nombre de chercheurs prennent la précaution de limiter les conclusions de leurs recherches aux comportements des Européens et des Américains.

2. Paradigme centré sur les relations entre les groupes

Dans la période de reconstruction de l'après-guerre, la psychologie sociale du continent européen, dans un contexte social, politique et culturel propre à l'Europe et un contexte intellectuel marqué par la théorie « *Gestalt* », s'est progressivement distinguée de la tradition nord-américaine. La théorie de l'identité sociale (ci-après TIS) (Tajfel, 1978, 1981, 1982, 1984) et la théorie de la représentation sociale ont été au cœur de ce courant européen.

Des chercheurs européens et australiens ont mené une nouvelle réflexion globale à partir du point de vue du groupe, de sa formation et du rapport inter-groupes. Selon eux, le comportement d'un individu est à la fois doté de caractéristiques individuelles mais est aussi marqué par les caractéristiques des rapports individu-groupe et entre les groupes. Un individu est un sujet, mais aussi un membre. En tant que membre, le « moi » et le rapport interpersonnel changent. Le rapport entre « nous » et « eux » n'est pas pensé comme lié au contexte interpersonnel mais comme l'imprégnant, voire même constituant son contenu (Abrams, Hogg, 2004).

Dans ce paradigme, la théorie de la catégorisation du moi (Turner *et alii*, 1987) révèle le passage entre un individu indépendant et un membre du groupe, autrement dit le processus de catégorisation qui produit l'appartenance à un groupe et la définition du statut du membre. La TIS et la théorie de la catégorisation du moi réintègrent le « social » dans les horizons de la psychologie sociale. L'individu et le groupe ne sont plus isolés et séparés. Ils ne sont plus dans un schéma de type « objet-contexte ».

Selon Moscovici, la représentation sociale est un système de valeurs, de notions et de pratiques construit par un groupe social autour d'un objet défini de manière à répondre à son besoin d'action et de communication. En tant que système cognitif social partagé par une communauté, elle n'est pas la simple représentation d'une opinion, d'un phénomène ou d'une attitude. Au contraire, elle est dotée de logiques inhérentes, de langage et de sens (Moscovici, 1976). La représentation sociale est distincte du schéma social de la théorie américaine de psychologie sociale. Le schéma social ne se produit qu'au niveau de l'individu, séparé du contexte historique, social et culturel ; la représentation sociale est au contraire une construction négociée par une communauté. Elle est construite dans l'action et le discours de la communauté au quotidien, portant ainsi les traits d'une construction dynamique. En ce sens, il nous est permis de considérer la théorie de l'identification sociale (y compris la théorie de catégorisation du moi) et celle de la représentation sociale, comme appartenant à un même paradigme de recherche.

3. Paradigme centré sur le rapport moi-groupe (guanxi confucéen)

Le développement de la psychologie sociale s'est heurté à de nombreux obstacles, pour des raisons historiques et politiques. Des chercheurs de Taiwan et Hongkong ont commencé par suivre le courant dominant puis se sont convertis à la psychologie locale à partir des années 1970 (Yang Guoshu, 1993a ; Yang Zhongfang, 2001 ; Ye Qizheng, 2006). Cette remise en question du courant dominant a fini par avoir des échos en Chine continentale (Li Qingshan, 1993), replaçant au centre la culture spécifique dans laquelle s'inscrit la psychologie sociale des Chinois. Les nouvelles recherches se positionnent alors pour la plupart dans la psychologie culturelle (y compris la psychologie locale) et la psychologie interculturelle.

Dans les recherches en psychologie culturelle, au bout de trente années de tâtonnements, le terme *guanxi*, particulier à la Chine, est devenu un concept central. Les chercheurs découvrent que l'homme conçu par la culture chinoise n'est pas une entité indépendante, mais existe dans sa relation à l'Autre. Les classiques confucéens définissent l'homme en utilisant un autre caractère chinois (*ren*) qui désignent les individus bienveillants envers autrui, et qui développent une communication sincère avec les autres. L'homme n'est pas perçu sans communication ni relation. Une telle conception culturelle définit l'individu par rapport à ses relations. Dans cette lignée idéologique, He Youhui propose le concept du « guanxiisme méthodologique » (Ho, 1991, 1993) pendant que Huang Guoguang propose celui du « guanxiisme confucéen » (Huang Guangguo, 2005).

En tant que clé de voûte du système social chinois, le concept de *guanxi* a pris une place dans les sciences sociales (Kipnis, 1991 ; Yang Guoshu, 1993b ; Zhai Xuewei, 1993 ; Yang, M., 1994 ; Bian Yanjie 1994 ; Zheng Boyun, 1995 ; Yan Yunxiang, 1996 ; Xin, R. *et alii*, 1996 ; Yang Zhongfang, 2001 ; Yang Yiyin, 2002). Inscrits dans ce paradigme, les psychosociologues se sont penchés maintes fois sur le concept de *guanxi*, sur la cognition, les typologies, la confiance ainsi que les modèles émotionnels liées au *guanxi*. Mais ces recherches continuent de privilégier la cognition, la construction/rupture, les fonctions psychologiques du *guanxi*, empruntant toujours le modèle nord-américain. Elles ne sont pas parvenues à lui accorder une place centrale pour la compréhension en profondeur de la psychologie culturelle chinoise.

4. Inspiration des trois paradigmes pour la présente étude

Avec ces trois paradigmes, la recherche repose sur trois concepts fondamentaux et leurs relations réciproques : l'individu, l'identité sociale et le *guanxi*. La différence entre les deux premiers se trouve dans la définition de l'homme en tant qu'individu ou en tant que membre. Car les réponses entraînent deux conceptions distinctes : « individu dans le groupe » et « groupe dans l'individu ». Autrement dit, le groupe ou la société se présentent respectivement comme une toile de fond sur laquelle s'inscrivent le comportement individuel et le « moi » de l'individu. Ces deux angles d'approche produisent des explications différentes du comportement social. Ces deux paradigmes dessinent les contours théoriques communs d'individu et de groupe. C'est sur cette base que la TIS analyse le lien entre l'individu et le groupe. Le troisième paradigme partage avec le deuxième l'idée qu'il est important de souligner le lien entre l'individu et le groupe, mais s'en distingue par la manière dont ce lien s'établit. Si la catégorisation ou l'identité sociale restent centrales dans le second paradigme, le *guanxi* se trouve au cœur du troisième paradigme.

En ce qui concerne la recherche sur le « nous » chinois, le paradigme centré sur le rapport entre les groupes s'appuie sur l'idée d'un noyau dur du processus psychologique comme lieu de production du lien d'identification entre l'individu et le groupe. Lorsqu'un individu s'identifie à un groupe et en devient membre, la relation psychologique est établie entre l'individu et le groupe, le sentiment du « nous » naît alors naturellement.

Néanmoins, le paradigme centré sur le *guanxi* nous inscrit dans une perspective de psychologie culturelle. Dans cette optique, le *guanxi*, ce mécanisme psychologique spécifique de construction des liens entre l'individu et les autres, doit être particulièrement pris en compte dans le contexte de la culture chinoise. Le mécanisme qui relie l'individu et le groupe n'est pas l'identification, mais l'établissement d'une relation. Cette relation ne se borne pas à la catégorisation, au rôle social, à la confiance et au devoir : elle est le mécanisme psychologique du lien interpersonnel, voire entre les groupes. On peut donc parler plus précisément d'une « guanxiisation ». Alors, est-ce l'identité (identification) ou le *guanxi* (guanxiisation) qui serait le mécanisme psychosociologique de la formation de la notion du « nous » chez les Chinois ? Le paradigme centré sur l'individu nous enseigne qu'il est possible de chercher la réponse dans les traits constitutifs de la notion de « moi » chez l'individu. Car, quand nous explorons le mécanisme psychosociologique de construction du lien entre l'individu et le groupe, la culture, la société et l'histoire influencent inévitablement les caractéristiques de la notion de « moi ».

L'analyse des trois paradigmes précédents conduit donc à une piste de réflexion pour l'étude du processus psychosociologique de la notion de « nous » des Chinois que nous formulons ici sous forme d'hypothèses :

1. Il est nécessaire d'étudier les traits constitutifs de la notion de « moi » chez un individu. Différentes définitions du « moi » produisent différents processus psychologiques entre l'individu et le groupe. C'est-à-dire que le « nous » découlerait soit de l'« identité » soit du « *guanxi* ». Imprégnés par les traditions culturelles confucéennes, les Chinois seraient plus enclins à former le « nous » dans le *guanxi*.

2. Il est nécessaire d'étudier les répercussions du contexte du rapport inter-groupe sur le rapport individu-groupe. Le rapport intergroupe agit sur la nature du rapport interpersonnel et la notion de « moi » ainsi que sur le lien psychologique entre l'individu et le groupe. Dans ce schéma, la probabilité est plus grande que le « nous » soit obtenu par l'« identification ».

3. Il est nécessaire d'étudier les effets réciproques entre la notion de «moi» et les mécanismes psychologiques entre l'individu et le groupe. L'«identification» ou la «guanxiisation» influenceraient le «moi» chez un individu, sa cognition et sa réaction dans un groupe.

LE «NOUS» PAR *GUANXI*

Dans la vie quotidienne, les Chinois emploient souvent le terme «les miens» (*zijiren*) pour dire le «nous». Créant une rupture avec la notion des «étrangers» (*wairen*), «les miens» désigne le besoin de procéder à une catégorisation par *guanxi*. Ainsi, «les miens» renvoie à la fois à la notion de «nous» et à une catégorisation. Cette catégorisation ne s'obtient pas seulement par ce qui est commun entre les individus, mais par le classement de différents *guanxi*. La particularité de cette notion joue un rôle central pour comprendre la construction du *guanxi* entre l'individu et le groupe chez les Chinois.

Pour rendre compte du classement de *guanxi* des Chinois, il importe de mettre en lumière le poids de cette notion dans la vie culturelle chinoise. Selon les recherches, cette notion possède trois caractéristiques :

(1). L'empreinte sociale des définitions de «rôles».

La formalisation par le «rôle» et le déterminisme marquent fortement le *guanxi* (Yang Guoshu, 1993b). Le fait que les règles des interactions avec l'Autre soient définies en fonction des rôles sociaux (et notamment des statuts de parenté) donne au *guanxi* une fonction de règle sociale.

(2). La familiarité, la confiance et les devoirs.

Dans un ordre structuré par les *guanxi*/rôle, le *guanxi* est le fondement du degré de la familiarité, de la confiance et des obligations réciproques qui varie selon le degré de proximité dans la parenté. La parenté assure précisément la stabilité de ces rapports et détermine que la familiarité, la confiance et les devoirs n'ont lieu qu'au sein de la parenté ou quasi-parenté (Yang Guoshu, 1993b ; Bian Yanjie, 1994 ; Yan Yunxiang, 1996). Les distances psychologiques entre individus varient en fonction du degré de proximité, de confiances et d'obligations, et sont déterminées par le *guanxi*. Ces règles élaborées à partir des liens du sang institutionnalisent sentiment, confiance, devoirs et définissent un ordre à partir de situations et de dispositions. En ce sens, le *guanxi* est définition et expression de la distinction. Il en résulte qu'un classement de *guanxi* traduit la distinction entre les différentes distances relationnelles.

(3). Un réseau se forme par les liens de *guanxi* interpersonnels ayant pour centre le « moi ». Toute formation de *guanxi* a pour centre le « moi » (Fei Xiaotong, 1985). Il s'agit de la formation d'un cercle à partir du « moi » qui s'élargit au fur et à mesure que les distances s'accroissent. Quand B figure dans le *guanxi* de A, le cercle de A est mis en contact avec celui de B. Dans le même temps, le cercle de B comporte C qui comporte D, etc. (Qiao Jian, 1982). Ainsi, une toile se tisse en se densifiant et en s'élargissant.

Dans différents contextes, les individus sont définis comme « les miens » ou « les étrangers » selon le *guanxi*. Savoir comment distinguer « les miens » et « les étrangers » constitue dès lors le savoir le plus sollicité dans la cognition sociale des Chinois qui déteint sur leurs expériences quotidiennes et leur comportement social. Les psychosociologues attachent donc une grande importance au système classificatoire et explicatif du *guanxi*, largement influencé par la notion de *chaxu geju* du socio-anthropologue Fei Xiaotong.

Dans son ouvrage *Xiangtu Zhongguo (La Chine rurale*, publié pour la première fois en 1947, republié en 1985) Fei Xiaotong explique le sens de *chaxu geju* de façon imagée et vivante :

> « Notre structure n'est pas un rassemblement de bottes de bûches nettes, mais des cercles formés par des ricochet lorsque l'on lance un caillou à la surface de l'eau. Chacun est le centre des cercles que son influence sociale fait rebondir. Là où il y a rebond par ricochet, il y a lien. En différents moments et lieux, chacun mobilise des cercles différents » (p.23)

L'ordre social du *chaxu geju* se distingue du système de parenté ordinaire. Le second est un système déterminé par les liens du sang tandis que le premier, est essentiellement marqué par deux particularités : la porosité des frontières et l'élasticité des contours. La porosité se réfère à ce que, lorsque les circonstances varient, les frontières « des miens » ne sont pas aussi fermées que des plaques d'acier. Au contraire, il existe des portes permettant des entrées et des sorties. Les autres, qu'ils soient « un des miens » ou un « étranger », entrent ou sortent à travers ces portes dans l'interaction. Selon qu'ils se trouvent d'un côté ou de l'autre des frontières, ils peuvent être tantôt « les miens », tantôt des

« étrangers ». Selon les circonstances le nombre des individus inclus parmi « les miens » n'est pas figé, il est fluctuant, rendant ainsi changeants les contours du cercle des « miens ».

Derrière ce cercle des « miens » extensible apparaît un « moi » subjectif qui maîtrise l'adaptation et la création d'environnement. Ces particularités des « miens » familières aux Chinois relèvent de questions psychosociales intéressantes et fondamentales. Par exemple : si le « moi » est la référence selon laquelle sont définies les frontières des « miens », comment est établi le lien entre « moi » et les « miens » ? Quel est le clivage dans la définition des « miens » et des « étrangers » ? Les « étrangers » peuvent-ils devenir un jour « les miens » ? et vice versa ?

Nous nous appuyons ici sur une recherche qui a eu lieu entre juillet 1996 et août 1998. Des entretiens ont été menés auprès de 106 foyers de cinq villages dans le Nord de la Chine. Un de ces foyers a été sélectionné pour la réalisation d'une observation participante et d'entretiens approfondis. Nous avons vécu dans ce foyer pendant 70 jours. En outre, nous avons également interviewé des personnes en relation avec l'interviewé principal de ce foyer. Tous les entretiens ont donné lieu à la retranscription de 300 000 caractères. Par ailleurs, nous avons cherché des documents pour approfondir nos connaissances sur les relations sociales des enquêtés. Et nous avons pu circonscrire le territoire de communication sociale de chacun à partir de la liste des cadeaux obtenus et distribués depuis un an. Concrètement, nous demandions à l'interviewé d'évaluer, de comparer puis de classer les personnes selon la distance psychologique qu'il ressentait avec eux, ainsi que de nommer et expliquer les différentes catégories. Une typologie établie sur les hommes adultes d'un village est ainsi reproduite dans le tableau 1 (voir p. 646).

Dans ce tableau, chaque catégorie comporte deux types de personnes. Le premier type se compose de liens du sang et de liens matrimoniaux, et le second, d'individus qui sont en relation. Mis sur le même niveau de catégorie, les deux types ont une valeur identique.

Ayant pour critère la distance psychologique, cette typologie apparaît originale. Étant donné que la parenté n'est pas la seule référence, le clivage n'a pas lieu entre les parents et les autres. Il n'est pas seulement déterminé par le degré de familiarité dans les fréquentations, la dichotomie « les miens / les étrangers » est prise comme une distinction allant de soi dans le quotidien des Chinois.

Catégories	Appellation	*Guanxi*	Nombre de foyers
1	Membres de famille	Femme, enfant, bru, parents, beaux-parents, frère	6
2	Famille proche et amis de longue date	sœur, frère de la femme, sœur de la femme, cousine de la femme, tante, oncle maternel de la femme, voisin, sœur du père de la femme, frère du père de la femme, cousine côté paternel de la femme, cousin de la mère, chef d'atelier, parents d'adoption	40
3	Parents du clan et relations très proches	Cadres du village, parents du clan, compagnons de guerre	34
4	Parents lointains et relations proches	Voisins, camarade de classe, parents lointains, et cadres ordinaires du village, cadres des entreprises du village	68
5	Parents plus lointains, voisin et fréquentation rare	Voisins et parents encore plus lointains	44
Total			**192**

Tableau 1 – Nomenclature de guanxi

Catégorie	Guanxi hérité	Guanxi par socialisation
1	Famille	Amis « de confidence » (miyou)
2	Parents proches	Amis de longue date
3	Parents du clan	Connaissances de haute fréquentation
4	Parents lointains	Connaissances de basse fréquentation
5	Parents très lointains	Simples connaissances

Tableau 2 – Analyse de la nomenclature

Un interviewé explique ainsi sa typologie :

Nous deux (lui et sa femme) sommes bien sûr parmi les « miens » de l'un et de l'autre. Quant à A, B (sa fille) et C (sa bru), si je circonscris mon cercle, ils ne sont même pas inclus. Si je l'élargis, ils y sont bien sûr. Si je l'élargis encore, je trouve mon père. Plus encore, son père (le père de sa femme), après ce sont mes frères, et ses frères etc. Mais dans ce cercle, tous les rapports ne sont pas les mêmes. Même entre mes quatre frères. Ça dépend des événements, du caractère et du comportement de chacun. La relation peut être plus intime avec deux de mes frères et plus indifférente avec les deux autres. (Homme, 05/1997)

Dans ce discours, nous découvrons les termes suivants : nous, moi, lui, eux (ils), les miens, cercle, circonscrire, large, petit, inclure, caractère, intimité/indifférence. Il en ressort que la notion « des miens » en chinois se réfère à la notion de « nous ». Mais la définition des « miens » est toujours centrée sur soi en se rapportant ensuite aux *guanxi* hérités (parenté) et aux *guanxi* construits. Le cercle change de contour selon les circonstances, autrement dit, les situations. Ainsi on obtient une structure circulaire concentrique dont le diamètre se rétrécit ou s'agrandit sachant que le lien est proche ou lointain (figure 2).

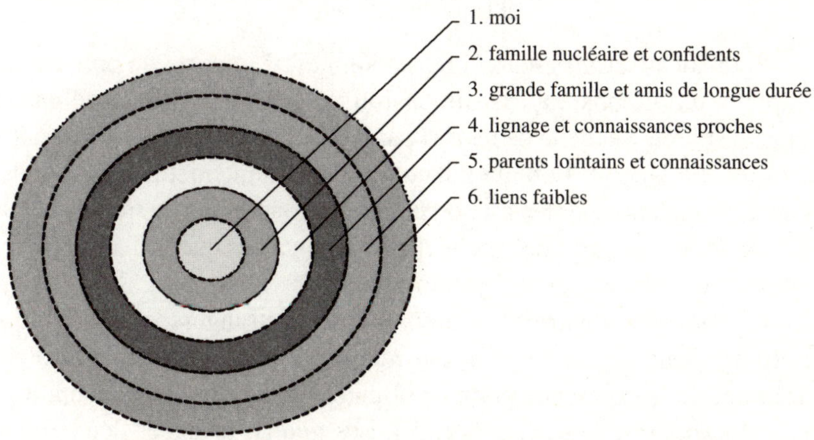

Figure 2 – Catégorisation des « miens » par l'interviewé

Les entretiens ont permis de relever deux canaux au travers desquels un « étranger » peut se faire admettre comme un des « miens ». Premièrement, le mariage et l'adoption peuvent l'introduire dans le cercle des « miens » grâce à un rapport de parenté et par conséquent hérité ; deuxièmement, on pénètre ce cercle par la fréquentation. Il en est de même pour le processus inverse, par exemple suite à un divorce ou une déclaration de rupture de parenté ou d'amitié (Yang Yiyin, 2002). Grâce à cette typologie, nous établissons un modèle de reconnaissance des « miens » et des « étrangers » par les Chinois, modèle reproduit dans le tableau 3 :

		***Guanxi* par fréquentation** **Sentiment dû, obligation d'entraide**	
		Haut	**Bas**
***guanxi* hérité**	Haut	**Les miens** famille nucléaire, amis inconditionnels, les plus proches	**Les miens par fréquentation** Amis, fille mariée avec ses parents
sentiment naturel, entraide spontanée	Bas	**Les miens statutaires** parents de la grande famille, belle-mère et bru, redevables	**L'étranger** Inconnu, personne non indigène, outsider du cercle

Tableau 3 – Modèle de dichotomie entre les miens/les étrangers et leurs interactions.

Pour localiser un *guanxi* interpersonnel, il importe de prendre en compte deux dimensions : la dimension de *guanxi* hérité fondé par le régime de parenté et celle de *guanxi* par fréquentation fondé sur les sentiments, la confiance et l'obligation noués dans les interactions entre individus. La stipulation héritée est non modifiable, tandis que la fréquentation peut conduire à une grande variété de sentiments tels que : affection/aversion, intimité/distance, confiance/méfiance.

La conversion entre « les miens » et les « étrangers » peut dès lors emprunter deux voies : devenir le « mien » par la parenté, construire de l'intimité, de la confiance et de l'obligation à travers la fréquentation, en étant dépourvu de « statut hérité ». Les *guanxi* dans ces deux zones intermédiaires offrent une illustration dynamique du *chaxu geju* quant à sa porosité et à son élasticité (Yang Yiyin, 1998).

Cette recherche nous conduit à constater que, dans les campagnes et les villes relativement plus traditionnelles de Chine, il existe une notion de « nous » qui correspond au modèle des « miens ». Cette notion possède les trois caractéristiques suivantes :

1. La centration sur soi : l'individu intègre les gens à haute parenté et fréquentation dans son propre territoire, formant un cercle des « miens ». Il en exclut les autres qui sont considérés comme des « étrangers ».

2. La porosité des frontières : les « miens » peuvent devenir des « étrangers », et *vice versa*, suite aux changements dans les deux dimensions.

3. L'élasticité du contour : dans différentes circonstances, l'individu dessine des contours qui varient. Tout comme le nombre d'individus inclus à l'intérieur.

Il est donc permis de dire que le « nous » chinois a une nature de *guanxi*. Quand l'individu considère que quelqu'un (ou un groupe) entretient avec lui un *guanxi*, il l'inclut dans son monde comme un des siens. Dans la tradition confucéenne, pouvoir considérer le plus grand nombre de personnes comme les « miens » et partager leurs joie et malheur, est une vertu de l'homme qui a le sens de l'honneur. Un tel « moi » est appelé « grand moi » (*dawo*). La notion de « nous » est ici dotée d'un sens moral. Néanmoins, une telle inclusion a à voir avec un *guanxi* que l'on établit avec autrui d'abord, mais également avec le monde entier dans une situation idéale. Force est de reconnaître que si ce moi est grand, il reste un « moi ». Comment l'individu élabore le cercle des « miens » ? Comment l'individu devient un des « miens » d'autrui ? Quelle que soit la question posée, les processus psychologiques concernés peuvent se résumer à un processus par *guanxi*.

LE « NOUS » PAR CATÉGORISATION

Dans les recherches sur les rapports entre les groupes dans la perspective de la TIS, lorsqu'un individu établit un lien psychologique avec un groupe, il s'identifie à ce dernier, et dans le même temps, se distingue de ceux qui n'y appartiennent pas. La notion de « nous » prend forme. L'individu s'identifie à un groupe d'appartenance, tandis que le reste du monde existe en dehors du groupe. La construction d'un lien avec un groupe produit « la catégorisation de soi » (Turner *et alii*, 1987).

Fei Xiaotong et Liang Shuming ont tous les deux souligné le fait que les Chinois n'ont pas, ou très peu, de conscience sociale. Mais il est possible que, lorsque le *guanxi* est l'essence de l'échange social dans une société marquée par une structure de *chaxu geju*, « les miens » devient synonyme de « nous ». En revanche, l'émergence de la mobilité sociale donne naissance à un autre « nous », un « nous » forgé par identification. Guidée par cette hypothèse, une seconde recherche s'est penchée sur la formation de la notion de *Huaren* parmi les Chinois d'outre-mer.

En juin et juillet 2000 et février 2001, pendant 38 jours, une enquête a été réalisée dans six villes malaises où la présence de la diaspora chinoise est forte. Les chercheurs ont mené des entretiens de groupe et d'individus, donnant presque 620 000 caractères de retranscriptions. Les personnes interrogées couvrent une large palette sociale : responsables ou membres de partis politiques et d'associations, hommes d'affaires, avocats, propriétaires de petites entreprises, présidents d'école (ou d'université), enseignants, étudiants, journalistes, chercheurs spécialistes des Chinois d'outre-mer, employés de magasins, agriculteurs, chefs de village chinois, femmes au foyer, etc.

La codification et l'analyse ont été effectuées sur chaque partie du corpus recueilli, ce qui nous a permis de réaliser une grille des principaux facteurs de l'identité culturelle dans la vie des Chinois en Malaisie. Cette grille comprend sept niveaux. Trois premières notions constituent l'axe central de l'analyse : *Huaren*, culture, identification. *Huaren* est le sujet, et l'identification est le processus psychologique qui permet le lien entre les *Huaren* et la culture chinoise. Devenir *Huaren* par identification à la culture chinoise, signifie l'identification au groupe *huaren*, assurant le maintien et la construction de la culture chinoise. Nous nous bornerons ici à la notion de *huaren* et au processus psychologique.

La diaspora chinoise et les « autres » concourent à maintenir l'usage de l'expression *Huaren*. Celle-ci signifie un contexte de rencontre culturelle chez les migrants d'origine chinoise. Dans les sociétés multiethniques, elle est employée pour distinguer l'ethnie chinoise des autres. En fonction des circonstances, le caractère distinctif varie. En Malaisie, pour se différencier des Malais et des Indiens, les personnes d'origine chinoise s'appellent *Huaren*, « ethnie hua » ou « d'origine chinoise ». Cependant, face à d'autres Chinois d'outre-mer, ils s'appellent « Mahua »[1]. Cette dernière appellation couvre deux sens : ils sont d'origine chinoise, c'est-à-dire que du sang chinois coule dans leurs veines ; ils sont plus ou moins adaptés à la culture malaise et/ou ils ont la nationalité malaise. Voici quelques discours typiques de *Huaren* malais sur le « nous ».

---

1. Formé du premier caractère de Malais et du caractère *hua*, signifiant Chinois.

1. Dans une situation de rapport inter-ethnique à l'intérieur du pays : « nous les *Huaren* » et « eux les Malais »

> « Nous les Huaren appelons ceci un "œil de dragon", eux les Malais ils l'appellent comment ? Œil de chat ! En langue malaise, c'est "madagujin". "Gujin", c'est le chat. Le dragon chez nous, le chat chez eux » (GRD, Homme, âge moyen, 02/2001)

2. Dans une situation de relation internationale : « nous la Malaisie » et « eux la Chine »

> « Dans l'association malaise de calligraphie, je suis le responsable principal. Je m'intéresse aujourd'hui beaucoup à la calligraphie. J'ai été en Chine, dans le Nord-Est, à Dalian, pour participer à des conférences de calligraphie. Actuellement nous allons organiser une exposition d'échanges calligraphiques sino-malais.... Nous exposerons d'abord à Tianjin, ensuite en Malaisie. Donc, nous, en tant que représentants de la Malaisie, irons en Chine dans peu de temps ». (CRL, homme, âgé, 06/2000)

3. Dans une situation de rapport entre la diaspora chinoise et l'origine chinoise : « nous les Chinois d'outre-mer » et « elle, la mère patrie »

> « Est-ce que la Chine est puissante ? c'est une question importante. Elle, la "mère patrie", c'est sa prospérité et sa force, sa langue, toute sa culture, qui nous fait avancer, nous les Chinois d'outre-mer.... Nous avons la même culture, sommes du même peuple, nous avons sûrement d'immenses perspectives.... Nous, les Huaren sommes des Huaren internationaux, nous arriverons peut-être à une soi-disant réunification, ou à une plus forte interaction » (XISWYH, homme, âge moyen, 06/2000)
> Étant donné les liens ethniques ou de sang, je pense que les échanges commerciaux avec la Chine seront quand même accompagnés de liens plus serrés qu'avec les étrangers, les vrais étrangers. Nous sommes étrangers aussi, c'est vrai, mais nous, nous avons quand même un lien avec la Chine. (LSN, homme, âge moyen, 06/2000)

4. se nommer sino-malais (« mahua »)

> « Nous avons la littérature chinoise et la littérature sino-malaise » (CSC, homme, âge moyen, 06/2000)
> « Nous les Huaren de Malaisie, il faut dire que nous menons notre vie à la sueur de notre front, le gouvernement ne nous aide pas. Donc nous nous disons qu'il faut faire de notre mieux pour préserver la culture chinoise et l'enseignement de la langue chinoise. Il faut envoyer les enfants à l'école chinoise, au lycée indépendant. Il faut qu'ils fleurissent sur l'arbre... » (MJSF, 02/2001)

L'analyse du corpus précédent donne le tableau suivant :

Situation (interaction avec)	Auto-appellation des Malais d'origine chinoise	La manière dont les autres les appellent	Appellation commune
Malais et Indiens en Malaisie	*Huaren*, ethnie hua, d'origine chinoise, communauté chinoise	*Huaren*, ethnie hua	Malais
Chinois	*Huaren*, d'origine chinoise, sinophone, Malais	*Huaren* d'outre-mer, d'origine hua, Chinois d'outre-mer, frère d'outre-mer	*Huaren*
Chinois d'outre-mer d'autres pays	Sino-Malais	Sino-Malais	*Huaren*
Étrangers d'autres pays	Malais, Malais d'origine chinoise	Malais, Malais d'origine chinoise	Être humain

Tableau 4 – Désignations des Malais d'origine chinoise et des situations.

Du point de vue psychosociologique, des notions comme celle de *Huaren*, qui a été formée chez les Malais d'origine chinoise, ont une forte portée en terme de catégorisation. La situation multiethnique et multiculturelle met en relief les points communs entre les individus d'une même ethnie et les différences avec les individus de groupes différents. La situation active et construit la notion de « nous ». Les identités ressenties varient selon les situations. Les identités des membres du groupe se renforcent ou non dans les relations avec des étrangers en favorisant plus ou moins l'homogénéité du groupe.

Si l'on suit le parcours par lequel les Malais d'origine chinoise ont forgé leur identité culturelle, trois éléments d'explication émergent :

1. À partir de l'identification à un lieu ancestral commun et à la parenté s'est développée une identification par intérêts sociaux, culturels et politiques dans la communauté chinoise.

2. À partir de l'identification par dialecte, et de l'identification géographique et familiale, s'est développée une identification linguistique fondée sur le chinois standard (mandarin) et l'écriture simplifiée. Cette identification se manifeste par la création et le développement des écoles chinoises et de la presse en chinois.

3. Les mêmes religions et coutumes donnent naissance à une identification par croyance, et par valeurs. Cette identification s'exprime chez les Chinois d'outre-mer par le maintien des us et coutumes, des croyances, et par la perpétuation des valeurs. (Yang Yiyin, 2002)

Parmi les émigrés chinois de première génération, la plupart sont partis seuls pour gagner leur vie dans les mers du sud. Une fois à l'étranger, les communautés de même origine géographique passent parfois avant la famille pour évoluer en groupes d'appartenance (Li Minghuan, 1995). Quand le lien du sang ou parental ne suffit plus pour fournir de l'aide, une grande variété d'associations voient le jour dans les communautés chinoises. La communauté chinoise, rassemblée par les liens du sang, l'appartenance géographique ou la position professionnelle, se présente sous un nouveau jour. Pendant ce parcours d'intégration, les événements historiques survenus ont fortement influencé l'identité de groupe chez les Malais d'origine chinoise. En 1937, le Japon envahit la Chine et peu après la Malaisie. Les *Huaren* se mobilisent fortement, ils vivent de près le sort des Chinois et résistent. À ce moment précis, les notions de « Chinois » et de *Huaren* transcendent toutes les autres : hakka, cantonais, originaires du Fujian, de Shantow, etc. Elles deviennent de nouveaux repères identitaires chez les Chinois de Malaisie. La « culture chinoise » voit aussi son statut s'élever pour prendre la place des cultures régionales. Par ailleurs, vivant dans un pays multiethnique, ils sont obligés de chercher une marque ethnique plus significative pour appartenir à un groupe plus puissant.

Après la guerre, leurs efforts ont abouti à la création de l'union des *Huaren* malais en 1991, une organisation nationale à vocation d'intégration de tous les *Huaren.* Si l'identification se faisait par rapport au lieu d'origine (un clan, un village, un bourg ou une région) elle se fait désormais par rapport à la culture chinoise. Parmi les 5 762 communautés chinoises de Malaisie, mises à part celles qui fonctionnent par lien familial ou géographique ou encore par lien de domicile actuel, on compte un grand nombre de rassemblements professionnels, commerciaux et éducatifs (comme par exemple l'Union commerciale des Chinois en Malaisie, l'Union nationale des enseignants d'écoles chinoises). Jouant un rôle essentiel dans la représentation des intérêts des *Huaren*, dans l'échange avec d'autres groupes et dans les affaires internes de leurs activités, ces communautés sont aujourd'hui indispensables et irremplaçables (Liu Chonghan, 1998). Afin de faciliter la communication et de renforcer l'identité culturelle chinoise, les dialectes se retirent des scènes communicationnelles pour céder la place au chinois standard (mandarin) et à l'écriture simplifiée qui sont devenus la langue de communication et des médias. Les communautés s'emploient à promouvoir l'apprentissage du chinois en créant des collèges autonomes et des établissements d'enseignement supérieur de langue chinoise. Pour les médias et les établissements éducatifs des *Huaren*, les valeurs culturelles chinoises se présentent comme importantes à transmettre et maintiennent les caractéristiques de leur groupe ethnique.

Ces trois éléments mettent en lumière le parcours d'identification des Malais d'origine chinoise. Dans un premier temps, ils ne faisaient qu'entretenir des relations interpersonnelles. Ensuite, ils ont peu à peu formé des groupes de « *guanxi* hérité » qui dépendent des traditions. Et ils ont fini par obtenir un statut d'appartenance à des organisations modernes dans les domaines sociaux, économiques et politiques. Ce parcours a construit un système structurel d'identification, à savoir : la construction d'une identité culturelle des Chinois basée sur une reconnaissance préalable au niveau de la politique nationale malaise.

La recherche sur l'identité culturelle des Malais d'origine chinoise permet de mieux comprendre le « nous » chinois par catégorisation. Leur pratique montre que dans un contexte d'éloignement de la famille ou de dépaysement, l'individu est privé de relations – au sens traditionnel – sur lesquelles s'appuyer. Il ne peut que recourir à sa profession, à son origine géographique, ou sa filiation, pour nouer des liens avec la communauté chinoise et participer à la production d'un un savoir commun nouveau. Ici, l'environnement social multiculturel impose aux Chinois de sauvegarder leur statut de groupe culturel. Puisque la communauté chinoise, dans de telles circonstances, donne naissance à des organisations officielles, les individus chinois participent aux activités de ces organisations pour préserver leur statut de membre de la communauté. Quand ils ont une culture particulière, ils éprouvent une fierté à afficher cette identité.

L'identité culturelle des Malais d'origine chinoise agit sur d'autres processus de catégorisation sociale. Ainsi, le «nous» chinois par catégorisation n'est pas forcément teinté de cette couleur de «*guanxi*». Il met l'accent sur l'homogénéité au sein du groupe et l'hétérogénéité avec l'«hors-groupe». Quand un individu est l'objet de catégorisation par autrui pour des raisons culturelles, il essaie de préserver ce statut de membre en produisant du sens commun culturel. Ce processus psychologique de construction de liens avec un groupe appartient à ce que l'on appelle la «catégorisation».

LE DOUBLE «NOUS»

Si le «nous» synonyme des «miens» traduit le *chaxu geju* propre à la Chine, et si le «nous» par catégorisation est l'expression d'un ordre collectif aussi bien présent chez les Chinois qu'en Occident, les deux recherches précédentes permettent d'émettre l'hypothèse que le mécanisme de formation du «nous» chez les Chinois est double. Autrement dit, il existe deux voies par lesquelles les Chinois se lient avec autrui : la première est l'interaction avec un autrui concret, l'individu évalue et construit ce lien psychologique en fonction de la relation héritée et de l'interaction en face-à-face. La seconde est l'interaction avec un autrui abstrait, l'individu évalue et construit ce lien selon les caractéristiques des différentes catégories. Le parcours psychologique dans la première situation est une construction par «*guanxi*», tandis que, dans la seconde, il s'agit d'une construction par catégorisation. En présence des non membres, la catégorisation l'emporte ; en présence d'individus «étrangers», la construction par «*guanxi*» l'emporte. Il en ressort la question déterminante de ce processus : est-ce que l'Autre est considéré comme faisant partie d'un autre groupe ou comme un individu étranger ? Cela renvoie au mécanisme psychologique de la catégorisation dans la cognition de l'homme. Des recherches interculturelles dans le domaine de la catégorisation confirment la thèse selon laquelle les Chinois ont tendance à classer les autres selon le *guanxi* alors que les Européens et les Américains selon la catégorie. Or, le problème est que ces recherches négligent l'effet de situation, que nous supposons être la condition de ces mécanismes.

La recherche sur laquelle nous nous appuyons ici a pour objet la notion de « compatriote », et a été réalisée par la méthode d'entretiens auprès de neuf étudiants d'Université. Les Chinois disent souvent : « Quand des compatriotes se rencontrent sur une terre étrangère, leurs yeux sont remplis de larmes. » Ici, le terme compatriote est utilisé comme une catégorie. Tout son sens se concentre dans le préfixe « com- ». En revanche, toute la connotation réside dans l'« étranger ». Le « com- » a pour toile de fond l'existence dans un pays étranger. Mais quand le sentiment d'appartenance et de fierté tourne en obligations d'entraide, c'est-à-dire que la catégorie de « compatriote » évolue en *guanxi* en fonction de la situation de communication, le « nous » devient plus un « nous » par *guanxi* qu'un « nous » par catégorisation. Autrement dit, dans la culture de *guanxi*, la « guanxiisation » est plus intense que la « catégorisation ».

Voici quelques discours typiques :

1. L'émergence de la représentation de compatriote : être à l'étranger

> Par exemple quand on sort de sa province, on est compatriote si on vient de la même province ; à l'étranger, les gens du même pays sont compatriotes, c'est ça pour moi. Autre exemple, quand on fait ses études dans sa propre province, on est compatriote avec celui qui vient de la même ville, et la relation est plus proche. C'est comme quand on décortique une pousse de bambou, des couches se superposent… La familiarité est plus forte avec un compatriote de la même ville qu'avec un compatriote de la même province ; du même district que de la même ville ; sans parler des bourgs et des villages.

2. La distinction entre les groupes n'a plus de sens : la notion de compatriote perd de son importance

> Ce n'est pas parce qu'on est compatriote que l'on est obligé de faire connaissance et d'aller très loin dans les échanges. Même s'il est vrai qu'il y a une espèce de familiarité quand on sait qu'on est compatriote. Dans les relations véritables, tout dépend de la confiance que la personne mérite.

3. La montée de l'importance de la singularité : développer une relation interpersonnelle

> … beaucoup de camarades non compatriotes deviennent amis « de confidence ». Pour pouvoir devenir bons amis, notamment « de confidence », l'essentiel est de savoir si on a des points communs dans les goûts, le caractère et les valeurs, etc. Si l'on vient d'un même endroit n'a pas tellement d'importance.

La fonction du rôle de la situation est mise en évidence dans cette étude. Nous percevons également que le « nous » chinois peut prendre forme à travers deux mécanismes : le premier est la catégorisation, le deuxième est un travail par *guanxi*. Par conséquent, sur la base de ces trois études, nous appelons ce « nous » le double mécanisme enclenché dans la situation : le processus du *nous situationnel* dans une double structure (figure 3).

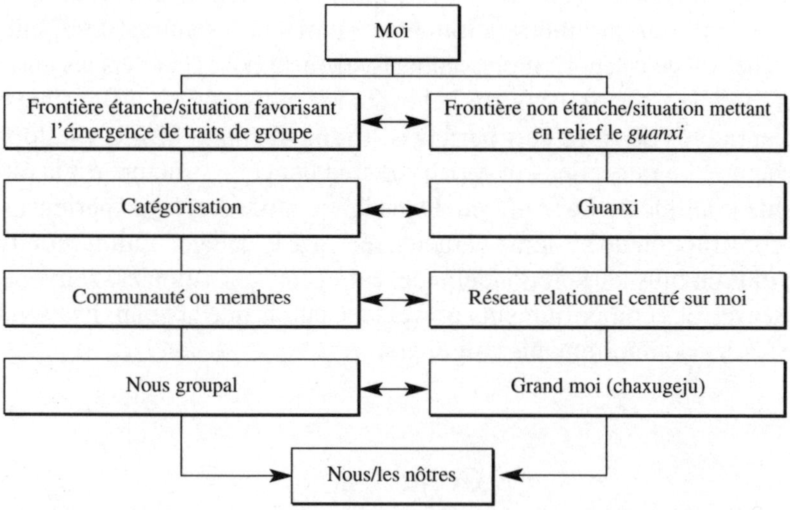

Figure 3 – la formation du « nous situationnel » dans la double structure.

Pourquoi une double structure apparaît-elle dans le lien entre un Chinois et un individu ou un groupe ? Dans la Chine traditionnelle où la mobilité sociale était rare, les gens étaient plus souvent placés dans des situations d'interaction de face-à-face. La parenté servait d'indice pour mesurer les sentiments, la confiance et les obligations. Les Chinois de l'époque possédaient donc des expériences cognitives élaborées dans l'évaluation de distance interindividuelle et hiérarchique. Les relations de pouvoir se présentaient par conséquent comme des situations de stratégies et de jeux. Le plus grand savoir-faire dans la vie sociale en Chine est de jouer librement avec la distance entre l'individu et le système, sans pour autant transgresser les règles du jeu. C'est la maximisation de liberté à l'intérieur d'un système culturel d'une société. Au regard des caractéristiques du *chaxu geju* dans la culture et la structure sociale chinoises se dessinent des frontières du « moi » particulières où ont lieu des passages entre « moi » et « nous », entre « nous » et « eux », entre « moi » et « lui ». Il s'ensuit que la distinction entre « moi », « nous », « lui » et « eux » n'est pas claire, ou pas assez. Le mécanisme qui régit cette distinction n'est pas celui de la catégorisation (Turner *et alii*, 1987), mais celui du *guanxi*. La catégorisation donne naissance à des groupes, alors que le *guanxi* entraîne l'apparition d'un réseau.

La catégorisation est un modèle cognitif commun à l'être humain. Cependant, après avoir accompli le travail de catégorisation/distinction entre ceux qui ont une relation avec « moi » et les autres, les Chinois prennent cette catégorisation comme fondement pour aller vers les *guanxi*. Une fois la « guanxiisation » achevée, les individus ou les groupes se voient dotés de rôles et d'héritages, (Yang Yiyin, 2002), il y a double structure. Le raisonnement capable de réguler cette structure est la rationalité pratique du juste milieu. Dans la vie moderne, les expériences et la construction de système caractérisées par la catégorisation montrent de plus en plus leur prépondérance, car la catégorisation est souvent en lien avec des comportements universels, tandis que la guanxiisation est liée à des comportements singuliers.

Conclusion

Ces trois études qualitatives nous ont permis d'étudier le processus psychosocial de la formation de la notion de « nous » chez les Chinois. Ce processus reflète des différences culturelles et psychologiques dans les notions de « moi », « nous », « lui » et « eux ». Nous distinguons les traits suivants dans la démarcation du moi chinois :

1. Porosité. Elle permet d'ouvrir la porte à un autrui important.
2. Élasticité. Le champ du « moi » change de contours selon le nombre des « autruis ».
3. Autonomie. La définition est effectuée en se centrant sur soi-même.
4. Exclusivité. Dans certaines circonstances, les contours se durcissent et se renferment pour n'englober que les membres.
5. Moralité. Guidée par la morale sociale, le « petit moi » se sublime en « grand moi », il y a unification entre « moi » et « nous ». Notre étude a éludé cet aspect. Mais il est possible d'en déduire que le processus du « grand moi » apparaîtrait guidé par la moralité dans la guanxiisation.

En réponse à cet individu, le sens du groupe devient aussi plus complexe :

1. Il comprend « les miens » inclus dans le cercle de l'individu et un réseau de relations lorsque « les miens » sont constitués.
2. Lors du durcissement des frontières du « moi », les individus indépendants ou ceux qui se ressemblent forment des groupes.
3. La séparation et l'unification coexistent comme relation entre le « moi » et le « nous ».

Étant donné de telles définitions, deux mécanismes sont obligatoirement présents entre le groupe et l'individu :

1. Guanxiisation
2. Identification ou catégorisation.

Les psychosociologues ont découvert que, lorsque les individus choisissent un mécanisme de lien avec un groupe, des raisons sociales, culturelles et historiques engendrent un ancrage mental. C'est-à-dire qu'il y a une certaine tendance dans le choix entre l'identification et le *guanxi,* tendance qui contribue à forger une « dépendance au chemin » pour transformer l'identification ou le *guanxi* en un jugement de valeurs. Ce qui doit être mis en lien avec les recherches sur les valeurs. Par exemple :

– priorité à la valeur de *guanxi* caractérisée par le respect des plus âgés et l'affection pour la famille
– priorité à la valeur d'identification à un groupe

Bien entendu, ces valeurs ne sont pas totalement antinomiques ; de fait elles s'entremêlent, construites par la culture, la société et l'histoire. Nous n'avons pas abordé cet aspect dans cet article. À travers le modèle de construction du lien psychologique entre l'individu et le groupe chez les Chinois dans une double structure de *guanxi* et d'identification, nous avons essayé de décrire le mécanisme par lequel ils construisent l'environnement culturel et sémantique dans lequel ils évoluent quotidiennement.

Bibliographie

ABRAMS, D., HOGG, M. (2004) : Metatheory : Lessons from social identity research, *Personality and Social Psychology Review* vol. 8.

ALLPORT, G. (1985) : The historical background of social psychology, in LINDZEY, G., ARONSON, E. (eds.) : *The Handbook of Social Psychology*, New York, McGraw-Hill.

BIAN YANJIE (1994) : Guanxi and the Allocation of Jobs in Urban China, *The China Quarterly* n. 140.

BRECKLER, S., GREENWALD, A. (1986) : Motivational facets of the self, in M. SORRENTINO, R., HIGGINS, E. (eds.) : *Handbook of motivation and cognition : Foundations of social behavior*. New York, Guiford Press.

CHIU CHI-YUE, HONG YING-YI (2006) : *Social psychology of culture*. New York, Psychology Press.

FEI XIAOTONG (1985) : *Xiangtu zhongguo (La Chine rurale)*, Pékin, Sanlian chubanshe.

FISKE, A., KITAYAMA, S. HAZEL, R., NISBETT, R. (1998) : The cultural matrix of social psychology, in GILBERT, D., FISKE, S., LINDZEY, G. (eds.) : *The handbook of social psychology, volume 2*, Boston, McGraw-Hill.

HE QILIANG (1988) : Duli hou xima huaren zhengzhi yanbian (Évolutions politiques des Malais d'origine chinoise après l'indépendance), in LIN SHUIHAO, HE GUOLIANG, HE QILIANG, LAI FUGUAN (eds.) : *Malaixiya huarenshi xinbian (Nouveau recueil sur l'histoire des Malais d'origine chinoise)*, Kuala Lumpur, Malaixiya zhonghua dahuitang zonghui.

HO, D. (1991) : Relational orientation and methodological relationalism, *Bulletin of the Hong Kong Psychological Society* n. 26-27.

— (1993) : Relational orientation in Asian social psychology, in KIM, U., BERRY, J. (eds.) : *Indigenous psychologies : Research and experience in Cultural Context*, Newbury, Sage.

HOFSTEDE, G. (1980) : *Culture's concequences*. Beverly Hills, Sage.

HOGG, M. (2006) : Social identity theory, in BURKE, P. (ed.) : *Contemporary Social Psychological Theories*. Stanford, Stanford University Press.

HUANG GUANGGUO (2005) : *Rujia guanxizhuyi : zenhua fansi yu dianfan chongjian (Relationnisme confucéen. Réflexion critique et reconstruction d'exemple)*. Taipei, Taiwan daxue chuban zhongxin.

JIN SHENGHUA (ed.) (2005) : *Shehui xinlixue (La psychosociologie)*, Pékin, Gaodeng jiaoyu chubanshe.

JIN YAOJI (1992) : *Zhongguo shehui yu wenhua (Société et culture chinoises)*, Hongkong, Oxford University Press.

JOST, J., KRUGLANSKI A. (2002) : The estrangement of social constructionism and experimental social psychology : History of the rift and prospects for reconciliation, *Personality and Social Psychology Review* vol. 6.

KIPNIS, A. (1991) : *Producing guanxi : Sentiment, self, and subculture in a North China village.* Durham, Duke University Press.

LI MINGHUAN (1995) : *Dangdai haiwai huaren shetuan yanjiu (Étude sur les communautés de Chinois d'outre-mer contemporaines)*, Xiamen, Xiamen daxue chubanshe.

LI QINGSHAN (ed.) (1993) : *Zhongguoren shehui xinli lunji yijiujiu'er (La psychosociologie des Chinois. Recueil d'articles, 1992).* Hongkong, Shidai wenhua tushu gongsi.

LIANG SHUMING (1987) : *Zhongguo wenhua yaoyi (l'essence de la culture chinoise)*, Pékin, Xuelin chubanshe.

LIU CHONGHAN (1998) : Duli qian huaren xiangtuan zuzhi (Organisations de communautés rurales de Malais d'origine chinoise avant l'indépendance) ; Duli hou huaren xiangtuan zuzhi (Organisations de communautés rurales de Malais d'origine chinoise après l'indépendance), in LIN SHUIHAO, HE GUOLIANG, HE QILIANG, LAI FUGUAN (eds.) : *Malaixiya huarenshi xinbian (Nouveau recueil sur l'histoire des Malais d'origine chinoise)*, Kuala Lumpur, Malaixiya zhonghua dahuitang zonghui.

MARKUS, H., KITAYAMA, S. (1991) : Culture and self : Implications for cognition, emotion, and motivation, *Psychological Review* vol. 98.

MOSCOVICI, S. (1976) : *Social influence and social change*, Londres, Academic Press.

OYSERMAN, D. (2002) : Rethinking Individualism and Collectivism : Evaluation of Theoretical Assumptions and Meta-Analyses, *Psychological Bulletin* vol. 128, n. 1.

PARKER, I. (1992) : Xiandai shehuixinlixue de weiji » (La crise de la psychosociologie moderne), in Zhou Xiaohong (ed.) (1992), *Xiandai shehuixinlixue mingzhu jinghua (Extraits de classiques en psychosociologie moderne)*, Nankin, Nanjing daxue chubanshe.

POPPER, K. (1987) : *Lishijuedinglun de pinkun (La pauvreté de l'historicisme)*, Pékin, Huaxia chubanshe.

QIAO JIAN (1982) : Guanxi chuyi (Discussion sur les *guanxi*), in YANG GUOSHU, WEN CHONGYI (ed.) (1982) : *Shehui yu xingwei kexue yanjiu de zhongguohua (Sinisation des recherches en sciences sociales et comportementales)*, Taiwan, Zhongyang yanjiuyuan minzuxue yanjiusuo.

SHAW, T. (1996) : Préface, in CHEN XIANGMING (1996) : *Lüjuzhe yu waiguoren (Voyageur et étrangers)*, Changsha, Hunan jiaoyu chubanshe.

SUN LONGJI (2004) : *Zhongguo wenhua de shenceng jiegou (La structure profonde de la culture chinoise)*, Guilin, Guangxi shifan daxue chubanshe.

TAJFEL H. (1978), *Differentiation between Social Groups,* Londres, Academic Press.

— (1981) : *Human groups and social categories : Studies in social psychology*, Cambridge, Cambridge University Press.

— (1982) : *Social identity and intergroup relations*, Cambridge, Cambridge University Press.

— (1984) : *The social dimension : European developments in social psychology*, Cambridge, Cambridge University Press.

TRIANDIS, H. (1989) : The self and social bchavior in differing cultural contexts, *Psychological Review* vol. 96, n. 3.

— (1994) : Theoretical and methodological approaches to the study of collectivism and individualism, in KIM, U., TRIANDIS, H., KAGITCIBASI, C., CHOI, S., YOON, G. (eds.) : *Individualism and collectivism : Theory, method and applications*, Thousand Oaks, Sage.

TURNER, J., HOGG, M., OAKES, P., REICHER, S., WETHERELL, M. (1987) : *Rediscovering the social group : A self categorization theory*. Oxford, Blackwell.

WHEELER, L., REIS, H., BOND, M. (1989) : Collectivism-individualism in everyday social life, *Journal of Personality and Social Psychology* vol. 57.

XIN, R., PEARCE, J. (1996) : Guanxi : Connections as substitutes for formal institutional support, *Academy of Management Journal* vol. 39, n. 6.

YAN YUNXIANG (1996) : The culture of *Guanxi* in a North China village, *The China Journal* vol. 35.

YANG GUOSHU (1993a) : Women weishenme yao jianli zhongguoren de bentu xinlixue ? (Pourquoi devons-nous construire une psychologie spécifique des Chinois ?), *Bentu xinlixue yanjiu (Recherche en psychologie chinoise)*, n. 1.

— (1993b) : Zhongguoren de shehui quxiang : shehui hudong de guandian (Opinion sociale des Chinois : un point de vue interactionniste), in YANG GUOSHU, YU ANBANG (eds.) : *Zhongguoren de xinli yu xingwei – Linian ji fangfapian (Psychologie et comportement des Chinois – Mentalité et méthodologie)*, Taipei, Guiguan tushu gongsi.

YANG, M. (1994) : *Gifts, favors and banquets : The art of social relationship in China*, Ithaca, Cornell University Press.

YANG YIYIN (1998) : Ziwo jiqi bianjie : wenhua jiazhi quxiang jiaodu de yanjiu jinzhan (Ego et ses frontières. État des lieux des recherches du point de vue des valeurs culturelles), *Guowai shehui kexue (Sciences sociales à l'étranger)* n.6.

— (2002) : Wenhua rentong de dulixing he donglixing : yi Malaixiya huaren rentong de yanjiang yu chuangxin weili (Autonomie et force mobilisatrice de l'identité culturelle : le cas des évolutions et créations de l'identité culturelle chez les Malais d'origine chinoise), in ZHANG CUNWU, TANG XIYONG (eds.) : *Haiwai huazu yanjiu lunji, di san juan : Wenhua, jiaoyu yu rentong (Recueil d'études sur les Chinois d'outre-mer, tome 3 : Culture, éducation et identité)*, Taipei, Huaqiao xiehui zonghui chuban.

— et ZHANG SHUGUANG : Daxue lide tongxianghui : guanxiwang haishi julebu ? (Club de compatriotes à l'université : réseau relationnel ou club ?), à paraître.

YANG ZHONGFANG (1996) : *Ruhe yanjiu zhongguoren. Xinlixue yanjiu bentuhua lunwenji (Comment étudier les Chinois ? Recueil d'articles sur une recherche en psychologie enracinée)*, Taipei, Liuyuan chuban gongsi.

— (2001) : *Zhongguoren de renji guanxi, qinggan yu xinren : yige renji jiaowang de guandian (Relations interpersonnelles, sentiments et confiance chez les Chinois. Un point de vue sur la communication interpersonnelle)*, Taipei, Liuyuan chuban gongsi.

YE QIZHENG (2006) : *Shehui lilun de bentuhua jiangou (Construction locale de théories sociales)*, Pékin, Beijing daxue chubanshe.

ZHAI XUEWEI (1993) : Zhongguo renji guanxi de tezhi : bentu de gainian jiqi moshi (Spécificité de la relation interpersonnelle chez les Chinois : la notion du « local » et ses modalités), *Shehuixue yanjiu (La recherche en sociologie)* n. 4.

ZHAO ZHIYU, WEN JING, TAN JIANBANG (2005) : Shehui rentong de jiben xinli licheng (Parcours psychologique fondamental de l'identité sociale), *Shehuixue yanjiu (La recherche en sociologie)* n. 5.

ZHENG BOYUN (1995) : Chaxugeju yu huaren zuzhi xingwei (*Chaxu geju* et comportement organisationnel des Chinois), *Bentu xinlixue yanjiu (Recherche en psychologie chinoise)* n. 3.

Glossaire

Chaxu geju
Fei Xiaotong a proposé ce terme pour décrire la société chinoise comme une structure multidimensionnelle abritant à la fois des relations verticales plus rigides (la hiérarchie sociale) et des relations horizontales plus souples et centrées sur l'individu ; dans cette structure, chaque individu attribue une position sociale différente à une même personne.

Cheng zhong cun
Village urbain

Chihu
Réunion du clan autour d'un repas à l'occasion de la fête des morts (*qingming*)

Cong shi qiu zhi
« Rechercher le savoir par la pratique »

Congzheng
S'engager en politique

Da'an
Généalogie présentant les noms de tous les membres masculins d'un clan

Da dizhu jieji de weiming
« Abattre la réputation de la classe des propriétaires fonciers »

Da guo fan
La grande marmite : renvoie aux expressions « l'entreprise mange à la grande marmite de l'État » et « les employés mangent à la grande marmite de l'entreprise », qui décrivent certains travers du système socialiste de planification et de redistribution.

Dawo
Littéralement : « grand moi ». Notion confucéenne antonyme à « *xiaowo* » qui signifie « petit moi ». Le « petit moi » est un individu qui ne vit que pour soi et sa famille ; au contraire, le « grand moi » se pense comme un être social ayant des responsabilités envers le sort de la nation et l'harmonie de la société.

Danwei
Unité de travail : plus qu'un lieu de travail et de production, la *danwei* est également une unité de vie prenant en charge l'essentiel des besoins des individus, depuis la santé jusqu'à l'éducation, en passant par le logement.

Dang'an
Dossier individuel conservé par l'unité de travail

Duanlie shehui
Société fracturée

Fang shui yang yu
« Mettre de l'eau et élever des poissons »

Fu bu guo san dai
« La richesse ne dure pas au-delà de trois générations »

Geti gongshang hu (également : getihu)
Entrepreneur individuel

Gong bao si chou
« Régler les haines privées par des moyens publics »

Guanxi
Signifie littéralement « relation ». Mais ce terme chinois possède une connotation plus riche et complexe que le terme français, car il sous-entend l'existence d'obligations et de traitements de faveur entre deux individus liés par un *guanxi*. Les *guanxi* peuvent être imposés par le lien du sang ou construits par la socialisation.

Guojia zhuren
Les maîtres du pays

Hexie shehui
Société harmonieuse

Hukou
Certificat de résidence qui distingue entre ruraux et urbains, et qui ouvre l'accès à l'emploi, au logement, à l'éducation et à la protection sociale.

Huaren
Signifie littéralement « Chinois », mais est généralement utilisé pour les Chinois qui se sont installés hors de Chine (d'où la traduction fréquente de Chinois d'outre mer), en particulier pour les communautés d'Asie du sud-est.

Jiepou maque
« Dissection de moineau ». Méthode d'investigation promue par Mao Zedong.

Ke ji fu li
« Déni de soi et observation des bienséances »

Ling li shan tou
« Aller ailleurs pour devenir son propre patron »

Mi you
Ami « de confidence »

Nonmingong (également : mingong)
Littéralement : paysan-ouvrier. Cette notion désigne les individus qui conservent leur *hukou* rural, mais qui exercent principalement des métiers non agricoles. Si des personnes possédant un *hukou* rural et travaillant dans des entreprises de bourg et de village sont également appelées des *mingong*, le terme renvoie le plus souvent aux paysans qui quittent leur campagne natale et partent travailler dans des villes.

Qiannian weiyou zhi bianju
« Changements sans précédent depuis mille ans »

Qingming
Fête des morts

Ren
Bienveillance

Shehui diaocha
Enquête sociale

Shehui guanli
La gestion de la société

Shehui zhuanxing
Transition sociale

Shi zai ren wei
« La réussite dépend des efforts des hommes »

Suku
« Dénonciation des souffrances »

Tie wanfan
« Bol à riz en fer » renvoie à la notion de sécurité de l'emploi et de protection sociale dans le système socialiste d'avant les réformes économiques.

Wairen
Les « étrangers »

Wenhua
Culture. Formé des deux caractères signifiant respectivement : « savoir littéraire » et « éducation »

Wugong
Habileté militaire

Xiafang
Mouvement d'envoi de cadres et d'intellectuels dans les campagnes ou les petits bourgs, officiellement pour se familiariser avec la vie et le travail des masses. Cette politique a été lancée pendant le Grand bond en avant.

Xiagang
Chômeur. Littéralement : descendu de son poste de travail. Il s'agit d'ouvriers ou d'employés du secteur public ayant perdu leur emploi, mais qui continuent à bénéficier pour une durée limitée (généralement trois ans) des avantages sociaux et services de leur entreprise.

Xiahai
Littéralement : « se jeter à la mer ». Expression utilisée surtout dans les années 1980 en référence aux individus qui ont quitté le secteur étatique pour se lancer dans les affaires hors du système public

Yemanren
Barbare

Yi ku si tian
« Se souvenir des épreuves d'antan pour chérir le bonheur d'aujourd'hui »

Yi pan san sha
« Poignée de sable ». Expression inventée par Sun Yat-sen pour décrire la société chinoise comme manquant d'unité et de cohésion.

Yundong
Mouvement : Les mouvements représentent de grandes campagnes politiques, lancées et dirigées par les autorités et non pas spontanément décidées par les populations à la base. Différentes campagnes, aux objectifs plus ou moins vastes, ont été lancées. Les plus larges, comme le mouvement de la réforme agraire, ou les mouvements des « trois antis » et des « cinq antis » dans les villes, avaient pour objectif de briser les obstacles au progrès de la construction socialiste, et plus particulièrement des groupes présentés comme des ennemis de la

Révolution : propriétaires terriens, « capitalistes », etc. Les mouvements se déroulaient suivant des modalités pratiquement identiques, et reposaient sur la mobilisation des « masses », afin de permettre la dénonciation et la marginalisation des groupes désignés comme « ennemis », mais également d'assurer l'unité de ces « masses » et de garantir une application la plus complètes des décisions et des politiques prises par les autorités.

Zhiqing
« Jeunes instruits » : citadins envoyés à la campagne pendant la Révolution culturelle pour y recevoir une éducation par les paysans.

Zhanyou
Possession

Zijiren
Les « miens »

Conclusion

par

Michel WIEVIORKA

La sociologie chinoise se porte bien, elle est dynamique, elle est aussi « globale », au bon sens du mot : à la fois ancrée dans l'étude des problèmes de sa société, et insérée dans des discussions planétaires, et au meilleur niveau ; d'une part empirique, soucieuse de produire des données solides, éventuellement statistiques, de s'appuyer sur des enquêtes concrètes, du terrain, et d'autre part théorique, s'efforçant alors d'élaborer des concepts, de réfléchir aux méthodes qu'elle emploie, de se confronter aux théories disponibles, d'en proposer de nouvelles.

Une sociologie ni alignée, ni enfermée

Elle est parfois guettée, mais moins que d'autres sociologies nationales dans la région de l'Asie de l'Est, par deux dangers opposés. Le premier, auquel elle ne cède pas, est celui de l'alignement sans grande distanciation critique sur les pensées, les catégories, les outils analytiques forgés ailleurs, et auxquels elle a d'autant plus facilement accès qu'ils sont rédigés en anglais, ce qui assure aux travaux en provenance du monde « anglo-saxon » une prééminence linguistique qui devient une domination intellectuelle. Le second danger, auquel elle résiste également, est celui du repli sur soi, et donc d'un relativisme plus ou moins prononcé, qu'il soit d'inspiration nationale, chinoise, ou à vocation régionale, pour se dire alors « asiatique ».

Dans l'ensemble, les textes que Laurence Roulleau-Berger a su rassembler avec bonheur témoignent de la vitalité de la sociologie chinoise, de sa diversité, qu'il s'agisse des orientations théoriques, des méthodes utilisées ou des objets d'étude. Ils attestent aussi de sa créativité et de sa capacité, donc, à contourner ces deux écueils que sont la soumission à un universalisme qui n'est jamais qu'un impérialisme intellectuel et linguistique plus ou moins voilé, d'un côté, ou l'enfermement dans un particularisme.

Les sociologues chinois tiennent à affirmer l'épaisseur historique de leur discipline en Chine. Ils savent qu'ils reviennent de loin, de près de trente ans d'interdiction. Mais ils n'ont pas oublié un passé qui, déjà, faisait la part belle à l'étude de terrain – les liens intellectuels avec l'École dite de Chicago furent réels avant la Deuxième Guerre mondiale, et à suivre ce qui en est dit dans ce livre, la plus ancienne enquête de référence, qui avait porté sur la vie des conducteurs de « pousse-pousse », serait digne de figurer dans une histoire des sciences sociales aux côtés des « classiques » de l'École de Chicago. Le pouvoir a eu l'intelligence de redonner une place importante à la sociologie, en ouvrant pour elle des Instituts ou des centres de recherche, et des enseignements, et en une vingtaine d'années, les chercheurs ont su produire une somme impressionnante de connaissances.

Pour le public de langue française, leur apport ne devrait pas être exotique, et lu seulement comme une sorte de curiosité. La Chine, cela devient une platitude que de le dire, est au cœur des processus les plus décisifs de la mondialisation, et penser « global » passe nécessairement par une connaissance de la façon décisive dont ce pays produit et vit ce phénomène. Comment intellectuellement pourrions-nous réfléchir sérieusement à la mutation économique, culturelle, ou géopolitique dans laquelle toutes les sociétés, y compris la nôtre, sont aujourd'hui à la fois entraînées, et amenées à jouer un rôle de coproduction, sans acquérir une compréhension sans cesse plus approfondie du fonctionnement et des changements sociaux dans ce pays si important ? Comment analyser la globalisation, telle qu'elle opère dans les sociétés occidentales, en Europe, en Amérique du Nord, en Amérique latine, en Afrique, ailleurs en Asie, si l'on ignore comment elle est à bien des égards impulsée par le dynamisme des transformations en Chine, y compris quand elles ont l'air de n'être qu'un processus interne, par exemple le passage du monde rural au marché ? Connaître la Chine, et sa sociologie, est un impératif intellectuel pour les sociologues du monde entier, ou devrait l'être, pour comprendre notre planète, mais aussi pour disposer d'outils analytiques renouvelés : la Chine est à l'évidence un formidable laboratoire, que nous devons aussi envisager pour son apport à notre travail théorique général, à nos efforts conceptuels pour analyser les problèmes du monde contemporain.

UN RAPPORT SUBTIL AU POUVOIR

De ce point de vue aussi, les textes rassemblés par Laurence Roulleau-Berger sont précieux, car ils nous donnent à voir le travail de la société chinoise sur elle-même, un travail qui ne se réduit évidemment pas aux quelques images et stéréotypes dont trop souvent nous nous contentons. Ils nous aident, ou nous obligent à rompre avec tout évolutionnisme, une rupture qui est opérée fort clairement par nos collègues chinois qui ne parlent guère de passage de la tradition à la modernité, mais beaucoup plus, et beaucoup mieux, de mécanismes d'action et d'interactions entre ce qui semble relever de l'une, et de l'autre.

Entre l'État, ou le pouvoir communiste, et la société, les promoteurs immobiliers, les investisseurs privés, les paysans, les ouvriers, avec les processus de changement parfois violents dans lesquels ils se trouvent engagés, il existe une fantastique épaisseur de médiations, une structuration institutionnelle fort complexe des comités, des coopératives, des structures anciennes, d'autres récentes.

Les auteurs des textes réunis avec patience par Laurence Roulleau-Berger travaillent et, plus largement, vivent dans un contexte historique bien précis qui exerce une grande influence sur leur production intellectuelle. Le pouvoir leur laisse d'assez grands degrés de liberté, et il arrive que ce qu'ils décrivent, en termes généralement froids, sans émotion apparente, recouvre une forte critique politique. Celle-ci n'est que peu exprimée explicitement, du moins s'il s'agit de nommer le Parti et d'évoquer sans détours son emprise sur le social. Mais elle n'en est pas moins présente et lucide, par exemple dans l'analyse par Tong Xin de la lutte des ouvriers de l'usine « Z » qui ont fait reculer un État se préparant à laisser jouer les intérêts d'acteurs privés, mais ne pouvant pas totalement se déjuger et agir en contradiction trop flagrante avec son propre discours.

Les sociologues chinois semblent parfois engagés, tel Shen Yuan, qui constate l'existence de mouvements citoyens et, surtout, qui promeut une méthode qu'il appelle d'« intervention sociologique forte » – une démarche qui s'apparente en fait plus à la recherche-action qu'à l'« intervention sociologique » à la Touraine. Quelle relation entretient cette sociologie avec le marxisme et le maoïsme ? Il arrive qu'elle ne se dégage que partiellement des catégories idéologiques nées de longues années d'imprégnation marxiste, ou maoïste, ou qu'elle nous fasse revivre des discussions et des débats qui peuvent sembler d'un autre temps, sur la propriété et la possession par exemple – les plus âgés d'entre nous n'ont pas oublié les pages que consacrait à la question l'économiste marxiste, le spécialiste de la Chine, Charles Bettelheim en pleine période du marxisme triomphant dans notre pays – ou bien encore à propos des couches et classes sociales.

À la fin des années 1970 et au début des années 1980, en Europe occidentale, et tout particulièrement en France, en Espagne et en Italie, au moment où le communisme entrait dans sa phase de déréliction, un auteur a connu un succès considérable : Antonio Gramsci, dont le marxisme, particulièrement ouvert, autorisait d'associer l'idéal démocratique et l'appartenance à un parti ou une mouvance communiste. L'eurocommunisme, en particulier, se nourrissait de références à cette pensée qui prenait d'immenses distances vis-à-vis du stalinisme ou des conceptions pures et dures du « Parti ». Dans ce livre, et plus précisément chez Shen Yuan, Gramsci est une référence, qui pourrait aussi marquer le moment du dégagement, de la sortie en douceur, sans rupture complète, du marxisme plus dogmatique dans lequel la pensée a été emprisonnée jusqu'ici. Mais l'auteur, après avoir examiné cette possibilité – dans un autre vocabulaire, certes, que celui que j'utilise ici – l'écarte, comme une « voie classique » qui ne permet pas suffisamment de réfléchir aux mouvements de citoyens et à la subjectivité personnelle des acteurs.

Pour une critique de la notion de « transition »

La sociologie chinoise, telle qu'elle est présentée dans ce livre, n'aborde pas tous les thèmes qui agitent aussi la discipline à l'échelle mondiale. Elle se tient dans l'ensemble, et pour des raisons faciles à comprendre, relativement à l'écart de l'étude du fait religieux. Elle semble aussi ne pas entrer dans les débats de fond qui occupent aujourd'hui bien des sociologues de par le monde à propos des phénomènes migratoires ou diasporiques – ceux-ci ne sont abordés qu'au passage, et principalement d'un point de vue psycho-sociologique (à propos des Chinois de Malaisie). Il est vrai qu'il existe par ailleurs, et notamment au sein de la diaspora chinoise de par le monde, d'importants travaux abordant les questions de transnationalisme ou de déterritorialisation, l'existence de réseaux, de flux, de mobilité mettant d'une façon ou d'une autre en jeu des identités chinoises : peut-être faut-il considérer – il s'agit là d'une simple hypothèse – que sur de tels enjeux, la sociologie chinoise de Chine n'a pas encore vraiment opéré sa jonction avec la sociologie chinoise de la diaspora, notamment nord-américaine.

La prise en compte de leur situation politique éclaire certaines dimensions de l'apport des sociologues chinois, elle peut aussi aider à en saisir les creux, les manques, les limites. La sociologie chinoise contemporaine aborde, y compris très concrètement, l'étude du fonctionnement du pouvoir, local par exemple : comment il organise la société, la contrôle, tout en assurant un rôle impressionnant d'acteur du développement et de la modernisation. Mais elle n'est jamais à proprement parler une sociologie politique. Elle décrit le pouvoir, ici ou là, elle n'étudie pas la façon dont il se constitue, dont il se maintient, elle ne pose pas les grandes questions de la démocratie et de la façon dont la Chine pourrait s'en approcher. Elle développe brillamment une notion de « transition » à laquelle beaucoup de sociologues chinois se réfèrent, y compris en débattant avec des chercheurs occidentaux, notamment d'Europe centrale, mais elle ne veut penser cette « transition » que dans ses composantes économiques, comme un passage au marché. Les sociologues chinois savent fort bien qu'ailleurs, la sortie du communisme a pris l'allure d'une double purge, associant la fin de l'économie administrée à l'abandon du communisme, alors que dans leur pays, le « Parti » continue d'exercer le pouvoir politique, et qu'il leur faut faire comme si le communisme demeurait l'horizon politique de leur pays. Mais qu'est ce qu'une transition qui reste interne à une « civilisation originale du communisme », comme dit ici Sun Liping ? Il y a là un thème qui semble vite tabou, puisqu'on ne discute pas de la perspective d'une « transition » qui serait totale, à la fois économique et politique.

La catégorie de « transition » mériterait elle-même d'être davantage questionnée. Elle donne à penser, en effet, qu'il existe un point de départ connu, ce qui est le cas certes, mais aussi un point d'arrivée relativement clairement dessiné – ce qui est une idée qui s'apparente à la thèse de la « fin de l'Histoire » proclamée par Francis Fukuyama au moment de la chute du Mur de Berlin : l'aboutissement, dans cette perspective, ne peut être que le triomphe de la démocratie et du marché. Or, non seulement le concept de transition adopté par nos collègues chinois laisse de côté, pour des raisons faciles à imaginer, la référence à la démocratie, mais aussi, et surtout, il postule une définition de ce à quoi aboutira un jour ou l'autre l'expérience historique de la Chine, enfermant l'analyse dans un espace fermé, et même presque déterminé, ce qui est une démarche discutable. Les sociologues chinois ont conscience de la vitesse et de l'intensité des changements gigantesques de leur société, qu'ils analysent souvent brillamment, on en a ici plusieurs illustrations, par exemple dans des monographies sur des situations locales, les « villages urbains », si bien décrits par Li Peilin, qui montre avec finesse que l'urbanisation est une chose, la fin des paysans une autre. Ils ont conscience du caractère unique, exceptionnel, du laboratoire qu'ils ont sous les yeux, ce qui rend le concept de transition encore plus problématique : comment un concept qui semble devoir recouvrir les expériences de passage à la démocratie et au marché pourrait-il être satisfaisant pour éclairer des processus uniques, et massifs, dont personne ne peut dire s'ils vont à terme s'inscrire dans un modèle donné, déjà existant ?

Pour conclure

La société chinoise est un immense chantier, les transformations sont intenses, et rapides, et les chercheurs s'efforcent en permanence de penser ces changements. Ils mobilisent parfois d'étonnantes catégories, comme lorsqu'ils jugent utile de parler de reproduction, de poids de l'ancien ordre social plus fort que la mobilité (cf Li Lulu) alors que tout indique que le pays se transforme, que les groupes sociaux se modifient, que la mobilité ascendante ou descendante joue à plein.

Cet ouvrage laisse apparaître des différences, des perspectives à la limite opposées, une grande diversité d'orientations théoriques et pratiques, et du coup, nous pouvons nous interroger : comment les chercheurs chinois débattent-ils entre eux, jusqu'à quels points leurs débats sont-ils explicitement conflictuels ? On a parfois le sentiment que la situation politique, qui laisse en permanence planer des risques d'intervention du pouvoir au cas où la sociologie apparaîtrait comme trop critique à son égard, encourage l'ensemble de la discipline à se serrer les coudes, et à développer en interne une forte tolérance, une coexistence non conflictuelle assurant une certaine unité face au pouvoir. De là, peut-être – mais il s'agit là encore simplement d'une hypothèse – le fait que tous les paradigmes semblent coexister harmonieusement, dans un esprit de pluralisme qui ne s'intéresse pas à explorer les contradictions ou les conflits théoriques.

La sociologie française contemporaine n'est guère présente dans les références des auteurs chinois de ce livre, qui maîtrisent par ailleurs parfaitement le Panthéon de la discipline, et savent évoquer les grands auteurs français, de Durkheim à Bourdieu ou Touraine. Mais si les générations plus jeunes de chercheurs français ne semblent pas aujourd'hui exercer un fort attrait sur leurs homologues chinois, nous pouvons constater, et l'étude introductive de Laurence Roulleau-Berger est éclairante, que de nombreuses passerelles pourraient être établies entre les deux pays, dans différents domaines, et pour une assez grande diversité de courants de pensée. Raison de plus pour nous réjouir de la parution de cet ouvrage.

Note sur le travail de traduction

Ce livre est le fruit d'un travail de traduction mené de manière collective. Dès l'origine du projet, nous avons cherché à concilier deux exigences : rester au plus près du texte pour donner à lire la pensée chinoise telle qu'elle s'organise, et dans le même temps assurer que le choix des termes et expressions permette l'échange et la discussion entre les deux cultures scientifiques.

Ainsi, en ce qui concerne la traduction des objets, concepts et notions plus modernes, qui a représenté l'essentiel de ce travail, la principale difficulté tient à l'inachèvement du processus de standardisation des traductions vers le mandarin. On peut rappeler que le dialogue entre les sociologies étrangères et la sociologie chinoise a connu une histoire heurtée, marquée par la fermeture officielle des départements de cette discipline en 1952. Chaque chercheur tente ainsi de rendre en chinois les notions qu'il emprunte aux sciences sociales occidentales, sans s'inscrire dans des consensus établis. Par la discussion avec les auteurs et une lecture très attentive de leurs travaux, nous avons pu revenir aux sources de leurs démarches, et proposer ainsi une traduction la plus juste possible de leur réflexion.

Notre ambition était également de permettre au lecteur français de découvrir plus que des concepts : un mode d'approche des objets sociologiques et de déploiement d'une pensée logique, propre aux sciences sociales chinoises. En particulier, nous avons conservé la structure des textes, qui souvent procèdent par touches successives, par une accumulation minutieuse de différents éléments de théorie et d'observation, pour progressivement laisser apparaître le phénomène analysé. L'inscription de beaucoup de ces recherches dans des approches de type microsociologique, donne tout son sens à cette écriture, qui peut parfois sembler déconcertante, mais exige que chaque texte soit lu dans sa totalité.

Nous avons regroupé par ailleurs dans le glossaire les expressions idiomatiques présentes dans cet ouvrage, ainsi qu'un certain nombre de termes spécifiques au contexte chinois. Nous avons privilégié les notions et les objets qui décrivent des réalités propres à ce pays, comme par exemple les « jeunes instruits », les « paysans-ouvriers » ou le *hukou*, accompagnés lorsque nécessaire d'une courte notice, permettant au lecteur moins familier de la Chine et de la langue chinoise moderne de mieux comprendre le travail des sociologues chinois.

Hu Yu et Pierre Miège

Pékin le 30 janvier 2008.

LES AUTEURS

Chen Yingying, Professeur de sociologie, Directrice du département des méthodes en sciences sociales, Insitut de sociologie de l'Académie des Sciences Sociales de Chine, (CASS), Pékin

Guo Yuhua, Professeur d'anthropologie sociale, Département de sociologie de l'Université de Tsinghua (Pékin)

Li Chunling, Professeur de sociologie, Institut de sociologie de l'Académie des Sciences Sociales de Chine (CASS), Pékin.

Li Lulu, Professeur de sociologie, Directeur du Département de sociologie de l'Université du Peuple, Pékin.

Li Peilin, Professeur de sociologie, Directeur de l'Institut de sociologie de l'Académie des sciences sociales de Chine (CASS), Pékin. Vice-Président exécutif de l'Association Chinoise de Sociologie.

Li Youmei, Professeur de sociologie, Département de sociologie, Vice-Présidente de l'Université de Shanghai (Shanghai).

Liu Shiding, Professeur de sociologie, Directeur du Centre de la Recherche en Sociologie et des Études sur le Développement en Chine, Département de sociologie de l'Université de Pékin.

Luo Hongguang, Professeur d'anthropologie, Directeur du département d'anthropologie sociale, Institut de sociologie de l'Académie des sciences sociales de Chine (CASS), Pékin.

Roulleau-Berger Laurence, Sociologue, Directrice de recherches au Centre National de la Recherche Scientifique, Laboratoire Interdisciplinaire pour la Sociologie Économique, LISE/C.N.R.S., Conservatoire national des arts et métiers (Paris).

Shen Yuan, Professeur de sociologie, Vice-Directeur du Département de sociologie de l'Université de Tsinghua (Pékin).

Sun Liping, Professeur de sociologie, Département de sociologie de l'Université de Tsinghua (Pékin).

Tang Jun, Professeur de sociologie, Faculté de sciences sociales et humaines, Université Polytechnique de Pékin.

Tong Xin, Professeur de sociologie, Département de sociologie de l'Université de Pékin.

Wieviorka Michel, Sociologue, Directeur d'études à l'École des Hautes Études en Sciences Sociales (EHESS), Directeur du Centre d'Analyse et d'Intervention Sociologiques, CADIS/CNRS, Président de l'Association Internationale de Sociologie.

Yang Yiyin, Professeur de psychologie sociale, Directrice du département de psychologie sociale, Institut de sociologie de l'Académie des sciences sociales de Chine (CASS), Pékin.

Zhang Jing, Professeur de sociologie, Département de sociologie de l'Université de Pékin

Traducteurs

Hu Yu, Maître de conférences en français à l'Université des Langues Étrangères n° 2 de Pékin

Pierre Miège, Maître de conférences en sociologie à l'Université Normale de Pékin, Institut du développement social et de politiques publiques (ISDPP)

Imprimé en France par EMD S.A.S.
53110 Lassay-les-Châteaux
N° d' imprimeur : 19178 - Dépôt légal : avril 2008